第四届
世界考古论坛会志

Bulletin of the Shanghai Archaeology Forum Volume IV

中国社会科学院考古研究所
上海市文物局
中国社会科学院
上海市人民政府 上海研究院
上海大学
　　　　　　　　　主　编

中原出版传媒集团
中原传媒股份公司
大象出版社
·郑州·

图书在版编目（CIP）数据

第四届世界考古论坛会志／中国社会科学院考古研究所等主编. — 郑州：大象出版社，2023. 11
ISBN 978-7-5711-1888-4

Ⅰ. ①第… Ⅱ. ①中… Ⅲ. ①考古学-文集 Ⅳ. ①K85-53

中国国家版本馆 CIP 数据核字（2023）第 197738 号

第四届世界考古论坛会志
DI-SI JIE SHIJIE KAOGU LUNTAN HUIZHI

中国社会科学院考古研究所等　主编

出 版 人	汪林中
责任编辑	王军敏　曲　静
责任校对	安德华　李婧慧　牛志远
美术编辑	杜晓燕
书籍设计	天外天／李燕行　王慧欣
制　　作	郑州天外天文化传播有限公司

出版发行	大象出版社（郑州市郑东新区祥盛街 27 号　邮政编码 450016）
	发行科　0371-63863551　总编室　0371-65597936
网　　址	www.daxiang.cn
印　　刷	河南匠心印刷有限公司
经　　销	各地新华书店经销
开　　本	787 mm×1092 mm　1/16
印　　张	33
字　　数	540 千字
版　　次	2023 年 11 月第 1 版　2023 年 11 月第 1 次印刷
定　　价	320.00 元

若发现印、装质量问题，影响阅读，请与承印厂联系调换。
印厂地址　河南省郑州市惠济区清华园路开元路口
邮政编码　450053　　　　电话　0371-85962189

前言

第四届世界考古论坛·上海于2019年12月14日至17日在中国上海隆重召开。此次论坛由中国社会科学院和上海市人民政府主办,中国社会科学院考古研究所、上海市文物局、上海研究院及上海大学共同承办。

本届论坛的核心议题是城市化与全球化的考古学视野。作为当下的我们,正身处人类历史上规模空前、势不可当的城市化和全球化交织发展、影响深远的时代。城市汇聚四面八方不断涌入的人口,与此同时,日益通达的全球交换之网又将世界各地的城市连为一体。这两大进程无疑主导着21世纪的发展图景,无论社会还是环境,都因此发生了巨大的改变,并且还将继续改变,影响到芸芸众生生活生产的方方面面。全球化和城市化是全世界面临的巨大的社会与经济挑战。

当代城市化和全球化发展的诸多要素源远流长,尤其是物质和技术领域,皆深深根植于古代社会中。五六千年前,城市最初在美索不达米亚、尼罗河谷地、地中海沿岸、印度和中国等地逐渐兴起。19世纪初,城市居民仅占全球人口的3%,这个比例在1950年上升到30%。及至今日,由于大规模的人口迁徙,全球的城市居民已达55%。预计2050年,全球城市人口将增长到70%,极可能伴随着更多超大型城市的兴起。

流动性始终是城市的生命之源,人口、资源和意识形态的长距离流动离不开城市,流动反过来又如活水般滋养了城市的生长。而文化、经济和政治活动的世界性蔓延,正是全球化的表征。可以说,全球化总是与城市化相伴而行。如果我们将全球化理解为人与人、社群与社群、文化与文化、国家与国家之间互动互融的过程,就会发现它绝非新鲜事物,它不是诞生于20世纪80年代,其源头不是所谓"第一次全球化"的19世纪工业革命,也不是15世纪末哥伦布对新大陆的发现。全球化由来已久,有数千年的历史。中世纪贯穿欧亚大陆的丝绸之路、青铜时代晚期的地中海地区、伴随亚历山大东征的古希腊文明传播……凡此种种，都是早期全球化的可见之证。

考古学不仅提供了城市化和全球化的物质文化和社会实践的历史证据，更在一系列文化背景中为这两个貌似年轻的议题赋予了长久的时间深度，从而能够促进我们对不同时期、不同地域全球化及城市化的深刻认识。当代全球化和城市化不可预见的结果，也许在几十年甚至在几个世纪之后才显现出来。以长时段、比较性的视角研究城市化与全球化的历史进程有助于了解城市发展的时机和途径，以及考察人类社会是如何系统地彼此相连。我们希望这样的研究能够对城市化与全球化的多样性、互动过程和长远影响有所洞见，进而对人类共同家园的可持续发展有所助益。

本届论坛是2013年成立以来规模最大的一次盛会，来自48个国家和地区的400多位学者参加了大会。延续前三届论坛的传统，本次论坛表彰了2017—2019年两年全球范围内的重大考古发现和研究成果。这些奖项分别来自12个不同的国家，包括重大田野考古发现奖10项和重要考古研究成果奖9项。本届世界考古论坛的终身成就奖颁发给了白简恩教授，以表彰她对考古学做出的卓越贡献。

论坛期间举行了184场学术报告，包括世界考古论坛奖的成果汇报19场，世界考古主题演讲大会报告19场、分会场学术报告129场，中国考古专场汇报17场。另外，在上海博物馆和上海大学共举行了公众考古学讲座9场。论坛参会者对城市化和全球化考古研究开展了广泛而深入的讨论，涉及的内容包括不同时期与不同地区文化交流与社会关系的复杂性、古代城市和全球化的比较研究、古代不同城市的特性与社会实践、城市化（或本土化）与全球化的动态关系、宗教与城市、技术和城市、古代城市化和全球化的理论探索，以及古代全球化与城市化对于当今和未来发展的深远意义。

考古学对当今世界的社会实践具有深远的意义，其独特的视角让我们能够深入探讨全球化和城市化的历史轨迹，长时段、比较性的视野能够帮助我们更深入地理解这两大进程的发展动力。世界考古论坛·上海作为世界考古学的重要学术平台，倡导认识人类社会发展和进步的全球性视野，本届论坛有效地促进了不同国家和地区学者之间的积极交流与合作，共同应对城市化及全球化进程中所面临的各种挑战，期望为人类的未来发展提供宝贵的历史借鉴。

陈星灿

目录

DIRECTORY

世界考古论坛开幕式致辞

002　上海市市长应勇致辞
004　中国社会科学院院长谢伏瞻致辞
007　国家文物局副局长顾玉才致辞

世界考古论坛终身成就奖

012　白简恩教授

重大田野考古发现奖获奖项目

019　早期海上丝绸之路沿线的全球化：克拉地峡的系统性和多元历史视角
　　　/ 贝雷尼丝·贝利纳

035　安纳托利亚地区国家的出现与巩固：来自屈尔德佩的考古学证据
　　　/ 菲克里·库拉克奥卢

050　圣胡安堡和帝国边界：贝里遗址的殖民遭遇
　　　/ 罗宾·安德鲁·贝克、大卫·吉尔伯特·摩尔、克里斯托弗·伯纳德·罗宁、蕾切尔·弗吉尼亚·布里格斯

071　多瑙河下游的"莫古拉·戈加纳"：一处铜器时代的土丘聚落 / 斯文·汉森

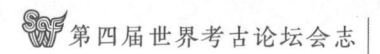

085　苏格兰奥克尼布罗德加的尼斯 / 尼克·林赛·卡德

097　在史前克罗斯岛上预示着城市化和全球化的发展：第三千年前的爱琴海第一次信息革命 / 科林·伦弗鲁、迈克尔·博伊德

113　卡亚俄洞穴和吕宋人的发现 / 阿尔芒·萨尔瓦多·贝拉诺·米哈雷斯

119　西汉王侯的地下奢华——南昌西汉海昏侯墓考古的主要收获 / 杨军

143　撒哈拉以南非洲的玻璃考古 / 阿比德米·巴巴通德·巴巴洛拉

159　公元15世纪在秘鲁北海岸儿童与骆驼的大规模献祭：古代美洲仪式暴力的新看法 / 加布里埃尔·普列托、费伦·阿列克萨德·卡斯蒂略·卢汉

重要考古研究成果奖获奖项目

177　东南亚青铜技术与金属交换溯源 / 托马斯·奥利弗·普赖斯

187　本土悠悠：拉奎玛达和墨西哥西部七世纪至十四世纪的全球化
　　　/ 本·阿尔伯特·纳尔逊

199　亚马孙考古能为世界考古带来什么？/ 爱德华多·格斯·内维斯

209　东北亚黑曜岩产源研究：史前交换和迁徙的确凿证据 / 雅罗斯拉夫·V.库兹明

223　大津巴布韦的考古定年学与城市化 / 沙德雷克·奇瑞库

239　人类协作的演进 / 查尔斯·斯塔尼什

249　土耳其青铜时代赫梯都城考古——博阿兹柯伊哈图沙遗址
　　　/ 安德烈亚斯·塞巴斯蒂安·沙赫纳

263　繁荣与萧条，等级制与平衡：从景观到社会意义——中北欧的巨石与社会
　　　/ 约翰内斯·穆勒

283　中美洲最古老的文明奥尔梅克文化研究 / 安·玛丽·赛弗斯

世界考古学主题演讲摘要

302　全球化的生物考古学 / 白简恩

304　印度西素帕勒格勒赫古城的考古与历史
　　　/ 莫妮卡·史密斯、拉宾德拉·库马尔·莫汉蒂

307　地中海东岸沿岸青铜时代的城市化与全球化：米吉多遗址的个案研究
　　/ 伊斯雷尔·芬克尔斯坦

308　世界考古与世界遗产 / 伊恩·里利

310　特奥蒂瓦坎的城市发展进程与中美洲政治经济扩张
　　/ 朱莉·玛丽·卡洛琳·加佐拉、塞尔希奥·戈麦斯·查韦斯

312　美国西南部城市化的根源：迁徙、融合和不平等如何建立查科文化
　　/ 芭芭拉·米尔斯

314　史前西欧的纪念性建筑和社会变迁 / 克里斯·斯卡里

316　气候变化、生物多样性衰退和全球冲突的交汇：非洲考古学家的新挑战
　　/ 保罗·莱恩

318　亚洲西南地区的早期红铜冶炼：区域和跨区域体系 / 芭芭拉·海尔文

中国考古学新发现与研究专场讲座摘要

322　金沙遗址 / 周志清
324　玉与聚落——凌家滩的社会复杂化 / 吴卫红
326　辽河流域早期文明的发现与研究 / 郭明
327　从"南海Ⅰ号"沉船发掘看中国水下考古 / 姜波
328　从现代人出现到农业起源——中原及相关地区晚更新世古人类文化的发展
　　/ 王幼平
330　上山文化与稻作起源 / 蒋乐平
331　贾湖人：从猎人、渔夫到农民的音乐家——贾湖遗址的发掘与研究 / 张居中
332　芦山峁与石峁：公元前第三千纪的中国北方 / 孙周勇
334　沉睡数千年　一醒惊天下——三星堆遗址的发现、发掘与古蜀文明 / 雷雨
335　陕西周原遗址近年考古发现 / 曹大志
336　探秘公元前5世纪的地下乐宫：曾侯乙墓与相关考古发现 / 方勤、于淼
338　秦始皇陵考古的收获与认识 / 张卫星
339　隋唐洛阳城的考古发现与研究 / 石自社
341　青龙镇——海上丝绸之路上的港口遗址 / 陈杰
342　近年来佛教考古的新发现及相关问题的思考 / 李裕群

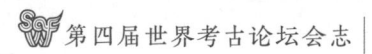

世界考古论坛分组讲座摘要

346　古南非的城市化与全球化 / 伊诺桑·毕莱伊

347　阿兹特克帝国、新西班牙和墨西哥国都：全球化世界中的城市更替考古学
　　　/ 莱昂纳多·洛佩斯·卢汉

349　考古学与城市化：以大都市伊斯坦布尔为例 / 穆罕默德·杰拉勒·厄兹多安

350　阿努拉德普勒：斯里兰卡第一座首都以及它的全球化连通性
　　　/ 阿努拉·马纳图卡

351　九寨沟阿梢垴遗址考古新成果：对高海拔生存的新认知 / 玳玉、安可·海因

352　土耳其的城市考古遗产：始于共和国早期的变化趋势 / 泽伊内普·厄兹多安

354　塔尔苏斯的城市化进程 / 阿斯利·米兹拉吉尔

356　卡霍基亚的城市化景观 / 苏珊·阿尔特

357　贝塔萨马蒂：阿克苏姆镇（埃塞俄比亚）的发现和发掘 / 迈克尔·哈罗尔

358　基于斯里兰卡古代灌溉制度的城市化与全球化考古分析 / 查达纳·威兹安纳其

360　全球化始于何时？查科人过去的经验空间、已知空间和想象空间
　　　/ 帕特里夏·克朗

361　印度中部阿舍利文化遗址的近期调查 / 西马德里·奥塔

362　斯瓦西里早期（公元900—1000年）坦桑尼亚西印度洋海岸的灾难与死亡
　　　/ 艾力纳扎·杰玛

363　景观和家户研究视角下奥约帝国的尼日利亚首都（公元1570—1830年）
　　　/ 阿金乌米·奥贡迪兰

364　乍得湖盆地南部的社会规模和区域复杂化 / 斯科特·麦凯克恩

366　尼日利亚西南部伊费考古遗址的冲突、城市化和未来 / 本杰明·奥贡弗拉坎

368　古代玛雅的起源、发展和适应性 / 弗雷德·瓦尔德兹

369　尼日利亚约鲁巴北部地区最早的聚落、定居者以及社会政治变革
　　　/ 乔纳森·阿勒鲁

370　重写城市景观：特奥蒂瓦坎激光雷达地图 / 杉山奈和

371　查加的水资源：灌溉系统的社群动态性使用、所有权、建设和管理
　　　/ 瓦朗斯·西拉约

372	伊朗历史名城哈马丹的城市考古新方法 / 雅哈布·莫哈马迪法尔
374	泰国东北部的二次瓮棺葬传统 / 纳鲁弗尔·旺通查罗恩
375	西方式的城市化发展进程为什么没有出现在玛雅低地？——伯利兹河谷的视角 / 詹米·何塞·欧、克莱尔·艾伯特
377	作为一个国际化城市的泰勒达巴：埃及学的学科挑战 / 托马斯·施耐德
378	班考文化：泰国西部新石器时期文化研究新进展 / 素帕玛斯·东萨昆
379	下信德省（印度河三角洲贸易港口）考古工作概述 / 阿斯玛·易卜拉欣
381	阿根廷中部半干旱地区狩猎采集者的生活方式 / 巴勃罗·梅西尼诺
383	自上而下和自下而上的水资源管理：柬埔寨吴哥改变水资源管理策略的历时性模型 / 莎拉·克拉森
384	恰塔霍裕克的最新研究成果 / 奇勒·西林格鲁
385	从一个千年到另一个千年：莫克索斯平原东南土丘风格的断裂和转变 / 卡拉·雅梅斯·贝当古
386	早期原始城市主义的消亡和全球新石器时代生活方式的出现：新石器时代晚期的恰塔霍裕克及其影响 / 阿卡迪亚斯·马西尼亚克
387	史前爱琴海的城市化和连通性：一种自下而上的方式 / 乔治斯·瓦沃拉纳基斯
388	贡开遗址聚落和活动的断代与分析 / 戴瑞斯·埃亚
390	考古遗址圣达菲拉维耶哈（1573—1660）的研究——西班牙-美洲殖民城市的商业网络以及欧洲、美洲和亚洲产品的消费 / 加布里埃尔·科科
392	卡霍基亚社群的元素 / 艾琳·贝岑豪瑟
393	吴哥从外到内：柬埔寨马德望省的家户考古学 / 艾莉森·卡特
394	地方和宏观区域视野下墨西哥西北部和美国西南部的全球化 / 本·纳尔逊
395	城市化进程与分析 / 罗兰·弗莱彻
396	不仅仅是自然灾害：从过去展望未来 / 玛格丽特·纳尔逊
397	使用新技术记录玛雅城市景观：激光雷达在伯利兹河谷的应用 / 克莱尔·艾伯特
398	城市化之前——伊比利亚第三个千年早期的聚集性与纪念性 / 莱昂纳多·加西亚·圣胡安
399	绿洲定居社会中无城市化的王权：古代花剌子模的阿克查汗-卡拉遗址 / 艾莉森·贝茨
400	在埃及阿斯旺新发现的墓地：丢失的一环 / 帕特里齐亚·皮亚琴蒂尼

401　中国黄河下游青铜时代城市的环境考古 / 齐德淳

402　孟加拉国的城市化与全球化考古 / 沙纳吉·莱娜

403　城市空间与奴隶遗存：加纳南部三镇联合区域的考古研究 / 沃兹·艾伯

405　脊顶墓葬土丘与卡霍基亚景观 / 莎拉·贝尔斯

406　日本与蒙古学者对匈奴和契丹辽代古城址与窑址的联合发掘、调查和比较研究 / 佐川正敏

408　美索不达米亚和安纳托利亚世界的早期城市化：共性与差异
　　　/ 玛塞拉·弗兰基潘

410　中亚北部图瓦地区的匈奴遗址 / 玛丽娜·基卢诺芙斯卡娅

412　东亚大型农业聚落和早期城市之间的连续性和间断性 / 沟口孝司

414　城市化与性别 / 内田纯子

416　从近年来的孢粉研究看湄公河三角洲欧伊文化中心的发展 / 阮麦香

417　探索文明的发展机制："走出欧亚大陆"新一体化进程综述 / 松本直子

418　古代韩国的中心：月城遗址的发现与重建 / 李钟勋

419　佛教全球化背景下犍陀罗寺院的考古发现 / 衣丽都

420　处于气候变迁时代的城市可持续性和未来：过去亚热带城市提供的启示
　　　/ 弗农·斯卡伯勒

423　韩国城市化前的聚落变迁 / 李清圭

424　位于西北沿海哈里森河一处大型聚落群体的形成与发展
　　　/ 帕特里克·摩根·里奇

425　美国中西部视角下密西西比文化肇始期的宗教、文化交流和世界主义
　　　/ 格雷戈里·威尔森、安珀·范德华克

426　秘鲁特雷帕民族：印加颅骨手术的艺术、科学和民族遗存及其全球传播
　　　/ 伊里娜·波德戈妮

428　难民考古：全球现象叙述（马萨达的视角）/ 盖尔·斯迪拜

430　铁器时代（公元前1100—前600年）的地中海——全球化进程中的城市化过程 / 塔马·霍多斯

432　从激光雷达成像和多指标考古证据探讨广泛分布的古代玛雅湿地 / 提姆·比奇

433　中世纪中亚非农耕区的城市文化 / 法尔德·马苏多夫

434　王者之艺：商朝最后的首都安阳殷墟手工业生产的考古学研究 / 李永迪

435　铁器时代伊朗和中亚的城市化：一个全球化论题？ / 葛嶷

436	日本福冈县古贺市船原古坟出土铅玻璃的传播和生产技术的研究	/ 桃崎祐辅
439	古代城市化、混杂传统和现代乡村：以苏丹北部为例	/ 尼尔·斯宾塞
441	考古学对人类未来的启迪	/ 陈淳
442	凤凰来仪——贵州遵义高坪杨氏土司墓地五室墓出土器物浅识	/ 周必素
443	东周城址与斯基泰城址	/ 张良仁
444	安徽史前彩陶的再认识	/ 张爱冰
445	权力中心变迁与郑州地区城市	/ 宋国定、刘亦方
446	击柝相闻：东周时期邹、鲁两国都城遗址的比较研究	/ 王青
447	夏代都城的形成与演变	/ 魏继印
448	大运河对隋唐宋城市发展影响的考古实证	/ 刘海旺
449	从考古材料看殷墟第四期的文化面貌	/ 岳占伟
450	吉尔吉斯斯坦古城遗址的初步考察	/ 张小刚
451	商代早期中原腹地的城市化	/ 侯卫东
452	巴蜀地区宋蒙（元）山城遗址群的调查收获	/ 蒋晓春
453	中国雄安新区10—13世纪城址与社会实态的考古新发现	/ 何岁利
454	黄河流域早期国家进程的U形迁流轨迹与豫西晋南青铜金属资源	/ 金正耀
455	秦汉时代的"城市化"与城邑等级	/ 刘瑞
457	汉魏洛阳城历史沿革与空间格局的考察	/ 钱国祥
458	古代城邑的发展演变	/ 徐龙国
459	辽宁省盖州市青石岭山城考古收获	/ 王飞峰
460	洹北商城手工业作坊的发现与发掘	/ 何毓灵
461	隋唐长安城考古的新收获与新方法的探讨	/ 冯健
462	南京石头城遗址的发现与研究	/ 贺云翱
463	长江流域的早期城市	/ 罗二虎
464	东周王城的城市化特质观察	/ 徐昭峰
465	长江中游地区史前城址反映的文明化进程	/ 余西云、单思伟
466	晋陕高原仰韶中期聚落形态的探索：以离石德岗遗址为例	/ 张光辉
467	良渚文化研究的新进展	/ 赵春青
469	二里头都邑的规划布局及其演进	/ 赵海涛
470	开封城市考古发现	/ 王三营
471	商代青铜器高放射成因铅铅矿来源的调查与研究	/ 金锐

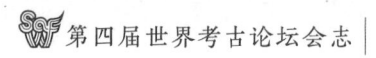

472	吴哥文明的核心价值及其文化遗产保护	/ 王元林
473	从殷墟到大邑商——安阳辛店遗址的时代性质布局探讨	/ 孔德铭
474	淮河流域史前城址与城市化的考古学观察	/ 张东
475	中国家兔起源考证	/ 王娟
476	青铜时代世界体系中的石峁古城	/ 易华
477	亚欧大陆视野中的汉长安城	/ 周繁文
478	秦陵建筑基址壁画材质及工艺的初步研究	/ 张尚欣
479	早期宗教、城市与文字——浅谈甲骨文的起源	/ 陈志欣
480	郑韩故城北城门遗址的重要发现及相关研究	/ 樊温泉、余洁
481	秦始皇陵二号兵马俑坑考古新发现	/ 朱思红
482	淮河流域商代台墩型遗址的布局	/ 何晓琳
483	从近年考古新发现看郑州商城布局规划	/ 杨树刚
484	商代半人半兽形象研究	/ 韩鼎
485	西汉王侯的地下奢华	/ 丁新权
486	汉帝国南缘的铁器生产系统：湘西桑植官田遗址冶金分析	/ 林永昌
487	16至17世纪澳门在全球瓷器贸易体系中的作用	/ 赵月红
488	新石器时代台湾与世界的接触和交流：考古学材料的观察	/ 李匡悌
490	由台湾北部与东北部铁器时代的玻璃珠谈区域互动	/ 王冠文

公众考古讲座摘要

494	韧性与脆弱：毗奢耶那伽罗帝国都城的兴衰	/ 卡拉·辛诺波里
495	卡霍基亚：美国原住民城市和气候变化的警示	/ 蒂莫西·普科塔特
497	念祖佑灵：玛雅文化永久的神灵	/ 帕特里夏·麦克纳尼
499	雨林的警戒：南美洲现代狩猎采集生活的启示	/ 古斯塔沃·波利蒂斯
502	欧亚文化世界体系中的西伯利亚西部萨尔加特文化	/ 柳德米拉·科里亚科娃
504	丝绸之路的凝合：古代全球化世界海陆通道上的冶金术 / 查尔斯·海厄姆、米拉娜·拉迪沃耶维奇	
506	中国古代民间何时、如何开始使用金属器	/ 罗泰
507	印度河文明的装饰品、贸易与城市发展	/ 马克·科诺耶

509　阿兹特克帝国的全球网络：羽毛盾牌作为政治和远距离交流的案例
　　/ 劳拉·菲洛伊·纳达尔

后记

2017–2019

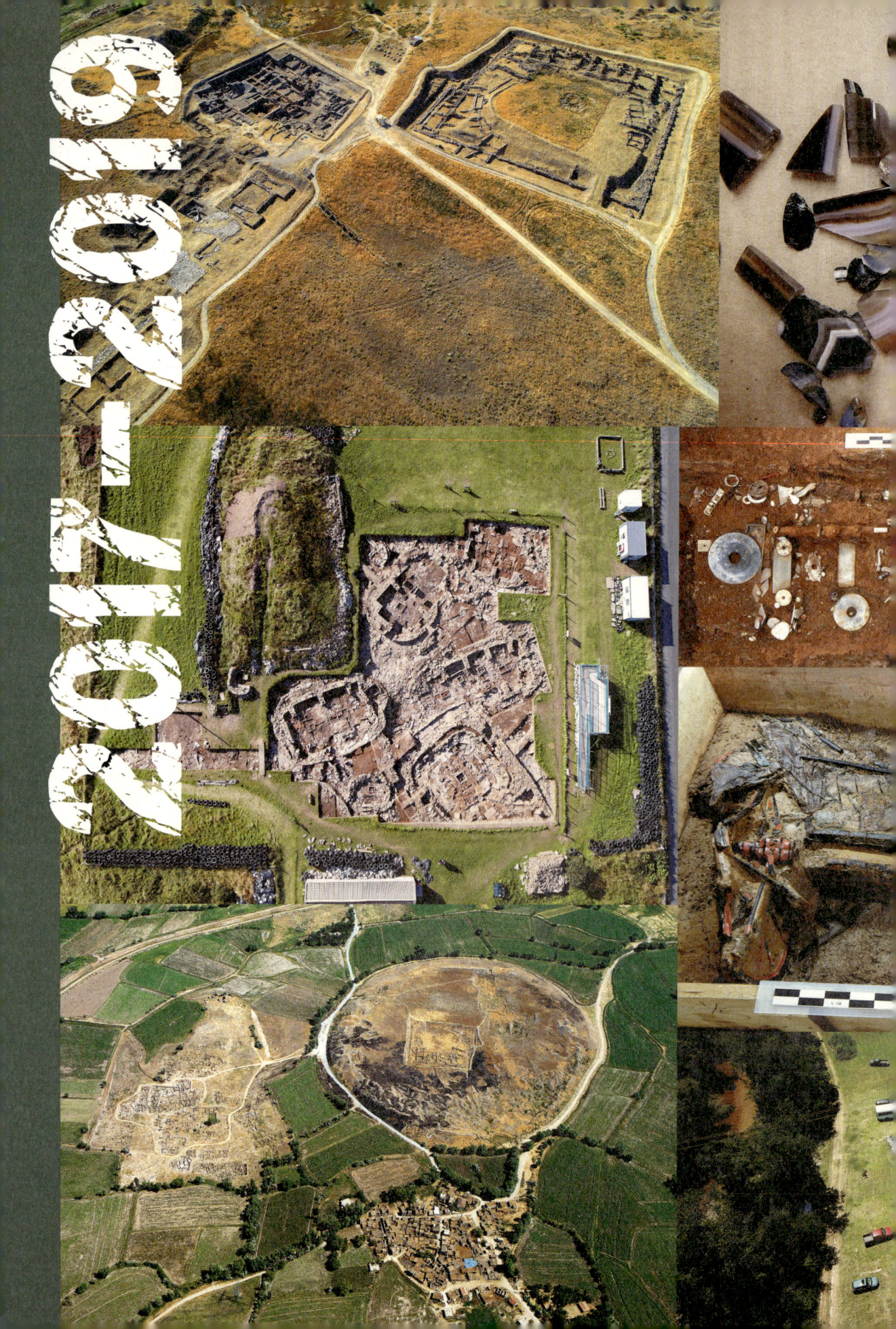

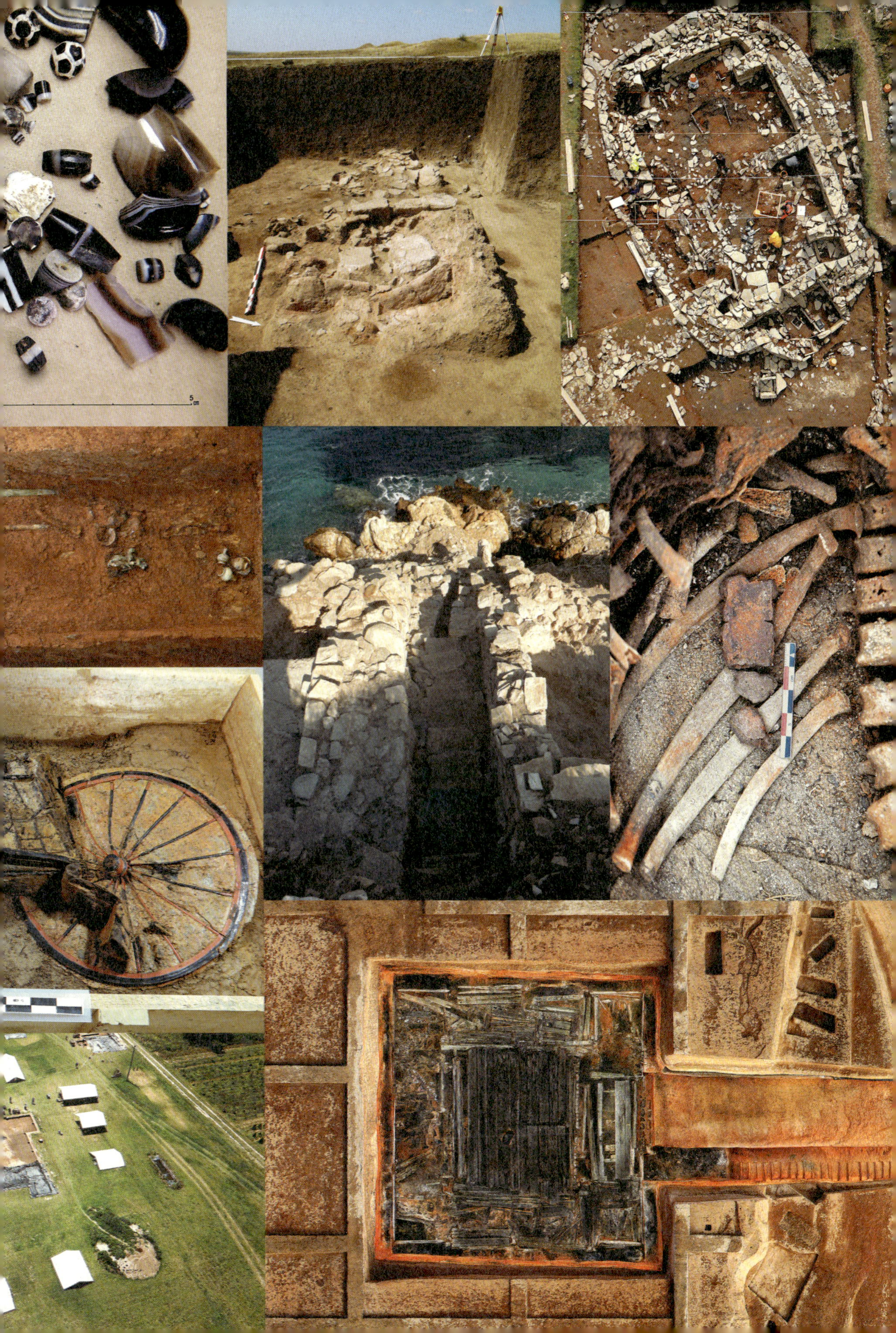

Bulletin of the
Shanghai Archaeology
Forum, Volume IV

世界考古论坛
开幕式致辞

上海市市长应勇致辞

尊敬的谢院长，各位嘉宾，女士们、先生们：

大家上午好！

今天，第四届"世界考古论坛·上海"隆重开幕。首先，我代表上海市人民政府，对论坛的再次召开，表示热烈的祝贺！向与会的海内外嘉宾表示诚挚的欢迎！第一届至三届"世界考古论坛·上海"的成功举办给世界考古学界留下了深刻的印象。两年一度的世界考古最高端的学术盛会今天在此举行，世界著名的考古学家们聚首上海，高朋满座，群贤毕至，为上海带来一股清新的学术之风。

随着社会经济、科技和交通的飞速发展，当今世界不同区域间的沟通和人群往来的规模空前。在这场深刻的社会发展中，文化互动、经济交流日益频繁，城市化和全球化的重要意义逐渐凸显。

本届世界考古论坛的主题是"城市化与全球化的考古学视野：人类的共

同未来"。长期以来，城市化和全球化，不但是世界各国考古学家关注的焦点问题，而且也是社会各界关注的重要议题。从城市化与全球化的考古学视野来探讨人类的共同未来，能够为我们应对城市化和全球化过程中出现的诸多现实问题、促进多元社会和谐发展提供精神动力和智力支持。

上海作为长三角地区城市群的核心城市之一，其发展正是中国社会城市化、全球化的一个缩影。上海人民在城市化、全球化的过程中展现出坚韧的毅力和高度的智慧。上海不但已经成为中国和世界重要的经济中心，而且还是中国乃至世界重要的文化中心。

本届论坛的主题，契合当代社会发展的需求，有助于我们吸收人类历史上的宝贵经验，重视城市化及全球化，为上海创造更加美好的明天。感谢来自五湖四海的考古学家为我们带来如此重要的一场学术盛会。

"雄关漫道真如铁，而今迈步从头越。"

最后，感谢本次会议的东道主上海大学及各位志愿者，为论坛的顺利举办付出的辛勤劳动。预祝论坛取得圆满成功，祝各位嘉宾在上海期间身体健康、生活愉快！

谢谢大家！

2019年12月14日

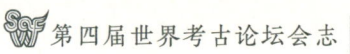

中国社会科学院院长谢伏瞻致辞

尊敬的徐匡迪副主席、尊敬的应勇市长、尊敬的刘玉珠局长、来自世界各国的考古学家们：

上午好！

值此第四届"世界考古论坛"在上海举行，我谨代表中国社会科学院向论坛的召开表示热烈的祝贺！向来自世界各国的考古学家们的到来表示诚挚的欢迎！

考古学是主要根据古代人类通过各种活动遗留下来的实物研究古代社会历史的一门科学。作为一门历史科学，考古学研究的最终目的在于探寻人类社会发展的规律，为当今和后世的发展提供历史经验与借鉴。有一句话叫"知古鉴今"，只有了解昨天，才能把握今天；只有具备探寻过去的能力，才能拥有开创明天的智慧。

中国是一个文明古国，拥有悠久的历史和灿烂的古代文化。中国人自古便注重对古物、古史的探究。自1000多年前北宋金石学出现以来，我们前人留下的研究著述浩如烟海。近代考古学于近百年前传入中国，使我们得以开始通过科学的考古发掘与研究，复原中华民族先民们创造的辉煌灿烂的历史文化。40年前，我国实行的改革开放政策，使中国考古学家得以与国际考古学界开展日益广泛的交流，促进了中国考古学的发展，也使中国考古学日益融入到国际考古学的大家庭之中，中国考古学家的学术视野也不断扩大。特别是2013年，习近平主席提出"一带一路"倡议以来，中国考古学与世界各国特别是丝绸之路沿线国家同行的交流更加活跃。迄今为止，中国的考古学家和文物保护工作者已经在20多个国家开展考古发掘与文化遗产保护工作。现在，中国社会科学院考古研究所的考古队正在埃及卢克索的孟图神庙和洪都拉斯的科潘遗址开展考古发掘。于2013年开始创办的"世界考古论坛·上海"，就是中国考古学国际化的一个重要举措。

由于自然条件、生业形态、社会背景等的不同，世界各地的文化必然会有自身的特点和自己的发展演变过程。每个国家、每个民族走到今天，都是历史和现实交汇选择的结果。在这一进程中，各国之间相互交流，逐渐形成利益共同体、责任共同体、命运共同体。前路漫漫，携手合作、互利共赢是我们唯一正确选择。这是人类社会发展历史提供给我们的宝贵经验。考古学家们在这方面可以并且应该发挥积极作用。

世界考古论坛是一个很好的交流信息、切磋学问、加深理解、促进学术发展的平台。自2013年创办以来，通过评选前两年度世界重大田野考古发现和重要考古研究成果、设立主题论坛以及开展面向社会的公共考古论坛，越来越受到国际学术界的重视，影响越来越大。希望论坛能够越办越好，能够推动世界考古学的发展，帮助人们从历史的启迪中更好地探寻前进方向。

本次论坛的主题是"城市化与全球化的考古学视野：人类的共同未来"，这是一个很好的题目。历史走到今天，城市化和全球化已是大势所趋，如何在这种视野下思考过去、探寻真理，为构建人类命运共同体提供历史经验与智慧，是与会的各位应该讨论的话题，也是考古学对人类社会应当担负的责任。

今年是中华人民共和国成立70周年，此次论坛设立了"新中国考古70周年专场"，回顾70年来的中国考古的发展历程，欢迎大家来了解中国历史和文化，了解当代中国的发展、抱负、梦想，了解中国人民选择的发展道

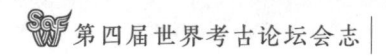

路。中国人民正在为实现中华民族伟大复兴的中国梦而奋斗，我们会从历史中汲取智慧，也会博采各国文明之长。欢迎各位专家从对历史的感悟中为我们的发展建言献策，提供真知灼见。让我们携起手来，共创人类社会的美好未来！

预祝论坛取得圆满成功！

2019年12月14日

国家文物局副局长顾玉才致辞

女士们、先生们：

非常高兴参加"世界考古论坛·上海"，同远道而来的朋友们相聚一起，探讨城市化与全球化背景下考古研究的重要意义。首先，我代表中国国家文物局，向论坛的召开表示热烈的祝贺，并诚挚欢迎来自世界各地的朋友们！

文明因交流而多彩，因互鉴而丰富。人类社会发展史，就是不同文明交流共荣的历史。从条条大路通罗马，到丝绸之路、茶叶之路、瓷器之路的商贸繁荣，再到工业革命带来的全球化浪潮，考古发现让我们看到，族群的迁徙、资源的交流、文明的互鉴从未停歇，各国相互依存、休戚与共，形成你中有我、我中有你的命运共同体。

城市是文明的重要标志，是全球化的主要载体。人口、资源、财富的聚集与流动，形成了一座座著名城市，而城市也滋养了人文思想、宗教观念、社会体制等，让人类社会呈现出不同的文化特色。中国唐长安城的胡姬酒肆，宋元古泉州的十洲人和万国商，还有我们所在的上海，这座中西合璧的国际化大都市，都让我们看到全球化对古今中国的影响。本届论坛以"城市化与全球化的考古学视野：人类的共同未来"为主题，让我们从考古学的视角，更加客观地审视人类社会发展规律，思考当代社会矛盾，以史鉴今，凝聚共识。

中国政府一直关注文化遗产保护工作，自觉担当国际责任。习近平主席在亚洲文明对话大会主旨演讲中，明确表示将支持开展亚洲文化遗产保护行动。中国积极承担了柬埔寨、尼泊尔、缅甸、乌兹别克斯坦等国的文物援助项目，还将参与法国巴黎圣母院修缮工作。在"一带一路"倡议下，中国政府积极支持考古领域的国际交流合作，很多外国学者来到中国讲学，开展合作项目，共同研究中国古代历史文化。越来越多的国际论坛、研讨会在中国召开，我们很高兴地看到，"世界考古论坛·上海"的学术影响力日益增强，已经成为一个国际化的重要平台，推动中国与世界考古学界深度交流。

女士们、先生们，人类社会在交流与碰撞中走过了漫长的发展历程，即将迎来文明发展的又一个高峰，我们很荣幸能见证这一重大变革。中国的大门永远向世界敞开，我诚挚地欢迎各国学者来中国开展考古学研究和田野考古工作。我也衷心希望，中外学者能够加强合作交流，推动文化互动，以交流超越隔阂、以共存超越冲突，共同创造平等、和平、可持续发展的美好未来。

最后，预祝本届论坛圆满成功。谢谢！

2019年12月14日

Bulletin of the
Shanghai Archaeology
Forum, Volume IV

世界考古论坛
终身成就奖

白简恩教授

简 介

  "世界考古论坛·上海"终身成就奖为考古学家在考古学领域取得持久而非凡的成就而设立。世界考古论坛荣幸并自豪地向简·艾伦·布克斯特（白简恩）（Jane Ellen Buikstra）教授颁发终身成就奖，以表彰她对生物考古学领域的定义和推动，以及对考古学进展和公众教育的杰出贡献，强调生物考古学对我们共同未来的重要性和相关性。

  白简恩教授是全球影响最大且杰出的人类学家之一。她于1972年获得芝加哥大学博士学位，并在美国西北大学、芝加哥大学和新墨西哥大学担任教职。白简恩教授是亚利桑那州立大学人类进化与社会变革学院生物考古学研究中心的院士教授和创始主任。

她的学术工作具有全球影响力,涉及生物考古学、古病理学、法医人类学和古代人口统计学,跨越北美、中西部安第斯、玛雅中美洲和地中海地区。白简恩教授发表了许多文章、评论,出版了许多书籍和非技术性出版物。她的出版物和学术工作展现了对科学、人类学领域以及考古学学科和女性地位的巨大奉献。她在世界范围内指导并培养了许多学生和科学家,涉及的国家有印度尼西亚、澳大利亚、秘鲁、智利、阿根廷、西班牙、中国和爱尔兰。

白简恩教授辉煌的职业生涯赢得了许多杰出荣誉和奖项,其中包括被选为美国国家科学院和美国艺术与科学学院的成员,美国物理人类学家协会的前任主席,美国人类学学会的前任主席,古病理学协会的前任主席,获得过美国考古学研究所颁发的科学贡献波默朗斯奖,美国法医科学院的T.戴尔·斯图尔特奖,查尔斯·R.达尔文终身成就奖,以及劳埃德·科森世界考古学终身成就奖。

白简恩教授对考古学的贡献和毕生服务塑造了生物考古学的未来,并重新定义了对过去人类研究的方法。出于所有这些原因,"世界考古论坛·上海"评选白简恩教授为最值得颁发终身成就奖的人选。

Bulletin of the
Shanghai Archaeology
Forum, Volume IV

重大田野考古发现奖
获奖项目

Field Discovery Awards
田野考古发现奖

ROMANIA 罗马尼亚
The Copper Age Settlement Mound "Măgura Gorgana" near Pietrele on the Lower Danube
多瑙河下游的"莫古拉·戈加纳"：一处铜器时代的土丘聚落

UNITED KINGDOM 英国
The Ness of Brodgar, Orkney, Scotland
苏格兰奥克尼布罗德加的尼斯

AMERICA 美国
Fort San Juan and the Limits of Empire: Colonial Encounters at the Berry Site
圣胡安堡和帝国边界：贝里遗址的殖民遭遇

PERU 秘鲁
A Mass Sacrifice of Children and Camelids in the North Coast of Peru during the 15th Century AD
公元15世纪在秘鲁北海岸儿童与骆驼的大规模献祭：古代美洲仪式暴力的新看法

GREECE 希腊
Foreshadowing Urbanization and Globalization at Prehistoric Keros The First Information Revolution in the Third Millennium Aegean
在史前克罗斯岛上预示着城市化和全球化的发展：第三千年前的爱琴海第一次信息革命

TURKEY 土耳其
The Emergence and Consolidation of State in Anatolia as Evidenced at Kültepe Excavations
安纳托利亚地区国家的出现与巩固：来自屈尔德佩的考古学证据

CHINA 中国
Luxury in the Underground: Archaeological Achievements of the Western Han Tomb of the Marquis of Haihun in Nanchang, China
西汉王侯的地下奢华——南昌西汉海昏侯墓考古的主要收获

PHILIPPINES 菲律宾
Callao Cave and the Discovery of the Homo Luzonenesis
卡亚俄洞穴和吕宋人的发现

THAILAND 泰国
Globalization along the Early Maritime Silk Road: A View towards a Systemic and Plural History from the Isthmus of Kra
早期海上丝绸之路沿线的全球化：克拉地峡的系统性和多元历史视角

NIGERIA 尼日利亚
Archaeology of Glass in Sub-Saharan Africa
撒哈拉以南非洲的玻璃考古

泰国考色（Khao Sek）港口聚落的玻璃生产废料。

早期海上丝绸之路沿线的全球化：克拉地峡的系统性和多元历史视角

贝雷尼丝·贝利纳（Bérénice Bellina）
法国国家科学研究中心

介 绍

  以布罗代尔（Braudel）作参考框架，并受"全球史"与"连接史"研究的影响，本研究关注孟加拉湾与南中国海长期的文化交流，即传统上被称为"印度化"的古代全球化，其相当于海上丝绸之路东段。泰国马来半岛是两个海洋盆地之间的狭长陆地，而克拉地峡则位于其上部和最狭窄之处。纵贯半岛的德林达依山脉（Tenasserim，位于半岛北部，其包含多座2000米以上的高山），被河水沿坡而下的河谷打断，其中部分河谷组成了所谓的"跨半岛路径"。尽管历史上两岸都出现过港口，历史学家并不认为这些跨越不同环境（海洋、河口、平原和森林）并需要不同交通方式的路径为重要的贸易路线候选。

  本研究是法国与泰国联合考古项目，地点在泰国马来半岛上的克拉地峡，法方自2005年起和代表曼谷泰国艺术大学（Silpakorn University, Bangkok）的普朗·希拉潘（Praon Silapanth）与拉斯美-舒孔德吉（Rasmi Shoocongdej）教授合作。2017年开始，该项目演变为法国在泰国与缅甸的考古项目，并纳入缅甸考古部门和曼德勒大学为新的合作伙伴，分别由乌蒙·桑·温（U Maung San Win）[达维分部（Dawei Branch）]和卡拉亚·美美·特韦（Kalayar Myet Myet Htwe）代表。

  本研究聚焦于公元前1000年至公元后若干世纪的跨文化交流的起源和过程。考古团队运用产业的技术途径（技术人类学的一个领域），来描绘每个群体的社会技术系统。该项目也发展了区域性的考古工作，包括发掘和调查不同环境（沿海、红树林、近海岛屿和林木覆盖的内陆）中不同类型的遗址（洞穴、露天定居点、临时营地）。

本研究的目标是研究不同技术群体的空间分布，建立半岛上各社会群体的文化序列，研究他们的组织以及本地和区域间的互动。在此基础上，我们旨在研究出现在半岛上（包括当地与外来的）不同社会群体之间的共同演化，以及他们身处的地域环境在跨区域交换网络之间的关系。此外，研究目标还包括这些群体如何贡献于区域的历史轨迹。

成果——公元前最后数世纪社会经济组织的综述

本项目发掘和调查36个遗址，揭示了一个复杂的、分层次的、专门化的遗址网络序列，涉及半岛上存在的各种社会群体。这个复杂网络是早期城邦国家的一部分，充当了区域文化的摇篮。公元前5世纪末—前4世纪初，诸如三乔山（Khao Sam Kaeo）这样的区域性贸易港口从至今仍认识不足的公元前1千纪的早期区域网络发展而来。从公元前3世纪到公元前1世纪，交换网络内的活动明显增加，且属于不同环境的当地和外来族群在文化和经济上的界定更明显，它们共同合作，为形成泛区域文化（或可称之为全球文化）做出贡献。

公元前4世纪：复杂港口聚落与邻近腹地的出现

在公元前5世纪末或公元前4世纪初，作为区域经济和文化中心的当地港口聚落出现，包括东岸的三乔山与考色以及西岸的普考通山（Phu Khao Thong）。它们已经展现了复杂的城市与政治模式以及经济组织的发展。它们不仅汇聚了来自南亚和南中国海东部等大范围区域的舶来品，还有活跃的作坊。我将这些制造的产品所具有的泛区域风格称为"史前晚期南中国海风格"，它结合外来的原料和熟练的技术（经常是印度式的），有时则由外来匠师主导。这些物品在从泰国到菲律宾的当地和区域层面进行再分配。此种风格证实了至公元前1千纪中叶，低地群体已经确立了面向孟加拉湾以及南中国海（得到了近期越来越多考古证据的支持）的海洋定位。

上述物品的一个主要中心在三乔山（2005—2009年对该区域进行了调

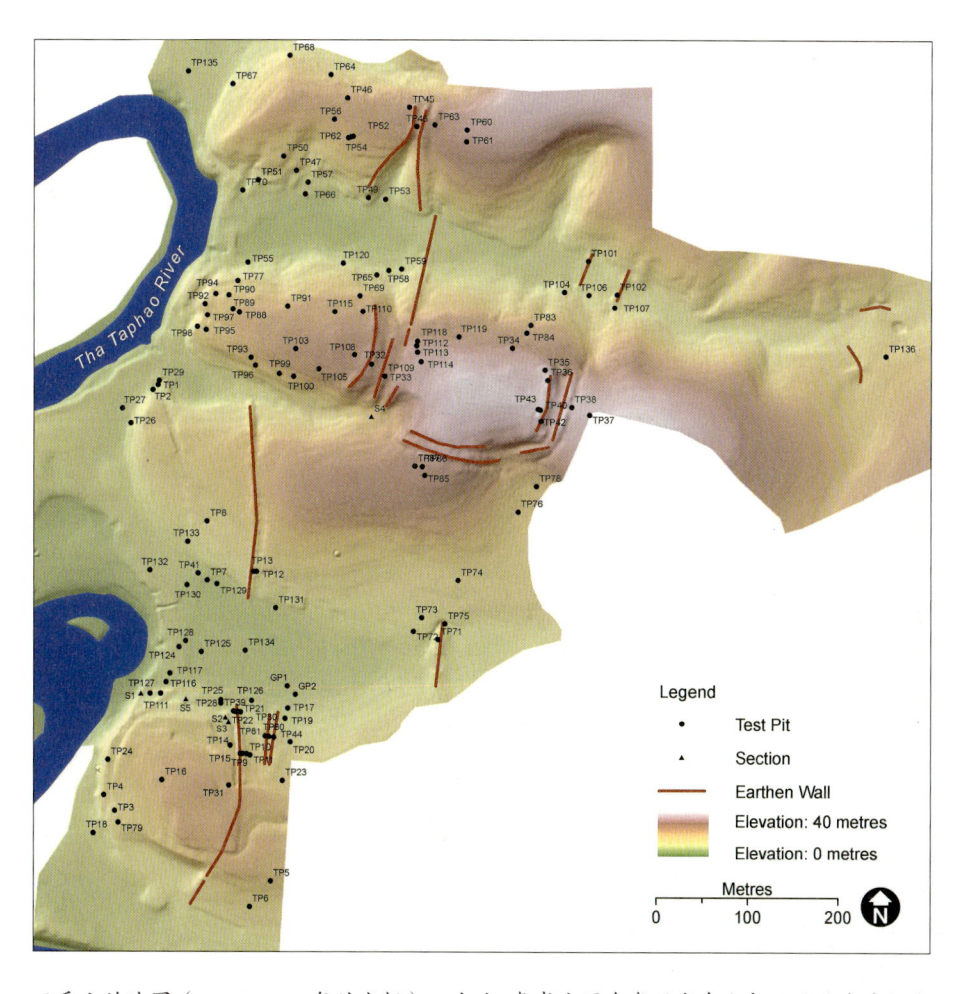

三乔山的地图（2005—2009年的发掘），由法-泰考古团在泰国半岛上部开设的墙壁和试探性挖掘坑。（照片：贝利纳）

查）。这是一个年代介于公元前5世纪末—公元前2或前1世纪的城市综合体。它位于一条跨越半岛的贸易路线的中心，距离东海岸8千米。三乔山有着外来社群，他们住在被路堤划分的都市区域，其占地严格说起来延伸超过35公顷，由简易的双层土墙环绕，土墙上可能有木栅栏。水利系统提供了一个停泊处（河谷1），且能储存水源，可能具有农业目的（河谷2）。干栏式住屋和梯田构成的网络相当密集，以不断积累的巨大的和家庭的梯田和水道为特色。

经空间分析可清楚界定出两个范围：一是对应山丘1和山丘2的南部区域，这是当地居民和少数外来工匠最早使用的核心区域，其特征是"史前晚期南中国海风格"早段类型的物质文化。自公元前4世纪初，使用进口原料

上图：在茂密森林中的三乔山挖掘试探性挖掘坑。（照片：贝利纳）

左图：自70年代以来，三乔山遭到了大规模盗掘。这是一些盗掘坑的照片。法-泰考古团必须在采取行动时考虑到这种被干扰的景观。（照片：贝利纳）

◆ 重大田野考古发现奖获奖项目

三乔山，尤其是山丘4区的北部，出土了数件西汉文物，包括青铜镜、陶器和一枚乌龟印章。（照片：贝利纳）

与外来风格或技法的物品在此被加工。更北部的山丘3和山丘4，则对应了较晚期的聚落扩张（参见下文的分期2），它们包括由外来商人和工匠组成的社群。后者的标志为印度式精致器皿、冶炼高锡青铜的坩埚、越南北部与汉代中国原料的出现。在进口更多成品的同时，许多器物仍持续在当地以外来技术生产，例如高锡青铜碗。这些当地制造的器物属于"史前晚期南中国海风格"的晚段，该风格随后包括了更多南亚产品，如饰品和陶器。

　　三乔山是东南亚目前最早的国际性政治综合体，它极有可能是一个早期港口城市。这得益于数世纪以来兴建、改造和维持的纪念性建筑、环绕的城

在贯穿半岛路线（春蓬省）进行洞穴遗址勘测。

考虑到植被和地形，三乔山的绘图是个挑战。

从上到下是文森特·贝尔纳德（Vincent Bernard）、克里斯蒂娜·卡斯蒂略（Cristina Castillo）和贝雷尼丝·贝利纳。

三乔山出土了几件黄金文物，其中包括那些粒状黄金珠子，其中一些已经在汉墓中被发现。

墙、护城河和水利系统。它们产生了相当的权威，并被用于掌控相当的劳动力进行建造，以及一套延续数代的政治议题以执行日常维护。三乔山的经济组织也是复杂的，其通过农业生产支持并维系着各种活动。除纪念性的证据之外，遗址内部的组织也表现了社会政治的复杂性。这表现为承载不同社会群体和活动的社会专业区域。手工业活动依赖远程的供应和分配网络（玻璃和硬宝石就是一个很好的例子），外来的专家也参与其中。

东南亚城市空间的灵感来源表明这些城市是将区域发展和大陆东南亚地区常见的环濠聚落传统及外部投入结合起来。就三乔山而言，基于三乔山和南亚的有墙城市在类型、位置、大小和城墙系统的相似性，除区域模型之外，南亚的有墙城市也可能是灵感来源之一，这些城市可追溯至公元前1千纪中期的"第二次城市化"时期。

位于三乔山以南80千米的港口聚落考色，虽然相对小型且较不复杂，也没有出现围墙和世界主义的迹象，仍显示是建立在和三乔山相似的模型之上。考色和三乔山两者的技术系统是相同的，其特点是同时发展高度熟练的混合手工业。这些遗址和技术系统的比较描绘出一个复杂的政治结构，其形式是一个等级分明的专业化和互补的城邦联盟。考色掌控另一个跨半岛路线的出口，连接克拉巴厘（Kraburi）区域。这个遗址没有外来社群存在的证据，这进一步证明三乔山扮演了国际市场的角色。此联盟似乎跨越数个河流流域，但也涉及了一个更大的内陆贸易区，其中包含了可能延伸至邻近海洋盆地的联盟港口聚落。这种政治结构在某种程度上与马来港口城市的组织方式相似，其采用上下游分层以及P.-Y.芝甘（P.-Y. Manguin）描述三佛齐王国的"曼荼罗类型（mandala type）"两种模式。在这样的背景下，考色可能是三乔山边陲的一部分。

迄今为止，只有透过墓葬堆积中的宝石、玻璃珠宝和发现于邻近洞穴来自区域工业港口的复杂陶器，才能看到周围地区的人群。这些区域港口内部和它们毗邻的内陆贸易区的交换，可能基于农产品。稻米和小米构成了三乔山的农业基础。考色可能亦然（Castillo，2017）。与内陆贸易区联系的其他间接证据可见于当地锡的开采，青铜工艺品的生产分析证明了这一点。

更多文化和经济群体间，基于复杂合作关系的交换增加

从公元前3世纪到前1世纪甚至更晚，随着专业化遗址（如转运站）的出现，交换进一步增加并形成组织化。虽然当地群体在经济上与文化上的界

石器加工：港口居民点在克拉地峡也积极参与制作政治联盟的贵重商品，如石器。

来自泰国考色港口居民点的玛瑙生产废料。　　来自泰国考色港口居民点的玛瑙珠子的生产。

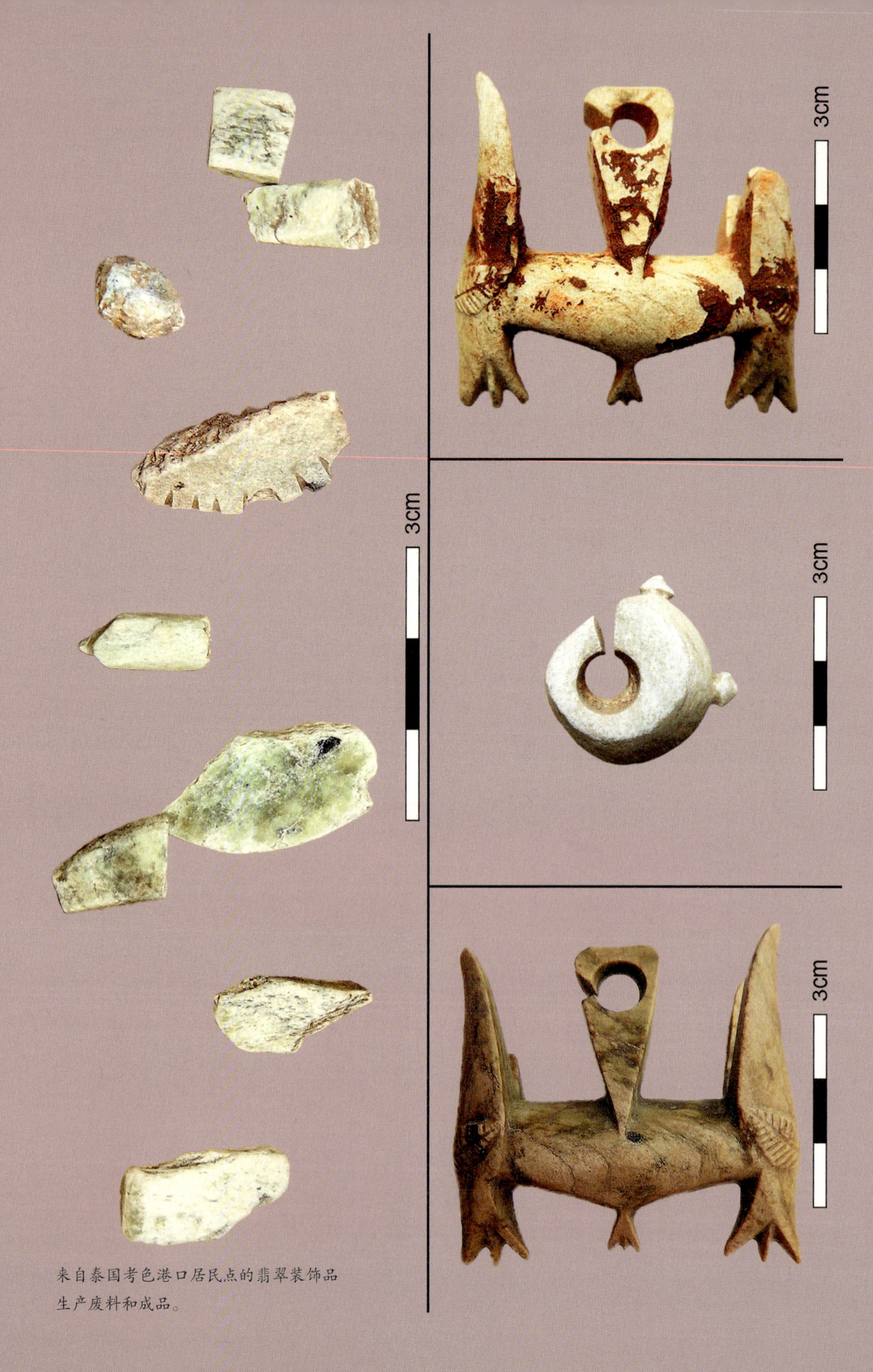

来自泰国考色港口居民点的翡翠装饰品生产废料和成品。

来自泰国考色港口居民点的玛瑙珠子生产废料。

定更加清晰，但是更多的群体也出现在半岛上。他们有的定居在港口聚落，其他则定居于河口和邻近岛屿，我们将其解释为早期的海上游牧者。在此第二时期，属于岛屿、港湾、河口和内陆等不同环境的相异文化群体，全被联结在一起并和谐工作。

在这个较晚的时段，更多的港口聚落被辨识出来：例如泰国西岸的普考通山-班克卢艾诺克（Phu Khao Thong-Ban Kluay Nok），缅甸南部的马里旺（Maliwan）以及可能的奥吉（Aw Gyi）。那里发现更多的外来群体和舶来品，部分可能和西方世界有关。这一时期，三乔山势力可能向北延伸，且在新建筑群周边盖起新的围墙。港口聚落集中了的更大范围的物质材料，暗示存在更多的社会群体。这些物质材料包括从汉代中国、南亚的进口物品，以及更多进口自南中国海、菲律宾和中国台湾的物品。

在此时期，一系列内陆遗址沿着主要和次要的跨半岛路径出现。德林达依中央山脉中有一些洞穴，它们被当作临时营地使用，也作为丧葬用地，其中出土了从区域港口聚落输入的宝石和玻璃饰品。还有一些位于河川支流的露天转运和集货遗址，它们一般沿河流水系等均匀分布。这些遗址出土了有关长途贸易网络的考古学遗存，如源自越南北部或中国南部的东山铜鼓（Dong Son Drum）、玻璃珠和外来陶器（印度式精致器皿）。这类遗址包括沿着朗逊河春蓬府（Langsuan, Chumphon）的班纳希（Ban Na Hyan）和彭万（Pangwan），以及在较小的撒维河（River Sawi，春蓬府）畔的南洛洞（Tham Nam Lot）。这些内陆遗址构成先前缺失的关键证据，支持跨半岛路线的存在。

从该时期开始，半岛上出现和南中国海与菲律宾关系特别密切的外来群体。这些人群一部分被我们视为早期的海洋游牧人群，他们活跃于河口区域，并主导上游和下游之间的贸易。而其他人则在港口定居。他们在战略位置上变得重要，成为港口聚落和上下游/跨半岛路径网络之间的媒介。他们的物质文化证实他们既参与了跨区域网络，也参与了当地的上下游交换网络。通过对泰国马来半岛和菲律宾的沙黄-卡拉奈（Sa Huynh-Kalanay-

玻璃加工：港口居民点在克拉地峡也积极参与制作政治联盟的贵重商品，如玻璃装饰品。

泰国考色港口居民点的玻璃生产。

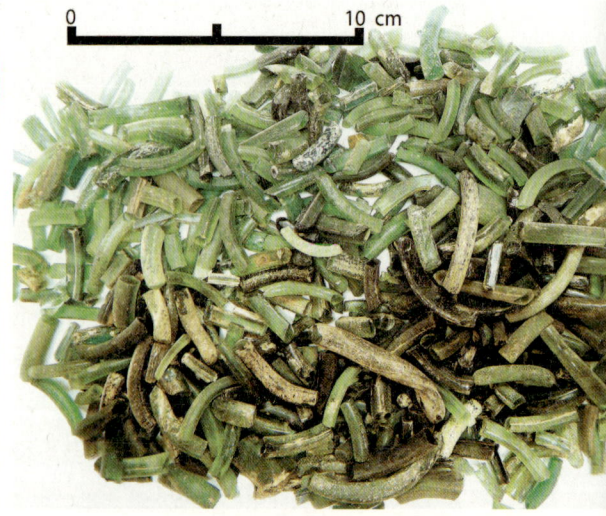

泰国考色港口居民点的玻璃手镯生产废料。

related）相关陶器进行比较研究，可以揭示这些使用沿海和近海洞穴的群体也和菲律宾有频繁的接触。

结 论

我提出的模型透过"共同建构"的视角来设想文化过程，这一过程发生在港口城镇和其腹地的网络之中。这一网络由多个组织群体构成，并在一段时间后渐渐联结到更大的、跨越两个海洋盆地的区域。这个架构能解释跨区

开采孟加拉湾古港口居民点墙壁之一的试探性挖掘（缅甸丹南省）。

2018年，泰国-缅甸半岛考古团的一些成员在缅甸南部奥吉港口居民点附近。

域风格的扩张，其混合的特质是这个扩展政治结构中不同的群体共同创造。集中化结构的出现也让文化差异和经济专业化更加凝结。在所有关注的人群之中，最早的海上游牧者，部分常被视作边缘群体，却在这个网络中扮演经济上和文化上重要的中介角色。此模型在核心与外缘之上较平衡地呈现了交换和全球化进程。它揭示了动态的网络和配置。这其中包含一连串活跃的中介者，他们的忠诚度起伏不定，并在经济和文化中扮演活跃的角色。

项目负责人简介

贝雷尼丝·贝利纳

　　贝雷尼丝·贝利纳博士是研究南亚和东南亚的考古学者,现为法国国家科学研究院的资深研究员。她的研究专注于海上丝绸之路,特别是南亚和东南亚之间的交流和文化变迁过程。她以产业的技术分析作为认识社会政治过程的方法,用以建构远程交换与开采当地资源对族群和身份建构的影响。2005年,她与曼谷泰国艺术大学共同创立在泰国马来半岛上部的泰-法联合考古项目。从2017年开始,她与缅甸考古部门(缅甸宗教事务与文化局,Department of Archaeology, Ministry of Religious Affairs and Culture of Myanmar)一起主持泰缅半岛的考古计划。来自世界各地的学生和研究者参与到该项目中,旨在发展一套有关区域交换的系统性方法,研究不同人群和生态系统在公元前1000年早中期到公元1000年晚期的远距离交流过程中的共同演变。她致力于建立一个被称为"边缘群体"的考古学,例如海上游牧者,并用长时段的视角来研究他们的历史。

　　她也对遗产感兴趣,特别关注现在对于过去的表征和使用,特别是东南亚海上丝绸之路的遗存,这样的兴趣催生了当地社群参与遗产项目。她的研究结合了考古、科技考古、关联史、博物馆学、社会人类学和技术研究。

卡尼什卡鲁姆 (Karum of Kanesh) 的女神象牙塑像。

安纳托利亚地区国家的出现与巩固：来自屈尔德佩的考古学证据

菲克里·库拉克奥卢（Fikri Kulakoğlu）
安卡拉大学

屈尔德佩（Kültepe）：卡尼什古国之都

屈尔德佩（土耳其语的意思是"灰山"），卡尼什王国的首都，位于两条穿越安纳托利亚的主要天然路线的交会处；沿托罗斯山脉北侧从伊朗高原到爱琴海的东西路线与连接地中海和黑海的南北路线也在此处交会。从这个角度看，遗址所在的萨里姆萨克利（Sarmısaklı）盆地历来是汇通四方的交通枢纽，附近的开塞利（Kayseri）的历史中心就是明证。

屈尔德佩，著名的"卡尼什卡鲁姆港"，分为上城土丘和下城；整个土丘高21米，宽550米，其文化序列从公元前4500年的铜石并用时代晚期一直延续到罗马时代晚期。下城直径至少2.5千米，更多的可能被冲积物覆盖。下城建立于公元前2000年早期，毁弃于亚述殖民贸易时期之后。

卡尼什-卡鲁姆城：安纳托利亚地区第一个国际长途贸易中心

自上世纪早期，该遗址就成为了近东考古热点之一。尤其是在青铜时代，它是密集的长途贸易和奢侈品交易的里程碑。

由已故教授塔赫辛·厄兹居奇博士（Dr. Tahsin Özgüç）自1948年开启的系统发掘已经揭示了统治者宏大的宫殿与庙宇遗存，他们控制着四分之一定居于卡尼什卡鲁姆的外国商旅；还清理出包括王室信件和政府官员名单的泥板文书。随着时间推移，厄兹居奇对四分之一居住于下城的亚述商人越来越

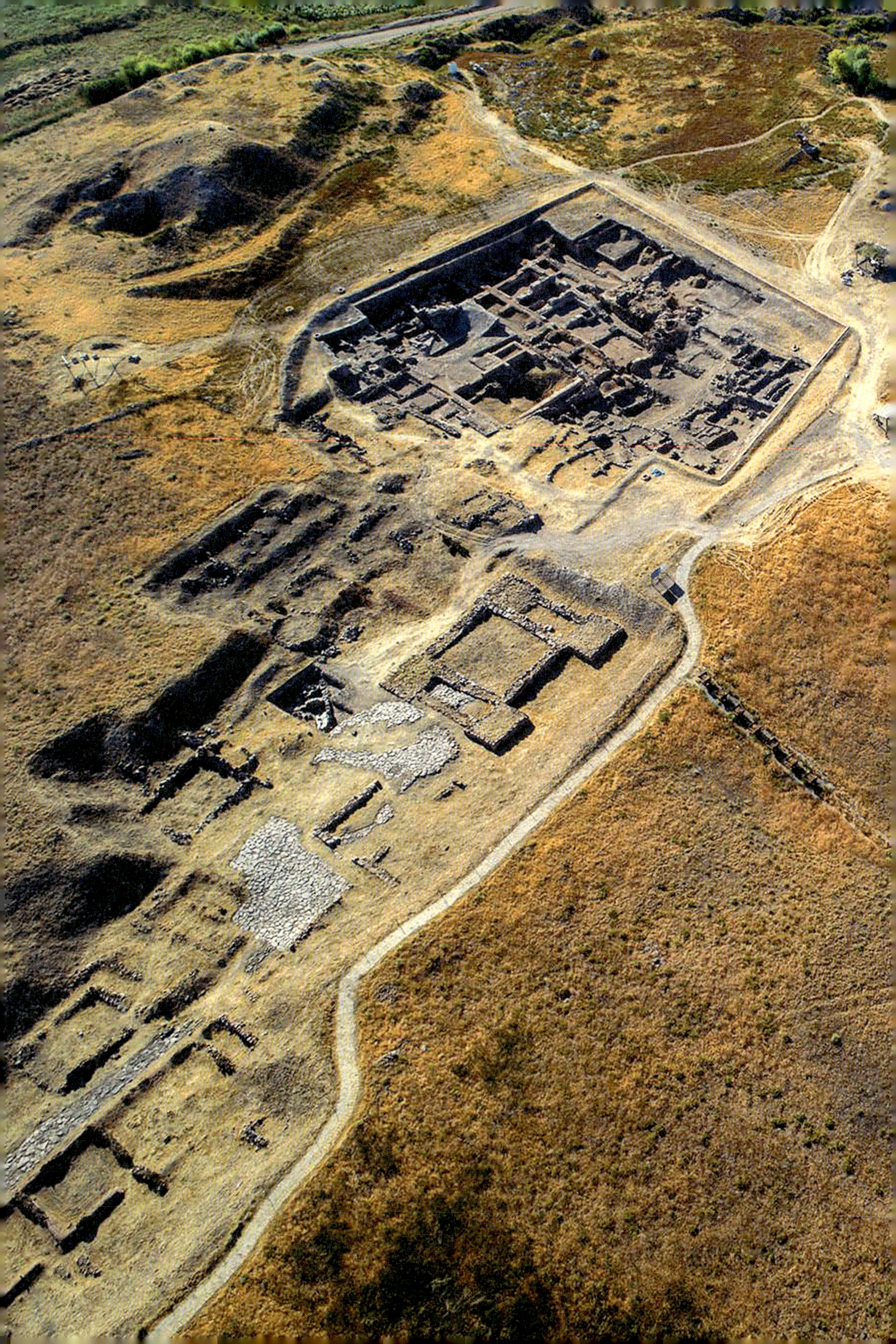

屈尔德佩土丘的航拍图

屈尔德佩早期青铜器时期挖掘的航拍图。

感兴趣。他们到安纳托利亚进行贸易交流,并留下了大量房屋居址和私人档案;目前,亚述商人的私人信件数量已超过23000封。

亚述贸易殖民之都

屈尔德佩遗址一直是公认的最大的也是最早的贸易殖民地之一,出土了成千上万的关于安纳托利亚王国和美索不达米亚之间有关贸易与经济关系的楔形文字。由于在亚述商人居所内的惊人发现,考古工作集中在当时当地统治者分配给外国商人的居住区。富商房屋中的惊世发现转移了人们对该遗址的社会文化建设与城市土丘发现的兴趣。同时,商人楔形文字档案的选择性出版也引发了一些不当的解读。

安纳托利亚的序言：屈尔德佩-卡尼什泥板文书

屈尔德佩泥板文书是安纳托利亚高原上迄今发现最早的档案记录，实际上，楔形文字是由亚述商人传入安纳托利亚的。在屈尔德佩，安纳托利亚人第一次学会了读写。亚述商人带来的不仅是楔形文字，还有他们的文化。在与卡尼什国王达成的协议框架内，他们建立了一个贸易殖民地，在安纳托利亚进行商业贸易并纳税。国王们用征税建造了宫殿、庙宇和一堵巨大的防御性城墙。

屈尔德佩厚达21米的文化层是认识安纳托利亚的主要参考之一，有助于理解从青铜时代早期的城镇发展成为当地王国的城市中心的演变过程。因此，迄今为止在屈尔德佩出土的遗存对整个近东地区，特别是对叙利亚-美索不达米亚地区具有重要意义。从富商居所及私人档案里发现的23000件泥板文书与城市土丘中出土的少量书面文件共同揭示了公元前19和前18世纪安纳托利亚中部和美索不达米亚上游的社会、政治和经济生活，这些私人档案已于2015年被列入联合国教科文组织的《世界记忆名录》。这些用古亚述人方言书写的楔形文字为理解复杂的市场经济提供了独特的视角，这是世界上记载古代贸易最丰富的历史档案之一。

安纳托利亚地区国家形成和巩固的反思：屈尔德佩发掘的新视野

最近的工作借助了多学科方法，不仅解决了一些备受争议的问题，还为阐释近东社会经济体系提供了迄今为止前所未有的洞察视角。

由菲克里·库拉克奥卢博士领导的屈尔德佩项目的新工作将重点放在城市土丘研究及研究与出版以往的考古资料上。

近年考古发掘的目的是了解安纳托利亚地区，尤其是亚述商人到来之前的屈尔德佩的政治、文化和经济状况，以及这个非常复杂的系统如何以及为什么会发展。从这个方面来说，最近在遗址的工作已经到了早期青铜时代的层面，并证明了一条清楚的文化和建筑传统发展序列。

这一新任务的成果已经揭示出在安纳托利亚地区国家的出现和巩固的众多新证据，因此，有必要予以重新审视。我们现在清楚地看到了强大的卡尼什王国与叙利亚-美索不达米亚国家间的积极互动。同样地，对先前出土材料进行的新技术和考古学研究已经在寻找锡产地与利用、采购和制造复杂黑曜石容器方面取得了突破性的成果。

安纳托利亚地区宫庙建筑的出现：屈尔德佩的建筑结构

在青铜时代早期的第一和第二阶段，考古揭示出来的是最简单朴素的平面结构；但是，到了青铜时代的第三阶段，宫庙建筑的出现不仅反映出屈尔德佩建筑的发展，而且暗示着安纳托利亚中部的社会正悄然发生着变化。

在土丘的西部探沟中清理出了三座连续的宫庙建筑，一座叠压着另一座，而且每一座都是毁于大火。考虑到规模巨大，这些建筑一定曾是重要的公共建筑。无论从平面规模还是立体壮观度上讲，在同时代的安纳托利亚都没有与之相匹敌的。据此，我们认为这肯定是受到了叙利亚北部或美索不达米亚的宫庙建筑的启发。既然能够建造如此宏伟的建筑，也就证明存在一个与周边邻居有着密切商业联系的强大的地方政体。事实上，在"萨-塔姆哈利（šar tamhari）"文本中，卡尼什王国就是以安纳托利亚中部强邦被提到的。

爱琴海-安纳托利亚中部之间存在广泛联系的第一个证据：源于爱琴海的器物和珠宝

此外，这些出土于宫庙建筑的陶器也表明该遗址与爱琴海之间有重要联系。青铜时代第二阶段的后期，爱琴海和安纳托利亚西部的大量双耳杯（tankards）取代了第三阶段早期的杯子（depas）。屈尔德佩提供了一个独特的机会来精确地确定它们的年代和功能。与此同时，屈尔德佩和爱琴海之间的陶器联系还表现在快轮制作的、类似于来自特洛伊（Troy）的盘子上。已出版的研究成果认为该遗址出土的这两种盘子来自爱琴海沿岸。然而，与这一观点相反的是，在最近的发掘中发现了数百个这样的盘子。这就产生了一个问题：它们是否真的来自爱琴海。清晰的地层关系，明显的爱琴海风格的酒杯，如双耳杯和第三阶段早期的杯子，都表明这些关系应该被加以详细的探究。

与爱琴海之间存在密切联系的另一个重要证据来自珠宝。遗址出土的珠宝来源广泛，从美索不达米亚的乌尔，安纳托利亚西部的特洛伊，到爱琴海的波利奥克尼（Poliochni），也许是国王或精英之间的礼尚往来，也许是嫁妆。这些尚未公布的金银奢侈品出土于屈尔德佩的青铜时代早期墓葬中，有力地证明了这两个地区（即特洛伊、波利奥克尼）之间存在着联系。

最近，在这些宫庙建筑附近发现了丰富而独特的封泥和滚筒印章印痕，对这些材料的研究也将对出现在卡尼什与叙利亚、美索不达米亚的其他国际贸易中心之间最早的国际贸易研究有所启发。因此，最近的工作首次提出了关于国际贸易制度出现的确凿证据。

屈尔德佩的细颗粒地层学研究

在"北探沟"开展的调整性发掘为青铜时代早期和更早时期的划分提供了重要的层位学信息，之前由于在中央探沟发现了宫庙建筑而没有注意到这一点。借助于更精确的考古测量和分析，专家们成功地获取到了在中央探沟所没能得到的考古信息。

对安纳托利亚中部葬俗的新见解

2014年发掘了屈尔德佩向南2千米的一处不属于青铜时代早期的墓地，清理出67座瓮棺。因勒山（İnler Dağı）墓地的发掘对定居区之外的埋葬行为和习俗传统的研究具有突破性意义。

考古学研究的多学科方法和合作

如上所述，该遗址自发掘以来的重要性是显而易见的，持续的考古工作发现了大量的遗存和书面文献。然而，早期发掘工作是按照传统的近东田野调查的方式进行的，特别强调可供博物馆展出的文物。对此，屈尔德佩遗址贡献良多。然而，尽管出土了精美的器物，但几个关键性问题并没有得到证实，如该地的发展序列，如此复杂的长途贸易体系的出现，制作精美物品所需的技术、区域环境与经济，相距甚远的两大地域——叙利亚与安纳托利亚——融合后的社会互动等。

库拉克奥卢团队的新任务：开展新的田野工作的同时重新评估以往的发现

新的研究战略基于多学科方法并对所有愿意合作的学科开放，不论是为遗址本身的理解做出贡献，还是测试他们的研究模式。从这方面讲，近年来，第一次在遗址上出现了多学科的积极合作，涉及的学科有动物考古、古植物学、孢粉学、人类学、树木年代学、树木生态学、同位素分析的古气候学、冶金考古、地球物理学、地质冶金学、古地磁学、艺术史、文字学、金石学、古文书学。

虽然对该遗址的多学科研究仍处于起步阶段，但考虑到50多年来积累的大量材料，合作的初步结果开始出现，这些结果不仅对安纳托利亚的文化和环境历史，而且对整个近东的文化和环境历史研究都有重大突破性的成果。

值得一提的是，利用绝对年代测定法和同位素分析方法阐明了几个以前备受争议的年代序列和古气候问题。其中最具挑战性的新结果是饮食研究和流动性，明确表明在第三个千年后期，来自美索不达米亚的移民已经定居在了屈尔德佩。

安纳托利亚冶金考古越来越为人所知，部分归功于阿斯勒汉·耶内尔（Aslıhan Yener）与库拉克奥卢，他们开展了旨在探索锡产地与青铜技术的起源的多个项目。

自该遗址第一次被发现以来，在绝对年代学上，特别是在安纳托利亚和美索不达米亚的先后顺序上曾有过一些争议。借助于其他测年方法的协同研究，古地磁的分析已经确定了不同阶段火灾的时间，更重要的是把著名的瓦尔沙马（Waršama）宫殿的年代定在了公元前1750—前1740年间。

最近的主要工作之一是地球物理调查，以探测上城的空间布局，特别是埋在深厚冲积层下的下城的范围，因为该区域土壤基质的高黏土含量使得常规勘探技术难以发挥作用。

女神圆盘状雕像。　　　　　　　　　　　　女神坐在王座上雕像。

多学科研究成果

　　屈尔德佩及其居民的年代和历史一直是研究或讲座的中心内容。归功于开塞利考古调查项目提供了涵盖整个第三个千年的长序列，学界得以对青铜时代早期的屈尔德佩的年代序列进行了微调。在由库拉克奥卢博士主持的抢救性发掘中发现的一处新墓地很有希望能填补这一时期的年代数据。所有这些跨学科研究结果会在2013年以来每年举行两次的屈尔德佩国际会议（KIM）上进行讨论，并且成果会以特刊的形式发表在国际知名期刊《苏帕图》上。事实上，该国际会议的目的就是促进这些不同学科之间的对话。结合这些数据，可以使我们更详细地了解屈尔德佩及其环境。这些在屈尔德佩国际会议期间开始的交叉研究，也可以帮我们更准确地了解公元前3000年和前2000年屈尔德佩地区居民的生活环境。

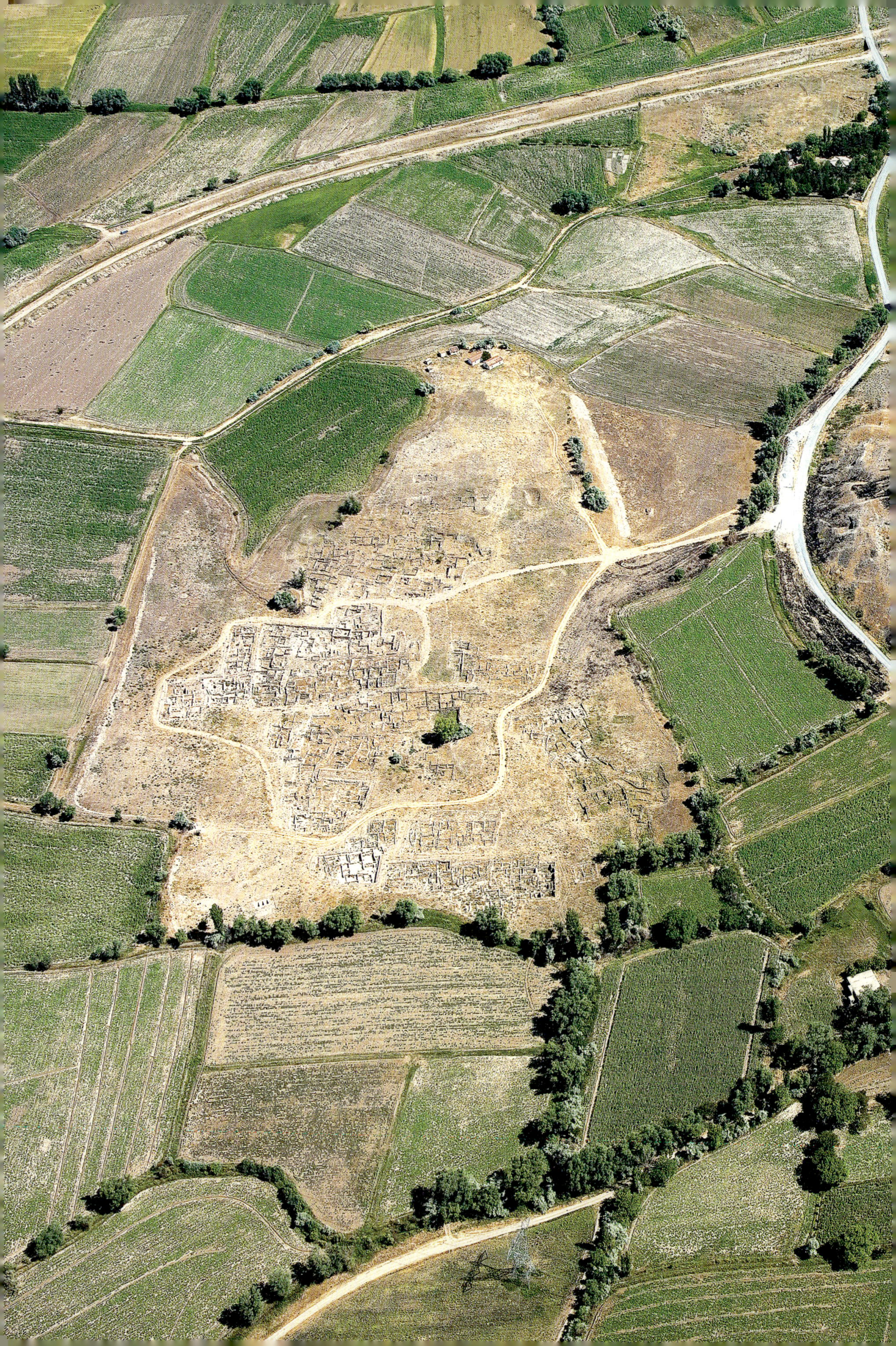

屈尔德佩的航拍图

来自卡尼什卡鲁姆的泥板文书。

女神演奏音乐雕像。

项目负责人简介

菲克里·库拉克奥卢

菲克里·库拉克奥卢，1960年出生于土耳其的萨姆松（samsun）。1982年获得安卡拉大学近东考古学系学士学位，并于1985年和1997年分获硕士和博士学位。

他的学术生涯始于1994年，当时他加入了近东考古学系，担任研究助理，目前他已成为该系教授。

目前的研究兴趣主要包括青铜时代，包括"早期青铜时代"和"安纳托利亚的亚述贸易殖民时代"，"安纳托利亚城市化的诞生和发展"，"赫梯（Hittite）文化的起源"和"赫梯艺术和雕塑"。

参与了安纳托利亚地区的多项考古发掘，如萨姆萨特（Samsat）、阿塞姆霍尤克（Acemhöyük）、卡曼–卡莱霍尤克（Kaman-Kalehöyük）和屈尔德佩–卡尼什。继厄兹居奇之后，他在2016年被指定为屈尔德佩考古发掘的负责人。

发表了关于青铜时代的论文数篇，主要涉及亚述贸易殖民时期和赫梯时期。与人合著5部。《安纳托利亚的序言：屈尔德佩 卡尼什卡鲁姆》是2010年出版的，屈尔德佩–卡尼什的最新研究。它是一本关于贸易网络、国际主义和身份认同的跨学科综合性研究。自2013年以来，每两年举行一次的屈尔德佩国际会议（KIM1-3）的论文集由期刊SUBARTU出版。迄今为止，已经出版了3卷会议论文。

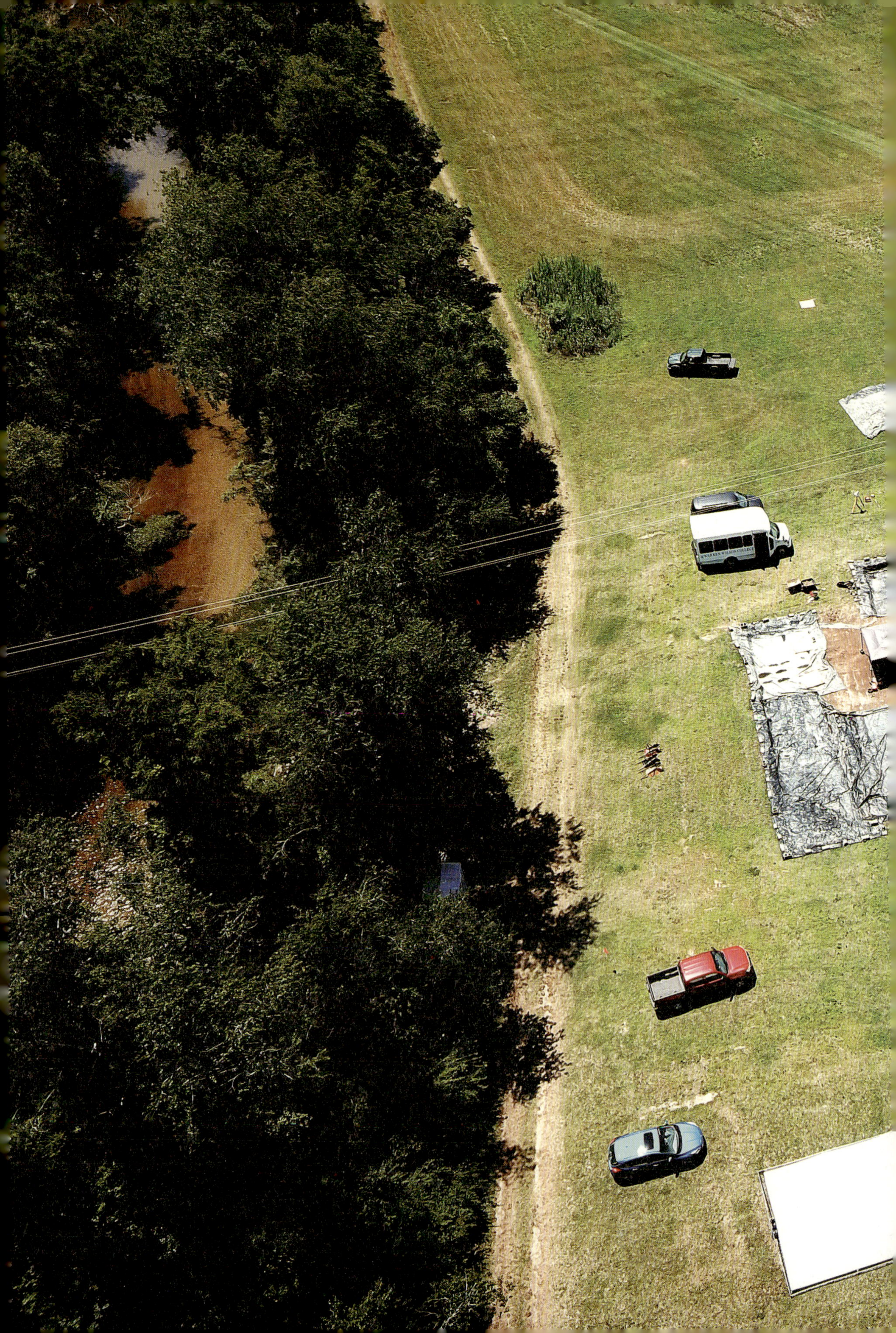

2019年圣胡安堡（Fort San Juan）和乔阿拉部分挖掘

圣胡安堡和帝国边界：贝里遗址的殖民遭遇

罗宾·安德鲁·贝克（Robin Andrew Beck）
密歇根大学

大卫·吉尔伯特·摩尔（David Gilbert Moore）
沃伦·威尔逊学院

克里斯托弗·伯纳德·罗宁（Christopher Bernard Rodning）
杜兰大学

蕾切尔·弗吉尼亚·布里格斯（Rachel Virginia Briggs）
北卡罗来纳大学教堂山分校

引 言

当第一次走过贝里（Berry）遗址时，你会惊讶地发现，它竟是如此地平凡。贝里遗址位于一片田地的东部边缘，与其他许多遍布美国北卡罗来纳（North Carolina）西部皮德蒙特（Piedmont）的遗址没有什么不同，那里是一片广阔而富饶的平原，被阿巴拉契亚（Appalachian）山脉包围着。与贝里遗址两侧接壤的是上游河（Upper Creek）——卡托巴河（Catawba River）上游的一条支流，与贝里遗址一样，在名称和外观上都毫不起眼。另外两侧是观赏性林场，环抱着一片玉米田。上游河对岸的地里也种植了树木和灌木。如今，只有遗址的低洼部分每年开垦出一小块菜园，种植玉米、南瓜、豆类、黄瓜、西红柿、瓜类、土豆，甚至西兰花，其余土地都休耕。在贝里遗址，没有硕大土墩可以攀爬，也没有宽阔的广场可以穿越。与北美一些更上镜的遗址相比，当你走到贝里遗址的时候，你会发现这里其实并没什么好看的。

但在地表之下，在犁具无法触及的地方，我们在贝里追寻的故事的确令人赞叹。贝里是美国原住民小镇约拉（Joara）的所在地，1566年12月27日，即布道者圣约翰（St. John）日那天，西班牙上尉胡安·帕尔多（Juan Pardo）建立了圣胡安堡及其毗邻的殖民地昆卡（Cuenca），昆卡以他在卡斯蒂尔省（Castile）的家乡命名。圣胡安堡是欧洲人在现在的美国内陆定居的第一个落脚点，也是北美第一个见证全球化诞生的地方之一。帕尔多派

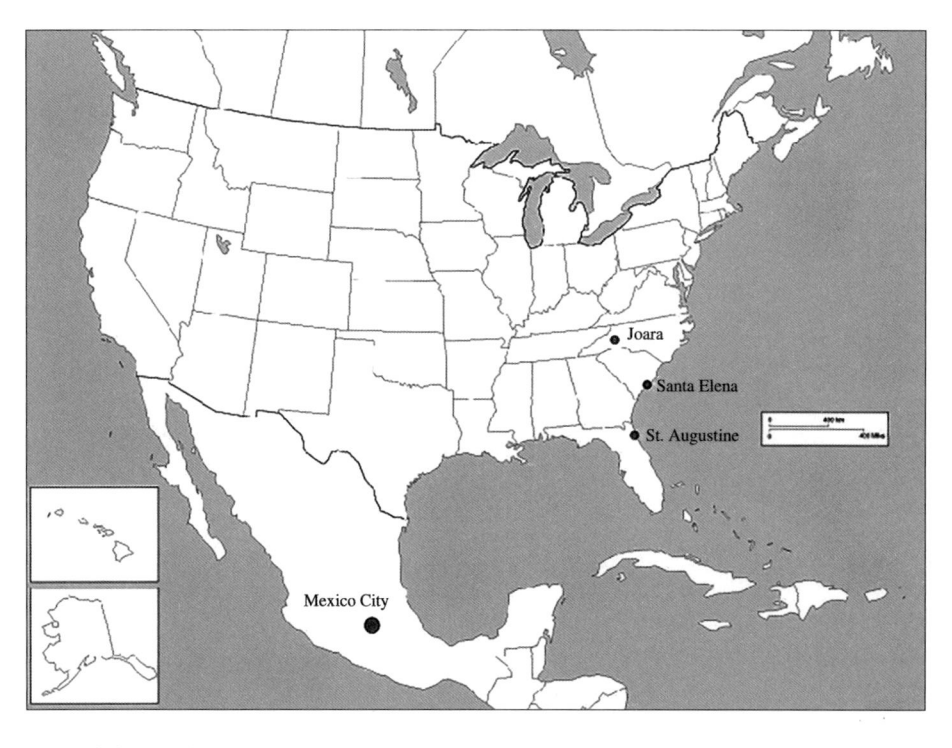

图1：早期西班牙定居点。

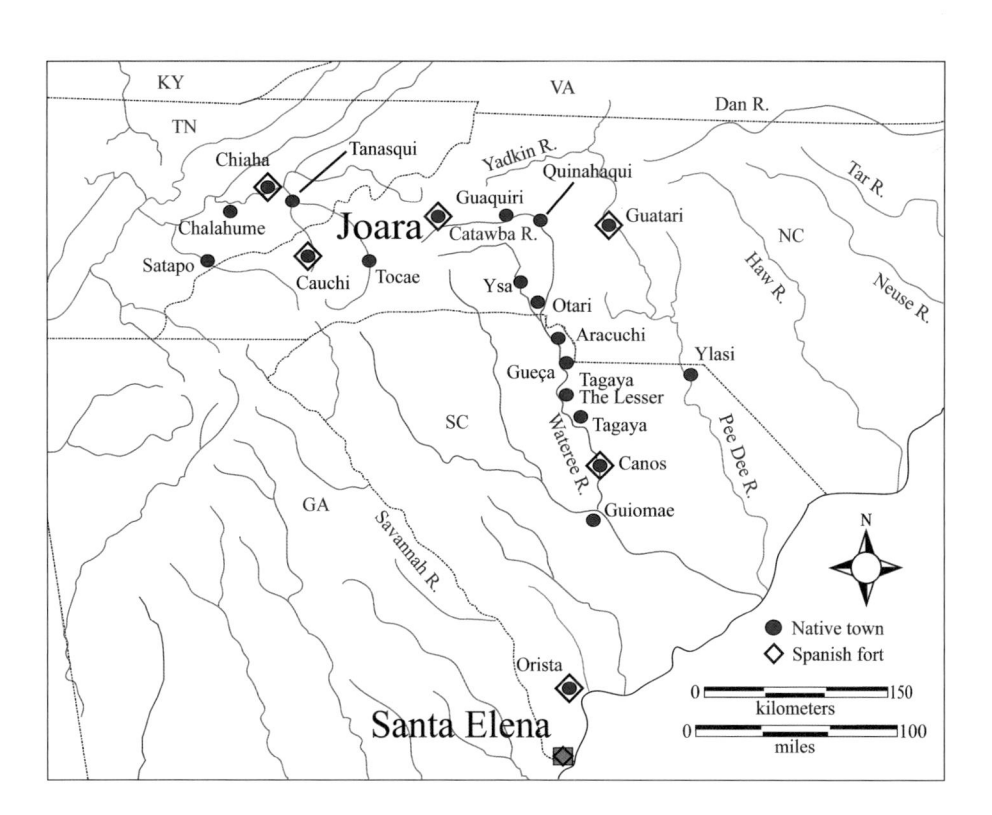

图2：胡安·帕尔多访问的美洲原住民城镇，1566—1567年。

图3：1986年至2018年在贝里遗址的挖掘。　图4：橄榄罐。

30名士兵驻守堡垒要塞，在随后18个月里，他们大部分时间都与当地居民保持着良好的关系，当地人为西班牙人提供了大部分的食物和日常用品。然而，到了1568年春天，约拉（Joara）人和圣胡安人之间的关系严重恶化。此时，当地的印第安人以及其他六个横跨卡罗来纳州的城镇的印第安人连同田纳西州（Tennessee）东部（帕尔多修建堡垒的地方）的印第安人共同起义并且摧毁了西班牙的驻军。从此，西班牙再也没有尝试在佛罗里达（曾包括美国东南部大部分地区）的内陆定居，使之变成真空状态，为未来几个世纪英国移民的剥削提供了便利。

约拉和圣胡安堡

16世纪上半叶，西班牙探险家们曾多次企图殖民现在的美国东南部地区，但均以失败告终。最后，在1565年至1566年间，佩德罗·梅嫩德斯·德阿维莱斯（Pedro Menéndez de Avilés）成功地在南大西洋海岸建立了两个定居点，1565年9月在佛罗里达州建立的圣奥古斯丁（San Agustín）和

1566年4月在今南卡罗来纳州的帕里斯岛（Parris Island）建立的圣埃琳娜（Santa Elena），后者将成为梅嫩德斯殖民期望的重点地区。当腓力二世（Philip II）得知这一胜利后，便下令增援新殖民地。1566年7月，上尉胡安·帕尔多带领250名士兵抵达圣埃琳娜巩固殖民地。然而，由于圣埃琳娜殖民地在很长一段时间内都无法长时间供养这支庞大的队伍，梅嫩德斯命令帕尔多调集一半的军队，准备远征大西洋海岸的内陆地区。帕尔多的任务是勘察这些地区，在安抚当地印第安人的同时宣告这些土地属于西班牙，并

图5：其他西班牙陶器。

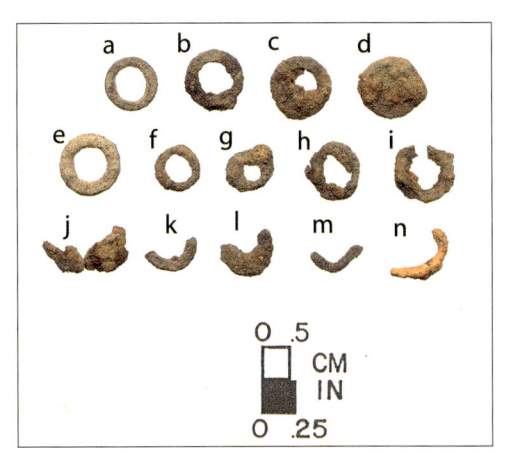

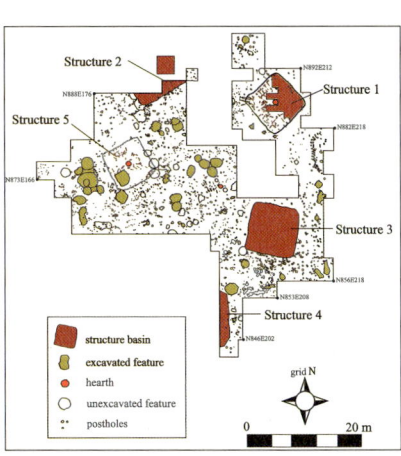

图6：链式邮件环。　　　　　　　　图7：西班牙建筑群挖掘平面图。

图8：建筑物1的挖掘。

图9：建筑物1的镶嵌画。

且找到一条从圣埃琳娜到墨西哥北部银矿的陆路路线。于是，1566年12月1日，帕尔多便带着125名士兵出发了。

月末时，帕尔多和他的手下沿着沃特伊河（Wateree）和卡托巴河穿过了卡罗来纳州皮德蒙特地区，来到了约拉，这是一个坐落在卡托巴河流域的大型原住民城镇，靠近阿巴拉契亚山脉东部边缘。根据记载，约拉的首领被称为"Joara Mico"（Mico是当地人对地区首领的称呼）。他有权力领导着卡托巴河上游及其支流附近的一些城镇。帕尔多以他西班牙家乡的名字重新命名这个小镇为昆卡。他在约拉建造了一座名叫圣胡安的堡垒，并派了30名士兵驻守在那里。尽管早期的探险队已经在内陆建立了季节性的营地或已经临时占领了当地的城镇，但帕尔多明确地建造了圣胡安堡，将圣埃琳娜殖民地扩展到佛罗里达的北部边境。就这样，他在现在的美国内陆建立了最早的欧洲殖民地。后来，帕尔多又建立了5个前沿哨所，但圣胡安堡仍是他整个帝国规划的中心。

西班牙士兵在约拉的18个月里，大部分时间都与这个小镇的居民保持着友好的关系，例如，西班牙人至少两次协助当地的战士在田纳西州和弗吉尼亚州的阿巴拉契亚山脉袭击敌对土著首领。此外，在帕尔多准备离开堡垒进行第二次远征时，他命令其少尉阿尔韦托·埃斯库德罗·德比利亚马尔（Alberto Escudero de Villamar）"判断并维护当地所有酋长和印第安人的友好关系"。然而，就在帕尔多于1567年11月离开后的几个月，圣胡安堡和约拉人之间的关系就出现了灾难性的恶化。1568年5月，传到圣埃琳娜的消息称，印第安人袭击并摧毁了帕尔多的所有堡垒，包括圣胡安堡。可能导致此次激烈反抗行动的因素有几个，但最突出的两个是士兵对食物的需求和他们对当地妇女的不当行为。最后，130名士兵和帕尔多所有的堡垒都被摧毁，而西班牙最后一次企图殖民佛罗里达北部边境的行动也随之失败。事实上，在一个多世纪之后，其他欧洲人才深入到阿巴拉契亚山脉南部。

贝里遗址考古

考古学和历史学证据表明，贝里遗址（31BK22）是约拉和圣胡安堡的所在地。贝里位于卡托巴河上游的一条支流上游河，即现在的北卡罗来纳州伯克县（Burke County）。遗址占地约4.5公顷，位于上游河与爱尔兰河

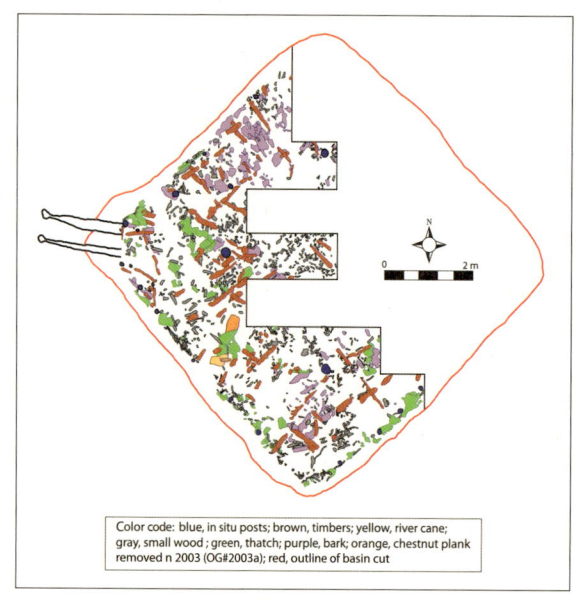

图10：建筑物1的有机物。

图11：建筑物1的木质梁，带有横切锯痕。

图12：建筑物5的镶嵌画。

图13：建筑物5的铁制盔甲。

（Irish creek）交汇处一个75公顷的冲积洼地东侧边缘。考古证据表明，贝里是史前晚期卡托巴河流域上游最大的遗址之一。赛勒斯·托马斯（Cyrus Thomas）在1894年通过史密森学会民族学研究所（the Smithsonian's Bureau of Ethnology）发表的有关土墩勘探的报告中第一次对这个遗址进行了描述。

这个土墩及其周边都是定期清理的，而且在1950年前的某个时期，为了填补一个遭受侵蚀的低洼地区，这个土墩被推平了。我们的研究持续了22个田野季度，或者说是超过120周的考古发掘与调查。

在16世纪，贝里遗址（如约拉）位于密西西比文化圈的东北边缘和西班牙殖民地西北边疆。贝里是某个密西西比酋邦的政治中心，是大约从1000年到1600年里大陆中部和东南地区诸多同类型政体的中心之一。通过对贝里遗址南部和北部进行的系统调查，发现了26处密西西比陶器遗址，其中多处遗址可能与贝里属同一个时期。我们认为附近的这些考古遗址是贝里政权的核心部分，同时我们把印第安人占领卡托巴河上游和亚德金河（Yadkin）的这段时期称为伯克时期（1400—1600年）。田野工作包括对这个面积为5公顷的遗址的大部分地方进行系统的地面收集和坡度测量调查。发掘面积超过1750平方米，并重点关注一个1.5公顷的区域，我们在此发现了大量西班牙陶瓷、五金工具和军事用品，还发现了一组五栋烧毁了的建筑物。我们确认这就是昆卡，并称之为西班牙建筑群（the Spanish Compound），这是圣胡安遗迹组成部分的防御工事。我们在这两个方面的

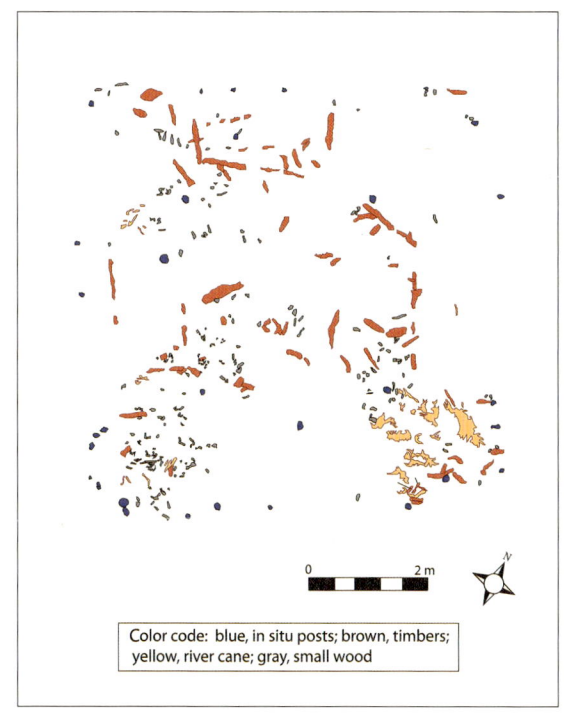

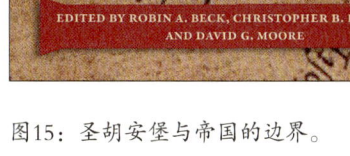

图14：建筑物5的有机物。 图15：圣胡安堡与帝国的边界。

研究为跨大西洋的帝国和殖民主义考古学研究提供了独特的见解。

西班牙建筑群

在这个"西班牙建筑群"里有5个巨大柱状固定结构,其中4个建在半地下的凹地里,但均被烧毁。到目前为止,我们已经研究了其中的两座建筑,即建筑1和建筑5。对它们的发掘和分析为我们了解其工程建筑提供了大量的数据。1号建筑是两者中较大的一个,侧面测量结果为7.5米(约56平方米),是四个建在凹地里的建筑之一。类似的凹地在整个阿巴拉契亚山脉南部地区以密西西比文化晚期的建筑较典型,实际上,1号建筑的大部分结构似乎也是该地区原住民风格建筑的代表。它包含1个中央火膛,4个巨大而深入的内部支撑,和位于建筑一角延伸出去的通道作为明确的入口。但是占地49平方米的5号建筑却不那么具有典型的原住民建筑风格。尽管它也包含一个与1号建筑相似的中央火膛,但它不是建造在凹地中的,其入口通道也不明显,难以识别。它的四个核心支柱伫立在很浅的柱坑中,无法为其屋顶提供足够的支撑,因此后来又增加了两个内部支柱以稳定建筑。这两个建筑里保存完好的有机样品为金属工具的使用和欧式木工手艺应用在木材采伐、前期准备、建造方面提供了清晰的证据。这些样品包括1号建筑的锯木和栗树木板,5号建筑的木板条,以及来自这两座建筑的样品上的钉子洞。这两座建筑连同其他三座仍未被发掘的建筑被同时烧毁,并且没有任何证据显示它们曾被重建过。

自1986年以来,我们已经在贝里遗址发现了200多个遗迹现象并发掘了其中的60多个。我们已确认和发掘的坑大部分都位于西班牙建筑群里。考虑到空间的限制,我们的目标不是描述所有的发掘过的遗迹现象,而是关注于遗迹现象中包含有欧洲手工艺品或者可能来源于非原住民文化的铜器碎片的样本。迄今为止,我们已经在这个建筑范围内清理出16个这样的遗迹现象,并细分为两种不同的集合,分别称之为中心遗迹现象和西部遗迹现象。其中大部分可能是在房屋建造过程中作为涂饰材料处理坑开始的,随后便填满

图16：发掘圣胡安堡。

了生活垃圾。5号建筑附近的其他堆积里也包含垃圾。

  根据考古现场和实验室数据，我们确定了西班牙建筑群的两个主要建筑阶段。第一阶段在遗址的北部边缘附近建造了1号、3号和4号三个略微呈弧状分布的建筑。我们相信，第一阶段的开始时间与1566年12月下旬帕尔多抵达约拉的时间相吻合。并且从建筑1复原的数据，特别是欧洲与当地的木工手艺和工程建筑的融合来看，在圣胡安堡被占领初期士兵与原住民是相互合作的。事实上，1567年9月，当帕尔多在第二次远征期间返回约拉时，他在冬天来临前留下了30名士兵。公证人胡安·德拉班德拉（Juan de la Bandera）记录道："他兴建了一座新的木屋，里面有一个装满玉米的高架房，是部落酋长……为陛下服务的上尉命令建造。"76号坑位于中心遗迹现象东部边缘的附近，里面有一个直径为66厘米、深约10厘米的圆形壁炉，这在西班牙建筑群的早期可能是一个露天厨房。

  在被占领的第二个阶段，2号和5号建筑建在了第一阶段建筑的同一轴线偏西15到20米处，这两个新建筑都打破了中央遗迹现象，具有一定的先

图17：圣胡安堡的地面雷达图像。

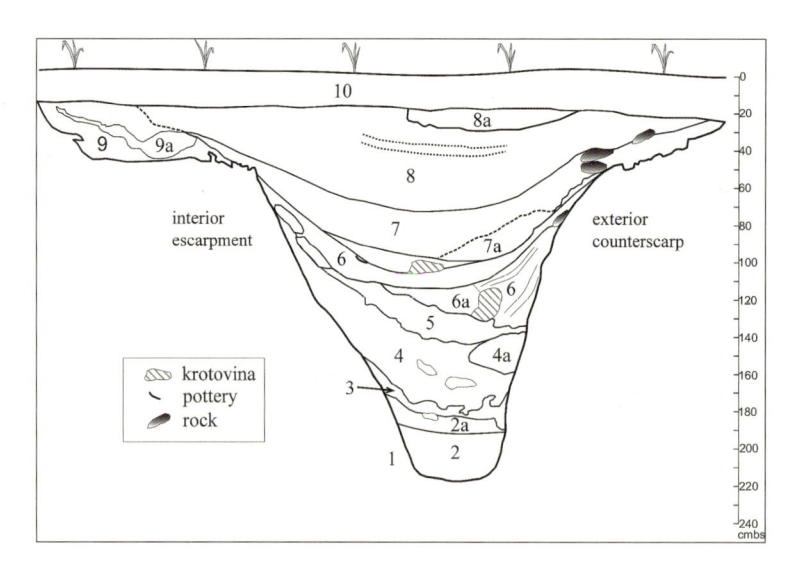

图18：圣胡安堡护城河的剖面图。

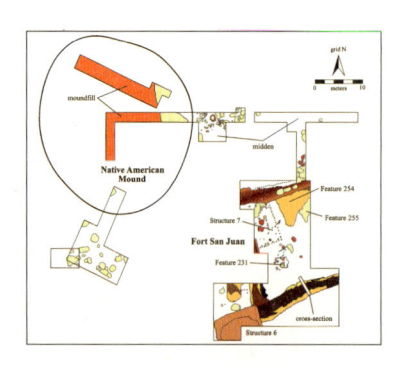

图19：圣胡安堡挖掘的平面图。

图20：圣胡安堡区域的铁制衣物扣。

后关系。关于2号建筑，我们本应介绍更多，因为到目前为止，我们仅仅探索了它的南部一角和部分东墙。但是，在1997年进行的奥格尔（Augur）测试首次发现所有建筑时，表明了这些建筑与该建筑群其他半地下建筑有相同的形状和大小。此外，检测表明，2号建筑的沉积物深度与1号、3号和4号建筑的沉积物深度差不多，也就是说，2号建筑似乎是建在一个和其他建筑一样深的凹地里。然而，5号建筑是一个例外，我们认为在该建筑群使用的第二阶段，它被用作正式的炉台或者厨房，取代了76号坑的露天厨房。5号建筑在该建筑群中比较特别，但与其他西班牙殖民遗址的厨房相似。它既靠近垃圾处理坑，也靠近一大片堆肥场，这是该建筑群中发现的唯一一处类似堆肥场的遗存。

圣胡安堡

我们在这个建筑群的广泛工作为了解这一殖民接触的日常活动提供了信息。圣胡安堡的士兵大部分时间都是在这里度过的。他们在这里睡觉、吃饭、互相交往或与约拉的男人女人建立人际关系，他们在这里遵循着日常生活的习惯和常规。在我们过去几年的考古田野工作中，感到难以捉摸的仍然

图21：建筑物7，在圣胡安堡建设前已拆除。

图22：圣胡安堡西部挖掘的建筑物8。

是有关防御工事本身的证据，就是圣胡安堡究竟在哪里。

在其他早期殖民地遗址，这样的生活区域通常在空间特征上有别于防御工事。也就是说，在遭受殖民统治的地方，生活空间与其公共或防御区域之间是保持隔离的。1588年，约翰·史密斯（John Smith）的报告称，在罗阿诺克岛（Roanoke Island）被遗弃三年后，在岛内发现了拉尔夫·莱恩（Ralph Lane）的殖民地。他写道："堡垒中有几年前他手下建造的各种必要且体面的住宅。"对于1564年在佛罗里达建立的法国加罗林堡垒（Fort Caroline）的描述也表明，其住房均建造在堡垒之外。随着在2013年发现了圣胡安堡，我们现在意识到这种生活区与公共或防御区的明确划分同样适用于贝里遗址。我们确信，帕尔多驻军的地方，在被西班牙短暂占领之前和之后，占主体地位的还是大量的当地风格的建筑。

自2014年以来，我们已从圣胡安堡的考古现场中移除了约240平方米的犁耕地带（图6）。这些犁耕地带的土壤中包含的西班牙文物和美洲原住民文物与从西班牙建筑群中发现的文物数量相似，然而，在堡垒内部及其附近犁耕地带以下的土层极为复杂，我们对此也知之甚少。这主要是因为不管在圣胡安堡被占领之前、占领之时，还是占领之后，遗址的这一部分地区曾有过一系列广泛的活动。理解在这个极具争议的土地上权力和反抗的社会关系，是我们在下一个阶段的研究中力求解决的关键问题。在犁耕土壤之下，我们可以看见许多遗迹现象，有些十分有趣。其中一个就是位于堡垒西南部的大圆坑，直径约1米。值得注意的是，它被由水沉积物组成的不规则晶状体包围着，因此，这个坑很可能是一口井。

就在这个坑的北面，有一个长方形的单体建筑（7号建筑），由于护城河的北面和西面均经过此地，该建筑应比堡垒更早建成。其内部的几根大柱子可能用于支撑屋顶，两个疑似火膛的遗迹位于建筑的中心附近。在堡垒内部北面边缘还有几个坑，包含厚厚的黏土沉积物（254号坑），其面积为30平方米，深6厘米（取决于耕作深度）。这个坑由一种干净的黄棕色黏土

图23：艺术家对圣胡安德约拉堡的渲染。

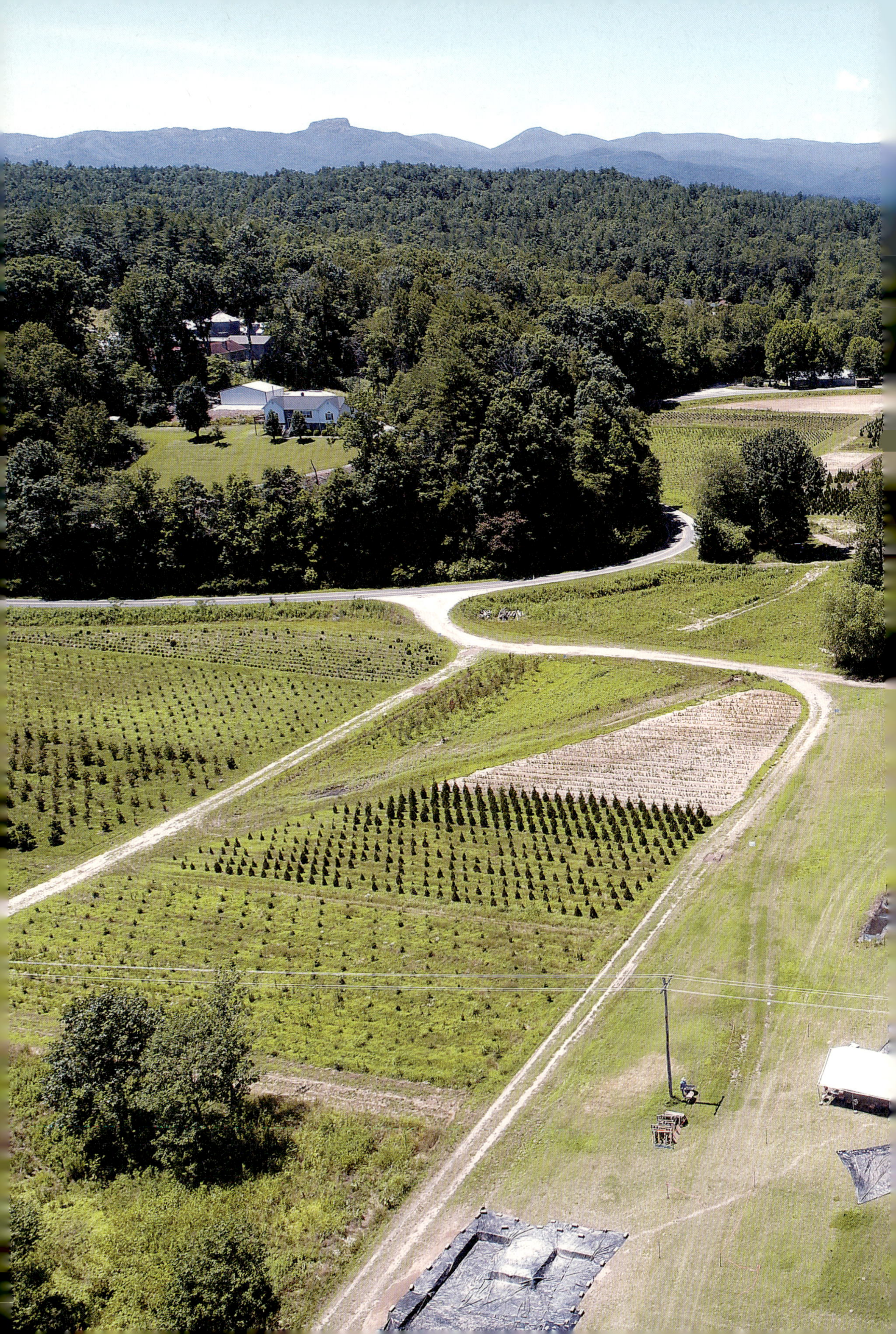

图24：2019年贝里遗址的航拍视图

构成，这种黏土在遗址的其他地方均没有发现。似乎是有意为之，且与矩形的柱子建筑平行排列。与这种黏土相邻的是一个类似贝丘的沉积坑（255号坑），类似于我们在西班牙建筑群西部发现的贝丘。要解释堡垒内部的这些沉积坑，尤其是要确定哪一个坑出现在被西班牙占领之前，哪一个坑出现在被西班牙占领之后和哪一个坑出现在被西班牙占领的时候，需要更广泛而深入的考古工作。而且对于我们来说，这的确是一个令人激动的挑战。

结　论

1492年10月，哥伦布在巴哈马群岛（Bahamas）登陆，开启了可能是人类历史上最具戏剧性的文化交流。从南美洲的火地岛（Tierra del Fuego）到北美洲的圣劳伦斯河（the St. Lawrence），跨越两大洲的美洲原住民，经受住了来自西班牙、英国、法国、葡萄牙、荷兰和其他远在欧洲最具殖民愿望的国家的探险者、定居者、传教士和奸商的殖民浪潮。在这些国家中，西班牙是截至目前，在早期的探索和征服方面最雄心勃勃的国家。

图25：圣胡安堡西部的建筑物8。

图26：建筑物8中的铜手镯。

图27：圣胡安堡西部的烧毁建筑物9。

连同我们之前在西班牙建筑群内部的工作，我们在圣胡安堡正在进行的工作与北美其他考古项目一样，为人们提供了一个全面而有力的早期殖民主义视域。结合早期殖民冲突背景下的考古学和民族史资料，我们的研究将有助于从人类学角度更广泛地了解位于全球化带来的政治、经济和物质变革的转折点的南大西洋边疆。

项目负责人简介

罗宾·安德鲁·贝克

大卫·吉尔伯特·摩尔

  罗宾·安德鲁·贝克是密歇根大学人类学系副教授，担任考古人类学博物馆北美考古副主任兼馆长。2004年他博士毕业于美国西北大学。研究兴趣包括北美东部、玻利维亚和秘鲁的安第斯山脉中复杂社会的考古学和民族史学，现今美国东南部的早期殖民遭遇，以及一些与社会变迁长期轨迹相关的广泛话题。2006年，贝克获得了用于表彰美国东南部研究领域杰出青年学者的C. B. 摩尔奖，以表彰他在考古方面的杰出贡献。他的研究得到了国家科学基金会、国家地理学会和温纳−格伦（Wenner-Gren）基金会的资助。

  大卫·吉尔伯特·摩尔是美国北卡罗来纳州阿什维尔（Asheville）沃伦·威尔逊学院的人类学教授。在加州大学伯克利分校取得了学士学位，以及硕士和博士学位。在北卡罗来纳大学教堂山分校获得了人类学博士学位。1986年，在完成了调查贝里遗址的毕业论文之后，他与同事罗宾·贝克、克里斯托弗·罗宁和蕾切尔·布里格斯加入了贝里的发掘工作。贝里遗址考古项目得到了国家科学基金会、国家地理学会和新墨西哥州圣达菲高等研究院的资助。他协助创立了约拉探索基金会，并在其中担任高级考古学家，该基金会是美国东部最大的公共考古项目之一。在过去的六年里，通过在贝里遗址、地方学校、博物馆和其他公共场所的公共项目，约拉探索基金会已经为14000多人提供了服务。

克里斯托弗·伯纳德·罗宁　　　蕾切尔·弗吉尼亚·布里格斯

　　克里斯托弗·伯纳德·罗宁是美国路易斯安那州新奥尔良市杜兰大学人类学系的教授，同时也是贝里遗址考古项目的联合负责人。1994年，以优异成绩毕业于哈佛大学，获得人类学学士学位。2004年毕业于北卡罗来纳大学教堂山分校，获得人类学博士学位。2005年，他作为美国东南部考古学杰出青年学者获得了C.B.摩尔奖。2014年，他在德克萨斯州奥斯汀主持了美国考古学会（SAA）年度会议的项目委员会。他目前是东南考古会议的秘书，美国考古学会（SAA）出版的《美洲考古》的书评编辑和美国考古学会期刊《美国考古学会考古记录》的编辑。他对考古学的学术兴趣包括以下主题：文化接触和殖民主义、文化景观、纪念物、建筑、仪式和宗教、混沌理论、复原力理论以及北美原住民史和史前史。

　　蕾切尔·弗吉尼亚·布里格斯是美国北卡罗来纳大学教堂山分校人类学和考古学系的教学助理教授，也是贝里遗址考古项目的最新联合负责人。2005年，她在沃伦·威尔逊学院获得学士学位；2017年在阿拉巴马大学获得人类学考古学博士学位。她的作品已经在《美洲考古》《南方本地》以及其他期刊上发表。目前，她正与人合编一部名为《密西西比妇女》（佛罗里达大学出版社）的著作，该书主要讲述了美国东南部地区史前晚期当地妇女所扮演的动态角色。她的学术兴趣主要集中在饮食习惯、性别研究、感官体验、实验考古学、神经美食学和体验认知，尤其是她的大量研究都集中在美国东南部以玉米为基础的饮食习惯。她参与了几个正在进行的研究项目，广泛地探索研究与这些饮食习惯相关的工具、膳食，甚至感官体验。

对外居民点的挖掘。（照片：斯文·汉森）

多瑙河下游的"莫古拉·戈加纳":一处铜器时代的土丘聚落

斯文·汉森(Svend Hansen)
德国考古研究所

罗马尼亚南部皮特雷勒(Pietrele)附近的莫古拉·戈加纳(Măgura Gorgana)土丘是一处略呈椭圆形的聚落遗址,周长约255米,东西近97米,南北90米,最后阶段的遗存仍高达11.5米,比周围高出9米,令人印象深刻。在该聚落被放弃之前,蔚为壮观的山丘耸立在多瑙河河谷之上,从远处就能看到。

自2004年以来的每个夏天,由德国研究基金会慷慨资助,德国考古研究所欧亚部、罗马尼亚科学院考古研究所与法兰克福歌德大学自然地理研究所合作在多瑙河下游的皮特雷勒遗址开展考古发掘。

据目前研究,该土丘聚落起止于约公元前4550—前4250年,延续了约300年。同期的东南欧多数地区的土丘聚落早已废弃了。罗马尼亚南部的土丘不仅与此类型聚落的晚期改变不同,与东南欧其他土丘聚落在形式上也不同。表现之一在于它们的高度与陡坡,使得这些聚落普遍高于周围的环境,与喀尔巴阡(Carpathian)盆地南部希斯-温查(Theiss and Vinča)文化的平地聚落完全不同。

我们在土丘南部发掘出一个完整的聚落序列,提供了厚达11.5米清晰的地层关系,这是难得的成果,既需要高超的技术又耗费时间。这项成果是第一次完整地、有记录地揭示出延续了300年的古梅尔尼亚文化(Gumelniţa Culture,公元前4550—前4250年)的地层关系。

300多年累积11.5米的厚度非常罕见;相较之下,著名的保加利亚色雷斯(Thrace)卡拉诺沃(Karanovo)土丘聚落堆积达13米高,面积比皮特雷勒遗址稍大，但从新石器时代早期一直延续到青铜时代。其中的第六层，与皮特雷勒遗址同期，厚度也就3米多。

一个时段内皮特雷勒遗址堆积厚达11米多的地层该如何解释？也许，我们不能认为这是聚落残留下来，而应引入土丘是仪式性建筑的想法。整个土丘上遍布着被烧过的或毁坏过的房子，一层摞着一层，垫土就来自土丘周边。放射性碳年代测定清晰地表明，该遗址的使用从来没有中断过，也没有被扰乱过。另外，该遗址出土了2500余件完整器物，这极利于了解陶器的发展，而这些房址就可以用作"封闭情境"（"closed contexts"），这也将是研究陶器的基础。

所有烧过的没烧过的房子都被厚约1米的黏土和沙子覆盖着，之后新房子会在这层垫土上起建，因此土丘聚落堆积快速。大量的沙包不仅能封锁住原来的地层，同时也为新房子的起建提供必要的地基支撑，而新房子的柱洞就挖在这些填土里。显而易见，生活在土丘上似乎特别有意思。在这里生活，不仅充满了攀爬的起起伏伏，而且在整个使用期间，来自大火及随之而来的破坏、土丘自身的滑坡与空穴等威胁与日俱增。

长期以来，人们认为土丘聚落是一个完整的聚落。而我们研究的最重要的成果之一是在土丘底部发现了一个相当大的聚落，即占地约5公顷的平地聚落，地球物理调查尚未找到四至。由于整个平地聚落是在土丘聚落使用后期出现的，那么问题就来了，该如何阐释土丘自身呢？一种意见认为，土丘聚落既是整个聚落的核心，又是社会与政治统治的代表。最有力的证据是数量多且普遍质量高的文物，如金属制品。

该遗址起始于约公元前4550年，或据罗马尼亚考古学术语，新石器时代晚期（博伊文化，Boian Culture）与铜器时代（古梅尔尼亚文化）之间的过渡期。该地区其他遗址的几个碳十四年代数据提供了可供对比的数据，加剧了这一时期的复杂性。因此，这个土丘聚落成了一个庞大的新建计划的组成部分，我们也可据此认为皮特雷勒是新式建筑而非之前新石器时代的。

地形学证据

从一开始，重建公元前5000年的地貌对发掘皮特雷勒至关重要。研究结果表明，在这一时期，多瑙河流经一个大湖，暂时将其命名为"拉库尔·戈加纳"。该湖大致范围在如今的久尔久（Giurgiu）到奥尔泰尼察（Oltenita），可能比博登湖大。这些结果的意义并不局限于皮特雷勒当地的定居历史，而且还远远超出了这一范围。新石器时代和铜器时代的定居点坐落在现今草甸的台地边缘，这里曾经是古湖泊的堤岸。皮特雷勒，与其他铜器时代的聚落一起，可以直接从大湖和多瑙河里取水。诸如萨尔塔娜（Sultana）等土丘聚落，如今似乎坐落在内陆地区，但它们很可能与湖泊系统相连。

此外，湖泊的位置也说明了古梅尔尼亚时期聚落之间物质文化的紧密重叠：这些湖边聚落本质上构成了该文化的核心，并在几个方面偏离了色雷斯卡拉诺沃文化和保加利亚北部的科多阿德门文化（Kodžadermen Culture）。

如上所述，湖泊为皮特雷勒居民及周边聚落提供了丰富的食物资源。良

从北面看的皮特雷勒定居山。（照片：斯文·汉森）

上图：11.5米完整的地层序列。（照片：斯文·汉森）

下图：项链珠子和金吊坠。［照片：M.托德拉斯（M.Toderas）］

好的保存状况、大量可复原的骨头的采集以及湿筛法的采用为研究皮特雷勒遗址大规模捕鱼活动提供了方法上的可靠基础。多数鱼类遗存为鲤科鱼（鲤鱼）、鲶鱼、鲈鱼和梭子鱼。不过，只有很小一部分的捕鱼工具和材料被保存下来，渔网、渔栅或木制渔具本来可以保存在被水浸过的定居点，但它们早就变质了。但渔网捕鱼一定是最常使用的，这体现在大量的小鱼残骸上。

社会考古

东南欧的铜器时代是欧洲文化发展的一个动态变化的时期。采矿的战利品和新金属材料的熔炼，不仅为一个新的考古时代命名，而且毫无疑问，它们还引领了一场自农业出现以来最具革命性的变化的冲击。无论是现代工业还是由此产生的技术发展，都离不开金属。直接后果可能只局限在区域范围内，但它们最终是如此普遍，以至于很快导致了许多领域内不可逆转的发展态势。铜和金对喀尔巴阡盆地和东南欧的发展带来了特别深刻的影响。

金属所提供的巨大潜力当然不是完全可以理解的，但这种材料的特性无疑提出了重大的观念障碍：一种材料表现出如此不同的性质，在许多方面都很容易操作，能够完美地复制任何物体，这是迄今为止闻所未闻的。事实上，金属作为一种材料几乎是取之不尽用之不竭的：一旦它被开采出来，一个连续的生产、使用和冶炼循环就建立起来了。冶金术的兴起不仅带来了技术的革新，也带来了社会的变革。

陪葬品的发现，特别是那些来自瓦尔纳（Varna）墓地的，在代表死者所拥有的社会等级的陪葬品财富方面显示出明显的梯度。发掘莫古拉·戈加纳的最初目的是为瓦尔纳墓地的社会历史分层做出贡献，因为象征性坟墓物品的发展与定居点的经济发展相当。

人工制品在皮特雷勒房屋之间的分配，对提出包括专业化和劳动分工在内的经济差异化活动的论点做出了决定性的贡献。物质文化的广泛统一需要一个复杂的系统，不仅在交换过程方面，而且在生产技术方面，专业化远远超出了个别定居点。

在皮特雷勒，可以确定人工制品分配上存在相对明显的差别：比如，南部的探沟F中的房址内出土了绝大部分的狩猎捕鱼制品。类似地，北部探沟B的3处房基内出土了谷物碾磨和纺织产品，现场发现了未被扰动且未烧毁

铜针（最大长度20厘米）。（照片：斯文·汉森）

的织机2架。我们倾向于认为这里存在着不同经济专长的家户。也许这些生产活动并不只是在家户中进行，但从遗址整体来看，土丘上并不存在同质的经济活动。

摆在眼前的专业化表明新的职业被唤醒了，并从中产生了传统，如陶工、长刀制造者和铸工。事实上，专业人员确实存在于公元前5000年，这绝不是考古学理论上的虚构。

探沟F内无打破关系的8座房子持续不断地延续了300年，家族内代代相传，为狩猎和捕鱼专业化提供了有力证据。由此可以推测，孩子继承并学习父母的职业是一种家庭传统。建立劳动分工的另一种方法就是了解产品的制造。我们可以从新石器时代已经建立的极其复杂的手工知识中得出结论，即在维持生计的部门之外存在着一种协作生产过程，这种手工知识一定是代代相传的。

金属制品的生产同样需要专业知识。该遗址出土约300件铜制品，主要是铜锥、铜针和一把铜凿，很可能不是本地生产，而是来自尚未确认的外部作坊。另一方面，确认欧洲最古老的铅矿开采就在皮特雷勒。利用便携式X射线荧光和一系列实验室分析，在从遗址采集的11个双锥形容器（坩埚）中发现了微量的铅。这种熔炼过程的最终产品仍不清楚，但它似乎与金属生产过程没有直接关系。然而，来自皮特雷勒以及罗马尼亚和保加利亚其他同期聚落和墓葬的大量此类器物表明，此类活动是一种广泛的文化实践，我们可以相当准确地确定年代在公元前4400—前4300年之间。

到目前为止，该遗址已经发现了大约13000块燧石刀片和石叶残片，这些刀片和石叶残片仅作为成品运抵该聚落。20多厘米长的石叶（所谓的"超级石叶"）明显是专业工匠的产品。另外，实验考古调查表明，制作如此高质量的石片需要大量的练习。"超级石叶"是采用"压杆"技术制作的，在瓦尔纳和杜兰库拉克（Durankulak）的墓葬内以及土丘聚落内均出土了大量的此类遗存，皮特雷勒遗址也是如此。如上所述，这些石叶需要专业知识才能制作，这一过程很可能是在保加利亚东北部燧石矿的作坊里进行的。

甚至连陶器都是由专门的陶工制造的，部分证据是用进口石墨装饰的大碗，碗上的图案复杂而迷人，这几乎肯定需要大量的知识、实践和技能才能完成。

在专业化生产的陶器组合中有大口陶坛（pithoi），这是一种大型储存容器，在该遗址中被视为技艺精湛的高端产品。这些陶器的发现表明，陶工不仅掌握了生产此类尺寸容器的技术上和时间上的要求，而且具备了控火能力，这些知识对于此类器物的生产绝对是至关重要的。相较于小型实用陶器，制作大型陶器需要更加复杂的技术。

因此，我们对大型储存陶器的工艺史特别感兴趣。此类器物上的纹饰也为小型陶器所不见。这是大口陶坛上典型的纹饰,因为螺旋形图案没有可见的起点或终点,因此会给观察者带来特殊的不确定性。

皮特雷勒出土的大口陶坛暗示着专门化的工艺以及生产的过剩。这些陶罐的容量多达400升,从根本上证明了剩余产品最有效的储存方法。同样,这种特殊产品的工艺专门化是由于需求的增加而产生的,只有在需求持续走高的情况下才能维持。因此,关于超大陶罐生产的专门知识是建立在需要储存剩余产品基础上的。

皮特雷勒的家庭经济可以用一个再分配系统来描述,在这个系统中,一个权威机构监控生产,征用剩余产品,重新分配,并收取产生的费用。这一体系并不局限于土丘聚落及其附属的平地聚落,而是包括了邻近的其他小村庄。这是一种社会分化的和等级化的系统,在该系统中农业生产已经开始,并在很大程度上以捕鱼和后来的狩猎作为补充。

在一定程度上,皮特雷勒的剩余产品是在身体胁迫下生产的,但依赖暴力的制度是不可持续的。更重要的是,它需要社会凝聚力的机制,需要团结一致的时候来动员人们支持这个制度。这个经典角色是由宴飨来扮演的。成堆的食物垃圾证明了在皮特雷勒的盛宴:在探沟L发现了一堆贻贝壳,数量超过了2500个。假设今天常见的贝类食物大约有12种,我们可以推断大约

两个大容器。(照片:斯文·汉森)

陶器组合。（照片：斯文·汉森）

有200人参与了这次饕餮盛宴。

公元前4325—前4252年的皮特雷勒发现了部分保存完好的餐具和陶器，为这里曾设盛宴提供了进一步的证据。19个小杯子被安置在一个精心装饰的碗里。这一令人难以置信的发现还包括一个中等大小的碗，上面饰有漂亮的波浪纹，由小线条组成，还有几个中等大小的涂有装饰料浆的两耳细颈罐，带有塑料装饰和"库姆普"（"kumpf"）一样盖子的盖碗。遗憾的是，这套组合是不完整的，因为大碗的边缘和内里的杯子被卡在剖面上。然而，更令人困惑的是，在这一组合中发现了以往从未见过的另外两种器型：一是25厘米高的陶塑，发现于大碗一侧；二是烧过的双手上举的人形容器，饰以石墨图案。毫无疑问，这组器物因其非凡的质地和两件罕见的人形容器的外观而被认为是特殊宴会或祭仪用品。

宴会不仅能增强集体意识，还能在提高集体工作能力方面发挥重要作用。在农业社会，劳动盛宴将有助于动员数百名工人。一顿丰盛的大餐（也许还有一两杯酒）的承诺，对那些食物资源有潜在不稳定性的社区的确起到

空心拟人化小雕像（高18厘米）。（照片：斯文·汉森）

了激励作用。

两件在皮特雷勒宴会用器物中发现的人形容器，强调了这种权威的先验维度。535座人形陶塑和190座动物形陶塑，根据此类遗存的数量，我们推测这个土丘聚落不仅控制了经济活动，还有祭祀活动。即使是一类小雕像群也明显具有社会关联：在瓦尔纳墓地里，由骨头制成的大而弯曲的小雕像被认定为骨祖，只与更高社会阶层的人有关。如将这一理解应用到皮特雷勒所发现的9个骨祖上，我们就会看到皮特雷勒土丘聚落的社会阶层与瓦尔纳墓地的相同。

结　论

经过15年的科学发掘，皮特雷勒令人惊喜的研究成果已经改变了我们对于罗马尼亚南部铜器时代的认知。同时，借助于放射性测年技术，我们的工作为学界揭示了古梅尔尼亚文化第一份完整的地层关系，向陶器编年的修订迈出了决定性的一步。发掘方法和技术让我们得以窥见古梅尔尼亚文化房屋建筑并确定他们生产活动中存在分化现象，这对我们理解该遗址经济和政治组织有重要意义。很明显，这个土丘是一个新的建筑，建于公元前4550年左右。它和罗马尼亚南部的许多其他同类遗存，我们认为是同时代的。可以暂时把这称为一种殖民现象。在这些新建土丘聚落的基础上，定居者不仅建立了一个具有类似生产活动的体系，而且还建立了一个持续了300多年的交流网络。

该遗址崩溃或废弃的原因尚不清楚；最后一期遗存是被焚毁的，但与罗马尼亚南部其他古梅尔尼亚文化最后一期的聚落不是同时期的。因此，必须在更广泛的范围内评估土丘聚落的崩溃或废弃，而不是局限在当地范围内。

皮特雷勒2019年挖掘团队。（照片：斯文·汉森）

拟人化小雕像。（照片：斯文·汉森）

项目负责人简介

斯文·汉森

　　斯文·汉森，1962年生于德国的达姆施塔特（Darmstadt），在柏林自由大学学习史前考古学、古典考古学和宗教研究。1991年获得博士学位，论文题目为《罗讷河谷（Rhône Valley）和喀尔巴阡山之间的厄恩菲尔德（Urnfield）时期的窖藏》。1994年在罗马日耳曼委员会（德国考古委员会）资助下进行了一年的学术考察，之后成为海德堡大学的一名研究助理以及波鸿鲁尔大学的助理教授，并于2000年发表《新石器时代早期至铜器时代的人性雕塑》，受聘为波鸿鲁尔大学的高级讲师。自2003年起，成为德国考古研究所欧亚部的主要负责人。自2004年起一直是柏林自由大学的名誉教授，硕士研究生与博士研究生导师。他的研究重心涵盖技术和社会创新之间的相互作用、社会不平等的出现以及社会和宗教层面的交流。

　　除皮特雷勒遗址发掘外，他在德国、格鲁吉亚和俄罗斯都有田野项目。荣获欧洲研究理事会卓越贡献奖的他锁定了高加索地区（《高加索地区的技术与社会创新：公元前4000—前3000年的欧亚草原与最早的城市之间》）。同时，他还是苏呼米（Sukhumi）国立大学的荣誉博士及罗马尼亚学院的荣誉会员。

从上方看建筑物12。[雨果·安德森·怀马克 (Hugo Anderson-Whymark)]

苏格兰奥克尼布罗德加的尼斯

尼克·林赛·卡德（Nick Lindsay Card）
英国高地与群岛大学考古研究所

布罗德加（Brodgar）的内斯（Ness）（http://www.nessofbrodgar.co.uk）是位于奥克尼（Orkney）新石器时代世界遗产（WHS）中心地带的一处独特遗址。它坐落于苏格兰北端的奥克尼群岛中心地带的一块狭长海角上，这里是北欧古迹分布最为密集的地区之一。它与梅肖韦（Maeshowe）墓群都位于布罗德加石圈（the Ring of Brodgar）和斯丹尼斯立石（the Stones of Stenness）之间。该墓群可能是近处可见的欧洲最好的新石器时代石室墓。

直到2002年这个遗址才因成为一项重大地球物理计划的一部分而被发现，该计划旨在将这个新指定的世界遗产纳入到更广泛的范畴之中。这一计划探测出尼斯的两块土地地表异常集中。结果的复杂性意味着需要考古发掘来辅助解释。2003年，农田耕作过程中偶然发现了一个大的缺口板，这成为推动田野发掘的催化剂。在发现地点周围的初期发掘过程中发现了一个棱角分明且对称的室内墙角支墩，其风格与20世纪80年代在附近新石器时代村庄巴恩豪斯（Barnhouse）发现的一个建筑结构非常类似。

为了进一步弄清地球物理性质并评估未来潜在的农业损失，（科研人员）随后进行了几个季度的试掘工作。（人们）很快认识到，海角的大鲸背脊（面积约2.5公顷，高约5米）——一个巨大的土丘式的遗存，并非自然景观，而是人类活动的结果，这意味着新石器时代人类长期在此活动。从那时起，在高地与群岛大学考古研究所和布罗德加尼斯信托基金会管理下，每年都会进行大规模区域发掘（但仅占遗址总面积的10%不到）。发掘表明，这里地层堆积深厚，分期复杂，年代跨越了英国北部整个新石器时代（约公元前3500—前2400年），但也有迹象表明中石器时代早期和铁器时代晚期也有人类在此活动。结构序列反映了在家庭范围内其他地方看到的建筑风格变化，这些建筑是早期具有直立分隔的椭圆形建筑；其次是房屋，这些房屋的床嵌入墙壁中，到了晚期房屋的床则凸出到地板上。但是布罗德加尼斯遗址建筑的不同之处在于它们的设计和规模都过于夸张。

目前正在调查该遗址的主要阶段（大约公元前3200—前2400年），此时尼斯流行大型独立的建筑，部分被巨大的石墙所包围。目前发现的大多数建筑都有一个共同的建筑结构，由相对立的石墩划分内部空间，但除这个基本的共同特征之外，规模和工艺呈多样化。这些差异可能意味着不同群体的工作，每个群体都希望在布罗德加尼斯中占有一席之地，群体之间存在着竞争。

总体而言，保存方面非常出色，保存下来的墙壁的高度超过了1米，这清楚地展示出新石器时代石匠对原料的了解及应用的熟练驾驭。虽然大部分石头来自当地的采石场，但有些彩色砂岩是从几千米外开采来的。这些结构不仅在内部以其棱角分明的、对称的建筑而显得特别，而且外部也是如此，屋顶上覆盖着规则的石板瓦——这一技术至今仍在奥克尼使用。良好的保存现状允许我们对每座建筑物进行准确的记录和描绘，尽管它们经历了改建、改动，甚至改变了功能。

虽然乍一看，这些建筑几乎是随机排列的，但它们的组织结构其实有一定的次序。有些是围绕着一个由南北走向的立石组成的中心区域布置的，而另一些则参照遗址上的其他立石来定位，并且在某些情况下，它们与罗盘的基点对齐。排水系统也暗示了一定程度的规划，该排水系统位于建筑物底部和周围，并将污水汇入一个大型的中央排水沟。

毫无疑问的是，北欧（及其他地区）的新石器时代社会是聚集、聚居在重要古迹周围并围绕其运行的。我们还知道，随着时间的推移各个古迹经常被维护或提及，并围绕它们多次举行集会。因此，奥克尼世界遗产区也是如此，它以墓葬和其他公共仪式场所的集中而久负盛名。布罗德加尼斯遗址之所以如此重要，是因为它为我们提供了一个机会，让我们了解在这片景观的中心到底发生了什么。布罗德加半岛和周围土地这一整个"碗（碗状洼地）"被尼斯（遗址）占据着。它似乎对诸如布罗德加石圈、斯丹尼斯立石和梅肖韦古墓等古迹所见证的事件至关重要。从幸存下来的特殊沉积物来看，它也有其自身的意义，对于分散在奥克尼群岛（甚至很可能更远）的新石器时代族群来说，此地极其重要且具有社会意义。

虽然测年项目表明这些片段性的活动有1200年以上的历史，但该建筑群的全部性质和历史尚未完全确定。然而，很清楚的是，布罗德加的尼斯的结构或建筑特点使它有别于该地区的其他地方。那些参观过附近地区新石器时代（遗址）的人应该知道布罗德加尼斯大多数建筑物的组合方式；他们自己的房屋也是类似选择的结果。他们不熟悉的是建筑的规模、个别建筑物和围墙的真正不朽性质。他们也会在复杂的环境中遇到时间穿越的戏剧感。除此之外，我们还发现了大量的人工制品和骨骼组合、彩陶、来自英国各地的奇异材料（包括一种产自苏格兰西南部的类似黑曜石的沥青石、来自英格兰北部湖区斧头工厂的斧坯，以及与巨石阵风格相似的陶器）；弄清了许多建筑物的内部结构；明确了有选择使用的彩色建筑石材；发现了有颜料的绘画以及850多件新石器时代艺术品（超过英国其余地区的总和）。尤其是其艺术的非凡性，因为在这样的纪念性建筑群中，有很多东西是在特定的环境中幸存下来的，这确实罕见。很多艺术作品只有爱尔兰的遗存才能与之相媲

尼斯夜晚的景色。［吉姆·理查森（Jim Richardson）］

美，这再次重申了布罗德加尼斯遗址与不列颠群岛存在广泛的联系。

所有这些都意味着此地不是家庭聚落。在其主要阶段，尼斯似乎是一个来自奥克尼和其他地方人们的聚会之所，他们在这个充满活力的社会的中心参与交换、宴会、炫耀性消费，并庆祝重要事件。

高层次活动也反映在英国最大的新石器时代土丘中，它直径超过70米，现高超过4米，位于半岛最顶端，围墙的外面，主要包含与文化遗存混杂在一起的灰烬和垃圾。土丘的规模似乎是经过了深思熟虑，反映了此地的富足和地位，作为一个炫耀性消费的地方，也是尼斯重要性的象征。

尽管在主探沟中遇到的结构很奢侈，但密封在这个巨大土丘下面的却是结合了许多特殊特征的另一种结构，即27号建筑。这是一处大型长方形建筑，尽管石材遭到严重劫掠，但（仍可以看出）它内外都进行了精心装饰。连长达4.55米由斜石支撑的竖石也被装饰了。目前这座建筑物是独一无二的。地板层尚未清理，但它可能相当于石质的奥卡迪亚（Orcadian）式建筑（一个大型的新石器时代木质大厅），尽管石雕的精致与完美和遗址中最后的主要建筑（10号建筑）有很多共同的地方。

虽然大多数早期建筑仍在使用，但10号建筑（建于公元前2950年左右）在其规模（总体约19米宽，20多米长）、布局结构和预设的社会组织方面与这些建筑明显不同。虽然与斯卡拉布雷（Skara Brae）的新石器时代房屋的晚期风格具有相似之处，但10号建筑在各个方面都显示出住宅的宏大化，或在英国被称为"大房子"的样貌。在附近的巴恩豪斯村也看到了类似的情形，其中8号建筑的建造与布罗德加尼斯遗址的10号建筑最接近。

其基本构造是圆角方形小房间，由厚达4.5米的仪式墙隔开，室内使用了许多不同颜色的砂岩板，也有几块立石，环绕着铺就的小路，门道入口与梅肖韦古墓及春秋分日出在一条线上。

和遗址中的其他晚期建筑一样，10号建筑遭受了下陷（归咎于底层较早建筑）——西南角在最初建造的一两代内就倒塌了（或故意为之？），但其结构得到了重建和大规模改造（大约公元前2850年）。因为增加了角落支墩，中央房间在平面上变成了十字形，在这些支墩下发现了一些特殊奠基，包括一个雕刻的石球、一块装饰华丽的大石头和一块人臂骨。这些支墩可能仅仅是一种结构上的需要，以防止后续的不稳定，但也可以被视为在石头上反映了奥克尼郊外一些大型新石器时代晚期建筑物中发现的四个柱子设置实际上在梅肖韦古墓的主室中也有。在尼斯遗址中，对10号建筑的这种改造与现存的早期建筑功能的变化相吻合，大部分建筑被改造，一些在本质上变得更加实用或半工业化。与早期建筑风格的变化一样，这意味着另一个重大的社会变化。

尼斯遗址最后消亡发生在第三个千年的后半段。10号建筑被部分拆除，填充其内部后形成一个类似石堆的土堆。其他建筑物的遗迹被填满了垃圾，从人们的视线中消失了。在对石头进行系统掠夺之前，最后一步是在10号建筑周围放了至少400头牛的遗骸。这是纪念活动还是新秩序的庆祝活动？这一事件大致与之前奥克尼更大范围的组织网络崩溃同时发生，极少出现的早期青铜时代陶制高脚杯就是证明。一块陶制高脚杯残片和一个放置在牛骨上方的、典型的早期青铜时代的带翼和柄的燧石箭头，对于探索尼斯的灭亡是一个有趣的线索。无论尼斯在上个千年通过它的各种化身代表了什么，这一切都黯然失色。

所有这些因素使布罗德加尼斯成为一个我们期待可以发现更多证据，以改变我们对新石器时代社会生活和社会变化认知的地方。与最近在杜灵顿墙

斧头、权杖和雕刻石球。（雨果·安德森·怀马克）

布罗德加尼斯主要挖掘槽的垂直视图。|斯科特·派克
(Scott Pike)

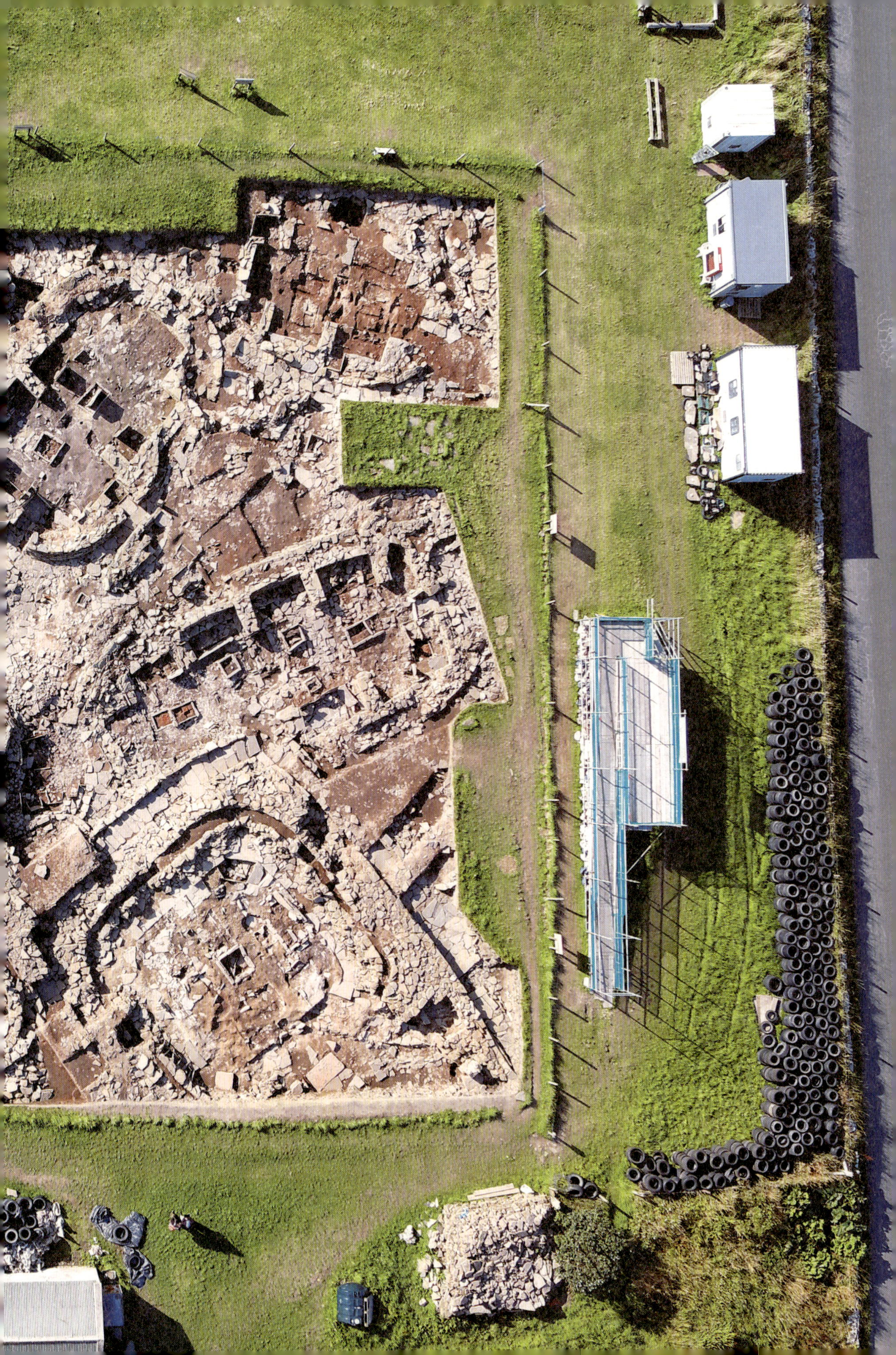

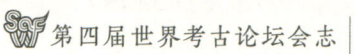

来自建筑物10的多孔石。[安东尼亚·托马斯（Antonia Thomas）]

（Durrington Walls）和巨石阵（Stonehenge）进行的工作相比，该遗址展示出人们在北岛及其周围地区建造世界的具体材料和历史条件的潜力。它可以与横跨大西洋欧洲的其他序列相比较，增加我们对该地区发展的理解，并在更大范围内揭示联系和沟通的本质。

布罗德加尼斯的发掘主要是一个研究项目，它与世界遗产的研究议程、苏格兰考古研究框架（ScARF）的报告、教科文组织的条件和世界遗产组织的管理计划主题相符，但它也积极追求社区和公众的高水平参与。我们鼓励志愿者参与发掘及后续工作。邀请公众参观工地，参加我们的免费导览和特殊开放日，在高架平台上观看现场发掘，并利用众多的解说牌，也可以满足专家和学校团体的需要。发掘工作可以通过我们每天的在线图文日记和社交媒体加以了解。这吸引了数百万的点击量。来自世界各地的学生和志愿者参加我们的田野学校，而学生可以加入我们的"考古发掘俱乐部"。发掘结果通过各种媒体进行发布，包括电视、广播、互联网、印刷品等，并针对学术界和民众的各种兴趣层次进行量身定制。

作为一项研究项目,(我们)在发掘现场和发掘后都大量采用了新技术,包括摄影测量、古地磁测年、便携式XRF地面分析、基于无人机的多光谱测量和摄影、激光扫描、GIS、三维建模、残留物分析、微形态、RTI摄影等,精细的地球物理调查运用了一系列的技术和"智能动物群(Smartfauna)"(该技术可以使用激光扫描和摄影测量对复杂骨沉积中的任何图案进行高度精确的三维空间分析)。这些都为呈现出一个整体的尼斯遗址做出了重大贡献。

尼斯的高知名度和曝光率也为奥克尼当地的经济做出了巨大贡献。这不仅通过筹集资金(主要是通过向为支持该项目而设立的两个慈善机构提供全球捐款)进行发掘,而且还通过旅游业(促进发掘),旅游业是奥克尼仅次于农业的第二大经济部门。随着布罗德加尼斯闻名世界,考古已经成为游客来奥克尼的首要原因——这被称为"布罗德加尼斯效应"。

隐藏在建筑物8墙壁内的装饰石头。[奥勒·托尼斯(Ole Thoenies)]

南界墙的近景。（ORCA）

项目负责人简介

尼克·林赛·卡德

从格拉斯哥大学毕业后，尼克在英国各地开展了广泛的工作。在过去的20年里，他为奥克尼考古研究中心指导并管理了大量的项目，该中心隶属于他协助建立的英国高地与群岛大学考古研究所。

他一直是英国高地与群岛大学的荣誉研究员、奥克尼世界遗产研究委员会成员、特许考古学家学会会员、苏格兰古文物学会会员、布罗德加尼斯信托基金会主席和美国布罗德加尼斯之友副主席。

自从奥克尼世界遗产被提名以来，他一直参与相关遗址的研究和实地工作：是布克安古墓（Bookan Chambered Tomb）发掘工作的负责人；是WHS地球物理学方案的协调人，也是研究议程的主要贡献者。他的兴趣在于英国史前和高地及岛屿的各个方面，特别是关于新石器时代。

自2004年以来，尼克指导的布罗德加尼斯发掘与研究工作获得了国际认可，包括得到《国家地理》的封面文章在内的广泛报道，并获得了多个奖项，包括美国考古学会的认可、当年考古研究项目以及国际安达特旅行考古奖。

他在英国和国外做过很多演讲。2017年，他被美国考古学会授予克雷斯（Kress）巡回讲学资格，在美国各地讲学。

遗址的主要入口，俯视图。

在史前克罗斯岛上预示着城市化和全球化的发展：第三千年前的爱琴海第一次信息革命

科林·伦弗鲁（Colin Renfrew）　迈克尔·博伊德（Michael Boyd）
剑桥大学麦克唐纳考古研究中心

摘　要

卡沃斯（Kavos）位于基克拉泽斯（Cyclades）（群岛中的）克罗斯（Keros）小岛的西端（图1），数十年来一直是希腊最神秘的考古遗址之一。新的田野调查使我们改变了对该岛在爱琴海早期青铜时代中心作用的认识。前期的考古工作确定了卡沃斯是世界上最早的海上圣所之一。2016至2018年在相邻小岛达斯卡里奥（Dhaskalio）上开展的发掘工作显示该地区在公元前2500年左右急剧扩张，并伴随着一系列纪念性建筑的建造以及工艺实践，尤其是冶金的集中化发展。这些因素，再结合该地点的特殊覆盖范围（来访者最远来自希腊大陆，距离西部约200千米）和生计基础的变化，

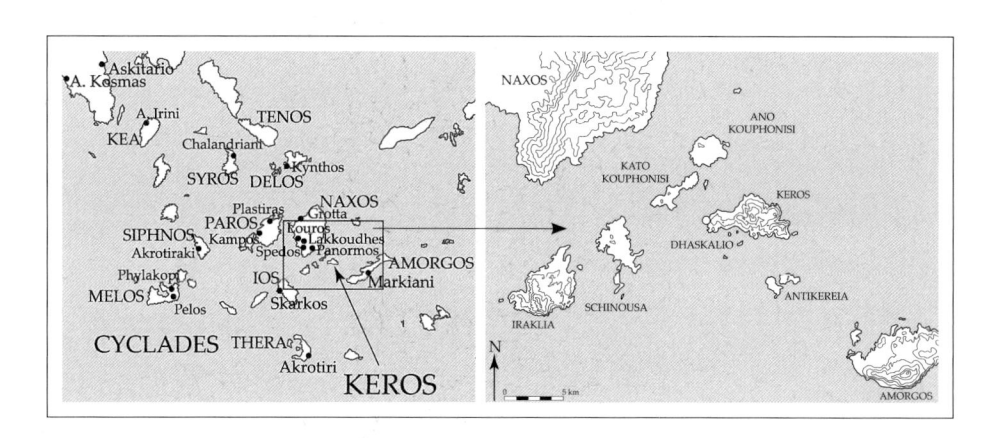

图1：左方为青铜时代海域的环岛群岛，右方为小环岛群岛，显示出克罗斯和达斯卡里奥的位置。

说明了在该地区城市化的发展初期时，其等级和等级社会关系发生了重大变化。当前对新的考古发现进行的研究与阐释，正在改变我们对公元前3000年地中海东部的社会变迁的认识，这是在米诺斯克里特（Minoan Crete）宫殿及其代表的复杂社会和宗教组织出现之前的关键时期。对这些新数据的分析，将极大地帮助我们理解在世界范围内定期集会场所举行的宗教仪式对促进广泛的社会变革方面的作用。

克罗斯的重要性

公元前3000年的数个大理石雕塑（现在在卢浮宫和雅典国家考古博物馆中）的发现使得克罗斯自19世纪末开始为人所知。20世纪60年代，科林·伦弗鲁在赫里斯托斯·杜马（Christos Doumas）的建议下视察了该岛的西端，发现了一个被洗劫一空的场所，乍一看似乎像是一座墓地。希腊考古局于1963年和1967年在抢劫区进行的抢救性挖掘工作中，发现了许多破碎的大理石雕塑、大理石容器和陶瓷。1987年对该地区进行的一次小规模调查表明，这些遗迹已超出了劫掠活动的范围，这个发现推动了2006—2008年之间开展的重大研究项目。

从2006年发掘的第一天起，在掠夺者未触及的地方陆续新发现的破碎的大理石（图2）成为了解这个不寻常的遗址的性质的契机。发掘表明，这些并非墓地的遗物，而是经过精心挑选后特意放入的破碎的大理石。此外，在大多数情况下，每件原始物品都以一件挑选出来的碎片为代表，这同时表示这些大理石雕塑的破裂发生在其他地方，人们将

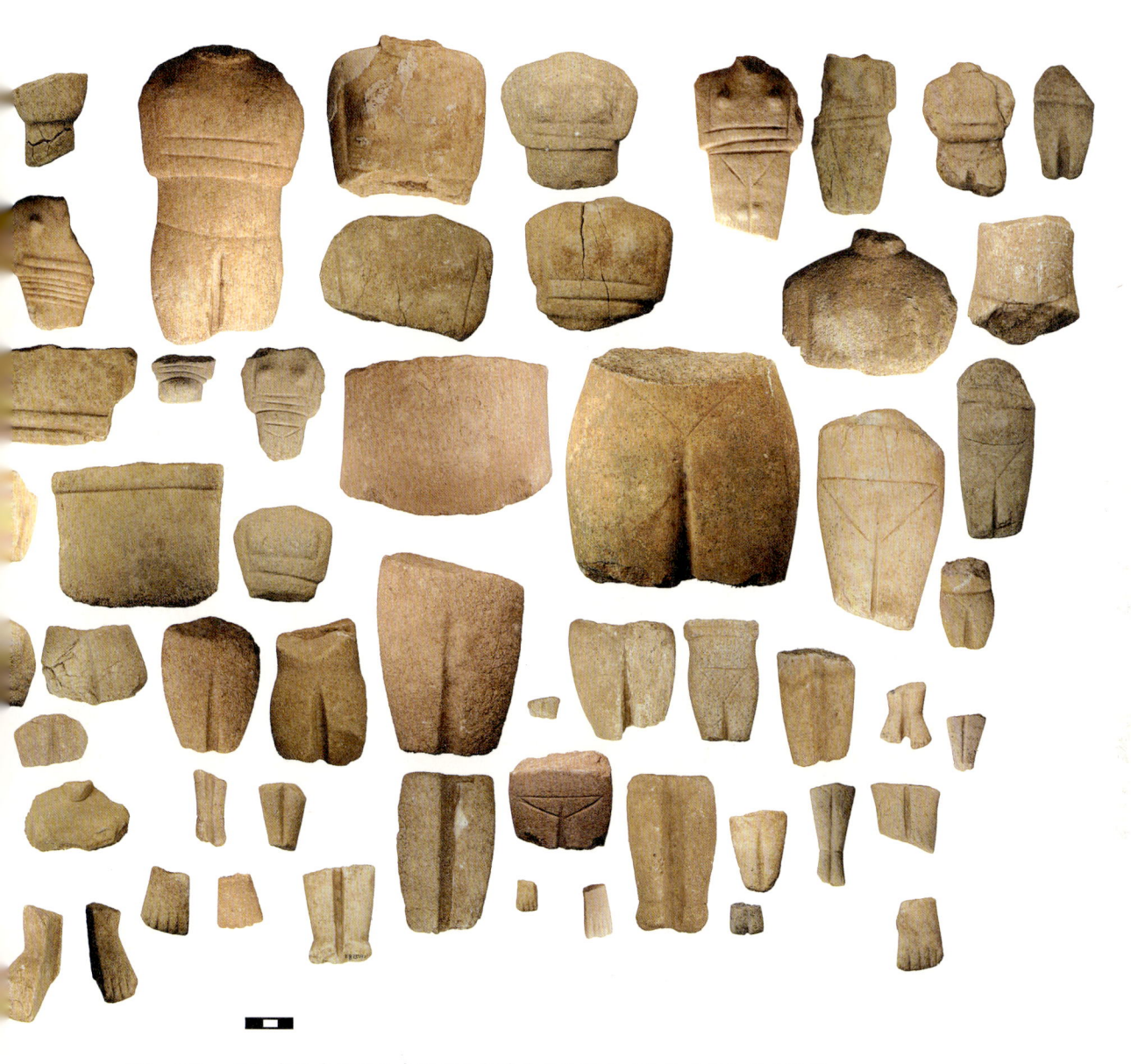

图2：2006—2008年从克罗斯的卡沃斯南部特殊存放区中回收的破碎大理石雕塑。

已经破碎的材料带到基克拉泽斯群岛其他岛屿上。这项历久弥新的仪式为岛上各族群之间维持了近半个世纪的集会中心提供了证据，从而创造了世界上最早的海上圣所。

2006—2008年的发掘项目还集中开展在附近的达斯卡里奥。达斯卡里奥如今是一个小岛，位于卡沃斯以西约90米处，但深海测深法研究表明，在青铜时代初期，它以低洼的陆桥与卡沃斯相连，本身就形成了一个适合当时系留独木舟和长艇的港口。在达斯卡里奥最高处的发掘工作发现了一系列目的不明确的建筑。碳十四测年和陶瓷类型学表明了该处被占用的三个阶段：阶段A（公元前2750—前2550年），阶段B（公元前2550—前2400年）和阶段C（公元前2400—前2250年）。卡沃斯的两处"特殊沉积物"中的大部分活动似乎都追溯到了阶段A，而在达斯卡里奥上发现的大部分活动似乎都追溯到了阶段C。

在2012—2013年，为了更深入了解圣所的腹地情况以及该岛的农业潜力，考古团队在克罗斯岛进行了步行调查。调查显示，尽管克罗斯岛缺乏自然资源和耕地，却被安置了比预期更多的定居点，这有力地表明了岛上采用了新的耕作策略（特别是使用梯田和将生存基础扩大到包括种植橄榄和葡萄）提高该岛的农业潜力。因此，卡沃斯的圣所和达斯卡里奥的建筑物不是完全孤立的，而是在圣所建立的同时，在克罗斯上建立的居住等级制度达到了全盛时期。

2015—2018年项目

2015—2018年之间开展的新考古工作扩大并加深了对克罗斯的调查范围，从而对克罗斯遗址的形成、全盛和废弃产生了标量性的认识。

目的与方法

该项目的目的是调查克罗斯保护区的更广阔区域及其在人员、资源和物资网络中的作用，并了解达斯卡里奥遗址的性质、范围和年代。

为了了解克罗斯在基克拉泽斯群岛及更广阔范围中扮演的角色，考古工作采用了两种方法。首先，对邻近的卡托·库菲尼西岛（Kato Kouphonisi）（距克罗斯5千米，是最近的具有农业潜力的重要岛屿）进行了调查，并在更大的纳克索斯岛（Naxos）的东南海岸进行了调查。这样做的目的是通过对附近大量土地进行采样并在爱琴海创建第一个相邻的海事调查区，来扩大克罗斯腹地的调查面积。我们希望调查的结果能够帮助我们理解一些重大问题，例如在多大程度上利用附近的岛屿来开发其资源，特别是挖掘其农业潜力；纳克索斯岛和卡托·库菲尼西岛的定居模式与已经在克罗斯确立的定居模式相比如何；达斯卡里奥和卡沃斯是否位于共同区域的居住体系的顶端，或者在这些相邻区域中是否存在其他重要地点。最后，为了测试地表调查的结果，计划在克罗斯进行调查的两个地点进行试探性发掘。

　　了解克罗斯在爱琴海网络中的作用的第二种方法是通过资源和材料进行特征研究。先前的工作可以确认在克罗斯使用的所有材料和资源都是从其他岛屿或更远的地方进口的。关于陶器、石材、黑曜石以及潜在的其他有机资源的新的特征分析工作，可能会加深我们对广泛领域物质和资源交换的程度和强度的了解。

　　以达斯卡里奥地区为中心，最近的项目重心旨在回答先前的工作中提出的重要问题。如，整个海角在多大程度上被建筑物占据？定居点的起源是什么，它随着时间的推移而均匀扩展或以点状的形式爆发，是什么导致了它的废弃？该遗址的功能是什么，特别是该遗址比简单的家庭住所更专门化吗？

　　为了解决这些问题，我们采用了一种全新的方法。重点是将专家研究实时地纳入到发掘工作中，并在整个团队中分层传递数据。为此，使用了运行在iPad上的iDig应用程序的完全数字记录方法（图3）。iDig是为记录雅典广场发掘中的发掘数据而开发的，但我们对其进行了重新调整，以便将专家研究中的所有信息与发掘数据结合在一起，从而促进专家、发掘者和执行团队

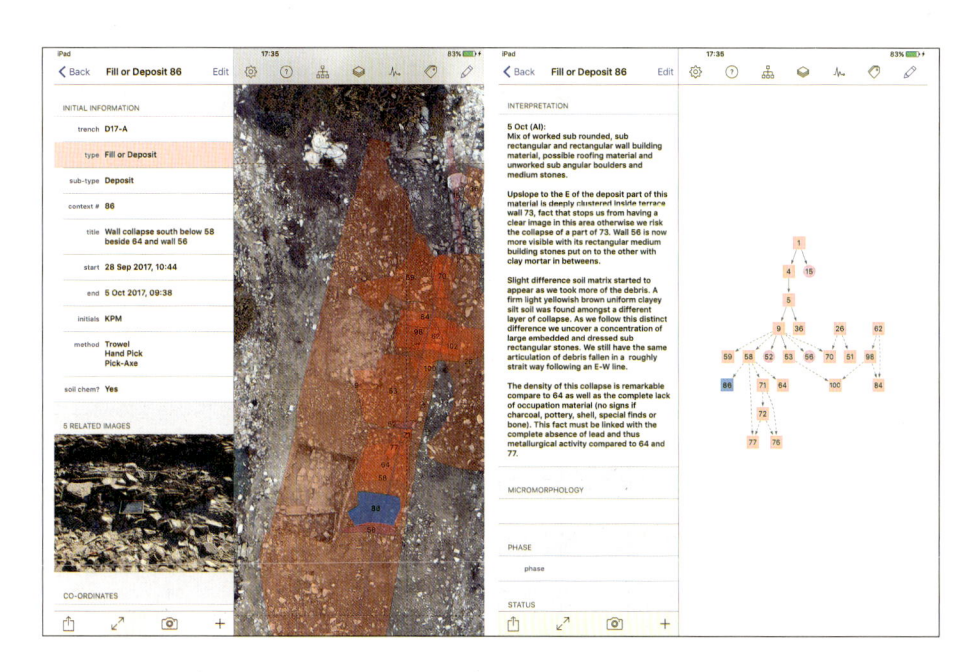

图3：iDig的屏幕截图。

之间的自反性。微观形态学家和土壤化学家等现场专家将其结果直接记录在与发掘者相同的数据库中，并将田野的实验室研究（尤其是陶器和环境数据）记录在同一数据库中。其中对陶器研究的工作流程进行了特别设计，以便由六名专家组成的小团队在发掘后的第二天就可以研究材料，从而为发掘者提供有关其发掘环境的即时反馈。

田野发掘时使用开放区域和单一背景系统进行发掘。开放区域的方法很重要，因为必须有人的沟渠才能了解建筑物和综合体建筑的本质，和在建筑物之间以及通过为支撑建筑而建的下层露台设置移动路线的方式。单一背景方法对于了解遗址和各个房间，尤其是对遗址的地层学理解有显著效果。替代传统的开放区域和单一背景依赖于平面图，使用数字摄影测量法实现了体积记录方法。通过摄影测量记录每个背景，从而创建了发掘的庞大3D档案，并通过检查每个背景的3D模型来对挖掘中的每个步骤进行检查。

结果与阐释

对纳克索斯岛和卡托·库菲尼西岛的调查（图4）显示，与克罗斯一

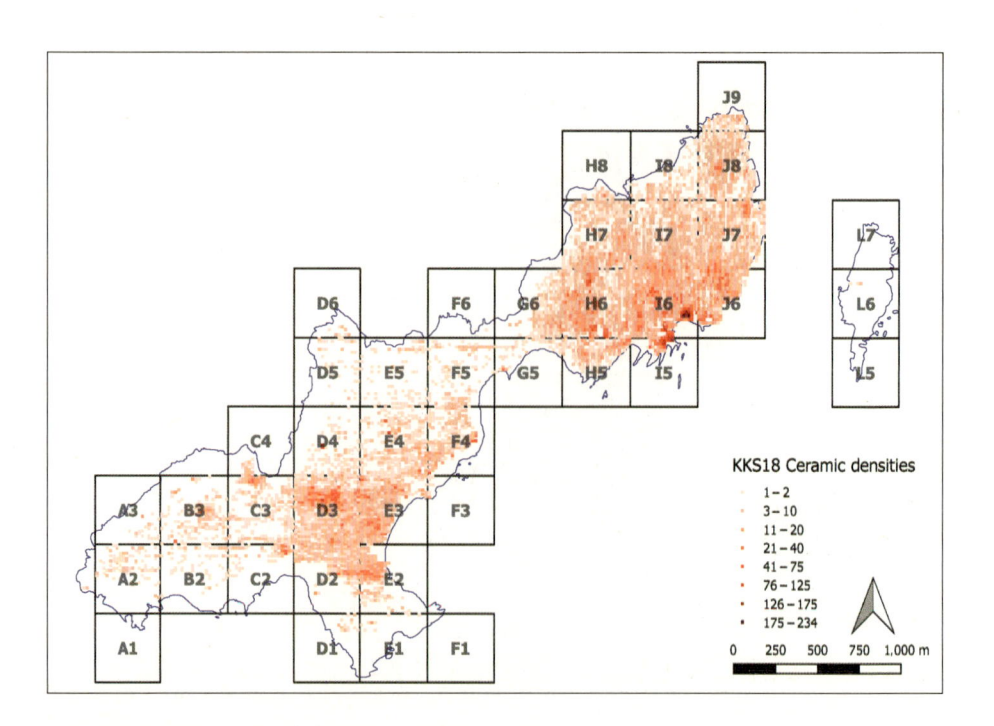

图4：记录在卡托·库菲尼西岛调查期间的陶器密度。

样，青铜时代是这些岛屿有最多人居住的三个时期之一（另外两个时期是罗马早期拜占庭时期和最近一个时期）。同时调查也检测到了差异。在早期的青铜时代，卡托·库菲尼西岛似乎和克罗斯一样密密麻麻。然而，东南纳克索斯岛的居住格局却不那么密集。这两个地区都有重要的遗址，尽管没有达斯卡里奥大。这表明在一定距离上，达斯卡里奥和卡沃斯是该时期最重要和最大的地点，纳克索斯岛和卡托·库菲尼西岛则是二级居住地点。完全进口的克罗斯陶瓷与两个相邻区域中本地陶瓷与进口陶瓷比例的比较研究将证明陶瓷研究的极高价值。

在达斯卡里奥上开了9条挖掘沟，最大的沟渠覆盖25米×9米（图5）。达斯卡里奥的规划者和建造者建造了一系列巨大阶地，以创造平坦的建筑空间，因为整个岛屿的坡度都很陡。我们在岛的北侧和东侧放置了沟槽来调查这些构造（图6）。在所有的挖掘沟中都发现了令人印象深刻的建筑结构。其中一个似乎是该地点的主要入口（文前图），从达斯卡里奥和卡沃斯之间的堤道向上延伸，由一条穿过巨大的梯田壁的阶梯组成。同样，通过巨大的上层阶地墙到达山顶的路线，是由大型建筑走廊中的一组阶梯形成的。在其他地方，路径由石板组成，其中一个小正方形形成一个节点（图7），而一个巨大的阶梯则形成另一个（节点）。在数个沟渠中发现了复杂的排水系

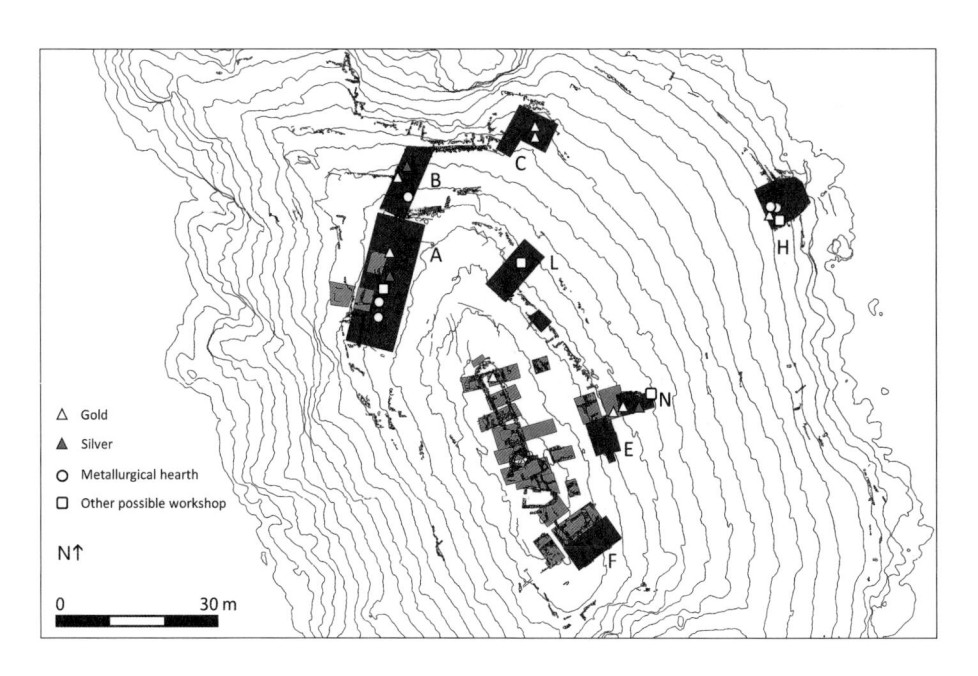

图5：达斯卡里奥挖掘槽的位置，金属加工区域的位置，以及银和金的发现。

图6：从北边看达斯卡里奥岛，在挖掘期间拍摄。

图7：一个带有三个楼梯的小广场。

图8：达斯卡里奥上的金属加工证据。（在爱琴海地区首次发现完整的金属加工壁炉，位于H挖掘槽）

统。这些特征表明，由同心的阶地系统组成的预先计划的建筑综合体为建筑物的建造创造了水平区域。

发掘的大部分区域都在B阶段内，这是该发掘的重要发现：B阶段以达斯卡里奥为特征的建筑活动显著增加。2016—2018年的发掘总体上发现了约551平方米，其中大部分都挖掘至深处，在坍塌的石头下面揭示了建筑物的墙壁、建筑物的地板，以及在那里进行的活动的残留物，在许多情况下还包括早期的地板甚至早期的建筑。建筑石料是从约10千米远的纳克索斯进口的。为了获得所需的材料（包括至少5000吨的进口石材），这一危险的旅程被重复了数百次。建筑的质量，根据规划的程度以及实现它们所需的工作量，为我们研究社会性质打开了一个新窗口。巨大的带有入口和排水系统的建筑阶地展现了整个海角规划建设的远景，这一计划显然已经实现，建筑面积约1.3公顷，是当时基克拉泽斯最大的土地。

居住性质的证据来自考古发现的工艺实践活动，其中最重要的是冶金学（图5、图8）。在每个沟槽中都发现了采用不同技术工艺进行金属加工的证据是达斯卡里奥地区发掘工作中最显著的特点之一。冶金似乎是达斯卡里奥最早的活动，冶金炉床设在基岩中，其后仍留在三个沟渠中。这些用于铜

图9：达斯卡里奥上的金属加工证据。（靠近壁炉发现的一块制作矛头的模具）

的熔化和物体的铸造。发现了用于矛头的模具（图9）和匕首。后来，当建筑覆盖整个岛屿时，在两个沟渠中设有大量的作坊。事实证明，铅和银可能与铜一起加工，而金（在早期青铜时代基克拉泽斯群岛中极为罕见）在5个挖掘沟中被发现，其中包括可能用于修整金属文物的金线和金箔。金属加工的证据强度和活动范围在基克拉泽斯早期都是空前的。我们才刚刚开始对达斯卡里奥遗址的性质以及对更广泛的爱琴海社会、流动性、身份和权力的影响有所了解。

总体而言，发掘工作和相关的勘测为通向不断变化的世界打开了一扇窗户。信息交流的新模式和新媒介被部署在网络中，这些网络后来被集会活动在中心点克罗斯维持下来，在那里，人们确立了对社会的新视野。现在，我们可以认识到克罗斯在公元前第三个和前第二个千年的历史轨迹中所处的位置，克罗斯与克里特岛（Crete）的克诺索斯（Knossos）社会一起代表了中心位置的第一个预示，这在几百年后变得很普遍。公元前2200年之后在克里特岛的爱琴海地区开始城市化，克罗斯很可能反映了这段时期之前的状况。诸多因素共同构成了即将在其他地方进行的城市化进程的独特预示：集中化，即一个中心脱颖而出；非凡的影响力，将遥远社区的成员吸引到了以克罗斯为中心的网络中；金属生产、农业和建筑等领域的集约化发展；地区形象的强化，体现在杰出的建筑项目中，且按普遍的标准具有纪念意义；以及强大的仪式组成部分，吸引了来自各地的参与者，并为所有其他流程奠定了基础。证据还表明，伪造和维护特定基克拉泽斯身份的新方法主要集中在克罗斯。这种身份的关键元素包括基克拉泽斯雕塑、基克拉泽斯的"标志"以及重要的实践，例如航海和金属加工，尤其是在达斯卡里奥生产和使用匕首。

结 论

直到最近，我们对基克拉泽斯早期青铜时代的描述主要是基于前期墓地发掘，抢救性的发掘以及可疑的盗劫物品。在克罗斯开展的工作已经完全改变了整个图景。纳克索斯岛的克罗斯海上航道计划的亮点是致力于全面出版这个雄心勃勃的项目，范围广泛，由跨学科和多学科的专家们参与，共分四册，并发表大量学术文章。关于克罗斯和早期基克拉泽斯世界的知识——它是如何形成的又是如何产生变化的,我们已经了解了很多。同时近期,通过新闻文章、纪录片以及博物馆展览也引起了公众的关注(图10)。我们将在接下来两年集中全部精力完成出版计划,同时希望能够进一步扩大我们的工作内容。到目前为止,可能仅有10%的达斯卡里奥遗址被挖掘,而且对早期基克拉泽斯生活的更多理解必定仍在其表面之下等待揭晓。

图10:科林·伦弗鲁和迈克尔·博伊德在克罗斯的库菲尼西博物馆展览开馆日,2019年7月14日。

有关克罗斯岛的出版物

文章

C. Renfrew, M. J. Boyd and E. Margaritis. 2018. "Interdisciplinary Approaches to the Prehistory of Keros." *Archaeological Reports* 64: 67-84.

C. Renfrew. 2015. "Evidence for Ritual Breakage in the Cycladic Early Bronze Age: The Special Deposit South at Kavos on Keros." *Thravsma: Contextualising the Intentional Destruction of Objects in the Bronze Age Aegean and Cyprus*, eds. K. Harrell, and J. Driessen. Louvain: Presses Universitaires de Louvain.

C. Renfrew. 2013. "The Sanctuary at Keros: Questions of Materiality and Monumentality." *Journal of the British Academy* 1: 187-212.

C. Renfrew, M. J. Boyd, and C. Bronk Ramsey. 2012. "The Oldest Maritime Sanctuary? Dating the Sanctuary at Keros and the Cycladic Early Bronze Age." *Antiquity* 86: 144-160.

C. Renfrew, O. Philaniotou, N. Brodie, and G. Gavalas. 2009. "The Early Cycladic Settlement at Dhaskalio Kavos: Preliminary Report of the 2008 Excavation Season." *Annual of the British School at Athens* 104: 27-47.

C. Renfrew, O. Philaniotou, N. Brodie, G. Gavalas, E. Margaritis, C. French, and P. Sotirakopoulou. 2007. "Keros: Dhaskalio, and Kavos, Early Cycladic Stronghold and Ritual Centre. Preliminary Report of the 2006 and 2007 Excavation Seasons." *Annual of the British School at Athens* 102: 103-136.

主编出版物

C. Renfrew, C. Doumas, L. Marangou, and G. Gavalas eds. 2007. *Keros, Dhaskalio Kavos the Investigations of 1987–88*. McDonald Institute Monographs. Cambridge: McDonald Institute for Archaeological Research.

C. Renfrew, O. Philaniotou, N. Brodie, G. Gavalas, and M. J. Boyd eds. 2013. *The Sanctuary on Keros and the Origins of Aegean Ritual Practice: The Excavations of 2006-2008,*

Vol. Ⅰ: *The Settlement at Dhaskalio*. Cambridge: McDonald Institute for Archaeological Research.

C. Renfrew, O. Philaniotou, N. Brodie, G. Gavalas, and M. J. Boyd eds. 2015. *The Sanctuary on Keros and the Origins of Aegean Ritual Practice: The Excavations of 2006–2008,* Vol. Ⅱ: *Kavos and the Special Deposits.* Cambridge: McDonald Institute for Archaeological Research.

C. Renfrew, O. Philaniotou, N. Brodie, G. Gavalas, and M. J. Boyd eds. 2018. *The Sanctuary on Keros and the Origins of Aegean Ritual Practice: the Excavations of 2006–2008,* Vol. Ⅲ: *The Marble Finds from Kavos and the Archaeology of Ritual.* Cambridge: McDonald Institute for Archaeological Research.

P. Sotirakopoulou. 2016. *The Sanctuary on Keros and the Origins of Aegean Ritual Practice: the Excavations of 2006–2008,* Vol. Ⅳ: *The Pottery from Dhaskalio.* Cambridge: McDonald Institute for Archaeological Research.

即将出版

P. Sotirakopoulou. forthcoming. *The Sanctuary on Keros and the Origins of Aegean Ritual Practice: the excavations of 2006–2008,* Vol. Ⅴ: *The Pottery from Kavos.* Cambridge: McDonald Institute for Archaeological Research.

C. Renfrew, M. Marthari, A. Dellaporta, M. J. Boyd, N. Brodie, G. Gavalas, J. Hilditch, and J. Wright eds. forthcoming. *The Sanctuary on Keros and the Origins of Aegean Ritual Practice,* Vol. Ⅵ: *The Keros Island Survey.* Cambridge: McDonald Institute for Archaeological Research.

C. Renfrew, P. Sotirakopoulou, and M. J. Boyd. forthcoming. *The Sanctuary on Keros and the Origins of Aegean Ritual Practice,* Vol. Ⅶ: *Monumentality, Diversity and Fragmentation in Early Cycladic Sculpture: The Finds from the Special Deposit North at Kavos on Keros.* Cambridge: McDonald Institute for Archaeological Research.

C. Renfrew, M. J. Boyd, D. Athanasoulis, I. Legaki, N. Brodie, G. Gavalas, J. Hilditch, and J. Wright eds. forthcoming. *The Sanctuary on Keros and the Origins of Aegean Ritual Practice,* Vol. Ⅷ: *Settlement and Circulation in the Keros Archipelago: Survey of Southeast Naxos and Kato Kouphonisi.* Cambridge: McDonald Institute for Archaeological Research.

M. J. Boyd, C. Renfrew, I. Legaki, E. Margaritis, G. Gavalas, and I. Moutafi eds. forthcoming. *The Sanctuary on Keros and the Origins of Aegean Ritual Practice,* Vol. IX: *The Antecedents of Urbanism at Dhaskalio in the Sanctuary at Kavos: Excavations 2016-2018: The Excavation and the Architecture.* Cambridge: McDonald Institute for Archaeological Research.

C. Renfrew, M. J. Boyd, I. Legaki, G. Gavalas, and E. Margaritis eds. forthcoming. *The Sanctuary on Keros and the Origins of Aegean Ritual Practice,* Vol. X: *The Antecedents of Urbanism at Dhaskalio in the Sanctuary at Kavos: Excavations 2016–2018: the Finds.* Cambridge: McDonald Institute for Archaeological Research.

E. Margaritis, Boyd, M. J., C. Renfrew, I. Legaki, and G. Gavalas eds. forthcoming. *The Sanctuary on Keros and the Origins of Aegean Ritual Practice,* Vol. XI: *The Antecedents of Urbanism at Dhaskalio in the Sanctuary at Kavos: The Excavations 2016–2018: The Organic Evidence.* Cambridge: McDonald Institute for Archaeological Research.

项目负责人简介

科林·伦弗鲁　　　　　　迈克尔·博伊德

　　科林·伦弗鲁，于1965年获得英国剑桥大学博士学位，1965—1972年任教于谢菲尔德大学，1972—1981年任教于南安普顿大学。1981—2004年间，伦弗鲁教授供职剑桥大学，任迪士尼考古教授。伦弗鲁教授在希腊基克拉泽斯群岛主持了大量考古发掘工作。他在爱琴海史前文化、语言多样性起源和人类认知、考古遗传学和考古理论等研究领域取得了举世瞩目的成就。伦弗鲁长期以来不遗余力地推动反对非法倒卖文物及盗掘的国际运动。因其在基克拉泽斯群岛的重要发掘、富有深远影响力的理论研究以及在提升公众对濒危文化遗产的保护意识方面的不懈努力，伦弗鲁教授屡获殊荣。伦弗鲁教授于2015年获颁世界考古论坛终身成就奖。

　　迈克尔·博伊德，剑桥大学麦克唐纳考古研究中心研究员，主要从事史前伯罗奔尼撒（Peloponnese）半岛和希腊基克拉泽斯群岛的研究，他协助主持了克罗斯—纳克索斯海上航道项目，也是克罗斯系列出版物的协编者。他曾在希腊、保加利亚和阿尔巴尼亚等地进行考古工作。他与约翰·巴雷特（John Barrett）合著了《从巨石阵到迈锡尼：考古学阐释的挑战》一书。他与科林·伦弗鲁、莱恩·莫利（Lain Morley）共同主编了关于从世界范围内讨论死亡和墓葬考古的书籍，另外还有关于戏剧和宗教仪式的平行发展的作品。他还与阿纳斯塔西娅合作编辑了《分期死亡》，与马里萨（Marisa）和科林·伦弗鲁共同编辑了《早期基克拉泽斯群岛雕塑》和《超越基克拉泽斯群岛》。自2008年，他与科林·伦弗鲁合作出版了克罗斯2006—2008年发掘报告，5本报告中的4本已经发表。他还编辑了关于克罗斯群岛调查的出版物，该调查于2012—2013年间进行，预计将在2020年面世。他作为克罗斯—纳克索斯海上航道项目的共同主持者，参与了克罗斯发掘工作（2016—2018）、纳克索斯调查工作（2015）和基克拉泽斯的调查（2018）。田野工作已在2018年完成，随后将有4卷相关出版物。

2015年挖掘季节结束时的米哈雷斯博士。

卡亚俄洞穴和吕宋人的发现

阿尔芒·萨尔瓦多·贝拉诺·米哈雷斯（Armand Salvador Belano Mijares）
菲律宾大学

介 绍

在菲律宾吕宋（Luzon）岛北部的卡亚俄（Callao）洞穴进行的考古调查发现了新的人种——吕宋人（Détroit et al. 2019）。这是欧亚大陆自2004年弗洛瑞斯人（H. floresiensis）公布以来的最重要的古人类学发现（Brown et al. 2004）。对人类化石的直接测年以及借助于激光剥蚀铀系法在鹿齿上的间接测定表明，吕宋人生活的年代可追溯至6.7万—5万年前（Mijares et al. 2010）。骨骼元素呈现出古代（原始）或类似南方古猿的特征，以及更多衍生或类似智人的特征，这表明吕宋人有一条独特的进化途径。弗洛瑞斯岛上的弗洛瑞斯人也表现出一些与吕宋人相似的明显的形态特征，其中包括体型矮小。两个岛屿上都存在中更新世人类定居的证据，这为我们研究在岛屿环境之下人类进化是趋同还是趋异提供了重要的时间尺度（van den Bergh et al. 2016a；Ingicco et al. 2018）。

目前提出的吕宋人出现的最晚时间与中国（Liu et al. 2010）和东南亚（Westaway et al. 2017）已知解剖学意义上的最早现代人类存在的时间重叠。在菲律宾，迄今为止发现的最古老的遗存来自4万年前的巴拉望岛（Palawan）塔邦（Tabon）洞穴（Détroit et al. 2004），但仍有可能发生相互影响。近来，在利昂·布阿（Liang Bua）考古地层学的重新评估表明，在晚期弗洛瑞斯人化石记录后不久，就有了智人的存在（Sukitna et al. 2016）。基因研究也显示在菲律宾（和大洋洲）可能存在丹尼索瓦人

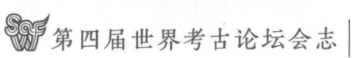

（Denisovans），这增加了该地潜在的古人类多样性和潜在互动的可能性（Jinam et al. 2017）。

除吕宋人之外，在东南亚的岛屿和大陆也有一些重要的考古发现和研究，指出早在7万年前现代人类就迁移到了东南亚岛屿（Westaway et al. 2017），苏拉威西岛（Sulawesi）上发现古人类的第一个证据（van den Bergh et al. 2016b）以及印度尼西亚古人类多样性高于预期（Zanolli et al. 2019）。

吕宋人的发现引起了菲律宾及国际媒体的广泛关注，《纽约时报》《华盛顿邮报》等媒体均对其进行了大量的报道，关注度指数在2830左右。到目前为止，发掘出了13枚人类化石，包括5块掌骨和足骨，7颗牙齿（包括来自单个个体右上颌的5颗犬后齿）和未成年的股骨干，均出土于第14层。未成年股骨干和两个右上颌第三臼齿表明，至少有3个个体存在。骨骼特点呈现出古猿（原始）或南猿（类似于南方古猿）的混杂特征，以及更多派生特征或类似于智人的特征。但是仍存在一些重要的问题悬而未决。尽管有人提出，吕宋人太矮小了（一些新闻媒体报道称其不到4英尺，约1.22米高），但到目前为止没有发现一具可以用来估测准确身高的骨骼遗骸。手和脚的形态特征表明，吕宋人具有爬树能力，但没有足够的细节来精确地重现移动能力和灵活性（尤其是手）。就进化过程而言，在吕宋人身上混杂的古老的特征和派生形态特征是吕宋岛上独立进化的结果吗？还是这种古人类的部分或全部体质特征，也就是与更古老的祖先如南方古猿共有的祖传特征？这些问题的答案不仅可以为吕宋人的进化史，更可以为岛屿上独立进化如何更广泛地影响原始人的进化轨迹提供宝贵的新见解。它还将使我们更好地了解古人类之间的祖先关系，甚至对古人类走出非洲、穿越欧亚大陆迁徙的时机做出解释。

在2010年，米哈雷斯等人报道了与古人类遗骸密切相关的哺乳动物骨骼碎片的发现。然而到目前为止，还没有在第14层找到任何人工制品。尽管如此，先前在卡亚俄的发掘工作已经能够解释第14层沉积物的沉积历史，从而说明沉积后对骨骼空间分布的影响。第14层是角砾层或碳酸钙胶结层。通过复原，发现是降水径流（雨水）导致骨骼碎片从靠近现存的南部入口的地方向洞穴内部移动（Mijares，2017）。小块的"轻"骨头和松动的牙齿可能比较重的材料移动得更远，比如石制品，它们更靠近当前的洞穴入口。

在未来几年内，将在卡亚俄洞穴及附近洞穴进行更多的考古发掘。研究小组希望找到更多具有诊断意义的化石遗存，以便回答身高、面部特征以及测年问题。

卡亚俄人种化石的原始曝光。

2015年卡亚俄挖掘。

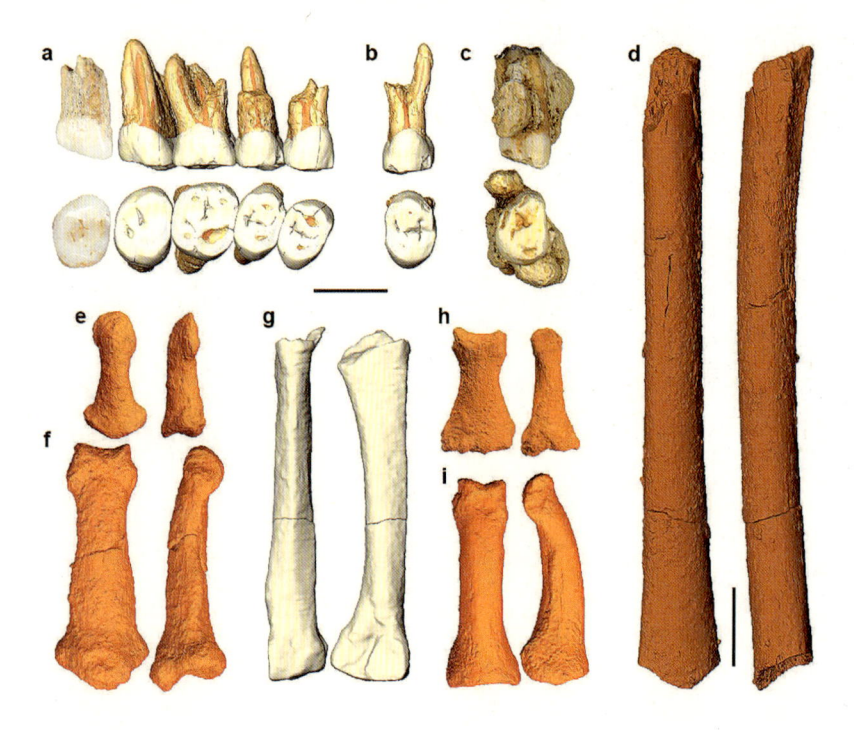

吕宋人种化石集合。

卡亚俄洞穴遗址及挖掘区域的位置。

项目负责人简介

阿尔芒·萨尔瓦多·贝拉诺·米哈雷斯

  阿尔芒·萨尔瓦多·贝拉诺·米哈雷斯是菲律宾大学考古研究项目的副教授。2012年至2016年曾任考古研究项目主任，2007年至2011年任副主任。在加入研究院之前，米哈雷斯博士曾担任博物馆研究员和菲律宾国家博物馆陆地考古部门的负责人。

  2006年，他获得了澳大利亚国立大学考古学和古人类学博士学位。他还拥有新墨西哥大学考古学人类学硕士学位和富布莱特学者学位，以及菲律宾大学人类学硕士学位。

  他的研究兴趣包括更新世考古学、微痕分析、地质考古学和洞穴考古学。他在科学期刊上发表了许多文章，在学术出版社出版了许多书籍。作为一名人类学家，他对民都洛（Mindoro）岛的曼吉安人（Mangyans）进行了人种志研究。

  米哈雷斯博士是"穿越时空：卡亚俄洞穴考古"项目的负责人。正是在这个项目中，他与一个国际团队合作，发现了新的原始人类物种——吕宋人。

磬虡。

西汉王侯的地下奢华
——南昌西汉海昏侯墓考古的主要收获

杨军

江西省文物考古研究院

南昌西汉海昏侯墓位于南昌市新建区大塘坪乡观西村老裘村民小组东北约500米的墎墩山。2011年至今的海昏侯墓考古工作，得到文化和旅游部、国家文物局和当地政府的高度重视，并以"一流的考古，一流的保护，一流的展示"为目标，按照申报世界文化遗产的标准进行。

一、全新理念下的海昏侯墓考古

第一，海昏侯墓考古工作，考古队没有按照惯例，直奔主题，集中力量发掘主墓，而是先进行顶层设计，确立以聚落考古、大遗址考古为思路的南昌海昏侯墓考古工作的技术路线。

在2011年先进行大面积的调查和勘探工作，发现了海昏侯墓园、紫金城城址及其周围庞大的墓葬群。这样就把海昏侯墓和海昏侯国都邑遗址联系起来，整个海昏侯墓考古工作采用聚落考古、大遗址考古方法进行，使海昏侯国遗址的考古工作得以有计划、有步骤地实施和推进。

2012—2013年，实施墓园的考古发掘工作。2014—2015年，进行主墓发掘。2016—2017年，进行海昏侯刘贺墓主棺内棺、五号祔葬墓主棺的实验室考古工作；启动青铜器、玉器、金器、漆木器、简牍的文物保护和修复工作。2018年至今，进行海昏侯刘贺墓园2号墓的发掘。

第二，在考古工作的不同阶段，针对各个发掘对象，都要先期制定详细的发掘方案和预案，在报请国家文物局批复后，方能具体实施。同时依靠已

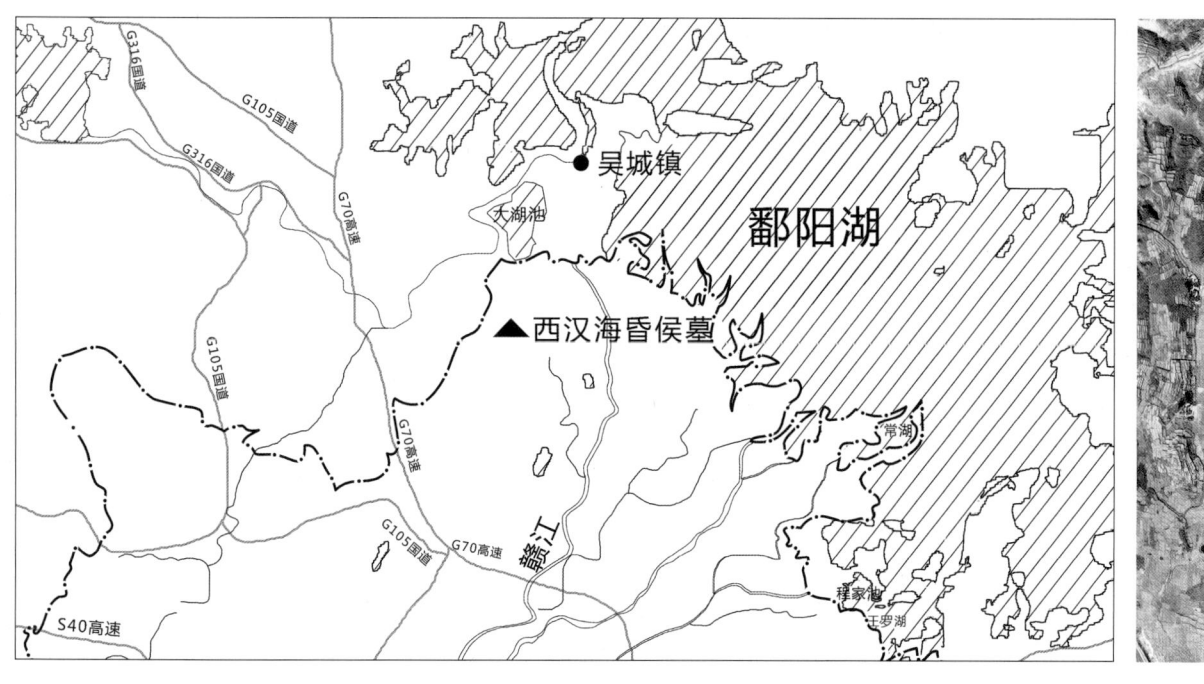

墓葬位置示意图。

发掘的汉代帝、王、侯陵墓的材料以及学术界已有的汉代研究成果,每一个阶段都有预判,从而保证整个发掘工作具有前瞻性、全局性和学术性。

比如,考古人员在清理主墓甬道两辆偶车时,发现了实用青铜錞于和青铜编铙。现场专家认为东汉画像石上经常出现诸侯王出行的鼓车题材,以山东长清孝堂山祠堂的"大王车出行图"为代表。并结合《周礼·地官·鼓人》"以金錞和鼓"、《广雅》"以金铙止鼓"的文献记载,推测除了有青铜錞于和编铙,应该还有鼓。考古人员按照这一思路,经过十分细致的清理,终于在靠近甬道入口的塌陷椁板边缘发现了木制鼓框残片和保存完好的髹漆木制鼓槌,给西汉列侯出行"金车、鼓车并用"的搭配组合找到了实物证据。

第三,海昏侯墓的考古发掘,本着"慎之又慎,确保文物万无一失"的原则,始终将文物的现场保护摆在首位。在提取遗物过程中,考古发掘人员和文物保护人员紧密合作,共同提出提取预案,共同参与到文物提取和保护工作中;广泛采用套箱提取进行实验室考古的方法,有效保护脆弱质文物和埋藏情况复杂的文物;提取出的文物都在考古工地的应急保护场所进行现场应急保护处置后,才进入工地文物保护工作用房,实施专门保护。

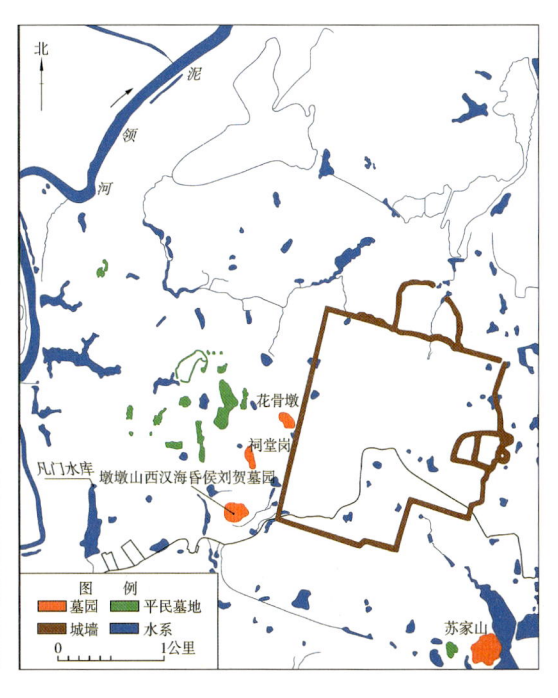

海昏侯国城址（20世纪60年代航拍，上为北）。　　　海昏侯国城址、墓园与墓葬分布图。

第四，此次发掘不是单纯地发掘墓葬本身，而是将墓葬发掘与今后的展示利用、大遗址保护有机联系起来，为申报世界文化遗产创造条件。

比如墓内共出土铜钱约200万枚，重达10多吨，数量巨大，发掘过程中选取了摆放最清楚、排列最整齐、保存状况最好、约2吨重的一组进行套箱提取，就是为将来的展示服务。又比如对遗址进行大规模的钻探，也是为大遗址保护和考古遗址公园的建设提供科学而充实的资料。

第五，海昏侯墓考古工作在国家文物局专家组的现场指导下，集全国各方面专家之力，特别是高校与科研单位的全面介入，并参与文物保护方案设计与实施，既强化对文物的现场提取和保护，也把合作延伸到实验室，取得了单纯依靠田野考古手段无法达到的效果。

第六，在整个考古和保护过程中，地球物理探测、GPS定位、电子全站仪布网测绘、地理信息系统（GIS系统）、航拍、三维扫描、延时摄影、数据库等数字化采集和记录手段，探伤、X光成像、红外扫描、高光谱、能谱分析等无损或微损分析检测技术，去离子水养护、泥土分离剂、薄荷醇、充氮保护和低氧气调链等文物提取和保护技术，蛋白质、孢粉、DNA基因等分析、检测技术均得到广泛运用，争取做到发掘精细化、资料影像化、信息数字化，保证考古发掘、文物保护、科学研究、展示利用的权威、规范和科学性。

如对整个海昏侯墓园进行了布网测绘，采用2米作为点距，5米作为线距，测控点多达9000多个，使海昏侯墓园内任何一个地方、出土的任何一件遗物都有自己的三维坐标数据。又比如在主棺内棺未打开之前，运用X光成像技术了解内棺里遗骸和遗物的情况。采用能谱分析发现海昏侯刘贺遗骸下面是一张以铅钡为成分的包金丝缕琉璃席；北藏椁乐器库内的编磬是一架铁质编磬。采用红外扫描、高光谱技术获取和保留简牍、孔子衣镜上的文字、图像信息，为下一步的保护和释读、研究工作打下基础。《论语·知

道》篇的篇名简，就是通过红外扫描技术发现的，从而初步判断海昏侯刘贺墓出土的竹书《论语》很可能就是失传1800年的《齐论语》；孔子衣镜上最早的孔子画像和最早的东王公形象也是通过高光谱技术获取的。充氮保护和低氧气调链技术的运用，就是一旦发现有机质的文物，包括尸体或者纺织品，就会放进低氧舱，无氧和低氧环境能够减缓文物被氧化破坏的过程，考古人员会带着氧气包在里面进行工作，这是中国在考古上首次使用航天科技手段，是文物保护技术上的一次全新尝试。再比如通过对浮选出的各类植物和树叶遗存的检测分析，发现西汉海昏侯刘贺墓园曾主要栽培侧柏和枫树营造墓园景观；木椁材质主要是松木、樟木、杉木和楠木；主棺材质为樟木；

海昏侯刘贺墓园祔葬墓M5主棺（上为西）。

海昏侯刘贺墓M1正射影像（上为东）。

主椁室西室发现松烟墨；北藏椁粮库随葬粟、黍、稻、麻；西藏椁酒具库蒸煮器内残留物主要是芋头；等等。

第七，长期以来，重大考古发现成果至少需要五六年后才举办展览与观众见面，而海昏侯墓考古发掘不仅在关键时间、关键节点进行电视直播，还尝试"边发掘，边保护，边展示"，让文物在确保安全的前提下第一时间呈现在公众眼前，为当代考古学走出"象牙塔"、迈向"公共考古"，提供了一条新思路。

专家认为，海昏侯墓的考古工作理念先进、方法科学、计划周密、目标明确。发掘者始终重视文物的现场安全和文物信息的提取，重视展示利用与文物保护，注重多学科的介入，注重高科技手段的应用，考古发掘现场与文物保护井然有序，实验室考古及时细致、科学规范，是考古发掘与文物保护结合的成功范例，反映了我国田野考古的发展方向。

二、海昏侯墓考古的主要收获

到目前为止，海昏侯墓考古共勘探约400万平方米，发掘约1万平方米，出土各类文物1万余件（套），并通过种种证据证明墓主就是西汉海昏侯刘贺。

一、考古发现的南昌汉代海昏侯国遗址，真实、完整地展现了海昏侯国国都、历代海昏侯墓园、贵族和平民墓地的空间布局，是重要的国家级历史文化遗产，具有重大研究和展示利用价值。

紫金城城址东临赣江，北依鄱阳湖，平面呈曲尺形，总面积约3.6平方千米，为汉代海昏侯的都城。内城由东、西两座小城组成，面积约12万平方米，发现大量高等级的建筑基址，为宫殿区，也就是宫城。城址特点鲜明。第一，城墙普遍保存完整，均为人工夯筑，为双重城墙，基宽约20米，局部高达20米，双重城墙间距达15米左右，四面城墙设置城门5处（含水门）。第二，城内交通网络水路与陆路并存，以水路为主，陆路为辅。在

墓室平面示意图
Plan of the Tomb Chamber

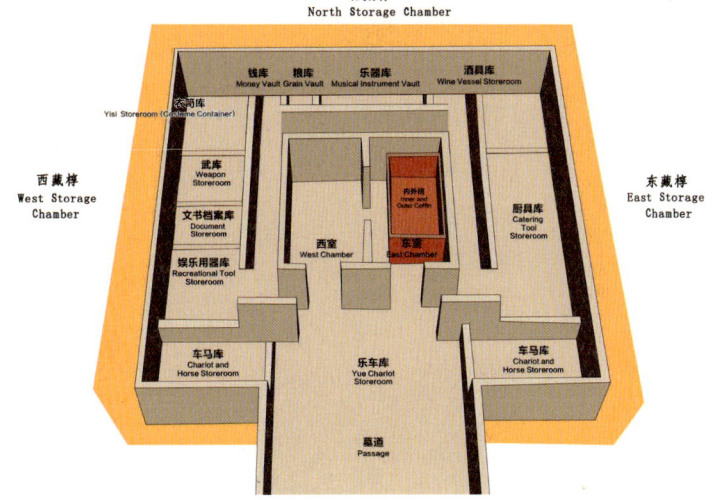

海昏侯刘贺墓M1椁室结构示意图（上为北）。

内棺出土刘贺牙齿。

刘贺腹部发现的"香瓜子"。

刘贺遗骸下的包金丝缕琉璃席正射影像图（上为西）。

刘贺主棺琉璃席下的金饼正射影像图（上为西）。

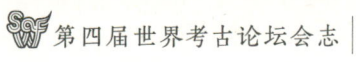

《论语》简。

钮钟。

水路与陆路相接处，发现夯筑码头遗迹，岸上发现有大量的当时人活动的遗迹和遗物。

城址的西面和南面共发现花骨墩、祠堂岗、墎墩、苏家山4处有墓园的海昏侯墓葬区，与班固在《汉书》里记载的海昏侯国至少跨越了4代相印证。海昏侯的墓葬区外发现24处贵族和平民墓地。墓葬区总面积约1.4平方千米。

二、考古发现的第一代海昏侯刘贺墓园是我国迄今罕见的保存较完好、结构较完整、布局较清晰、拥有较完备祭祀遗存、内涵丰富的西汉列侯墓园。

海昏侯刘贺墓园呈梯形，以海昏侯刘贺及其夫人墓为中心建成，垣墙周长868米，共占地约4.6万平方米，由两座主墓、七座祔葬墓、一条外藏坑、祠堂、厢房和北门、东门及其门阙等墓园的相关建筑构成，内有道路和排水遗存，其中祔葬墓不仅祔葬侯妾等女性家族成员，还祔葬有继承权的未成年男性，反映了西汉列侯的墓葬制度，对研究西汉列侯墓园的园寝制度具有重大意义。

侯墓和侯夫人墓两座主墓东西并列，同茔异穴，共用一个东西长约100米，南北宽约40米，总面积约4000平方米的礼制性高台建筑。该礼制性建筑由东西厢房、寝和祠堂构成，其中寝的基址平面呈方形，由4座平面呈曲尺形的夯土基址组成，边长约10米，面积约100平方米。祠堂为回廊形建筑，主体夯土基址呈"凹"字形，其外围分布方形夯土基础，东西长约14

米，南北宽约10米，面积约140平方米。厢房分别位于高台建筑的东、西两侧，均为三开间的长方形回廊形建筑，每组长约27米，宽约10米，面积约270平方米。

三、海昏侯刘贺墓由墓葬本体及车马坑构成，不仅是目前中国考古发掘的面积最大、保存最好、内涵最丰富、出土文物最多的汉代列侯墓葬，而且也是中国长江以南地区发现的唯一带有真车马陪葬坑的墓葬。

刘贺墓上有高达7米的覆斗形封土，下有坐北朝南的"甲"字形墓穴，墓穴内建有保存完好的、面积达400平方米的木构椁室。椁室由甬道、东西车库、藏椁、通道及主椁室构成。椁室中央为主椁室，东西长约7.4米，南北宽约7米，高约2.4米，通高约3米，面积约51.8平方米，高出周围藏椁约0.6米。分成东、西室，中间有一门道。东室为"寝"，宽约4米，南部东、西两侧为窗，中间为门。西室为"堂"，宽约2.9米，南部西侧为窗，东侧为门，门宽约0.9米。主椁室北、东、西三面按功能区分环绕有藏椁，主椁室与藏椁之间辟有宽约0.7米的过道（为预留的"黄肠题凑"的位置，但下葬时未用，最终变为环绕主椁室的"徼道"），主椁室和墓道之间有甬道。甬道主要为乐车库，甬道东、西两侧为车马库。北藏椁自西向东为钱库、粮

北藏椁钱库中的五铢铜钱。

库、乐器库、酒具库，西藏椁从北往南为衣笥库、武库、文书档案库、娱乐用器库，东藏椁主要为厨具库（又称"食官"库）。墓室底部先用砂垫平，然后铺设枕木，枕木与枕木之间用砂、木炭、黏土进行填充、加固，在枕木之上铺设椁底板，主椁室底板为两层，椁室其他部分均一层底板，椁底板上一般都铺有一层竹席或草席。椁底板、承重的椁侧板均为榫卯结构，椁侧板用木桩支护。椁侧板与墓壁之间的熟土二层台宽约1.2米，采用砂、木炭、黏土分层夯筑而成。椁顶板上面用木炭、砂、白胶泥封护，厚约0.7米。椁板上刻有工匠的姓氏、编号、尺寸等文字和记号。墓道南部与椁室相连区域用竹编铺底、护壁。椁室设计严密、结构复杂、建筑科学、功能清晰明确，呈居室化和宅院化特点，是考古发现的一座以"汉制"为代表的列侯标本墓，为研究、认识西汉列侯等级葬制提供了难得的资料。

主棺位于主椁室东室的东北部，有内、外两重棺，放在下安4个木轮的棺床上，根据《仪礼·既夕礼》记载，推测为輁轴。外棺盖上放置3把玉具剑。内棺盖上彩绘漆画，并有纺织品痕迹。内、外棺之间的南部有大量金器、玉器和漆器。内棺内有墓主人遗骸痕迹，保存有牙齿。头部被镶玉璧的漆面罩覆盖，根据山东青岛土山屯147号汉墓发掘资料推测为"温明"。遗骸上整齐排列数块大小不等的玉璧，腰部有玉具剑、书刀各1把以及带钩、佩玉等。发现刻有"刘贺"名字的玉印1枚，并在刘贺腹部发现尚未消化的"香瓜子"。遗骸下有包金的丝缕琉璃席，琉璃席下等距放置20组金饼，每组5枚，约100枚。

车马坑东侧被主墓封土叠压，为主墓的外藏椁，使用真车马陪葬。平面呈长方形，坑北有一条不及坑底的斜坡道，总面积约80平方米。坑内木椁和加固木椁的柱子均腐朽殆尽，仅留有痕迹。从修建木椁时留下的熟土二层台和二层台上腐朽殆尽的椁顶板痕迹判断，椁室高约1米。出土实用高等级安车和轺车5辆，马匹约20匹。

四、迄今已出土的1万余件（套）文物，形象再现了西汉时期高等级贵族的奢华生活，具有极高的历史价值、艺术价值和科学价值。

从发掘情况看，由于东晋时期的地震和南朝刘宋开始发生的鄱阳湖水南侵影响，椁室早年已坍塌，且充满着地下水，历次盗掘没有对墓葬造成大的

马蹄金、麟趾金与金饼（主椁室西室北部）。

金饼。

破坏，遗物基本未被扰动，这在全国汉代高等级墓葬的发掘中是十分少见的。

第一，数千枚竹简和近百版木牍使多种古代文献两千年后重现，是我国简牍发现史上的又一次重大发现。5200多枚竹简涉及内容非常广泛，最主要的是儒家的经典，如《论语》《易经》《礼记》《孝经》《诗经》《春秋》，同时还发现了最早的《六博棋谱》《医书》以及《悼亡赋》。其中，《易经》的经文首先解释卦名的涵义，然后自《彖》传以下的内容与选择与《日书》类似，它虽然在排序上与传世《易经》相同，但又在内容上和传世《易经》差别较大。《医书》的内容与养生和房中术有关，它在马王堆帛书《天下至道谈》中记述的"八道"之上，增加"虚""实"二道而成为"十道"，反映了房中术在西汉中期以后的发展。但在这所有竹简之中，最重要的发现是失传了1800多年的《齐论语》。

海昏侯墓出土的孔子屏风是一个双折式的屏风，由衣镜主屏和《衣镜赋》辅屏共同构成，上有孔子及其七位弟子的画像及传记。上面的孔子像，是目前我们能见到的最早的孔子画像。上面的文字内容许多是抄录自司马迁的《史记》，是目前我们看到的有关《史记》的最早内容。同时，屏风的镜

上图：甬道乐车库偶车马。
中图：车马器（衡饰件展开图）。
下图：车马器（衡饰件）。

"孔子屏风"衣镜背面镜框上的四神图像（上部：凤凰；下部：玄武；左部：白虎——对应镜框上部左侧西王母像；右部：青龙——对应镜框上部右侧东王公像）。

框上，我们还见到了最早的东王公形象。孔子屏风是海昏侯生前使用的实物，而不是冥器，是海昏侯刘贺"图史自镜"之物，它被随葬进海昏侯刘贺的墓葬，具有特殊意义。东汉的荀悦《申鉴》中有："君子有三鉴：鉴乎前，鉴乎人，鉴乎镜。前惟顺，人惟贤，镜惟明。"唐太宗也曾说："以铜为镜，可以正衣冠；以古为镜，可以知兴替；以人为镜，可以明得失。"孔子屏风上的衣镜可以"正衣冠"；孔子及其弟子的圣迹贤语，能够"知兴替"；孔子及其弟子的圣贤像，那就是人，从而"明得失"。

第二，出土的整套乐器，包括两架编钟、一架编磬、琴、瑟、排箫、笙和三十六尊伎乐木俑，形象再现了西汉列侯的用乐制度。特别是两架编钟、一架编磬和三十六尊伎乐俑反映了汉代继承《周礼》中规定"诸侯轩悬"（诸侯三面，缺南面，形似车舆，称为"轩悬"），乐舞"六佾"（36人）的乐悬、舞列制度。

第三，考古成功获得了汉代铜钱以1000文作为一个基础单位的重要信息，首次以考古方式证明"千钱一贯"的货币校量制度最迟起源于西汉中晚期，虽然它还处在初期和过渡阶段，并没有像唐宋以后那样确立为定制，但反映了西汉武帝之后储积钱币的制度。比如，出土的10余吨、约200万枚五铢钱，以1000枚为一串，每5串用木质封泥匣封缄，封泥钤印"昌邑"二字，匣上墨书"海昏侯家钱五仟"等文字。

第四，478件、重达115千克的马蹄金、麟趾金、金饼和金板的出土是我国汉墓考古史上此类物品保存最完整、数量最集中的一次发现。马蹄金和麟趾金为西汉皇帝"协祥瑞"而制颁赐给诸侯王的纪念品，采用花丝镶嵌等细金工艺制作，有的分别带有"上""中""下"三字，有的还镶嵌琉璃。金饼和金板则是具有储藏功能的硬通货，它们作为墓主生前的储备黄金，与西汉时期每年八月天子献酎饮酎祭祀宗庙时，诸侯王和列侯都要按封国人口数献黄金助祭，如所献黄金分量或成色不足，王削县、侯免国的酎金制度有关。

第五，大量工艺精湛的玉器和宝石（如透雕龙、虎、凤纹饰的韘形佩，玉璧、玉圭、玉环、玉具剑、玉舞人、玉珩、玉管组成的组玉佩，玉带钩，玉耳杯，玉印以及玛瑙、绿松石、琥珀等）、错金银、包金、鎏金铜器（如车马器、编钟、博山炉、雁鱼灯、鼎、壶、樽、铿、染炉、"火锅"、蒸馏器、铜镜、铜镇等），图案精美的漆器（如围棋盘、成套耳杯、扣银边的漆

博山炉。

提梁卣（西周）。　　　　　　　　　　蒸馏器。

盘、贴金片的漆奁和漆樽、镶玉石和玛瑙的几案等），均显示出西汉时期手工业高超的工艺水平，是西汉列侯"事死如事生"的典型标本。诸多带有文字铭记的漆器和铜器，5辆实用安车、2辆偶乐车（可能与先秦时期的军乐有关）和大量车马器，反映了西汉时期的籍田、食官、车舆、出行、"物勒工名"等制度。

第六，骆驼形象的编钟笋虡，独角羊形象的银质当卢，双狼猎猪纹玉饰件，缠丝玛瑙（苏莱曼尼玛瑙），水晶以及马蹄金、麟趾金上镶嵌钠钙成分的琉璃等异域风格的文物，为研究汉代"丝绸之路"、中西文化交流提供了珍贵资料。

海昏侯刘贺墓虽然极尽奢华，具有王的规模，并带有皇帝的痕迹，但根据2006年湖北云梦睡虎地M77出土的西汉早期的《葬律》简的记载，他还是按列侯的规格下葬的，是汉武帝之后列侯葬制的典型代表。总之，海昏侯墓，不仅见证了西汉历史上第九个皇帝、第二代昌邑王、第一代海昏侯刘贺的传奇人生，而且也反映了西汉王朝繁荣灿烂的历史文化。

凤鸟

螭虎

神龙

韘形佩。

玉剑格。

玉印。

龙形玉饰。

漆盘。

玉圭（主棺内棺）。

缠丝玛瑙饰件（主棺内棺）。

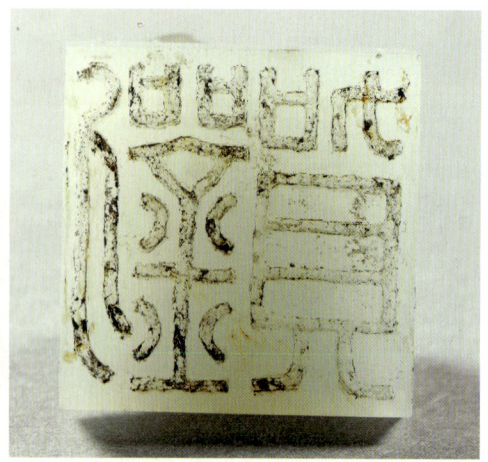

"刘贺"玉印。

项目负责人简介

杨 军

项目负责人杨军，为江西省文物考古研究院研究员，从事田野考古发掘与研究30多年。参加中美合作万年仙人洞-吊桶环遗址发掘；主持景德镇湖田窑址A、B、C、I、J、K、L区发掘，主持南昌西汉海昏侯墓、南昌火车站东晋墓、德安北宋壁画墓和李渡元代烧酒作坊遗址发掘。其中李渡元代烧酒作坊遗址获2002年全国十大考古发现、中国社会科学院六大考古发现和国家文物局田野考古三等奖，南昌西汉海昏侯墓获2015年全国十大考古发现、中国社会科学院六大考古发现、中国考古学会田野考古二等奖和首届中国考古大会考古资产保护金尊奖，南昌火车站东晋墓、德安北宋壁画墓入选2006年国家文物局重要考古发现。在国内外发表论文数十篇。

伊博·奥洛昆（Igbo Olokun）出土的坩埚碎片

撒哈拉以南非洲的玻璃考古

阿比德米·巴巴通德·巴巴洛拉（Abidemi Babatunde Babalola）
剑桥大学

尽管玻璃是人类发明的最年轻的材料，但玻璃却是古代最受崇拜和最有价值的物品之一。它的显著特性是其他较早期材料所不具有的，例如半透明性、颜色变化和自然光泽，这可能是其价值体现的主要原因。在位于叙利亚和伊拉克附近的美索不达米亚地区发现了大约公元前2500年最早的人造玻璃之后，该地区及其周围地区获得了大量学术研究关注。这些努力使得在近东地区发现了更多的玻璃制造中心，包括多门之家（Bet She's arim）、布拉克丘（Tell Brak）、阿马尔奈（Tell el-Amarna）和拉卡（Al-Raqqa）等。早期的玻璃是用两种主要原材料制成的：硅酸盐助焊剂与盐生植物材料。但是，随着玻璃知识的进一步发展和传播，各种新原料被引入，在一定的时间框架内，玻璃的成分从一个区域到另一个区域发生了变化。因此，在大约公元前800年的伊斯兰世界发明了氧化钠或矿物苏打玻璃，在大约公元800年的罗马/中世纪欧洲发明了木灰玻璃，在大约公元前1000年的中国发明了铅钡玻璃，以及在公元前1世纪的南亚发明了苏打-氧化铝玻璃。那么撒哈拉以南非洲在这段漫长的玻璃技术发展过程中处于什么位置呢？有意思的是，所有这些成分组合的玻璃在撒哈拉以南的非洲考古遗址中都有发现，其中发现的最早的玻璃（以珠子的形式）可追溯到公元前600—前400年的波斯（Persian），即现代马里的尼伯地区（Nin-Bere）。非洲次大陆上玻璃的出现证明了稳定的跨大陆交流互动，却不是本土玻璃制造的标志。然而，在撒哈拉以南非洲地区发现的一些二次加工玻璃的手工作坊证明会对进口玻璃进行重新加工和回收利用。一个例子是，奇布恩（Chibuene）就有关于公元6—17世纪早期玻璃加工的证据。尽管有玻璃加工的证据,但仍然存在问题,比如撒哈拉以南非洲地区是否存在初级玻璃加工?撒哈拉以南非洲地区在玻璃发展和生产的版图中处于什么位置?尼日利亚西南部埃勒-伊费遗址(Ile-Ife)的发现解决了这些问题。

地理学与考古学背景下的埃勒-伊费遗址

埃勒-伊费遗址位于尼日利亚西南部的森林地带。它位于几个山岭和山脊建筑群的中心,导致其地形被描述为"凹"字形。埃勒-伊费位于山脚和山脊的平面上,这使得它容易被侵蚀,因为在流入主河道的一条支流之前,流水要先穿过埃勒-伊费遗址。这也意味着,山脚和山脊下的土壤富含很多养分,宜耕种,考古证据也表明,早期农业聚落极大可能聚集在山脚下。

从考古学上讲,埃勒-伊费遗址以其铜合金铸造、陶俑和石雕方面的非凡艺术作品而闻名。埃勒-伊费遗址的艺术作品中的自然主义和其制作的复杂性一方面显示了其创作者的能力,另一方面也将其与从古埃及、努比亚到希腊、罗马古典艺术等全球其他地区著名雕刻传统相媲美。一些考古和艺术史的证据表明,公元12至15世纪是早期伊费文明的顶峰,也被称为"古典时代"。除了陶瓷制造、铜合金铸造、炼铁、复杂城市规划和路面修建、玻璃和玻璃珠制造等手工业专业化的扩展,古典时代的特征还在于复杂的城市生活和集中的政治制度。因此,埃勒-伊费发展成为地区性大国,并且直到公元15世纪晚期,埃勒-伊费都是该地区的政治和经济中心。

尽管我们对埃勒-伊费遗址早期的艺术行业相当关注且毫不怀疑他们发展或从事复杂技术的能力,但对玻璃行业的研究却较少有人关注。尽管与玻璃相关的物品和埃勒-伊费早期可能存在玻璃工业的想法早在一个多世纪前就已经有了,但对这项技术详细的研究尚待全面开展。这种疏忽可能部分是因为古代玻璃制造研究被次大陆的考古学所垄断,并排除了撒哈拉以南非洲地区。此外,玻璃在埃勒-伊费的出现,尤其是在伊博·奥洛昆地区的出现,仅被看作是玻璃二次加工的代表。

伊博·奥洛昆是遗址所在地,在文献中被普遍称为奥洛昆森林,它位于埃勒-伊费市北部。因为在地表发现大量散落的玻璃材料,所以几十年来当地居民都认为这个地方很可能是玻璃制造或某种工作的作坊。1910年一个

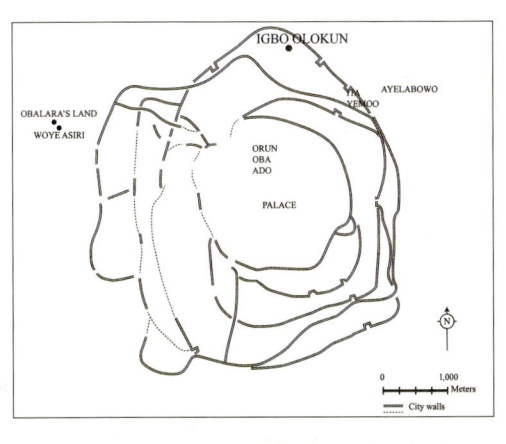

左图：伊费布局展示伊博·奥洛昆。

下图：尼日利亚国家博物馆的指路牌，位于伊博·奥洛昆入口处。

叫莱奥·弗罗贝纽斯（Leo Frobenius）的德国人造访了埃勒-伊费，他不仅参观了该遗址，还雇佣当地人帮他挖掘这个遗址以及整个城市的其他树林。他向世人公布他发现了几只釉面器皿，现在已知是玻璃坩埚，以及碎玻璃和玻璃珠。20世纪50年代，殖民考古学家伯纳德·法格（Bernard Fagg）先生发掘了伊博·奥洛昆，他也是尼日利亚古代部的第一任主任。20世纪60年代初，在1957年应邀参与伊塔耶摩（Ita Yemoo）发掘的英国考古学家弗兰克·威利特（Frank Williett）也曾在20世纪50年代末至60年代初的伊博·奥洛昆进行过发掘。奥莫托索·埃鲁耶米（Omotosho Eluyemi）是第一位在该

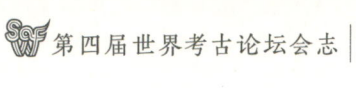

空中视图,正在进行清理工作。

遗址工作的尼日利亚籍考古学家。他在20世纪70年代末至80年代期间在伊博·奥洛昆进行了一系列考古调查。尽管大量的玻璃制品可以帮助我们了解古代埃勒-伊费的玻璃技术,但之前在该遗址的所有调查大多集中在艺术品上,很少甚至根本没有关于玻璃工业的报道。只有埃鲁耶米报道了在伊博·奥洛昆发现了玻璃材料,虽然很有限。埃鲁耶米还推崇古代埃勒-伊费已掌握了本土玻璃制造技术的观点。由于缺乏足够的证据来支持这一观点,他的观点没有引起重视。如今,伊博·奥洛昆是伊费博物馆主持下的一个纪念遗址,它是尼日利亚国家博物馆和古迹委员会的一个部门。

玻璃考古研究项目：在埃勒-伊费市伊博·奥洛昆的发掘

伊博·奥洛昆证明了研究埃勒-伊费古典世代玻璃制造的价值。于是，我们在2010年开始对伊博·奥洛昆及其周边地区进行考古勘探。自项目启动以来，多个组织与机构对其提供了大量资金援助。它们有莱斯大学社会科学研究所（SSRI），康宁玻璃博物馆，玻璃历史协会（AHG），卡塔尔伦敦大学学院，剑桥大学麦克唐纳考古研究所，莱文蒂纳（Leventis）基金会，塞浦路斯研究所，剑桥-非洲ALBORADA基金会以及大英博物馆。这些机构和组织为研究的进展和成功做出了巨大贡献。我还要声明，当地机构如伊巴丹大学考古学与人类学系和奥巴费米亚沃洛沃大学自然历史博物馆（NHM）也一直在提供巨大帮助。我们还得到了当地社区以及一些在项目过程中提供宝贵服务和智力贡献的个人的纯粹支持。

我们在遗址的工作主要是调查和发掘。2010—2017年，我们在遗址挖掘了15个单位，面积约为31平方米。一些单位集中在遗址的一个位置以便了解空间组织，而另一些单位则分布在遗址的不同位置，以划定古人活动范围，并更好地了解文化堆积的厚度。在发掘范围内，文化层从70—135厘米间不等，它被云母含量高的黄红色红土壤覆盖。黄红土壤的这些特性与该地区下层的土壤相吻合。在少数情况下，我们发掘了红土层，但没有发现任何人工制品。在许多其他情况下，我们并没有挖掘到红土层，因为它表现是人类最初的活动面。我们发现了三个相连的灰坑和一个狭窄的通道。我们在1.1米处到达其中一个连体坑的底部。灰坑壁是直的，底部是平的。其中一个连体灰坑较浅，底部距红土地面约50厘米。从灰坑底部采集的木炭样本测年结果为公元11世纪。我们无法到达第三个坑的底部。关于这些灰坑，经常被问的问题是，它们能否被确定为现场熔炉的一部分？尽管没有在撒哈拉以南非洲发现早期的初级玻璃制造熔炉作为先例，来帮助比较这里的玻璃制造熔炉，但灰坑的结构和布局表明，它们很可能是遗址内制造和加工玻璃的废址。

伊博·奥洛昆发掘的遗物中大部分材料与工业有关，包括坩埚碎片、玻璃珠、玻璃废料、陶器碎片和其他陶瓷材料。这些遗物都是覆盖红土层下和灰坑中的。我们在伊博·奥洛昆发掘了大量丰富而多样的遗物，这些遗物能勾画挖掘单位。

够帮助我们更好地调查玻璃的来源、使用的原材料和生产技术等。芝加哥菲尔德博物馆的劳雷·杜苏比厄（Laure Dussubieux）博士一直负责对玻璃材料进行激光剥蚀进样技术（LA-ICP-MS）分析。分析了120多个玻璃样品，包括废玻璃、玻璃珠和坩埚玻璃。任天洛教授利用光学显微镜和扫描电镜能谱（SEM-EDS）对坩埚和其他生产相关材料的研究，有助于了解坩埚织物的微观结构以及附着的内玻璃和外釉的化学成分。在卡塔尔基金会的慷慨资助下，我们得以在卡塔尔多哈的伦敦大学学院材料科学实验室分析一些样品。塞浦路斯研究所考古和文化科学技术研究中心（STARC）的材料科学实验室正在分析更多的样品，这要感谢莱文蒂纳基金会资助这部分项目。这些分析的结果为我们提供了宝贵和压倒性的证据，支持在撒哈拉以南地区首次发现初级玻璃制造业的论点。我将在下一节讨论结果。

◆ 重大田野考古发现奖获奖项目

伊博·奥洛昆正在进行的挖掘工作。

已挖掘区域显示着面向西的坑。

放大查看其中一个连体坑,里面有一块推磨石残片。

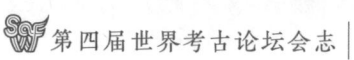

坩埚、玻璃珠、生产废料和半成品玻璃

在我们的发掘过程中，发现了不同类别的材料，这些材料表明了伊博·奥洛昆存在工业活动。发掘出了1500多个坩埚碎片。发现的不同部位如边缘、主体和底座等可以拼接出完整的坩埚容器。坩埚可以是椭圆形的，也可以是筒形的，高度从16—35厘米不等。壁厚在1.5—4厘米之间，底部是坩埚最厚的部分。坩埚中最明显的元素是内部的玻璃镶嵌物。内玻璃的颜色包括蓝色、绿色、红色和无色。蓝色和绿色是内玻璃中最常见的颜色。从技术上看，我们已经证明坩埚是专门为高温活动而制造出来的。坩埚黏土中高浓度的氧化铝证明了它们的耐火性。这样，坩埚就可以承受1300℃以上的温度而不软化。因为盖子的碎片也被找到了，也可以证实大多数坩埚都是有盖子的。盖子是半球形的，上面有3个孔，用来插入铁棒来提起盖子。

在伊博·奥洛昆的发掘中，已经找到了20000多颗玻璃珠。玻璃珠组合的独特性不在于数量，而在于种类的多样性，包括成品珠和半成品珠。玻璃珠的颜色与坩埚玻璃的颜色一致，但黄色除外，只有黄色的玻璃珠，而没有黄色的坩埚。大多数珠子是单色的，蓝色最常见，绿色次之。多色珠子大多是有条纹的。多色珠中的另一组，我们称之为"无色加红色涂层"，该组由核心无色而外部有红色涂层的珠子组成。在这个组合中，基本上可以辨别出三种形状：圆柱形、扁圆形和管状。玻璃珠非常小，大多数小于5毫米。这种微小的珠子使得它们在视觉上可以与所谓的"种子珠"相媲美，但它们的化学性质不同。与玻璃珠和坩埚玻璃一样，发掘出的生产碎片中，蓝色是最常见的颜色。因此，我们发掘出了4千克以上的玻璃废料。废物组合分类表明，它们不仅与玻璃珠组合有关，而且清楚地指向了伊博·奥洛昆玻璃珠制造连锁经营模式的存在。成分分析进一步确定了这些发现类别之间的联系。

半成品玻璃是考古遗址玻璃制造的最有力证据之一。撒哈拉以南非洲的考古遗址没有发现半成品玻璃的实物资料证据。事实上，只有青铜时代晚期埃及的少数车间里发现了半成品玻璃的证据。2017年初由玻璃历史协会资助，在调查研究现收藏于自然历史博物馆（NHM）的早期伊博·奥洛昆发掘物过程中，我们找到了一块底部粘有大块物质的坩埚底座。通过对这种物质及其属性的检测我们可以清楚知道，它是一块半成品玻璃，质地脆，有很多气泡。初步的显微和后向散射图像检查以及回声测探分析表明，其基质是不均匀的，存在长石、硅灰石和富钴相，且含有明显的未熔石英颗粒。这些分析可以证实这是半成品玻璃。

为什么埃勒-伊费遗址早期玻璃制造的证据是一个独特的发现？

要回答上述问题，首先要问一个问题：是否有初级的玻璃生产，有什么证据？第一步是确定伊博·奥洛昆在生产哪种玻璃。如前所述，我们对100多个玻璃样品进行了化学分析，其中包括坩埚玻璃、玻璃珠和玻璃碎片。分析表明，玻璃中氧化铝含量高，钠和锰含量低。钠和锰的低浓度表明，这些既不是源于伊斯兰式苏打石灰玻璃，也不是源于中世纪欧洲木灰玻璃。高石灰、高氧化铝（HLHA）占分析样品的85%以上。另一组低石灰、高氧化铝（LLHA）也存在。还有第三类，低石灰中等氧化铝（LLMA），似乎微不足道。这些组别还可通过颜色区分，蓝色、绿色和无色的是高石灰、高氧化铝的，红色和黄色的主要是低石灰、高氧化铝的，极少是低石灰中等氧化铝的。这些成分组在玻璃珠、坩埚玻璃和碎片中都可以识别，表明它们都属于同一个玻璃制造传统。高石灰、高氧化铝和低石灰、高氧化铝玻璃的成分与富含长石的伟晶岩和蜗壳的组合一致。将埃勒-伊费遗址的高石灰、高氧化铝玻璃的化学成分与该地区的地质成分进行比较，发现它们具有相同化学特征。因此，埃勒-伊费遗址的玻璃是当地配方的产品。詹姆斯·兰克顿（James Lankton）、阿金·伊盖（Akin Ige）和任天洛是第一群在分析的埃勒-伊费玻璃珠集合中识别高石灰、高氧化铝组的人。他们的工作集中在未经证实的博物馆收藏和在埃勒-伊费收集或购买的样品上。然而，他们能够认识到高石灰、高氧化铝玻璃在世界各地已知的古代玻璃成分组中的独特性。他们的结论是，高石灰、高氧化铝玻璃一定是在埃勒-伊费本地或附近制造的。该项目提供了牢固的考古学证据，将这种玻璃技术归于位于伊博·奥洛昆的埃勒-伊费作坊。该遗址专门用于生产高石灰、高氧化铝玻璃。

伊博·奥洛昆的坩埚用于玻璃制造和玻璃加工。坩埚黏土的高度耐火性和一些坩埚在使用过程中留下的裂纹表明，它们所涉及的温度远远超过了现

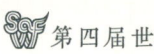

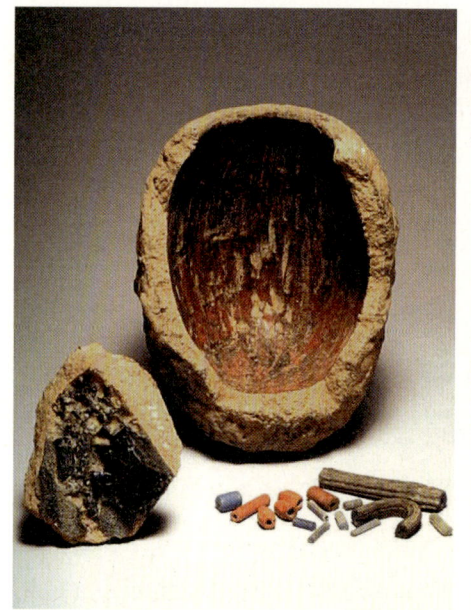

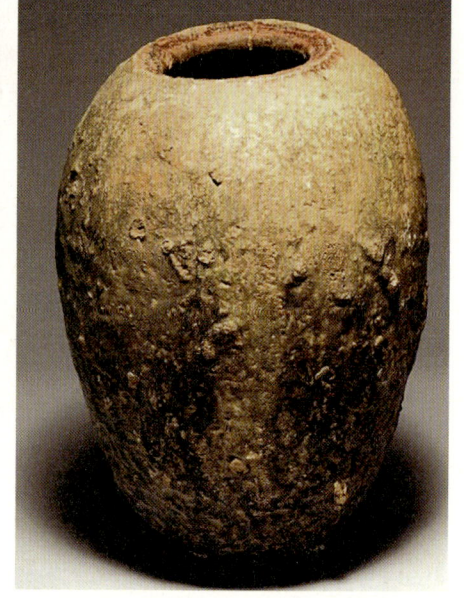

来自12至15世纪埃勒—伊费的玻璃坩埚2号。（资料来源：尼日利亚国家博物馆）

来自12至15世纪埃勒-伊费的完整玻璃坩锅。（资料来源：尼日利亚国家博物馆）

有玻璃再熔化所需的温度。坩埚玻璃基质中保存的石英颗粒证明了原材料（而不是现成的玻璃）被送入坩埚的事实。在大多数坩埚中都可以观察到代表"刮痕"的单向槽，这是在舀出熔融玻璃的剩余部分时留下的痕迹。这些刮痕和大量的生产废料支撑玻璃制造的工作。

在撒哈拉以南的非洲地区，没有一个地方有如此令人难以置信的证据，能够证实在与欧洲接触之前，人们就已经发现了制造最初玻璃的方法。这一发现可能是次大陆众多有待发现的发现中的第一个，它彻底改变了我们对玻璃在全球的发展和传播的认知，尤其是改变了该地区考古学中关于西非森林带的一些认知。例如，我们现在知道，玻璃的发明并不局限于世界某一地区，而是具有区域性特征的。根据对环境和可用原材料的了解，不同地区发明了不同的玻璃。高石灰、高氧化铝玻璃的发明使森林地带成为早期技术研究的焦点。此外，与所有名贵物品都是由北方进入森林的观念相反，现在很明显的是，南部森林埃勒-伊费社区也十分积极地向跨撒哈拉地区的发达贸易网络输送玻璃珠等珍贵物品。在马里的埃索克·特德马卡（Essouk Tedmakka）和加奥（Gao）等贸易城市也发现了埃勒-伊费市的高石灰、高氧化铝玻璃珠。

◆ 重大田野考古发现奖获奖项目

伊博·奥洛昆挖掘的未分类玻璃珠组合。

最后，从最初开始，该项目研究的主要目标之一就是能让当地社区参与我们的工作。考古学在埃勒-伊费遗址中解开的大多数早期技术的知识目前濒临灭绝，因为当地只有少数人知道过去确实存在过这项技术。我们准备通过耳濡目染的方式来吸引当地人们的注意，其中一个方法就是组织参观一次现场图片展，并展示发掘出的玻璃文物。这个策略引起了路人的注意，许多路人停下来和我们聊天。国王奥尼（Ooni）的访问是该研究的一个转折点［感谢阿迪萨·奥贡弗拉坎（Adisa Ogunfolakan）教授为访问提供了便利］。在他与随行人员的访问中，我们对他们介绍了大约1000年前在埃勒-伊费遗址生产的本地玻璃制造历史的相关研究。他们惊讶且好奇地想知道更多。言下之意，这次访问打开了通往社区中心的大门，使我们的工作合法化，使我们在当地有了知名度和更多接触真相的机会。国王一直支持这座城市的所有考古研究工作。

伊博·奥洛昆挖掘的蓝色玻璃珠。

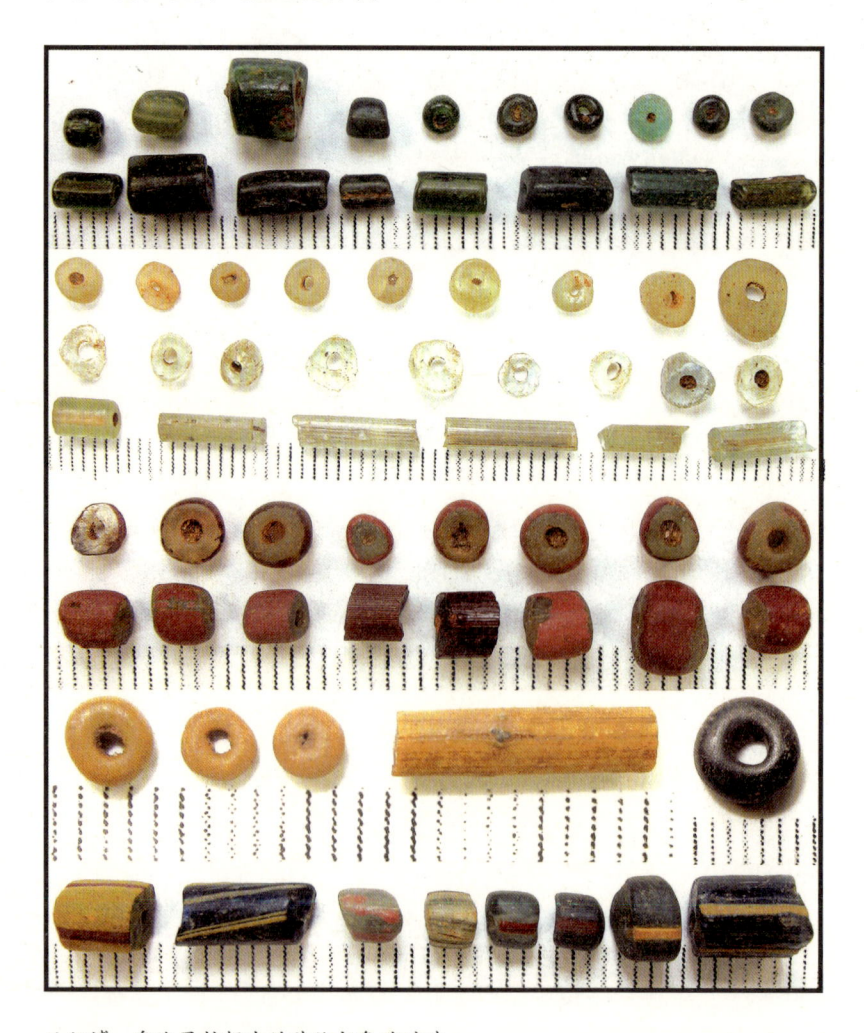

从伊博·奥洛昆挖掘出的其他颜色玻璃珠。

NHM收藏的具有半成品玻璃块的坩埚碎片。（照片由作者经NHM允许拍摄）

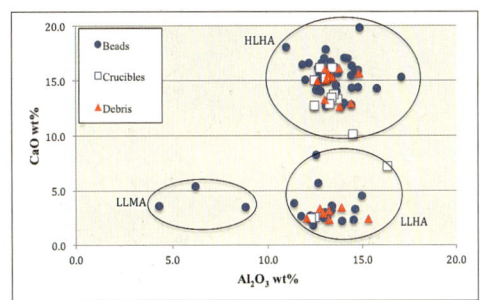

上图：半成品玻璃的背散射图像。注意基质的异质性。

下图：CaO v Al$_2$O$_3$的复合图表。

奥尼（国王）在参观伊博·奥洛昆时，好奇地看着挖掘出来的材料。（作者拍摄）

项目负责人向奥尼解释工作情况。（作者拍摄）

项目负责人简介

阿比德米·巴巴通德·巴巴洛拉

阿比德米·巴巴通德·巴巴洛拉是英国剑桥大学非洲研究中心的史末资基金会（Smuts）研究员，也是麦克唐纳考古研究所的研究员。在加入剑桥大学之前，他是哈佛大学人类学系的研究员，哈佛大学哈钦斯非洲和非裔美国人研究中心的麦克米兰-斯图尔特研究员。他还是塞浦路斯研究所考古和文化科学技术研究中心的一名研究人员。巴巴洛拉博士是尼日利亚埃勒-伊费市早期玻璃生产考古项目的负责人。他的新项目侧重于调查沿西尼日尔走廊的手工业专业化和复杂社会。他的研究兴趣包括早期技术、复杂社会中的手工业专业化、早期城市化、政治经济。他的文章发表在《古物》《非洲考古》《考古科学》和《非洲人研究》等刊物上。他曾在美国、坦桑尼亚和尼日利亚参与研究。他在尼日利亚伊巴丹大学获得硕士和学士学位，在休斯敦莱斯大学获得博士学位。

PLC-103B儿童胸骨切割的细节这是几乎所有受害者在万查基托拉（Huanchaquito）、拉斯利亚马斯（Las Llamas）和潘帕拉克鲁斯（Pampa La Cruz）遇害的方式

公元15世纪在秘鲁北海岸儿童与骆驼的大规模献祭：古代美洲仪式暴力的新看法

加布里埃尔·普列托（Gabriel Prieto）
佛罗里达大学

费伦·阿列克萨德·卡斯蒂略·卢汉（Feren Alexard Castillo Lujan）
特鲁希略国立大学

介 绍

在古代世界，不同的社会都会把人和动物作为献祭品。在秘鲁的前西班牙时代，仆从和献祭的动物随葬在坟墓中，来陪伴过世的重要人物；在纪念性建筑中将其作为奉献物埋葬；在主要的礼仪中心将其作为公共仪式的献祭。在万查基托拉遗址（也称为"格拉马罗特 A"）最近发掘的结果证明了公元1450年奇穆（Chimú）国有大量使用儿童和骆驼作为献祭品的行为。

奇穆国兴盛于公元11至15世纪，它统治着广阔的秘鲁海岸。在它最鼎盛的时期，它的疆域北至现在秘鲁和厄瓜多尔边界的沿海山谷，南到秘鲁的首都利马的沿海山谷，覆盖了超过1000千米的秘鲁海岸线。在高效的官僚机构管理下，成熟的水利网络所灌溉的精细化农业生产奠定了秘鲁的霸权。谷物和日常用品被运送到城市和省级行政中心有组织的仓储设施中。

众所周知，在印加和更早的一些社会会用儿童作为献祭品。尽管没有考古发现证明印加民族志记载的大量的印加儿童会在特殊的场合被当作献祭品，比如说印加统治者的死亡和加冕仪式上，但最近几十年来，在国际研究小组进行的发掘中，在高山山顶发现了少数儿童被作为祭品。在发现万查基托拉遗址之前，很少有考古证据证明秘鲁北部海岸地区存在把儿童作为祭祀品的现象。其民族志的资料仅限于西班牙男修道士安东尼奥·德拉·卡兰查（Antonio de la Calancha）的描述。他声称，在赫克特佩克（Jequetepeque）河谷月食期间奇穆国会用儿童、水果、玉米酒和染色棉布作为祭品。

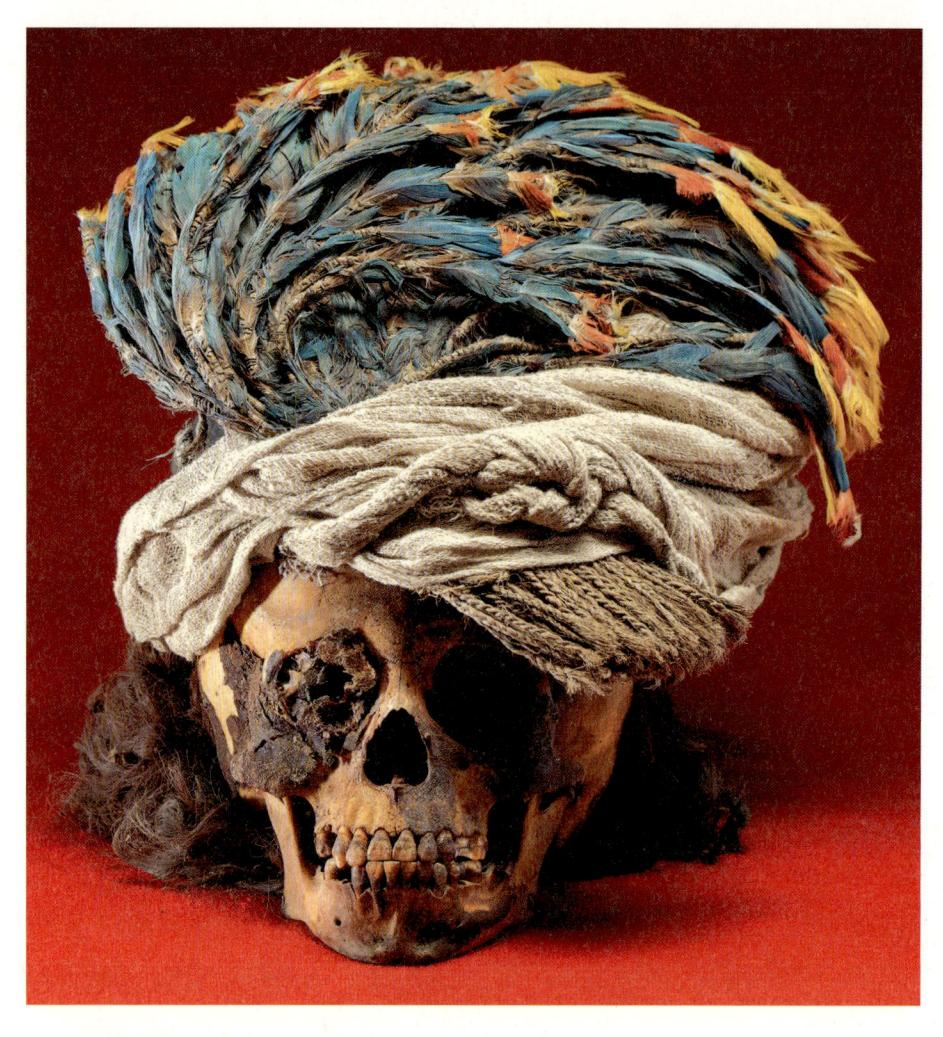

一顶用金刚鹦鹉羽毛装饰的头饰戴在一个牺牲儿童的头骨上,他的头发及肩。研究人员认为,这顶头饰表明该青年可能来自贵族家庭。[照片:丽贝卡·哈勒(Rebecca Hale)]

在北部海岸的多个地点发现了殉葬墓、陪葬墓和作为牺牲的俘虏,以及把儿童、青少年和成人作为祭品,但是直到最近才知道,有一个可能的例子是把儿童和骆驼作为祭品。1969年,考古学家克里斯托弗·唐南(Christopher Donnan)在海边小镇万查科(Huanchaco)发掘中发现了17名儿童和20只骆驼的遗骸,这些遗骸被埋葬在没有任何随葬品的普通的坑中。尽管没有进行人骨学分析来确定可能的死亡原因,但根据其考古背景、人口统计资料和异常的墓葬方式,唐南认为,这些遗骸可能是祭祀牺牲品。碳十四测定这个坑的年代在公元1400年左右,即奇穆国统治北海岸的时期。

骆驼科动物是前西班牙时期安第斯中部地区用于祭祀的主要动物。尽管早在前陶器时代晚期（公元前1800年之前）科托什（Kotosh）的十字手神庙中就发现了一些骆驼作为仪式性物品，但直到过渡时期早期（公元100—600年），骆驼科动物的献祭才急剧增加，特别是在秘鲁北部的摩切（Moche）文化中。最常见的形式是将整个骆驼或其身体部位（最好是头骨和四肢）作为陪葬品。在坟墓中，他们既起到食品的作用，又具有象征意义。在奇穆国占领摩切谷的期间，完整的骆驼单独存放或与人类一起被放在月亮神庙（Huaca de la Luna）和成粲（Chan Chan）地区的坟墓和存储设施中。但是，唐南和富特（Foote）在20世纪60年代后期和现在的发现中证实，万查科地区是把儿童和骆驼作为献祭品的重要地区。

万查基托拉遗址祭祀场所

万查基托拉遗址祭祀场所距海岸线350米，海拔高度约为11米，是一片覆盖在海洋阶地下侧的风沙作用的沉积层。该遗址南界被现代建筑限定，北界是一个用作处理建筑垃圾的区域。20世纪90年代后期，该地区的西部在修建公路时被大型机械破坏。可以假设，由于建筑活动，埋葬在遗址边缘的不可计数的物质文化材料已经丢失。

在2011—2016年，我们获得了资金，用于进一步发掘和对人类、骆驼的骨骼进行详细分析。最终发掘出137名儿童和205只骆驼科动物的遗骸。如果我们算上此地由于最近的人类活动所扰动区域中发现的残缺不全的遗骸，则总数会更高。对该区域的完全的发掘表明，儿童和骆驼被埋葬在约700平方米（南北轴50米和东西轴14米）的区域中。该遗址的南部、北部和西部边缘受到现代建筑的影响严重，严重破坏了人类和动物遗存的保存环境。尽管如此，我们的发掘证实，大部分牺牲品（包括人类和动物）都集中在该地点的中央。

分析表明，人类和骆驼科动物是按照严格的顺序埋葬的，大多数儿童都面对着西方（大海），而骆驼则朝山。儿童通常以三人一组的形式被埋葬，并按年龄的大小从最小到最大的方式埋葬。一些孩子的脸上涂有朱砂颜料，其他孩子（主要是大一点的孩子）则戴着特别的棉质头饰。骆驼则被小心地放置在人体旁边或上方。在许多情况下，相反颜色（棕色和米色）的骆驼被埋在一起，并放置在不同的方向。

在四个已确定的墓葬群的东侧有一层干燥的泥土表面。可以看出，这种泥土最初覆盖了整个场地，但在为祭祀牺牲者开挖埋葬坑和祭祀活动中大面

左上图：从南向看万查基托拉-拉斯利亚马斯遗址的儿童和骆驼骨骼的全景。
右图：E-40儿童骨架，肋骨被故意移位以可能提取心脏。（照片由作者拍摄）
左中图：与儿童E-36相关的骆驼头骨细节。注意骆驼毛的点状图案。
左下图：放大显示以上图像中所描述的骆驼。（照片由作者拍摄）

◆ 重大田野考古发现奖获奖项目

在万查基托拉-拉斯利亚马斯发现的骆驼（CA-07）。请注意绑在骆驼四肢上的绳索。

这些样品正在进行全基因组测序分析，以探讨这些作为牺牲个体的群体遗传亲缘关系。

颅骨整形的差异性

颅骨整形风格的差异性表明，埋在万查基托拉遗址的孩子是异质样本，可能来自不同的社群和地区。在130例足够完整以进行评估的颅骨中，有85%（111 / 130）的颅骨没有整形。出人意料的是，只有8%（11 / 130）的颅骨显示出秘鲁北海岸史前人口典型的枕骨扁平化形式，这种整形被认为是在婴儿期进行的。特别令人感兴趣的是，有8颗颅骨（6%）采用一种独特的颅骨整形形式，即所谓的环形整形。在秘鲁北海岸没有这种整形方式，但是在北部高地的某些地区发现有环形整形颅骨的方式，例如在现代的安卡什省。这表明这些儿童的成长地区不同于大多数没有颅骨整形的儿童及奇穆和其他北部沿海地区典型的枕骨扁平化的人群。

碳氮稳定同位素分析

来自38个个体的牙齿样本中碳氮稳定同位素分析表明这些个体饮食来

上图：潘帕拉克鲁斯东区的无人机俯视图，该遗址位于距离万查基托拉-拉斯利亚马斯以北2.5千米处。请注意有多个含有儿童牺牲品的坟墓。
左下图：潘帕拉克鲁斯遗址处三名青少年的总览。
右下图：PLC-204儿童的细节。请注意他头上简单的头饰和棉质裹尸布。

源存在很大差异。万查基托拉数据显示13C／12C和15N／14N数值范围比较大,表明由于不了解万查基托拉儿童的原居地和生活史,因此其饮食特征的多样性支持根据颅骨整形推断他们可能是来自不同的地区的推论。

献祭方法的人骨学证据

在实验室检测发现,几乎所有胸骨保存完整的儿童都有一个穿过其胸骨(未闭合的胸骨)的横向切口。这些切口在位置、角度和方向上都是一致的,并且由于犹豫或"错误开始"造成的切口很少,这表明是经验丰富的人制造了这些切口。正如在骆驼上所看到的那样,大约10%的个体在第三或第四肋骨的外表面上也显示出切割痕迹。许多孩子的肋骨明显可见散开和移位,表明其胸部被强行打开过。

万查基托拉儿童胸骨切口的横向方向不同于古代秘鲁的其他被献祭者。通过胸骨横切术进入心脏是现代胸外科医师所熟悉的技术,并以各种不同的名称被熟知。在万查基托拉遗址,虽然只能推测使用这种切口方式的原因,但摘除心脏是一个可能的动机。

细节特写PLC-227个体的面部部分自然木乃伊化。

潘帕拉克鲁斯西南区的无人机俯视图，显示有多个儿童和骆驼的牺牲品。

一起埋葬的两名青少年，戴着不同类型的头巾。无论在万查基托拉-拉斯利亚马斯还是潘帕拉克鲁斯，年长的受害者都戴着这些类型的头饰。

研究骆驼遗迹

尽管由于后期沉积物的扰动，并不是所有骆驼科动物的遗骸都是完整的，但总体保存状况较好，可以研究易腐烂的物质，例如毛、胃内包裹物、莎草绳和粘在毛上的植物，这些在考古环境中通常都是无法观察到的。所有的骆驼都没有成年，不到一岁半，75%的估计不到9个月大。年轻的个体比例很高，以及缺乏成年个体表明这些动物是按年龄选择的。儿童的年龄和骆驼的年龄之间存在明显的相似之处。

可以观察到各种皮毛颜色，包括米色、浅棕色、深棕色和混合色（例如棕毛中带有米色点）。最常见的颜色是棕色，最少见的是米色。棕色和混合色为主流及年幼的动物似乎是选择献祭动物的主要标准。

讨 论

在旧世界，鲜有令人信服的儿童作为献祭品的实例，在多数情况下，由于缺乏死亡原因的人骨学证据，人们对于是不是故意杀人存在着很大的争议。但对于万查基托拉遗址而言是没有任何争议的。骨骼证据清楚地表明，

◆ 重大田野考古发现奖获奖项目

PLC-240个体头部的特写。与上页右图中描绘的头巾相比,此人被埋葬时戴着不同类型的头巾。这些头巾可能与他们的性别、年龄、族裔或家庭关系有关。

在潘帕拉克鲁斯遗址和万查基托拉-拉斯利亚马斯同样发现了几只骆驼。这只骆驼在死亡时年龄介于6到9个月之间。

孩子和骆驼是通过切开胸腔而被处死的。没有其他任何致儿童或骆驼死亡（在死亡时或死亡前后发生）的创伤，这表明整个祭祀中的行为是一致的。

在儿童中观察到的颅骨整形形式的变化以及广泛的碳氮同位素比值表明，他们可能来源于不同地区或种族群体，而不是来自单一本地人群。在埋有儿童和骆驼的沙层上覆盖着的一层厚厚的泥浆，以及在泥浆仍湿润时人和动物在上面活动的足迹，表明祭祀行为是在暴雨和洪水后不久发生的。在一个干旱地区，通常条件下降雨量可忽略不计。虽然大雨与祭祀之间的关系可能是偶然的，但很容易假设这两个事件是相关的。可能的推测是，大量献祭儿童和骆驼是试图安抚神灵并减轻发生在公元1400—1450年的厄尔尼诺灾祸的影响。

项目负责人简介

加布里埃尔·普列托

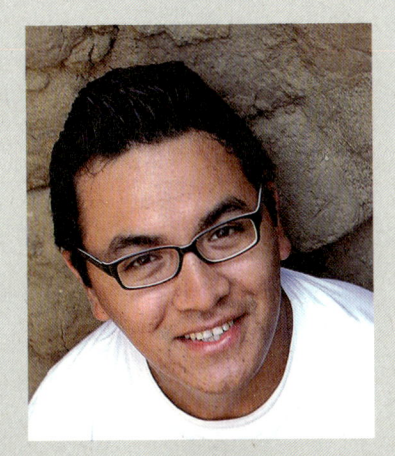

费伦·阿列克萨德·卡斯蒂略·卢汉

  加布里埃尔·普列托于2015年在耶鲁大学获得博士学位，目前是佛罗里达大学人类学系的助理教授。自2010年以来，普列托一直在秘鲁的北海岸工作，特别是在万查科，在那里他发掘了8处以上的考古遗址，其中之一就是如今著名的万查基托基拉大型祭祀场。普列托已在同行评审的期刊上发表了许多论文，并且将在2020年1月出版与丹尼尔·桑德威斯（Daniel Sandweiss）共同编辑的《古代安第斯山脉的海洋社区》一书，该书汇编了南美太平洋沿岸不同捕鱼聚落的文章。加布里埃尔·普列托还是国家地理探索者，已获得多项资助来进行他的研究。

  费伦·阿列克萨德·卡斯蒂略·卢汉在法国雷恩大学获得硕士学位。自2010年以来，他一直在圣地亚哥·乌塞达（Santiago Uceda）的指导下，在举世闻名的同时也是上海论坛获奖项目的月亮神庙的现场工作。自2018年以来，卡斯蒂略在加布里埃尔·普列托的指导下加入了万查科考古项目，是该项目的参与者。他还负责这项研究项目的考古实验室，该实验室由于保护和保存考古藏品最近获得美国大使馆基金会的奖金。得益于该奖金，该实验室如今已成为秘鲁最先进的实验室之一，并且长期地对在万查科发现的引人注目的纺织品和带羽毛装饰的布料进行保护。费伦·阿列克萨德·卡斯蒂略·卢汉目前是特鲁希略国立大学的考古学助理教授。

Bulletin of the
Shanghai Archaeology
Forum, Volume IV

重要考古研究成果奖
获奖项目

Research Awards 考古研究成果奖

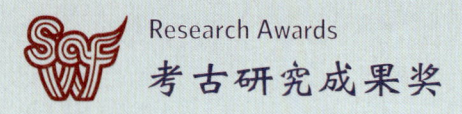

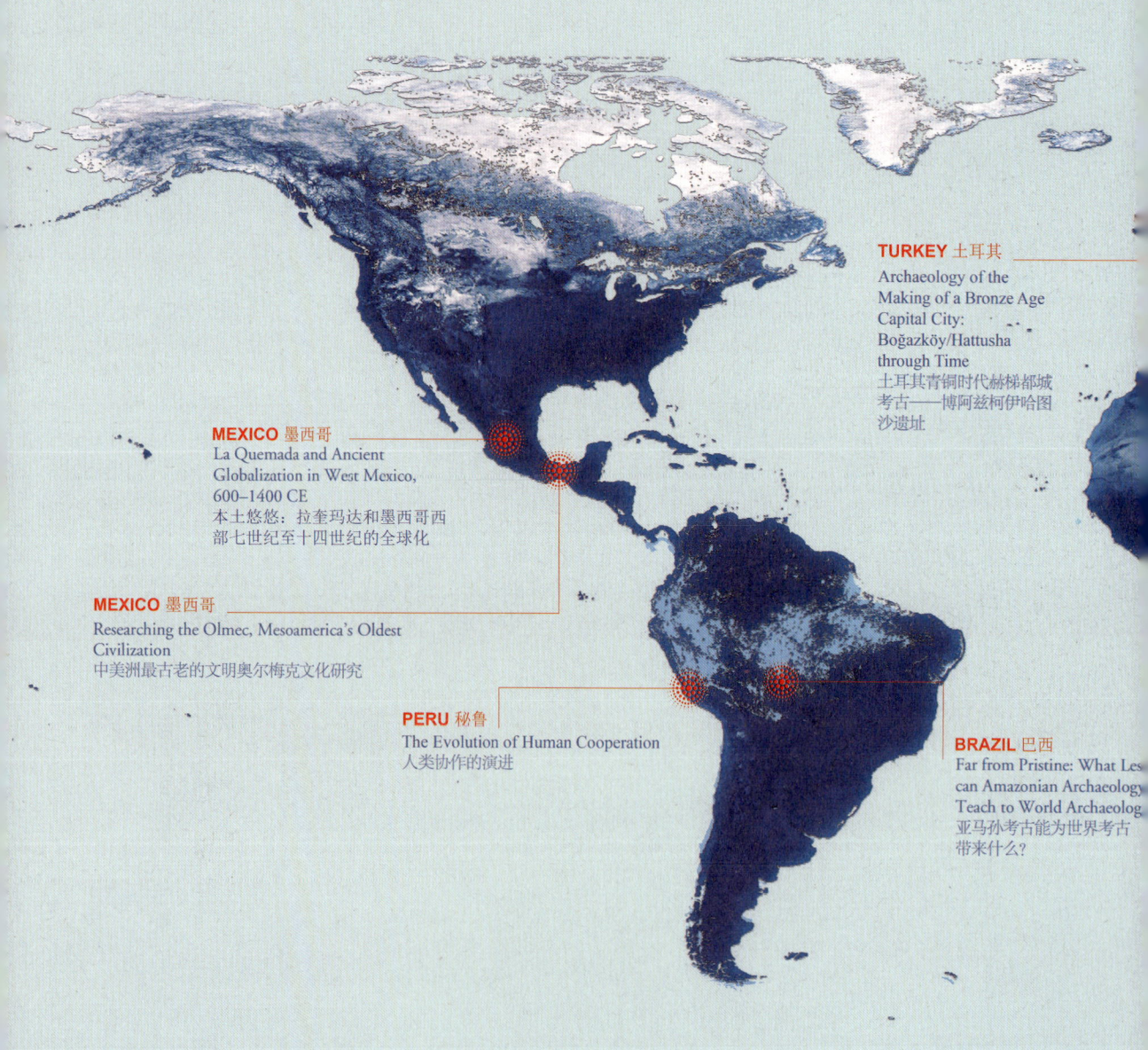

TURKEY 土耳其
Archaeology of the Making of a Bronze Age Capital City: Boğazköy/Hattusha through Time
土耳其青铜时代赫梯都城考古——博阿兹柯伊哈图沙遗址

MEXICO 墨西哥
La Quemada and Ancient Globalization in West Mexico, 600–1400 CE
本土悠悠：拉奎玛达和墨西哥西部七世纪至十四世纪的全球化

MEXICO 墨西哥
Researching the Olmec, Mesoamerica's Oldest Civilization
中美洲最古老的文明奥尔梅克文化研究

PERU 秘鲁
The Evolution of Human Cooperation
人类协作的演进

BRAZIL 巴西
Far from Pristine: What Lessons can Amazonian Archaeology Teach to World Archaeology
亚马孙考古能为世界考古带来什么？

RMANY 德国
m and Bust,
archy and Balance:
n Landscape to Social
ning—Megaliths
Societies in Northern
tral Europe

与萧条，等级制与平衡：
观到社会意义
中北欧的巨石与社会

RUSSIA 俄罗斯
Obsidian Provenance in
Northeast Asia: Gaining Solid
Evidence for Prehistoric
Exchange and Migrations
东北亚黑曜岩产源研究：
史前交换和迁徙的确凿证据

MYANMAR 缅甸
Tracing the Origins of
Bronze Technology and
Metal Exchange in
Southeast Aasia
东南亚青铜技术与金属
交换溯源

ZIMBABWE 津巴布韦
Archaeometry and Urbanism at
Great Zimbabwe
大津巴布韦的考古定年学与城市化

Trans-Eurasian Technological Transmissions

Late 3rd millennium BC
"Seima-Turbino trans-cultural phenomenon"
Chernykh 1992

Very early 2nd millennium BC
"Rapid Eurasion Technological Expansion Model"
'Siberian' transmission
White & Hamilton 2009

Mid/Late 1st millennium B
Post-Shang
'Sino-Siberian' transmissi
Higham 1996; Ciarla & Pig
2007; Higham et al 2011; 2

1,900km

Childe, V.G.(1954) The Socketed Celt in Upper Eurasia. *Annual Report of the Institute of Archaeology of the University of London* 10: 11-25.

文献引用：Childe,V.G.（1954）《上欧亚地区的插座式凿子》，伦敦大学考古学研究所年度报告10: 11–25。

绘制了塞伊玛-图尔宾诺（Seima-Turbino）跨文化现象从芬兰湾到中国甘肃走廊的主要冶金传播路线的地图，并可能与东南亚大陆有关。

东南亚青铜技术与金属交换溯源

托马斯·奥利弗·普赖斯（Thomas Pryce）
法国国家科学研究中心

冶金的出现、性质，特别是早期人类的冶金试验和技术掌握的相对年代，一直是许多考古学先辈所关注的主题。自从大约一个世纪前被V. 戈登·蔡尔德（V. Gordon Childe）在近东的文化背景下首次提及，长期以来，这种学术兴趣源于新石器时代、铜石并用时代、青铜时代的过渡时期，金属的使用和生产与迅速增加的社会复杂性之间的既定时代性和极可能的因果关系。

在这之间的几十年中，早期冶金和社会精英群体的发展及其行为之间的潜在联系在世界许多地区得到了验证，东南亚也不例外。作为人类技术上最复杂的技术之一（取决于地质条件和人类技能），冶金术也成为一种类型标志，用来识别跨越广阔时空的人群之间不同强度的潜在相互作用。其中一些交互作用圈，特别是公元前三千纪晚期由E. N. 切尔内赫（E. N. Chernykh）所主张的"塞伊玛-图尔宾诺"现象，从芬兰湾延伸到阿尔泰山脉，再延伸到中国，仅用了几个世纪的时间。这一引人注目且广为接受的、完善的冶金行为传播模式，在东南亚引起了特别关注。而东南亚位于欧亚大陆的东部末端，与太平洋相交，理论上可以代表地球上8000多千米的陆路社会技术网络的终点。

检验这一观点，以及之前关于东南亚大陆（MSEA）的观点，即早期发表的关于区域性铜冶金可以早到公元前四千纪早期，是一项重要的实践。东南亚在欧亚大陆的地位问题不仅普遍存在，而且史前晚期中国与东南亚的关系问题更为突出。检验这些观点必须从数据开始，并且尽可能使用最高质量的数据。我致力于这项工作长达15年，但也是建立在许多资深同事长达半个世纪的学术基础之上的，其中一些人无疑是杰出的。非常荣幸我的贡献得到了"世界考古论坛·上海"的肯定。我的贡献分为两个部分，即冶金考古学和缅甸史前史。到目前为止，我的职业生涯中发生了许多偶然事件，正是这些研究流的汇合，使我得以在早期东南亚冶金研究以及与同时期的中国和印度交流的性质方面发挥着作用。关于在这项目中的角色，我谦虚地承认，我是一个数据的制作者和提供者，以此来检验前辈们［按字母顺序排列：罗伯托·恰拉（Roberto Ciarla）、查尔斯·海厄姆（Charles Higham）、文森特·皮戈特（Vincent Pigott）和乔伊斯·怀特（Joyce White）］的假设，以揭示潜在的微妙修饰语，并强调他们的远见卓识。

建立东南亚早期冶金史的年代学显然依赖于提供可靠的放射性测年。在20世纪60年代和70年代动荡的开始之后，这个相当庞大的数据库仍主要限于泰国的东北部和中部地区，尚未与当今的中国共享关键的陆地边界，否则的话，我们可以用它直接检验技术传输模型。越南北部青铜时代的时间序列仍不清楚，且老挝北部是否经历过青铜时代尚不清楚（不过我强调这是我的个人观点）。尽管如此，近10年甚至5年，在稳固建立大陆（泰国）新石器时代到青铜器时代（在公元前2世纪后期的几个世纪中）的过渡方面仍取得了巨大进步。这种绝对年代测定法的主要影响是将区域性铜的生产和消费从赛伊玛-图尔宾诺现象中分离。但这种文化视野和泰国最早出现冶金环境之间相隔太久远了。

迄今为止，我对大量年代数据的有限贡献是整合了来自缅甸中北部的考古新信息。自2012年年底以来，我有幸在中北部担任法国驻缅甸考古团的负责人。这次在法国国家科学研究中心（CNRS）与缅甸宗教事务和文化部（MoRAC）的考古和国家博物馆部（DANM）开展的合作，成功地为位于靠近钦敦江（Chindwin）下游的奥凯/尼昂干（Oakaie / Nyaung'gan）遗址中重要的聚落和墓葬群提供了新石器时代到青铜时代的基线。以全国史无前例的52个加速器质谱碳十四（AMS ^{14}C）日期数据为基础，缅甸的考古年代序列展示了在公元前10世纪左右的一次传输。这可以被认为与我们从泰国东北部和中部地区，以及在地理上更接近金属环境的云南所了解到的具有高度一致性。自2017年以来，缅法联合考古队就一直在被联合国教科文组织列为世界遗产的哈林（Halin）彪关（"Pyu"）历史古城遗址进行发掘。

◇ 重要考古研究成果奖获奖项目

我们主要清理大量的史前地层,但似乎有一个潜在的时间序列,涵盖了公元前三千纪中期至公元前二千纪初。当我在上海演讲时,我们的多国团队将会发掘铁器时代(公元前一千纪晚期)的墓地,除已有的哈林30个放射性碳测年结果之外,他们目前还在等待另外40个放射性碳测年结果。一个

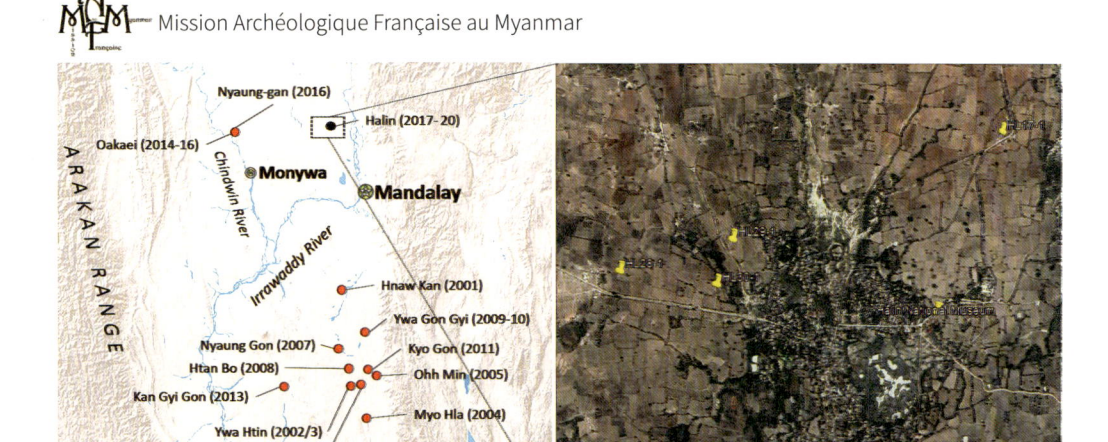

Mission Archéologique Française au Myanmar

...MAFM 2014—2016: Oakaie & Nyaung'gan
Back to the Bronze Age to build regional comparanda

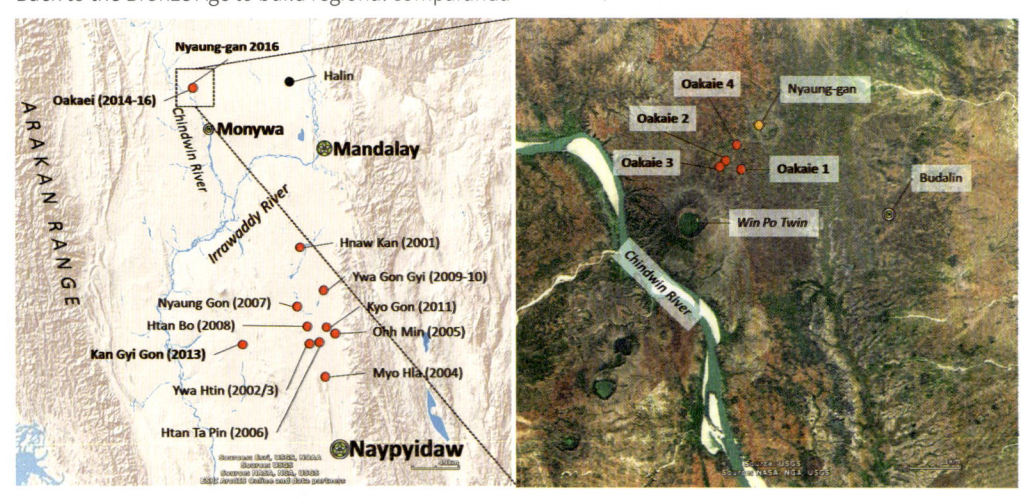

上图:地图显示法国缅甸考古团于2017—2020年在伊洛瓦底江(Irrawaddy River)以西15千米的联合国教科文组织哈林遗址进行挖掘。
下图:地图显示法国缅甸考古团于2014—2016年在钦敦江河岸的新石器时代—青铜时代复合建筑遗址奥凯-尼昂干进行挖掘。

为缅甸中北部以辐射测量为基础的文化历史正在建设中，一次进行一个试验点/日期/分析，作为东南亚大陆最北端的发掘，我们的研究结果关系到云南和印度东北部，就像它们关系到柬埔寨、老挝、泰国和越南的主要核心一样。我借此机会衷心感谢缅甸宗教事务和文化部部长图拉·吴昂高阁下（His Excellency Thura U Aung Ko），国家考古和博物馆部总干事吴觉吴伦（U Kyaw Oo Lwin）以及法国驻缅甸联邦共和国大使M. 克里斯蒂安·勒切

52 determination AMS ^{14}C sequence for the Nyaung'gan / Oakaie area

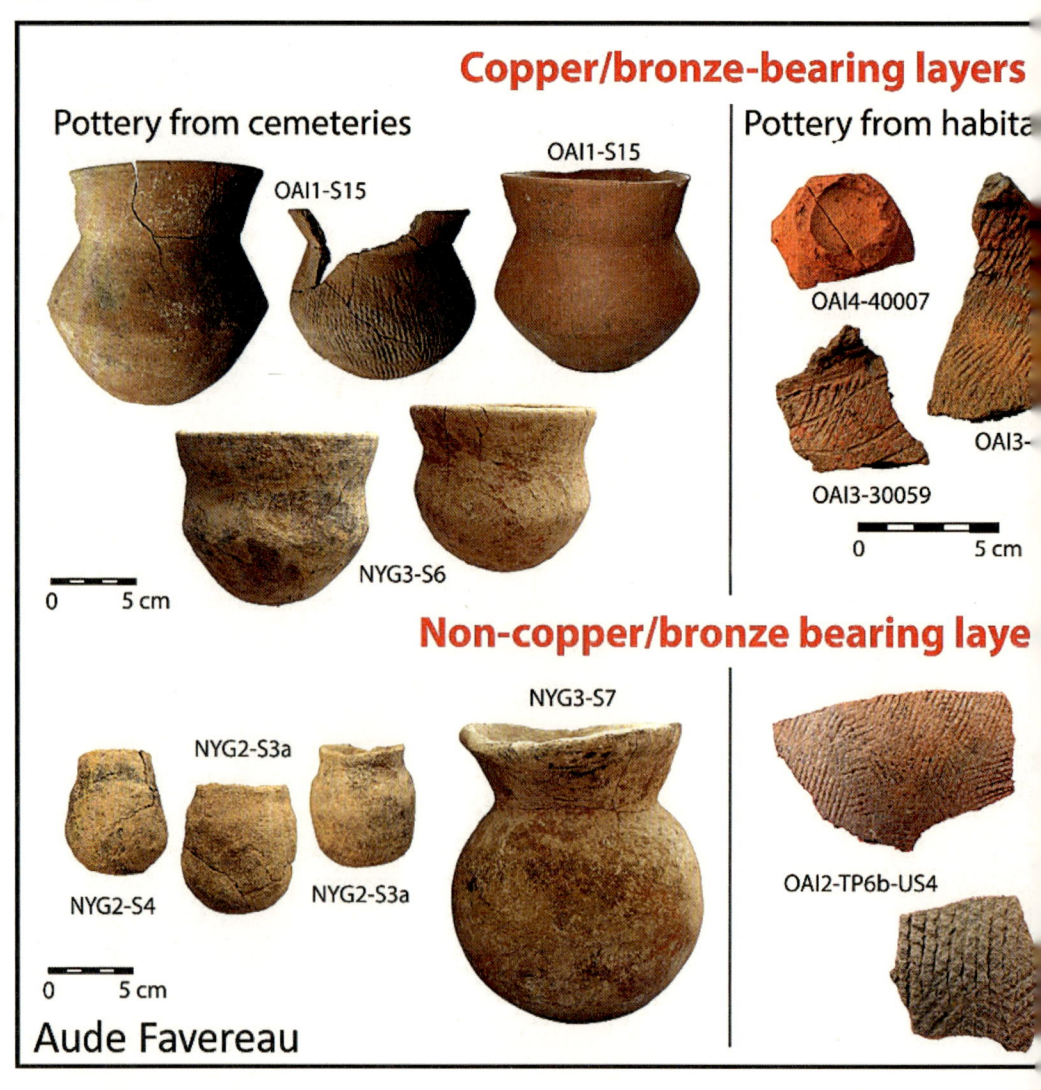

奥凯-尼昂干新石器时代—青铜时代过渡期的放射性碳年代测定和陶器技术形态学年代重建，约公元前1000年，稍晚于泰国但与云南非常相似。

维阁下（His Excellency M. Christian Lechervy），感谢他们的共同、不懈的支持。

作为区域冶金考古学的技术专家，（下文介绍）我对早期东南亚冶金学研究的第二个贡献。在伦敦大学学院文森特·C. 皮戈特教授（Prof. Vincent C. Pigott）、马科斯·马蒂农-托雷斯教授（Prof. Marcos Martinón-Torres）和蒂洛·雷伦教授（Prof. Thilo Rehren），以及宾夕法尼亚大学博物馆的皮戈特教授（Prof. Pigott）和曼谷泰国艺术大学美术系与考古学系的素拉蓬·纳

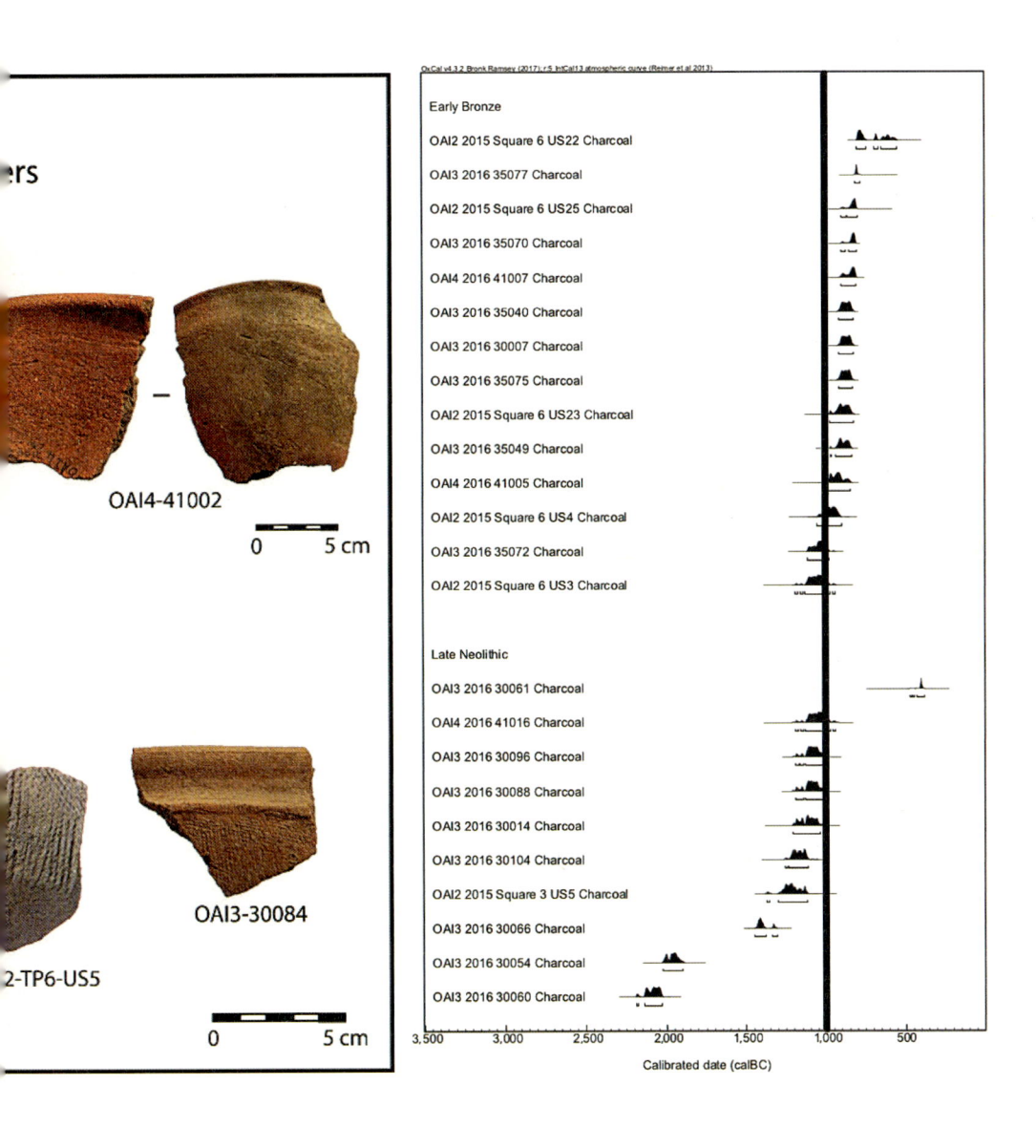

First archaeometric evidence for Bronze Age links to the rest of Mainland Southeast Asia

Pryce, T. O. et al. Metallurgical traditions and metal exchange networks in late prehistoric central Myanmar, c. 1,000 BC to c. AD 500. *Archaeol Anthropol Sci* **10**, 1087–1109 (2018)

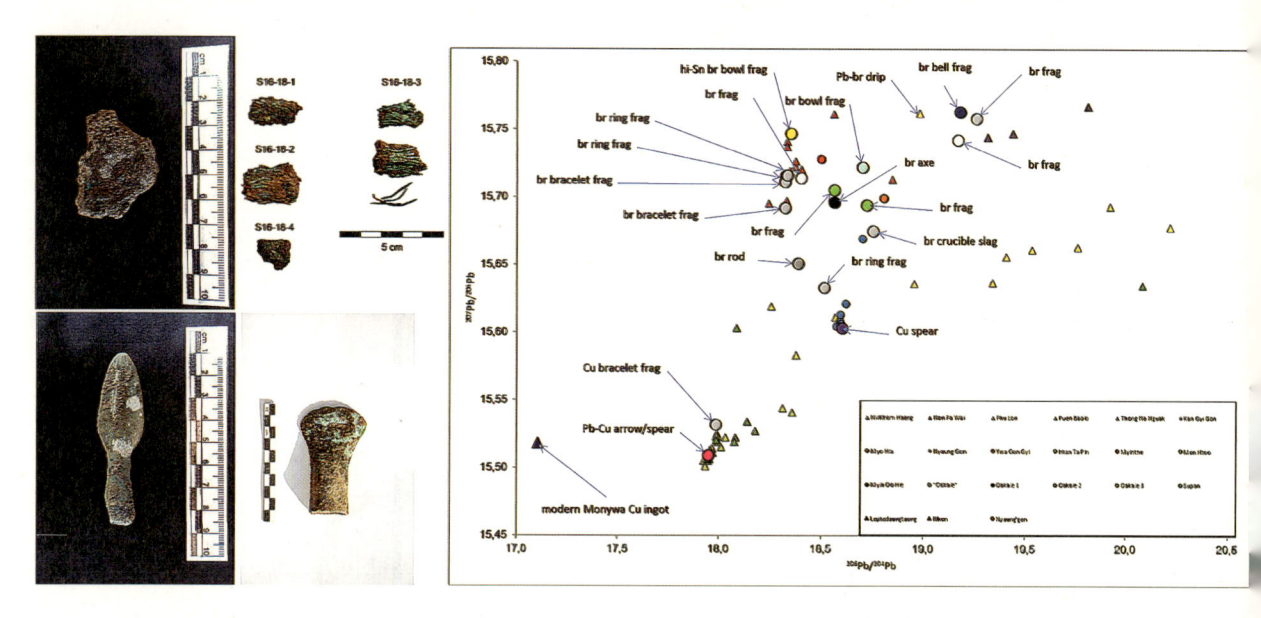

SEALIP/BROGLASEA铅同位素比例图，显示已知的东南亚大陆史前铜制品生产者和中缅铜器时代的铜制品之间的关系。

塔平图老师（Ajarn Surapol Natapintu）的共同指导下，我的博士论文研究是针对泰国中部考翁帕山谷（"Khao Wong Prachan Valley"）的铜生产遗址群进行的泰国冶金考古项目（"TAP"）。在工作中，我采用了"伦敦大学学院冶金学校"成熟的理论和实验方法，并论证了在二次生产（铸造）活动中表现出来的技术技能与初级生产（冶炼）行为中明显的实验阶段之间的显著差异。因此，早期泰国中部的冶金学家对金属生产技术只有部分了解，这与公元前三千纪晚期塞伊玛-图尔宾诺冶金传统已到达泰国的观点相悖——不过，我重复一遍，按照梅建军教授的模式，这是冶金到达中国西部新疆，进而到达中原地区的原始传输途径，这一点已被广泛接受。只是，中国第一批金属与东南亚大陆有几千千米、大约6—8个世纪的时空差距，更不用说它们迥异的社会形态和技术能力了。

我的博士后研究遵循了一个逻辑步骤，我们能否重建东南亚非贵金属、有色金属的交换模式，以及能否从单纯的研究矿源和冶炼遗址转移到探究合金化、再循环及消费行为。这对于一个缺乏（现在仍然缺乏）广泛认同的陶器序列进行区域比较的地区来说是必不可少的。同位素分析与元素、金相学和类型学研究相结合的冶金考古方法论，在任何方面都不具有开创性——事实上，这种方法的强大之处在于，它在过去60年里在全世界得到了广泛的检验。在东南亚，我也不是第一个使用这种技术的人，这样的荣誉应归于20世纪80年代与泰国冶金项目合作的汤姆·蔡斯博士（Dr Tom Chase）和20世纪90年代与日本领导的发掘工作合作的平尾良光教授（Prof. Yoshimitsu Hirao）。我的研究项目"东南亚铅同位素计划"（SEALIP）主要的不同之处在于，作为一位专门从事区域冶金工作的考古冶金学家，我可以从生产地到消费地，从不同类型、地点和时期进行广泛的取样，以获得所代表的交互作用圈的广泛了解。

由于缺乏或难以获得东南亚地质资料，SEALIP首先确定了在三个已知的史前铜产地之间存在的铅同位素变化。如果不能将铜从这些确切地点及其生产群体中区分出来，这一项目就毫无继续下去的意义。幸运的是，我们有极好的铅同位素区分，而且在地方当局再次接受微破坏性取样技术的时候，我们有幸能够在那里工作。我无法在这里列出所有帮助SEALIP研究发展到目前阶段的同事、遗址主管、博物馆馆长、文化主管部门、实验室技术人员和资助机构，但可以说，目前的总抽样是从斯里兰卡、印度、柬埔寨、中国、菲律宾、印度尼西亚、泰国、越南和缅甸等国家的几十个史前晚期和早期历史遗迹中提取的约1000件人工制品（金属和生产材料）。这是一个巨大的团队合作，并开始结出硕果。

我之所以说"开始"，是因为我们面对的是一片广阔的区域，考古学上对这片区域的探索很少，从金属学的角度来看，这片区域的探索更是少之又少。同等的地理空间，比如欧洲和近东，有几万个分析结果，而我们的大约是一千多个。东南亚和相邻地区的地质情况也非常复杂，这无疑意味着有许多未知的生产地，它们所代表的种群仍然存在于东南亚和中国南部的高地地区，威廉·范申德尔（Willem van Schendel）将这一地带命名为"佐米亚"（"Zomia"），詹姆斯·C. 斯科特（James C. Scott）将这一概念予以推广。当然，有大量的协同工作要做，我对目前正在建立并已经存在于区域内和区域间的研究网络非常乐观。对我来说，这确实是一个很好的工作场所，作为开拓者的感觉是充满活力的。

同时，为了不让我的演讲"半途而废"，SEALIP和它法国国家研究机

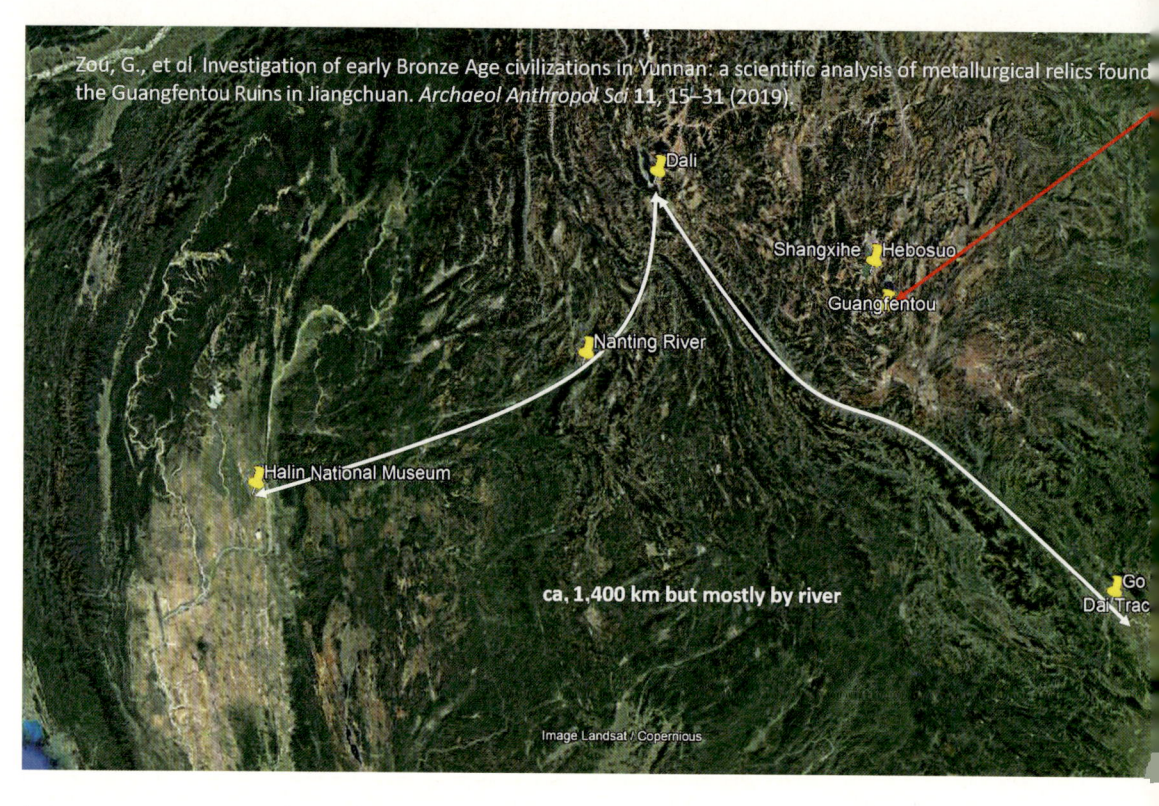

Zou, G., et al. Investigation of early Bronze Age civilizations in Yunnan: a scientific analysis of metallurgical relics found the Guangfentou Ruins in Jiangchuan. *Archaeol Anthropol Sci* 11, 15–31 (2019).

根据BROGLASEA项目迄今为止导致混淆的铜基铅同位素分析来源数据，提出了云南大理和昆明经文献确定的相互作用路线的解释地图，连接了缅甸中央铁器时代与北越青铜器时代。

构资助的继任者——"青铜和玻璃作为早期东南亚文化的催化剂和追踪剂"［BROGLASEA，由劳雷杜苏比厄博士（Dr Laure Dussubieux）负责玻璃方面］的研究建立了东南亚大陆和岛屿的全部地区的跨越2000多年的可靠的考古学联系。在许多情况下，这些交换网络是出乎意料的，甚至是违反直觉的。他们还帮助锁定了一个区域年代序列，在不同遗址点的年代数据质量上存在很大的差异。简单地说，经过15年的个人努力和同事们数十年的努力，我认为我们已经开始了解早期东南亚冶金的真相及其对当地、区域和社会文化发展的长远影响。

✦ 重要考古研究成果奖获奖项目

项目负责人简介

托马斯·奥利弗·普赖斯

托马斯·奥利弗·普赖斯于1998—2001年在伦敦大学学院获得考古学理学学士学位，并于2003—2004年在谢菲尔德大学获得考古学材料理学硕士学位。普赖斯于2005—2008年在文森特·C.皮戈特教授和马科斯·马蒂农-托雷斯教授的指导下获得伦敦大学学院东南亚考古冶金学博士学位，并于2009—2012年在牛津大学艺术史和考古学研究实验室获得莱弗里休姆（Leverhulme）信托基金会艺术史与考古学研究实验室的早期职业奖学金，在此期间，他被选为圣休学院的杰出成员。普赖斯在老挝万象工作了9个月，在法国发展研究所担任高级博士后研究员，2013年10月被聘为二级终身研究员。2017年10月晋升为一级研究员。普赖斯自2009年起担任"东南亚铅同位素计划"负责人，自2012年10月起担任法国驻缅甸考古项目负责人。普赖斯目前是国家研究资助项目"青铜和玻璃作为早期东南亚文化的催化剂和追踪剂（BROGLASEA 2016—2020）"的负责人。

普赖斯与来自柬埔寨、中国、印度、印度尼西亚、老挝、缅甸、菲律宾、斯里兰卡、泰国和越南等国的数十位同事合作进行考古冶金研究，并对相关地区的遗址进行了发掘。除了在伦敦大学学院和谢菲尔德大学以及作为牛津大学博士后学习期间使用的考古科学实验室，普赖斯还与以下专家有密切合作：德国曼海姆柯特-恩格霍恩考古中心的佩尔尼奇卡（Pernicka）教授；法国考古材料与变异测试实验室的菲利普·迪尔曼（Philippe Dillmann）教授；法国南希石油和地质研究中心的克里斯托夫·克洛凯（Christophe Cloquet）博士。

拉奎玛达（La Quemada）路段，石排列右侧的裸露区域是高架道路。[史蒂夫·诺瑟普（Steve Northup）]

本土悠悠：拉奎玛达和墨西哥西部七世纪至十四世纪的全球化

本·阿尔伯特·纳尔逊（Ben Albert Nelson）

亚利桑那州立大学

背 景

前西班牙殖民时期，中美洲人口城市化与北部地区（包括墨西哥西部、墨西哥西北部和美国西南地区）新兴社会复杂化之间的关联到底如何形成的？这些熟悉而又陌生的东西吸引着我来到墨西哥西部从事研究工作。在这些联系中，最早且影响最为深刻的是玉米农业的引入，约公元前2000年它传播至美国西南地区。几个世纪以来，随着玉米经济的扎根，显示出这种联系的其他标志性物品也出现了，例如：1）绿松石，化学成分与美国新墨西哥州塞里约斯（Cerrillos）的原料相配，发现于墨西哥尤卡坦（Yucatan）半岛一个考古遗址中；2）可可碱-可可作物的咖啡因残留物，原产自中美洲的热带低地，发现于新墨西哥州查科（Chaco）峡谷的陶容器中；3）猩红金刚鹦鹉，源自同一热带地区，发现于墨西哥最北部奇瓦瓦（chihuahua）州的帕基梅（Paquimé）和美国西南地区的遗址，均被用于祭祀和仪式性埋葬；4）铜料和铜铃，可能是墨西哥西部本地制作，普遍发现于整个美国西南部。这些及其他标志性物大约从公元900年开始大量出现。

新交换网络的出现与墨西哥西部、墨西哥西北部和美国西南部大型区域中心的兴起交织在一起。一些考古学家认为这些中心是城市，另一些则持不同观点。无论如何，这些大型聚落从公元600—900年开始出现，比中美洲最早的城市晚了近一千年，代表着中美洲文明向北的扩张。这些遗址中，经远距离获取的物品越来越多，这可以说是一种全球化的表征。当今世界，全

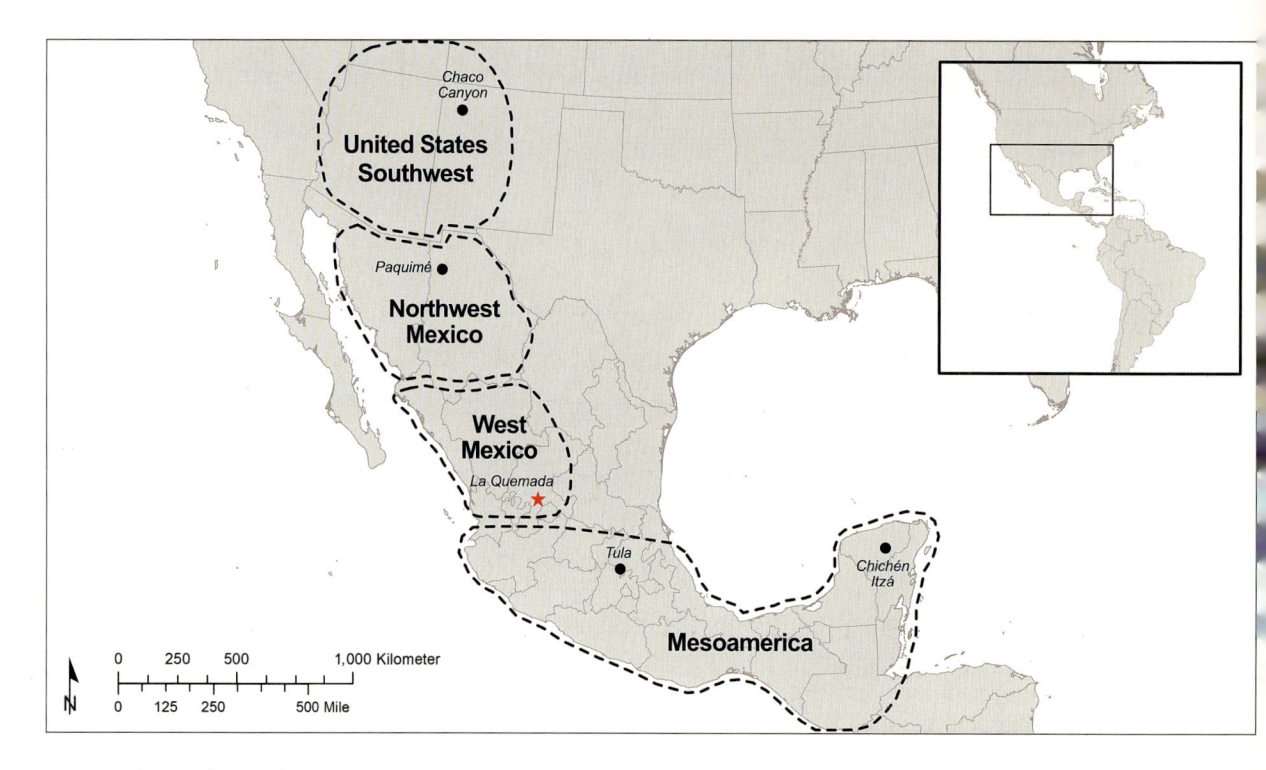

地区和遗址地图。

球化被定义为"生产系统、公司、市场等的日益扩大、相互渗透和互相依存以及跨境流动网络"（Martin et al. 2018）。因此，该区域有益于研究城市化和全球化带来的基本问题：为什么会形成中心？为什么它们建立上述联系？受影响地区的生活是如何改变的？交流机制如何随时间而演变？

我与学生及同事在两种地理尺度上（局部和宏观）对这些问题进行了阐释。通过在一个单一区域中心拉奎玛达开展实地发掘工作，我们实现了以地方视角检验竞争推动扩张机制假说。竞争将环境驱动因素与政治经济驱动因素对立起来。此项工作由墨西哥政府授权，全称为"拉奎玛达-马尔帕索（Malpaso）谷地考古项目"。

在一个遗址点的工作是富有成效的，但它无法解答有关交流的宏观问题。因此，我们结合不同地区的远距离交换数据，构建起宏观区域的视角。数据主要来自档案和文献，以及通过逐个考察遗址中长距离交换物品出现的情况来获取数据。我们按类型和风格、年代和埋藏背景对所有遗物进行类型学排列。这些数据构成了一个时间、空间和器物特征的网格，用以评估交换网络的形成及其如何随时间变化的假设。这一国际合作被参与者称为"关联项目",即"墨西哥西北部文化联系与影响"的简称。

方法和结果

拉奎玛达项目的研究结合了考古学和相关自然科学,以地方视角探讨古代社会环境的变迁。拉奎玛达是一座位于山顶的堡垒和"教长中心",规模上数倍于同一区域其他聚落。查尔斯·特容波(Charles Trombold)的研究表明,前西班牙殖民时期长达175千米的道路将拉奎玛达和方圆120平方千米区域内200多个附属村落紧密串联起来。这一聚集区以外的地方少有居住,表明与道路相关联的聚落构成了一个古老社群。

我们团队首先绘制了仪式中心的地图,在原有地图中增加了数百个遗迹,构建出聚落所在山体的主要地形轮廓。绘制好的地图上呈现出了大约60个台地。中央纪念性建筑区为砖石结构,包括两个柱廊、13座金字塔或祭坛、巨大的台阶和人行通道、多个下沉式庭院建筑群和一个75米长的球场。其他台地位于保护区外山坡侧面。聚落的形态,加上周围其他较小聚落的聚集,使我们有理由推断,防御是规划建造空间时的一个考虑因素。

该地图提供了一个采样框架,我们从中选择了一个重要的台地和几个非毗连区域进行发掘。结果表明,18号台地曾被用于居住和仪式两个目的。在40米×80米的台地发现了1座神庙、41个房间、7个下沉式露台、3个平台的部分区域、1个球场、1条人行通道和1条楼梯。这些发现可能看起来并不具有革命性,但这是在仪式区外进行的首次考古发掘。考古学家原来甚至不知道台地是用于农业生产还是居住生活。

这次发掘获得了有关建筑空间配置的新信息。几组建筑环绕一个下沉式天井,这些建筑又以一个更大天井为中心,这个大天井中还建有一个长10米的小型球场。我们将这种空间结构称为"俄罗斯套娃式组合"(更好的术语是层级分化)。

我们在不同的台地上发掘了10个垃圾堆积,还在冲积洪泛区发掘了数个探沟以收集环境变化的证据。

为了解气候变化在拉奎玛达的建立和废弃中所扮演的角色,以及是否还可能影响到中美洲扩张,我们借助了地球科学的方法,如孢粉学、地貌学、沉积学和古磁学以分析探沟中的样品。我们寻找拉奎玛达在开发前、使用时和废弃后的环境指标变化。例如，古磁学可能揭示沉积物中铁含量增加，指征侵蚀加剧。这个模式的证实应结合植物考古学有关土地覆被变化方面的证据。沉积物本身应该有颗粒大小和棱角度的变化。这些研究的主要发现是，没有证据表明环境变化与拉奎玛达的开发有关。如果该地的居住与降雨增加有关，我们应该看到红色曲线向上弯曲，越过最宽的灰色线（代表最大人口）。唯一出现上升的红线是乔木花粉，推测其增加可能由人口密度的增加和草地的减少所导致。相反，巨变发生在殖民时期，采矿和农业活动加剧了对该地区森林的破坏。

对人类与环境关系的考察引出了更多问题，我们进行了一些系统研究以期找到答案。我十分感兴趣于开发一个数学模型，用于帮助理解当玉米因干旱而歉收时，龙舌兰（世纪植物）作为后备资源的作用。龙舌兰可以储存水分以备多年之需，因此可能是这个相对干旱地区生存的关键。模拟结果显示，龙舌兰种植可以消除93%与饥荒相关的迁移需求。

研究人员曾提出远距离交流促进了拉奎玛达的形成，具体来说，菲尔·韦甘德（Phil Weigand）认为该遗址是连接墨西哥中部托特克首府图拉（Tula）到新墨西哥州查科峡谷"绿松石通道"上的一个站点，而且那里发现了大量绿松石。这个假说将我带到了拉奎玛达，因为作为一名受过专业训练的美国西南考古学家，能有机会找到这种联系的切实证据吸引着我。那么绿松石作为原材料和成品在当地有多普遍呢？

我们无法从发掘中找到证据来支持这种中转关系。首先，拉奎玛达年代早于图拉和查科峡谷，二者在公元9世纪末至12世纪中叶都有人居住，而拉奎玛达的年代则更早，为公元600—800 / 850年。拉奎玛达仅发现少量绿松石，根据地球化学家艾利森·蒂博多（Alyson Thibodeau）的检测，所发现的不到50颗蓝绿色石头中只有三分之一为绿松石。如果将这些绿松石加工成珠子，这种数量还不足以被做成一条项链。事实上，仅有几件被加工过，呈现了中美洲镶嵌马赛克的特征。因此，通过我们的发掘无法证实拉奎玛达作为从美国西南地区到墨西哥中部这条"绿松石通道"上中间站的假说。

数量极少的绿松石与阿尔塔维斯塔（Alta Vista）遗址高频的绿松石形成鲜明对比，据 J. 查尔斯·凯利（J. Charles Kelley）和菲尔·韦甘德记录，大约1.7万片绿松石出土于该遗址。因此，拉奎玛达的证据表明，即使是文化上密切相关的同时代聚落，也不一定以同等程度参与到区域间的交流中。

拉奎玛达的柱廊。（史蒂夫·诺瑟普）　　　　　　　墨西哥萨卡特卡斯（Zacatecas）拉奎玛达壮丽的核心部分。（史蒂夫·诺瑟普）

其他遗址常见的遗物在拉奎玛达反而很少见。对400多件黑曜岩石器进行中子活化分析，没有一件来自美国西南部。约翰·米尔豪瑟（John Millhauser）撰文指出有一件单棱柱石叶是墨西哥中部的黑曜岩。仅4个墨西哥西部的来源体现在分析结果中，揭示拉奎玛达对该交流网络的有限参与。贝类在发掘中也罕见，特别是贝壳手镯和海螺壳喇叭完全不见，尽管它们在其他区域中心曾被发现过。在拉奎玛达没有发现铜或青铜制品。同样，尼古拉·斯特拉齐奇（Nicola Strazicich）和克里斯蒂安·威尔斯（Christian Wells）借助于岩相学和化学手段分析也未发现任何非本地陶瓷制品。安德烈亚·托尔维宁（Andrea Torvinen）的论文现在正以文章发表，加深了我们对拉奎玛达陶瓷的理解。到目前为止，我们可以说拉奎玛达似乎在与其他聚落的交换网络中相对不活跃。

在结束对拉奎玛达的讨论前，我必须讲讲它的另一个特殊之处，就是埋有大量人骨，而且大多不是置于墓葬中，而是以展示、捆绑、储藏或丢弃的方式处理。我的同事彼得·希门尼斯（Peter Jimsamnez）和其他在遗址仪式核心区发掘过的人，发现了超过600具人骨，都被堆放在立柱大厅地板上等显眼的位置。我们在18号台地的发掘清理出约50具人骨，以头骨和肢骨为主。悬挂的人头骨和肢骨在寺庙入口外摆放成一条通道；三组头骨和长骨被捆绑起来挂在神庙内；其他一些组合被置于台阶上。小骨头比如椎骨和指骨

上图：城堡东侧的土堤，拉奎玛达。（史蒂夫·诺瑟普）

左图：通往库阿特尔（Cuartel）的楼梯，拉奎玛达。（史蒂夫·诺瑟普）

则被弃于垃圾坑。只有两个个体被安放在地板下面的暗室内。生物考古学家德布拉·马丁（Debra Martin）和文图拉·佩雷斯（Ventura Perez）在人骨上发现了两种截然不同的切割痕迹，我们认为其一与敌人相对应，另一种则和祖先崇拜有关。这样的解释意味着存在一定程度的社会暴力，或是以类似战争的方式对人骨进行仪式化处理。

再次提问：为什么拉奎玛达参与交换网络的程度有限，而其他遗址发现了数量惊人的远距离交换物品，例如在阿兹特克和米斯特克马赛克版饰中发现了数以万计的绿松石碎片，在奇瓦瓦沙漠的帕基梅发现了数百只金刚鹦鹉和铜铃？为了找出对比悬殊的答案，我们开展了宏观视野下的区域交流研究。

"关联项目"通过收集和分析来自中美洲和美国西南地区数百个前西班牙时期聚落外来物品和符号的数据以解答关于远距离交换的问题。我们的问题涉及宏观区域交流系统的演变。众所周知，阿兹特克时代（公元1345—1519年）已经建立了影响深远的税收和商业体系，符合扩张性外围摄取模式。阿兹特克商业主义是否可以作为解释早期远距离获取的恰当的模式，还是其他形式和机制更能解释宏观区域交换系统的早期发展？墨西哥西北部的参与度的变化是否揭示了起源于中美洲世界体系商品化市场交换的形成时间？

　　界定交换证据的时空分布有助于考古学家回答此类问题。例如，阿兹特克模式预测了物品和信息向单一市场的流动。又或者，生产中心、独立获取和生产不同的产品间可能存在多种关系。此外，全球化经济的参与程度中有多大的同质性或不平衡性？墨西哥西北部所有区域中心都是远距离互动的中间站吗？从20世纪50年代开始，考古学家首先选择发掘了墨西哥西北部的一些区域中心，发现大量绿松石、贝壳、铜和其他交换物品。然而却没有人

拉奎玛达的宏伟楼梯。（史蒂夫·诺瑟普）

借助于交换数据从总体上评估墨西哥西部和西北部中心的共享参与度。

何塞·路易斯·蓬佐（José Luis Punzo）和我共同主持的这个"关联项目"虽然还处于起步阶段，但已取得了令人兴奋的成果。我们不再笼统地将交流简化为中美洲和美国西南部之间的交流，而是考察特定区域和区域中心之间的交流，并且可以看到它时间维度上的变化。初步研究成果如下：1）交流网络没有涉及该区域的所有聚落点，在任何给定的时间段只有特定的遗址参与其中；2）不是所有的区域中心都发现所有种类的远距离交流物品；3）许多情况下，特征交流标志物空间分布差距大；4）并非所有墨西哥西部或墨西哥西北部聚落都是交流的中间点。

这是我们一直进行搜集汇总的一系列部分区域间交流标志物的统计表格。所列出的均为已知的墨西哥西北部的主要礼仪中心。如上所述，大多数情况下，我们未能证实墨西哥西北部聚落充当过远距离交换网络的中介。事实上引人注目的是，许多中心似乎没有参与远距离交流，或者说如果参与了也只涉及一两种材料。

讨论与总结

将细致的遗址研究与大量跨区域数据收集相结合，可以为古代全球化研究提供一个解读视角。拉奎玛达在区域交流中有限的参与度表明了墨西哥西部和西北部的参与形式多样，其他遗址的数据也证实了这一观点。事实上，帕基梅、阿尔塔维斯塔和阿马帕（Amapa）等遗址所呈现的参与程度是不同寻常的。可能在一段时间内仅有少数聚落活跃地对远距离物品进行获取，而其余的只是偶尔接受这些有价值的物品。

结合这个新视角，解答为何拉奎玛达的参与有限则相对容易。墨西哥西部和西北部的大多数聚落在远距离交流方面并没有高度的参与，而且拉奎玛达聚落的使用和废弃都早于宏观区域互动达到高峰的时间。来自类似于拉奎玛达（公元600—800/900年）等大多数早期聚落的数据一致表明特殊商品的获取渠道为远航而非以市场为导向的商业化行为。这些聚落可能仅有一种或几种物品由远距离获得。然而在之后的几个世纪，整体的交换程度提高了。例如，帕基梅发现的许多金刚鹦鹉、贝壳、铜和青铜文物等（公元1200—1400年），阿兹特克和米斯特克绿松石马赛克年代为公元1350—

1519年。

虽然我们还未涉及，但是不同时代、不同区域在制度上的变化都印刻在了这里的平台土丘、广场和球场上。

总而言之，上述研究方法能够帮助我们廓清当地与远方之间的关系。这种关系发生于公元前1200年的古代中美洲，在公元前几个世纪早期延伸至墨西哥西部，但直到公元900年后才进入墨西哥西北部和美国西南部，并作为该地区新区域中心而出现。在最早的阶段，扩张是试探性的，不太可能用阿兹特克的商业主义模式来解释。在公元1200年以前，远距离获取物品的实例太少且分散，无法支持有关商业化的论点。即使在公元1200年之后，也尚不清楚外来人口有没有直接干预墨西哥西北和美国西南地区的资源获取，或者说当地人口是否长途跋涉以获取他们所认为的稀有且强大的物品。关于这个不断发展的网络，仍有许多问题有待回答。例如，我们不清楚墨西哥任何的中央势力是否曾干预过这一地区使其与统治制度保持一致。显而易见的是，在所有时间层面，全球化的程度都是不平衡的，始终在变化并受到当地习俗和实践的调节。

最后，我以一个概述表示原产地和所选标志物出现地的对比。"独立分布"指多种物品在时间和空间上有不同分布，表明非普遍性和存在着几个不同网络。我们注意到区域之间的"非互惠性"，在后古典时代晚期（公元1350年）之前，中美洲缺乏直接的交流证据，而那已经是中美洲物品在北部地区遍及后的五个世纪。绿松石是唯一源自北方的材料，而在公元1350年

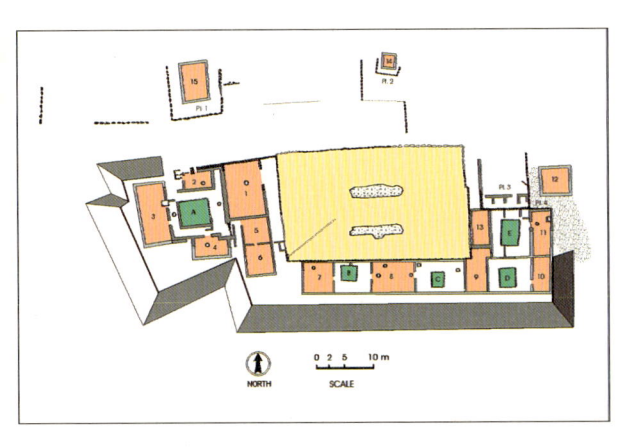

拉奎玛达的第18阶地。小庭院被房间所包围，而这些房间又环绕着一个更大的庭院和球场。

人类骨骼上的切割痕迹，阶地18，拉奎玛达。（文图拉·佩雷斯摄影）

奇瓦瓦州帕基梅的铜钟。（美洲原住民基金会提供）

穿孔头骨，阶地18，拉奎玛达。这个头骨连同其他骨骼悬挂着。（史蒂夫·诺瑟普）

之前，绿松石物件在中美洲主要的中心仍极为罕见。目前我们所得出的结论是，虽然相互渗透和相互依存的特征从公元900年开始影响北方中心，但直至前西班牙殖民时代晚期才有证据表明共联性，即使如此，许多物品仍存在着空间布局上的差异，意味着墨西哥西北和美国西南地区间多样动态协作。

◆ 重要考古研究成果奖获奖项目

项目负责人简介

本·阿尔伯特·纳尔逊

    本·阿尔伯特·纳尔逊，亚利桑那州立大学人类演化与社会变迁学院人类学荣休教授，1995—2019年承担教职。研究领域为前西班牙殖民时期墨西哥西北部和美国西南地区的社会政治复杂化和社会连通性。主持了墨西哥"拉奎玛达-马尔帕索谷地考古项目"，该项目借助于地球科学技术进行环境变化、化学和岩相学研究以评估交流关系，借助于生物考古学考察社会暴力，同时借助于民族考古学了解原住民人口如何利用地方仪式传统逐步融合。此外，他担任墨西哥西北部前西班牙时期文化交流影响项目的联合主任，该项目从宏观区域的角度着手远距离交流问题，搜集并分析了来自中美洲和美国西南部数百个前西班牙聚落有关外来物品和符号的数据。2004—2009年，担任人类演化与社会变迁学院副院长，并在2009—2011年担任美国人类学协会考古部主任。撰写和编著了三本书，他的文章曾在《美国人类学家》《美国古物》《墨西哥古生物》《人类生态学》《人类考古学杂志》《美国国家科学院院刊》和《第四纪研究》等期刊上发表。

爱德华多·塔曼哈（Eduardo Tamanha）在巴西亚马孙中部的拉吉尼奥（Laguinho）遗址工作，那里堆积着黑色土壤和陶瓷碎片，2006年

亚马孙考古能为世界考古带来什么？

爱德华多·格斯·内维斯（Eduardo G. Neves）
圣保罗大学

对亚马孙生物群及其民族的研究对现代科学的发展起到了重要作用。自19世纪初以来，西方学者就跟随亚历山大·冯·洪堡（Alexander von Humboldt）在热带地区踏查，寻找诸如生物多样性的出现等更深层次问题的答案。另一方面，多年来，热带雨林一直保持着一种原始环境的形象，数千年来几乎未被人类开发。以上观念被转化为现代公共政策以解决这些地区的开发使用问题，背后往往存在巨大的社会和生态隐患。

16世纪早期，当欧洲人到达南美洲时，他们在安第斯高地遇到了中央集权和等级森严的社会，如印加帝国（Inka Empire）。纪念性建筑存在的证据在安第斯山脉和太平洋沙漠海岸地带都很常见，这些证据同样被用来重建南美洲的古代史，得出一个直至今日依旧有力的论证，即认为干旱的太平洋海岸和安第斯高地是南美文明的摇篮，而热带低地在人类对该大陆的活动中起着次要作用。人们假设在古代，潮湿热带地区的生态条件不利于建立大型的、定居的甚至是永久的聚落，进一步加强了前述观点。根据这种观点，缺乏陆生动物蛋白或肥力低下的土壤广泛分布等环境因素会对人类在此地活动造成很大的限制，并阻碍建立长期和稳定的居址。

过去的几年里，在亚马孙的研究对改变这种观点功不可没，而我自己的工作也在这种批判中发挥了作用。越来越清楚的是，在欧洲人到来的时候，亚马孙地区人口密集，当地的社群展示了各种各样的社会和政治组织模式（Neves 2006）。假设岩石在古代的安第斯山脉地区被用作纪念性建筑物的常用原材料，那么土壤在亚马孙的建筑中就发挥了相应的作用。因此，直

上图：层状人造堆积物的景观，弗洛雷斯塔（Floresta）遗址，黑河流域，巴西亚马孙中部，2009年。[照片由菲利波·斯坦帕诺（Filippo Stampannoni）提供]

下图：人为深色土壤沉积物的挖掘，哈塔哈拉（Hatahara）遗址，巴西亚马孙中部，2006年。

到最近考古学家才意识到，森林覆盖下的沟渠、河道、土建筑和土丘都是古代亚马孙人的建造物（Heckenberger 2003, Rostain 2012, Schaan 2011, Prümers & Jaimes Betancourt 2014）。这些新的证据表明，亚马孙不仅是早期文化发展的摇篮，它的古代社会更有着与先前假设不同的历史。因此，我们需要一种有别于传统类型学的新理论，以及吸收了这些最新发展重新整合的世界考古学。

我对改变亚马孙考古学传统观点的贡献源于我自己在该地区长期田野项目的直接参与。在过去几年我还指导了30余名硕士生和博士生。20世纪90年代初，当我刚开始读研时，很少有人对亚马孙地区考古感兴趣。因此，当我设计博士论文课题，打算对亚马孙西北部的图卡诺安（Tukanoan）印第安人进行考古研究时，我不得不在没有大量田野工作人员支持的情况下从零开始。刚开始时，我不确定这对我来说是不是一个好的决定，但这是当时那些少数愿意在亚马孙地区工作的考古人的唯一选择。

在一个方圆几百千米内没有开展过任何考古工作的地区独自工作的不利之一是一切都需要从头开始：没有可用的年表，没有遗址地图，没有聚落形态的数据，以及没有或是只有极少的训练有素的同行一起合作。在亚马孙丛林的西北地区，由于没有道路，人们出行只能靠乘船或步行，所以经常会出现延误，因此人们必须灵活安排时间和制定目标。另一方面，与图卡诺安人一起工作，分享他们蕴含在幽默感中的卓越智慧，也是一种独特的经历。

从1995年到2010年，我与迈克尔·何肯伯格（Michael Heckenberger）和詹姆斯·彼得森（James Petersen）联合负责了亚马孙中部地区的考古项目，在那里，几个大型遗址首次被持续多年发掘，来自巴西和国外的学生和专业人员都参与其中（Neves 2017）。大部分年度的发掘也作为田野学校的训练，以便锻炼下一代年轻的巴西和外国考古学家。从1999年到2000年，我在亚马孙中部直接或间接地指导了8届田野学校。规模最小的在1999年，有11人；最大的在2007年，有57人。许多参加过田野学校的学生目前都已在巴西、美国和英国的大学任教，他们自己也组织了类似的田野学校。

我在亚马孙中部的考古研究中最重要的科学成果是系统地测绘和发掘了几处遗址，它们的地层沉积物是黑色的高肥力土壤，被称为黑土（terras pretas）或人造黑土（ADEs）。它们的生产力、几乎中性的pH值和稳定性与这一广大地区通常发现的脱盐和酸性土壤形成了鲜明对比。虽然自19世纪以来，人们就知道人造黑土的存在，但直到最近，人们才将它与人类过去活动相关联。因此，它们的广泛分布为亚马孙生物群已被过去的土著人改造过提供了最好的证明，从而反驳了固定的局限环境会阻碍人类在此长期活动的

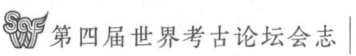

观点。我们能够证明，尽管更早时期的部分地区发现有这种土壤存在的证据，但从公元前500年起，整个亚马孙地区发生了一场全面的社会变革，导致了人造黑土的发展。

　　从2009年起，我把大部分的田野研究从亚马孙中部地区转移到位于玻利维亚和巴西边境的亚马孙西南部地区。造成这种变化的原因有两方面：第一，之前有证据表明，该地区的考古记录跨越了整个全新世，这为了解该地区景观转变的长期过程提供了一个有利的机会；第二是因为这个地区现在被认为是世界上独立的植物驯化中心之一（Clement et al. 2015；Roosevelt, 2013；Watling et al. 2018）。亚马孙西南部是一个主要的初级和次级植物驯化中心。作为初级驯化中心，遗传资料显示，桃树棕（Bactris gasipaes）和树薯（Manihot esculenta）以及一些不同种类的花生（Arachis hypogea）、红辣椒（Capsicum baccatum）、芋艿（Xanthosoma spp）和胭脂木（Bixa orellana）最初都是在这里种植的（Clement et al. 2016）。直接的考古证据显示了水稻（Oriza glumepatula）的种植始于公元前2200年（Hilbert et al. 2017），兰花蕉（Calathea allouia）、巴西胡桃（Bertolethia excelsa）和番石榴（Psidium guajava）的种植则始于全新世早期（Watling et al. 2018）。次级中心的作用是由遗传数据证实的，多个玉米品种从中美洲引进南美洲后在此处发展，随后在6000年前传到南美洲低地（Clement et al. 2016；Kistler et al. 2018；Levis et al. 2017；Watling et al. 2018）。根据语言和语系推断，亚马孙西南地区也是一个主要的文化多样性中心。大亚马孙地区是现代世界语言多样性最丰富的地区之一，大约有300种语言被归为50个不同的"系谱单位"，这些"系谱单位"可能是残余语系，也可能是孤立的语言（Epps & Salanova 2013）。仅在亚马孙西南地区，就有超过50种语言，其中11种是孤立的，其余的分为8个语系（Crevels & Van der Voort 2008）。

　　我在亚马孙西南地区的工作包含不同的项目。我一直在特奥托尼奥（Teotonio）和蒙特卡斯特卢（Monte Castelo）这两个遗址进行长期发掘，这两个遗址都存在横跨全新世大部分时间的人类活动遗存。我也一直努力将全新世晚期遗址的发掘与阿克里州（Acre state）的土丘遗址和线性道路网关联起来。

　　特奥托尼奥是一个多元素的遗址，文化堆积达4米深，位于亚马孙河最大的支流马代拉（Madeira）河南岸。在那里的工作使我们发现了最早的人为黑色土壤，可以追溯到公元前3500年（Watling et at. 2018），而人类活动的痕迹可以追溯到公元前7000年。结合早期亚马孙黑土的证据，我们的研究已经辨认出至少7种不同的文化因素，其中2种与全新世早期和全新世中期的石器工业有关，5种与不同的陶器文化组合有关（Neves et al. 2020）。我们的工作还证明了一个至少可以追溯到公元前3500年的植物管理过程，包括培育兰花蕉、巴西胡桃和番石榴等品种（Watling et al. 2018）。

蒙特卡斯特卢是一个河漫滩上的贝丘遗址，位于瓜波雷河（Guaporé river）洪泛区周期性泛滥的稀树草原上。该遗址是一个6米高、160米长的人工椭圆形平台，始建于大约公元前5000年，一直使用到公元前2000年。该遗址在20世纪80年代被发掘，然后在2013年被我们重新发掘。贝丘中的碳酸盐使得蒙特卡斯特卢遗址成为一个具有特殊保存条件的深层分层遗址，有机物得以保存，包括公元前2200年左右的人类墓葬（Pugliese et al. 2017）。我们在那里仍在进行的研究成了迄今为止水稻（Oriza glumepatula）在美洲驯化的唯一证据（Hilbert et al. 2017）。

我在阿克里州东部的研究主要集中在公元一千纪初的环境调查。在这个地区，近代的森林砍伐已经揭露了数百处遗址，它们由几何形状的土建筑

曼努埃尔·阿罗约-卡林（Manuel Arroyo-Kalin）描述着用黑色土壤和陶瓷碎片建成的人造岛堆积物剖面，哈塔哈拉遗址，巴西亚马孙中部，2006年。

和围绕中心广场的几组土丘构成（Saunaluoma et al. 2018）。我们的工作表明，这些土丘遗址由遍布该地的线性道路网络相连，而直至40年前人们依旧认为此地是一片原始森林。我们结合植物考古和古生态研究，旨在揭示与道路和土丘建筑相关的景观变化模式。

我研究的中心焦点一直是理解亚马孙当地土著人和环境之间深刻而古老的联系。目前为止的结果出乎意料，也最具挑战性：我们有早期植物驯化的证据，也发现未经驯化植物被广泛种植数千年，我们发现了肥沃的人为黑土，但是它们最初的形成似乎与有意改善土壤肥力并无关系，我们看到建立起的贯穿始终的遗址网络，在森林中由道路相连，但并不存在大规模的森林砍伐现象。这些结果与20世纪考古学所建立的公认叙述并不相符。那些叙述会使得亚马孙丛林这样的地区在人类进化中处于边缘地位。20年前，我会看着我的研究结果，把它们解释为在田野或实验室工作中缺乏完善的程序，就好像我们所做的研究是错误的。如今，亚马孙考古正成为一个国际化的知识领域，当地学者扮演着重要的角色。我相信，我们正在揭示的数据促使考古学发展出新的思想，对诸如"新石器时代""驯化"和"城市"等概念提出质疑（Fausto & Neves 2018，Neves & Heckenberger 2019）。这些数据

早全新世时期（约公元前7000年）地层的挖掘，特奥托尼奥遗址，巴西亚马孙西南部，2019。

重要考古研究成果奖获奖项目

亚马孙西南部特奥托尼奥遗址底部的深层分层堆积，可追溯到大约3200年前。

2016年，位于前景的蒙特卡斯特卢贝壳丘遗址的空中俯瞰图，位于亚马孙西南部的瓜波雷盆地。［照片由卡洛斯·青佩尔（Carlos Zimpel）提供］

也挑战了将热带地区贬为人类历史发展进步中的边缘地带的古老观念。这些观念在过去被人们接受并转化为公共政策，对当地传统社会和环境造成了灾难性后果。考古学有能力改变这些观点，并揭露它们的政治性本质。

考古学正经历着激动人心的时代，因为这门学科正变得更加多样化和去中心化，并提出了解读过去的不同观点。我相信，今天我们所做的研究比以往任何时候都更有意义，我很高兴成为其中的一部分。

上图：蒙特卡斯特卢贝壳堆，巴西亚马孙西南部，2016年。[照片由皮斯科·德尔·盖索（Pisco del Gaiso）提供]

左图：索德坎皮纳斯（Sol de Campinas）遗址的鸟瞰图，包括中央广场和辐射道路周围的土堆，阿克里，巴西亚马孙西南部，2014年。[照片由德纪森·古斯芒（Deyvesson Gusmão）提供]

项目负责人简介

爱德华多·格斯·内维斯

爱德华多·格斯·内维斯是巴西圣保罗大学考古学和民族学博物馆的巴西考古学教授。他在巴西圣保罗大学获得历史学学士学位，在美国印第安纳大学获得人类学硕士和博士学位。他是巴西考古学会的前会长，也是美国考古学会的理事会成员。他曾担任阿根廷布宜诺斯艾利斯大学、厄瓜多尔瓜亚基尔理工学院、巴黎国家自然历史博物馆和哈佛大学考古人类学系的客座教授。发表论文100余篇，指导硕士、博士论文30余篇。

加贝洛托（Gabellotto）峡谷黑曜石来源的景色，
利帕里岛（地中海地区），2016年

东北亚黑曜岩产源研究：史前交换和迁徙的确凿证据

雅罗斯拉夫·V. 库兹明（Yaroslav V. Kuzmin）
索博列夫地质与矿物学研究所
俄罗斯科学研究院西伯利亚分部

研究背景、方法与材料

对无水火山玻璃，也就是黑曜岩材质的人工制品进行科技手段的产源研究始于20世纪60年代的地中海区域（Cann and Renfrew 1964），而后迅速传播到美洲、欧洲、东非、大洋洲、东亚及东南亚。黑曜岩在打片时会形成锋利的边缘，而且其均质的特性便于人们生产出所需要的形状和尺寸的工具，所以是一种高品质的石材原料。众所周知，史前人类经常从很远的地方获取黑曜岩资源。因此，研究确定黑曜岩制品的原产地，对于理解史前人类的交流非常重要。全球科学界越来越认识到加强黑曜岩产源研究的必要性，近期在利帕里岛（Lipari Island，2016年）（位于意大利西西里岛附近的第勒尼安海）和匈牙利东部（2019年）举办了两次国际黑曜岩会议。利帕里岛作为西地中海地区最重要的黑曜岩来源之一而闻名于世。

事实证明，几乎每一处黑曜岩的矿源都有独特的"地球化学特征（指标）"（如，不同化学元素的含量），并且可用多种分析方法测定。这就是为什么黑曜岩产源研究能够提供人类使用特定矿源的明确证据，而这又进一步为史前交换/贸易的规模和方向提供了一手信息。

一些发现了古代黑曜岩制品的地方，直到20世纪90年代才开始进行比较深入的产源研究，包括俄罗斯的远东和东北部，即滨海省（Primorye Province）、阿穆尔河盆地（the Amur River basin）、库页岛（Sakhalin Island）、千岛群岛（the Kurile Islands）、堪察加半岛（Kamchatka

作为纪念品出售的黑曜石碎片，利帕里岛，2016年。

滨海省什科托沃（Shkotovo）（玄武岩）高原，伊利斯塔亚（Llistaya）河盆地中露出地面的玄武碎屑岩。

火山玻璃从原始露头到伊利斯塔亚河道的运动，什科托沃高原，2003年。

Peninsula）、科雷马河（the basins of the Kolyma）和因迪吉尔卡河流域（Indigirka rivers）、楚科奇地区（the Chukotka region）和高纬度北极地区（the High Arctic）。我们的研究小组于1992年开始在这些地区进行研究，与美国、日本和韩国的学者展开了密切合作，最近英国学者也参与进来。

对考古材料中黑曜岩制品的产源研究是通过比较考古遗物和矿源地黑曜岩料中的地球化学组成（主要是多种微量元素）来判定的。采用统一的分析方法和标准来获取和解释地球化学数据非常重要。在我们的研究中，对俄罗斯东部和东北部黑曜岩的所有测量都是在（美国密苏里州哥伦比亚市）密苏里大学核反应研究中心进行的，使用的是相同的设备和检测方法。这使我们能够直接比较从黑曜岩矿源地和人工制品上采集到的样品的检测结果。

自1992年以来，俄美联合团队对俄罗斯东部黑曜岩的地球化学分析主要采用了两种分析技术：1）中子活化分析（NAA）；2）X射线荧光光谱（XRF）。我们最初在1992年，使用XRF和NAA技术对来自滨海省和阿穆尔河盆地的几十件黑曜岩人工制品进行了地球化学组成的测定。随后，又用NAA对这些地区所有主要的黑曜岩产地进行了检测，高精度地测定了28种元素的含量（精确到百万分之一，即$10^{-4}\%$）。2005年起，该项工作在勘察加半岛继续进行。2009年之后，又在西伯利亚东北部用同样的方法开展。除了对矿源地样本进行检测之外，本课题组还利用XRF和简化NAA的方法测定了从这些地区采集到的约1300件人工制品的地球化学组成。当前，通过NAA和XRF技术，俄罗斯东部所有的主要黑曜岩产地的地球化学特征已经建立起来。其他研究小组则使用了不同的分析方法，比如质子激发X射线荧光分析法（PIXE），质子激发伽马射线荧光分析法（PIGME），便携式XRF，激光剥蚀电感耦合等离子体质谱仪（LA-ICP-MS）等。

在收到地球化学数据后，我们使用统计方法识别出了具有共性的矿源地样品与考古样品（见Glascock et al. 1998）。因此，我们能够比较肯定地判断古代人类从何处获取黑曜岩资源。截至2019年下半年，我们又分析了来自俄罗斯远东和东北部，以及东北亚周邻地区（朝鲜半岛和中国东北）的约3100个黑曜岩样品。这个数据库是我们阐释整个东北亚地区黑曜岩产源研究的基础。

来自勘察加半岛的查沙迈尔（Chasha maar）源头黑曜石，2005年。

克拉斯诺耶湖（the Lake Krasnoe）及其附近的苔原，楚科奇，2009年。

结论：俄罗斯东部及周邻地区的主要黑曜岩产地

在俄罗斯远东大陆地区的最南端（滨海省），黑曜岩的主要矿源地是什科托沃（玄武岩）高原。高质量的火山玻璃在这里与基岩（玄武岩和安山岩-玄武岩）伴生。在熔融的玄武岩喷发的过程中，滚烫的玄武岩岩浆与相对较冷的地表（可能是固体沉积物也可能是水）接触后形成枕状熔岩。熔岩的快速冷却形成了直径1—5米的球形（"枕头状"）物体，枕状熔岩的表层就由火山玻璃构成。什科托沃高原上的黑曜岩以玻质碎屑岩的形式存在，这种物质是在枕状熔岩的玻璃状外层碎裂时形成的。在滨海省北方的阿穆尔河盆地，火山玻璃的主要来源是厄布拉齐（Obluchie）高原，类似于什科托沃高原，也只包含玄武岩玻质碎屑岩。

俄罗斯远东大陆地区北部的堪察加半岛是世界上为数不多的黑曜岩资源高度集中的地区之一，其他地区还包括日本群岛和中美洲。所有这些地方黑曜岩的形成都与板块俯冲带的火山活动有关。堪察加半岛上的黑曜岩通常是由熔岩流、喷出物（嵌在其他岩石中）和火山碎屑形成的。由于在堪察加半岛进行实地调查存在后勤困难（缺乏道路和居住点），迄今为止，在30—40个已知的黑曜岩矿源地中只研究了16个。

在俄罗斯东部最北端，也被称为西伯利亚东北部，黑曜岩的唯一来源是楚科奇地区，位于阿纳德尔河谷（the Anadyr River valley）内的克拉斯诺耶湖岸边。在这里，黑曜岩见于火山岩带流纹岩之中，以砾岩和小卵岩的形态存在于湖的东岸；也许，矿源地现在已经淹没在水下，不潜水是无法到达的。

在日本北海道，目前已知的黑曜岩矿源地约有17个，均位于火山弧地质区（板块俯冲带），存在有约17—20种地球化学组成。研究小组分析了两处主要的黑曜岩产源——白滝（Shirataki）和置户（Oketo）；还有另外两个地点——赤井川（Akaigawa）和十胜-三俣（Tokachi-Mitsumata）。在朝鲜半岛，含有碱性成分的黑曜岩矿源位于长白山（Paektusan Volcano）周围地区。在很长一段时间里，我们的知识完全建立在考古材料的基础上，只有少数"地质"样本（采集具体位置还不确切）。所有这些数据都支持这里存在一种单一的地球化学组成，反映出单个矿源的"指示特征"。在其具体地点

来自克拉斯诺耶湖源头的黑曜石卵石，2009年

来自若霍夫（Zhokhov）遗址的黑曜石工艺品［照片由V. V. 皮图尔科（V. V. Pitulko）提供］。

得到确认之前，我们暂时将其称为"长白山组"。

讨论：东北亚地区史前黑曜岩的交换网络

目前，俄罗斯远东及周邻地区和西伯利亚东北部已经建立起了几个大规模的（以黑曜岩为商品的）交换网络。这些地区的黑曜岩大多集中开采利用于石器时代，包括旧石器时代晚期（约3.8万—1.2万年前）和新石器时代（约1.2万—3000年前）。在青铜时代和早期铁器时代（约3000—1500年前），除堪察加半岛和东西伯利亚的北极地区以外，黑曜岩已经几乎失去了作为原料的价值。

在俄罗斯远东地区南部的大陆部分和周邻地区，研究人员重建了三个黑曜岩交换网络，分别以什科托沃高原、厄布拉齐高原和长白山的矿源为中心。虽然来自什科托沃高原和长白山的黑曜岩广泛分布在包括滨海省、朝鲜半岛、中国东北和阿穆尔河盆地的范围内，但是厄布拉齐高原的黑曜岩只供应阿穆尔河盆地。从矿源到滨海省和阿穆尔河盆地的产品消费地点的直线距离从几千米到660—700千米不等。长白山黑曜岩交换网络覆盖更广,从矿源到遗址的距离可达800千米。我们可以很有把握地说,来自日本群岛的黑曜岩,除了阿穆尔河下游和朝鲜半岛的最南端以外,几乎从未到达过东北亚大陆。在俄罗斯远东地区本土北部的堪察加半岛,现在也可以重建起几个黑曜岩交换网络,从矿源到使用地点的直线距离可达600—650千米。

在俄罗斯远东南部岛屿区域——库页岛和千岛群岛上,黑曜岩的主要来

发现于日本北海道八乡泽(Hachigozawa)的黑曜石岩层,2011年。

源是北海道的白滝和置户。来自白滝的黑曜岩在大陆部分（阿穆尔河下游）也有发现，早在约8000年前就已到达那里。从北海道矿源地到消费地点的直线距离在某些实例中超过1000千米。而在千岛群岛上，已经可以确认使用了来自堪察加半岛几处矿源的黑曜岩，最远距离可达1400—1500千米。

在西伯利亚东北部（楚科奇和周邻地区），来自克拉斯诺耶湖的黑曜岩传播到了楚科奇地区以外的地方，一直延伸到科里亚克（Koryak）高地、科雷马河和因迪吉尔卡河流域、西伯利亚高纬度北极地区和阿拉斯加。在某些情况下，从矿源到消费地点的直线距离超过1000千米。从该地区获得的最新数据采集自高纬度北极地区（北纬76度）的若霍夫遗址，该遗址属于中石器时代，年代约距今8800年。对14件文物进行的产源研究表明，所有这些人工制品的原料均来自克拉斯诺耶湖（Pitulko et al. 2019）。矿源和遗址之间的直线距离约为1500千米；考虑到人类活动时期北冰洋的海岸线位

位于堪察加半岛接近奥帕拉（Opala）火山的野外营地，2005年。

置，距离可能在2000千米左右。

在世界范围内，关于考古发现中黑曜岩获取和利用的研究中，最重要的课题之一便是人们如何从遥远地方获取原材料。在俄罗斯远东地区南部，经由河流运输，黑曜岩卵岩最远可达距矿源30—50千米的下游。今天我们能够认识到史前人类对黑曜岩的长距离移动已经大大超出了自然力量的输送范围，这在俄罗斯东部和东北部地区都有证据。因此关于这种优质原材料的交换问题十分重要。20世纪60年代在地中海和近东进行的研究（Renfrew 1975）创造了史前贸易／交换的概念。这一概念的核心内涵包括：1）供应区，以使用地点为中心，半径最大可达300千米，原材料中黑曜岩的比例可达80%；2）供应区以外的接触区，由于距离较远，接触区的居民不易从产源获取黑曜岩，而是与供给区居民进行交换（交易），黑曜岩的占比在30%—40%到0.1%之间。

位于日本北海道阿治武隆（Ajisaitaki）的黑曜石岩层，2011年

在俄罗斯东部和东北亚周邻地区的很多实例中，考古所见黑曜岩与产源地之间的直线距离均约在300千米以上，远远超出了接触区的范围。这证明发达的交易/贸易网络必定存在，尤其是在西伯利亚东北部，来自克拉斯诺耶湖的黑曜岩分布广泛，最远距离可达约2000—2250千米。如果没有原始贸易和/或交换，是不可能维持从如此遥远的地区获取黑曜岩资源的。

以若霍夫遗址为例，黑曜岩被用来制造细石叶。尽管在遗址似乎发现有细石叶的加工行为，但并未发现石核。因此，黑曜岩是以半成品形式（石核和石叶）出现在若霍夫遗址的。在科雷马河流域也观察到了类似的模式，那里几乎所有的黑曜岩制品都是石叶、石叶碎片和石片。因为对于这两个地区而言，黑曜岩都是一种从很远的地方（到传播最后一站的直线距离至少超过

左图：位于日本北海道白滝地质公园的黑曜石微细刃片，2011年。

下图：日本长野县绳纹时代黑曜石矿的挖掘，2011年。

约800千米)带来的"外来"原料,所以它们的交换是以预制石核和工具的形式,而不是未加工的形态来进行的。

千岛群岛的黑曜岩交换网络证明了超远距离运输原材料的可能,这有赖于东北亚部分地区在约1万年前就开始的海路运输才得以实现。在东北亚的其他地区,我们已知借助海路运输黑曜岩的行为可能更早:在距今约3.8万年的日本本州岛,以及距今约3万—2.8万年的韩国最南部。前者,矿源位于距本州岛中部海岸50千米的神津岛的小岛礁上。而后者,矿源则是九州岛北部的腰岳(Koshidake)。

对若霍夫遗址,以及西伯利亚东北部,尤其是科雷马河流域的其他考古遗址黑曜岩的产源研究,进一步证明了原材料的超远距离运输的存在。这也证明了在西伯利亚北极地区中石器时代,人类的活动半径是非常大的,可以覆盖约400万平方千米的广大地域。

结 论

在过去的25—30年中,俄罗斯东部的黑曜岩产源研究取得了重大进展。重建了俄罗斯远东地区南部和周邻地区(日本群岛、朝鲜半岛和中国东北)黑曜岩的史前交换/贸易的主要网络。俄罗斯远东地区北部(堪察加半岛)和西伯利亚东北部还需进一步的工作。

在此之前,我们缺乏科学的方法来探究古代人类的迁徙和交流。而今,我们已经掌握了东北亚史前人类互动的规模和周期。到目前为止,所有的数据都证实远古时代交换网络的存在可以早到旧石器时代晚期(约距今3.8万—2.5万年)。这些信息对于近期把北美最早的先民起源和日本岛联系起来这一仍有争议的尝试也具有重要意义(见Davis et al. 2019)。

还应强调的是,只有对黑曜岩原料进行地质考古学研究才能提供史前东北亚人类大规模互动和迁徙的确凿证据。基于石器和陶器类型学的考古学方法,不能为我们提供有关这些问题的明确信息,因此,在俄罗斯东部及其周边地区进行的黑曜岩产源研究是对所谓"成功故事"的良好实践(参见Williams-Thorpe 1995)。

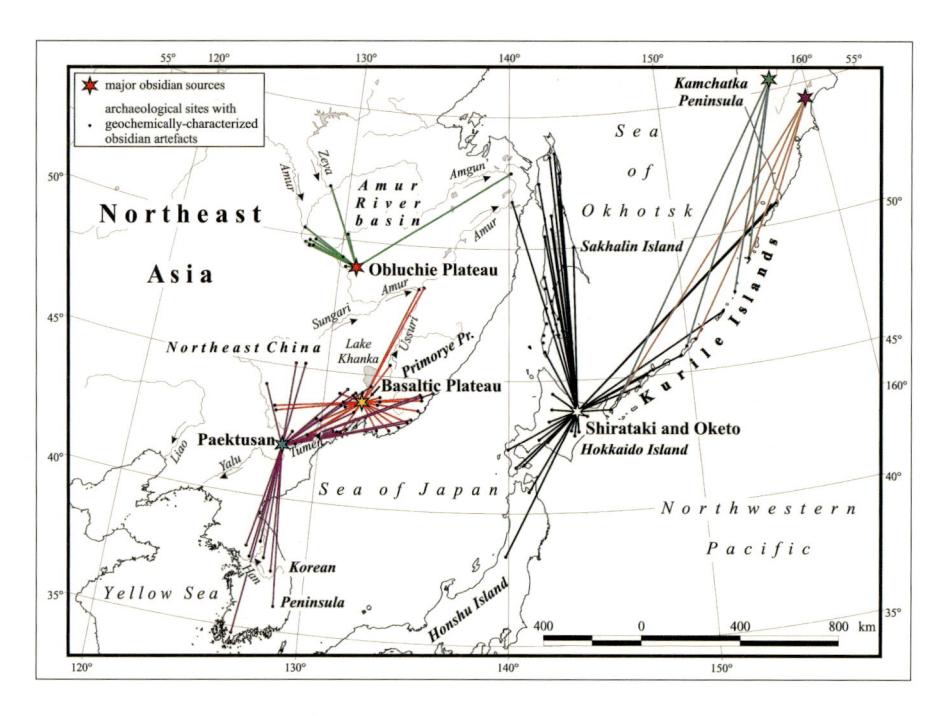

俄罗斯远东地区南部及邻近的新石器时代黑曜石交流/贸易网络。

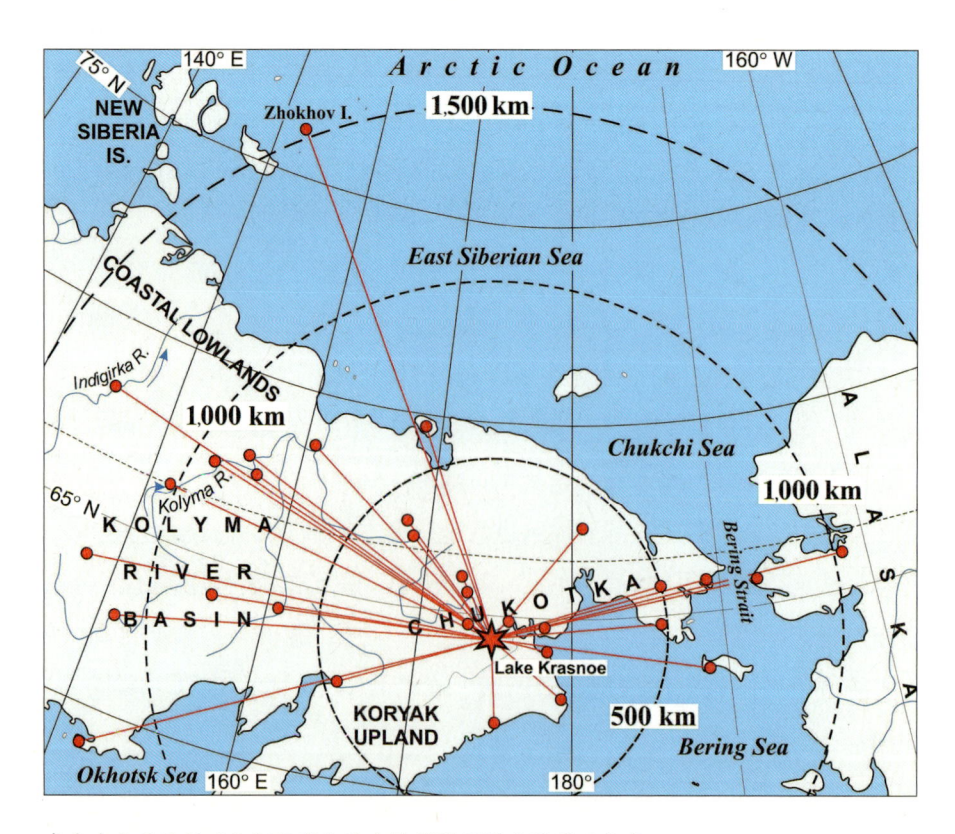

来自东北西伯利亚和阿拉斯加的克拉斯诺耶源头黑曜石分布。

项目负责人简介

雅罗斯拉夫·V. 库兹明

雅罗斯拉夫·V. 库兹明（1991年获得博士学位，2007年获得科学博士学位）是俄罗斯科学研究院西伯利亚分院索博列夫地质与矿物学研究所的首席研究员；还供职于托木斯克州立大学中生代和新生代大陆生态系统研究室。自1979年以来，他的主要研究领域是地质考古学，即自然科学（地质学、地理学、生物学等）在考古学中的应用。俄罗斯远东地区、西伯利亚东北部和东北亚的周邻地区（日本、韩国和中国东北）的黑曜石产源研究是他近25年主要活跃的研究领域之一，与来自俄罗斯、美国、日本、韩国和英国的同事进行了密切的合作。他曾在北美、亚洲和欧洲的多所大学授课，在亚利桑那大学和密苏里大学哥伦比亚分校（均在美国）工作过较长的时间。他获得过多个机构的研究奖金，包括富布莱特奖学金项目、全球民用研究发展基金会（CRDF）和国际研究与交流委员会（IREX）（美国），日本国际交流基金会、日本科学促进会（日本），韩国国际交流财团（韩国）等。雅罗斯拉夫·V. 库兹明和其他学者一同编纂过3部书、14卷及其他杂志特刊；他还在国际专业期刊上发表过超过200篇论文。他是剑桥大学出版社《放射性碳》杂志的副主编。他还在2015年获得了俄罗斯斯高帕斯（Scopus）奖，以表彰其在俄罗斯地球科学领域的最佳出版物纪录（2010—2014）。

大津巴布韦（Great Zimbabwe）的山丘建筑群的一部分。

大津巴布韦的考古定年学与城市化

沙德雷克·奇瑞库（Shadreck Chirikure）

牛津大学　开普敦大学

大津巴布韦：背景简述

公元1000年—1900年，在撒哈拉以南的非洲发展起来的最重要的文化革新之一就是津巴布韦文化（madzimbahwe），其突出特征是有1000多个没有任何黏结砂浆的干石墙建筑。就津巴布韦文化遗存分布方面来说，其聚落、生产和遗址分布，主要集中在赞比西亚南部：这是一个东临印度洋，西临卡拉哈里沙漠，北临赞比西河，南至索特潘斯山脉（Soutpansberg）的次大陆。证据表明，跨时空存在着各种强度的多方向交换网络，这些网络将内部和外部不同的津巴布韦文化与更广泛的非洲大陆和印度洋环带的区域进程联系在一起。由于卡米（Khami）（公元1450—1820年）、马普贡布维（Mapungubwe）（公元1220—1290年）和大津巴布韦（公元1000—1700年）三座前首都对人类有着特殊的价值，因此被列入联合国教科文组织世界遗产名录，津巴布韦文化的国际意义由此而变得更加突出。

毫无疑问，最著名的津巴布韦文化遗址是大津巴布韦，它出现于公元1000年左右，此后，持续繁荣至公元1700年。大津巴布韦考古遗址位于津巴布韦南部现代城镇马斯温戈（Masvingo）东南约28千米处。跨学科研究表明，它是一个强大国家的首都，统治着南部非洲一片相当大的领土（约5万—10万平方千米）。这个全球著名的津巴布韦遗址是由分散在720多公顷空间范围内的多建筑聚落组成的。然而，由于历史和其他原因，目前官方界定的大津巴布韦遗址的边界为720公顷以内，同时这也是国家遗址保护区以

大津巴布韦山脉的西围墙东侧。

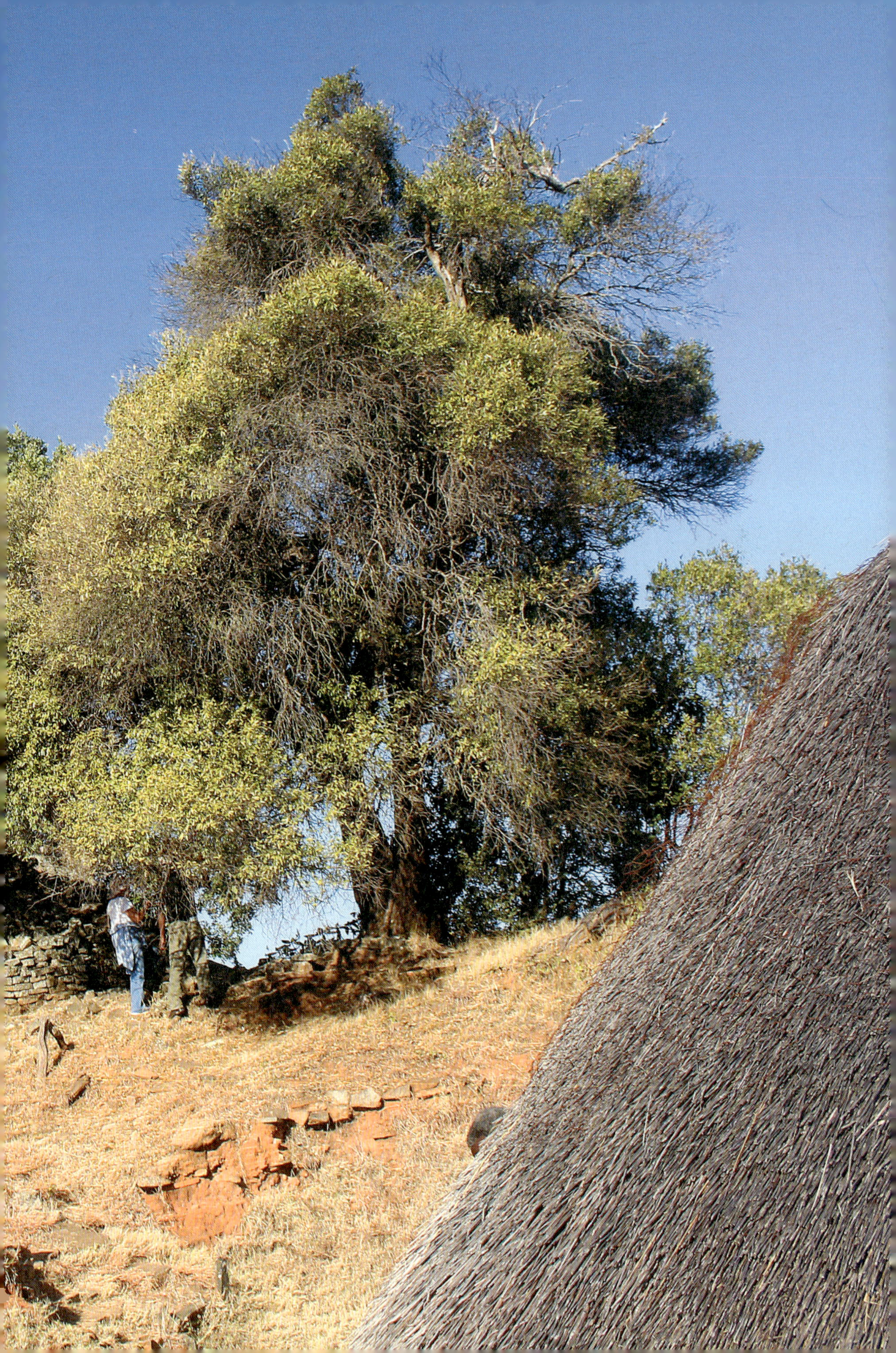

及世界文化遗产的区域。

大津巴布韦的多建筑聚落集聚在不同地区，部分存在纪念性的建筑，其他的则没有。也许最广为人知的是山丘建筑群、山谷围场、大围场、附近较小的围墙区域和连续的无围墙聚落。山丘建筑群由独立的墙体和山坡上的台地组成。山谷围墙有少量的台地墙，大多数是独立的墙体。这个大围场完全是用独立墙体建造的。独立的墙壁和露台共同形成了干石砌墙的区域，分别构成了建造住宅的围墙和平台。它们是大津巴布韦境内最具气势和视觉吸引力的建筑群落。除这种具有纪念意义的建筑外，大津巴布韦还设有无石墙的居民区。大部分可以追溯到更晚的时期，迹象表明，这些定居点的土墙大多都被大自然侵蚀破坏了。

自19世纪末的寻宝探险到20世纪的专业调查，在大津巴布韦遗址内进行过多次发掘。首先，在19世纪后期，大津巴布韦和相关的遗址被认为是由外族人建造的，代表了一个现已消失的外来种族。但是这个想法在20世纪的前30年被取代了，自此之后的研究主要集中在有干石墙的地区，那些起初关注该地起源的人的兴趣也转移了。同时这也反映了在20世纪不同时期的考古学研究中普遍存在的一种极大的偏见。尽管如此，综合新旧考古发掘成果，考古学家们还是能够描绘出构成大津巴布韦的移民点的演变过程。因此，现在普遍认为，与大津巴布韦石墙建造者有关的占领时期，历经四个不同的阶段：第二阶段（公元900—1000年）、第三阶段（公元1000—1200年）、第四阶段（公元1200—1700年）和第五阶段（公元1700—1890年）。但这种划分只能用于分析，因为在实践中很难将一个阶段的结束与新阶段的开始完全分开。

如前所述，大津巴布韦的起源是本土的还是外来的学术争论，在一定程度上，反映了一代代学者在遗址进行的调查和研究的重心。在形成对未来该遗址的研究基础时，这些研究重心的狭隘性越来越明显，因此需要对大津巴布韦进行新的研究。例如，尽管根据玻璃珠、中国青瓷、中国瓷器和伊斯兰玻璃以及来自中非的铁锣等不同证据，可知大津巴布韦参与了内部和外部长途贸易网络，但人们对当地生产和流通的动态却知之甚少。此外，微观层面上，各种家庭在不同的家园中进行的活动仍未得到充分开发。更糟糕的是，在大津巴布韦720公顷的土地上只有25个放射性碳年代数据普遍被接受，且其中11个来自山丘建筑群上的一条壕沟。因此，对于具有干石墙的区域与

◇ 重要考古研究成果奖获奖项目

大津巴布韦的东圈墙。　　　　　　　　　　大津巴布韦大墙中的平行通道。

没有干石墙的区域之间的关系，无论在时间顺序、文化关系还是其他方面，都鲜为人知。此外，这种历时性和共时性的对人类行为基本类别信息的缺乏妨碍了对阶级关系、不平等以及大津巴布韦本身的生产和流通等基本问题以及对更广泛领域的进一步了解。这促使了跨学科方法的运用，将标准的考古学技术与创新的考古学科学方法相结合，以开发高精度年表，并从遗址中被忽视的部分如无城墙的聚落中复原物质文化遗存。同时，当这种多维方法的结果以非洲哲学来解释时，我们可以探索大津巴布韦在物质和非物质遗存中反映出来的各种行为，从而凸显了地方机构的作用。

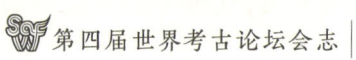

大津巴布韦山脉的西围墙内部。

途径与方法

　　大津巴布韦是现存的非洲首都，存有不同时期的聚落遗址。然而，大部分时期，对遗址所证实的各种行为阐释，很大程度上基于西方世界根据波利尼西亚和世界其他地区的观察而发展衍生而来的框架。某种程度上，这样产生的认知与当地的认识和理解方式存在部分差异。这推动了以非洲为中心的研究——以探索阶级关系、不平等、相互作用、政治经济和其他问题。他们的想法是将这些结果与全球其他地区已证实的行为进行比较。总的来说，其目的是促进当地情感认知的发展，与非洲的宇宙观、认知以及本土情感方面产生了共鸣。

　　从这一理论角度出发，以一种跨学科、阶梯式的方法对策来继续研究有

2015年参加南非考古学家协会会议的代表们在大津巴布韦进行游览。

关问题。首先,对有关大津巴布韦的已出版和未出版资料进行了全面的图书馆和档案研究。其中包括位于哈拉雷的津巴布韦人类科学博物馆和大津巴布韦自然保护中心(GZCC)内的咨询制图数据库。随后,在津巴布韦和国外,对存放于不同仓库里的收藏的相关遗物进行了研究。项目将过往研究汇总成主题地图,展示了该遗址的研究进展,并突出了以前发掘的部分以及仍未进行认真研究的部分。同时,进行了专门的地球物理学勘测,以绘制无城墙地区的埋藏沉降物。还通过激光雷达对组成大津巴布韦领地和周边环境的720公顷土地进行扫描,补充了相关信息。

其后,对大津巴布韦没有挖掘过的地区进行了发掘,包括在遗址的西部和东部的无城墙的定居点和山坡南部的梯田。将烧过的骨头和短期有效的样本(如细树枝)的材料提交给AMS进行年代测定,从而产生了第一个用于大津巴布韦的贝叶斯年表。发掘出的物质文化遗存包括当地的陶器、动物骨头、金属制品碎片、青瓷和玻璃珠。利用实验室的科学技术对无机物遗存进行研究，以重建它们的技术和社会文化历史。对有墙和无墙聚落的陶器进行了探索性的矿物学和地球化学研究，以确定墙内和墙外居民消费的当地陶器是否有相同或相异之处。这非常重要，因为在此之前人们认为大津巴布韦的精英占据了城墙，而平民则居住在没有城墙的定居点。

结　果

跨学科调查技术的应用产生了多种多样但有趣的发现，这些发现使我们对大津巴布韦及其网络的了解进入了一个新的领域。首先，过去研究活动的历史境况，反映出对遗址内考古探索研究的贫乏。例如，所有主要的挖掘都集中在有围墙的地区，以此结果来理解无围墙的定居点的行为。这里却忽略了一个事实，即无城墙的定居点的年代仍是未知的。遗址内共取得了65个新的放射性碳测年数据，其中大部分来自无城墙区域。尽管仍不够充分，但这些数据提供的年代信息，表明有城墙地区的居住址与少数无城墙的居住址时间上有重叠。在主要的干石墙地区被废弃后，如山丘建筑群，大多数无城墙的定居点被占领。另一个有趣的发现是，在不同的年代背景下，在有墙和无墙地区中复原的物品分布及其代表扩大的活动范围都是大致相当的。例如，在这两个地区都发现了当地的陶器、纺锤轮、青铜制品、铁器、加工黄金的坩埚、玻璃珠和磨石。对坩埚和其他冶金遗骸的考古分析表明，在有墙和无墙地区采用的技术是类似的。矿物学和地球化学分析也不能将黏土和用于制作陶器的容器成型技术分开。这些容器成型技术在有墙和无墙的居住址中用于生产陶器。因此，除一些居民点有干石墙而其他居民点没有之外，活动区的分布情况或多或少具有可比性。这种差异是由于连续性和变化性所致——干石墙建筑的使用不断减少。更重要的是，之前的假设是精英住在城墙里，而普通人住在城墙外，他们无法接触到贵重的商品，但数据并没有证明这一点。这与非洲的宇宙观相一致。非洲的宇宙观表明，精英阶层通常与仆人住在一起，而平民则住在远离中心的自己家里。后续的工作将进一步加深对精英、平民关系以及大津巴布韦家庭生产和消费动态的了解。

◆ 重要考古研究成果奖获奖项目

左上图：大津巴布韦的大圈墙北面。
左中图：津巴布韦山南坡55号墙修复和重建前的挖掘工作，2018年8月。
左下图：大津巴布韦山脉西圈墙南墙。

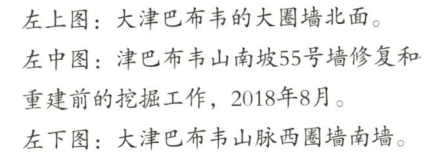

右上图：特维拉（Genius Tevera）女士，大津巴布韦大学文化遗产研究讲师，正在整理55号墙修复挖掘的发现物。
右下图：津巴布韦山南坡55号墙修复和重建前的挖掘工作。图片中是D. 穆加贝（D. Mugabe）先生。

大津巴布韦的大圈墙北面入口。

讨论与结论

毫无疑问，大津巴布韦是世界上著名的考古遗址。然而，对该遗址过往研究的调查表明，大多数认识来自有干石墙的一小部分区域。因此，我们对该遗址正在进行的合作研究，其意义之一是，需要不时地重访重要遗址，根据数据和新的调查技术提供的新的理论视角来更新认识。通过对一些主要组成部分之间的年代差异以及大津巴布韦遗址中发现大量的有关生存、工艺技术和象征性遗物的物质文化分布比较，人们对该遗址存在的层级关系和不平等现象有了新的认识。诉诸非洲（Shona）哲学，表明精英们经常和他们的仆人住在同一个地方。因此，物质文化的差异并不总是代表着阶级分化。

大津巴布韦在其宅地内有充满活力的生产系统。随着时间推移，在有围墙的区域和无围墙的定居点中陆续发现的坩埚、炉渣和金属物体的残留物表明，在大津巴布韦宅地内置有高效的生产系统。再者，当地的陶器大致相同，具有相似的形状特征，暗示了它们在整个遗址中的功能相同。广义上讲，遗存所反映的文化行为、经济行为和社会行为暗示了随着时间的发展，遗址内的文化呈现出很强的连续性。

然而，大多数平民住在远离首都的自己的家园里。这些地区通常靠近金矿、盐田和野生动物等资源，因而流通网对维持国家的运行非常重要。当地

◆ 重要考古研究成果奖获奖项目

大津巴布韦大围墙内部的锥形塔。

流通系统，以距离演变成区域网络和长途网络。这吸引了来自附近印度洋的材料流通，如货贝，以及来自非洲遥远地区的材料，如金属锣和铜锭的流通。来自非洲大陆以外的物品，如玻璃珠、伊斯兰陶瓷和中国瓷器，也属于同一流通系统的一部分。在这一地方、区域和大陆之间的视野下，大津巴布韦仍然是典型的非洲城市空间。然而，它与其他地方的国家有相似之处，例如，大量投资于纪念性建筑，但非洲当地有着其独有的阶级关系、不平等关系和生产关系。

上图：大津巴布韦的火灰堆中找到的用于熔化金子的坩埚，这些在2016年的挖掘中被发现。

左图：来自大津巴布韦的陶器。

◆ 重要考古研究成果奖获奖项目

来自大津巴布韦的园艺石碾和缠绕的珠子。

中国明代青花瓷盘的碎片。

为东南非交易和交换而由葡萄牙人制作的象征欧洲贸易的陶瓷仿制圆锥海螺壳物品，始于公元1500年以后。

广泛在中非和南非地区交易和交换的单只铁锣。铁锣与领导力有关，是身份的象征物。

◇ 重要考古研究成果奖获奖项目

项目负责人简介

沙德雷克·奇瑞库

沙德雷克·奇瑞库拥有牛津大学考古学院的英国学院全球教授职位。他是考古学教授，同时是考古材料实验室负责人以及开普敦大学考古系原主任。他的研究将自然科学技术与人文和社会科学技术交织在一起，以探索古代非洲的技术以及前殖民国家和非国家体系的政治经济。他的研究从非洲哲学中汲取了诠释式风格，来修正概念，打破关于非洲技术的演变及其在社会中的作用的霸权思维，从而促进了在漫长的历史进程中，非洲在世界和世界在非洲的地位的批判式思考。其他方面，奇瑞库教授曾是牛津大学李纳克尔学院英联邦大学协会奖学金的获得者，也是前曼德拉-哈佛研究员。他是国家研究基金会南非总统奖（40岁以下杰出研究人员）的获得者，也是南非青年科学院的创始成员之一。此外，他还是剑桥大学出版社科技历史系列丛书的联合编辑之一；是非洲研究协会艺术理事会成员，也是美国考古学家协会书籍奖委员会成员。最近，他被选为纽约温纳·格伦人类学研究基金会顾问委员会成员。他在考古学领域和同类学科的至少九个期刊编辑委员会中任职。同时，他为许多艺术展览、纪录片、广播节目和电视节目做出了贡献，旨在向公众传播考古学。

塞罗·德尔·蒂尔（Cerro del Gentil）遗址

人类协作的演进

查尔斯·斯塔尼什（Charles Stanish）
美国南佛罗里达大学

在超过50000年的时间里，现代人生活在狩猎、采集、觅食的小规模社群中。这种生活方式是我们物种在演化历史上发展出的最成功的适应方式。语言的产生和人类独具的象征性行为使我们这一物种在全新世早期就统治了世界上绝大多数宜居的陆地生境。在人类历史的关键时期——大约11000年前的东半球——几个地方的一些人们在生活的地方建起了纪念物。他们在架高的平台上用木头或石头建造纪念物，壁内还有精美的浮雕。这些地方是游牧或半游牧民族时段性集会的"特殊场所"，暂时还没有更好的术语来称呼。

诸如安纳托利亚的哥贝克力土丘（Göbekli Tepe）和北美的贫穷角（Poverty Point）之类的遗址，是具有代表性的"复杂的非国家社会"起源的考古学遗存。这些社会被认为是能够成功进行协作的社群，尤其能够在这些特殊的场所建造和维护纪念性建筑。我们可以合理推断，如果这些团体有能力组织大量的人来建造这样的纪念碑，那么他们社会结构的复杂程度也将远远超过更新世晚期典型的小规模游牧团体。

为了了解世界上各个地区的社会复杂化的历程，我们必须摒弃传统的"文化进化论"的概念，转而使用"协作的演进"这一看法。这一智识转变的核心是对"理性人理论"的认识，这是经济博弈论和传统文化进化论的基础，不足以解释富有智慧的、具有适应性的主体之间存在的持续性合作行为，尤其是他们生活在没有社会高压或政治性组织的小规模社群中。相反，协作的演进必须被理解为一种集体决策问题——让社群中的人们随着时间推

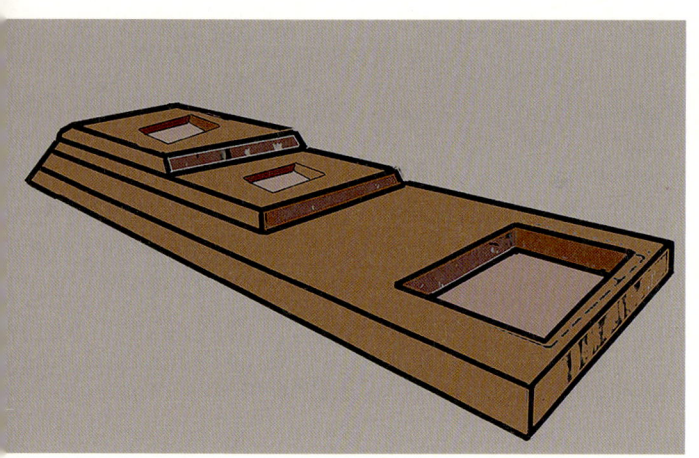

平台土丘的重建。[改编自J.坝齐亚尼（J. Canziani）]　　塞罗·德尔·蒂尔的宫殿庭院挖掘。

移为达成共同的目标而进行协作，即使脱离团队事关个人的切身利益。在我看来，在历史学研究中，进化博弈论最有效地解决了这种集体决策问题。我认为问题的关键在于：没有货币、没有市场、没有政治力量、没有官僚机构，没有社会阶层分化和其他高压机制的小规模社群是如何随着时间的推移，制定出可持续的经济和社会协作常规和准则的？这便是社会复杂化在全新世中发生的背景。

我坚持认为，这种协作是通过经济的"仪式化"来实现的。这些社群设立常规、仪式和禁忌来组织经济。这一结论是基于丰富的对全球各地非国家社群的民族学观察数据以及考古材料的研究得出的。这种精巧的经济行为准则蕴藏在丰富的仪式实践中，对这些"原始人类"来说并不是奇异独特的习俗，而是能够在公然的或者微妙的政治高压缺席的情况下组织社会的巧妙手段。换句话说，在非国家社会中，集体决策问题是通过仪式化特定行为，并提供维持协作所必需奖惩来实现的。协作的社群中成员之间的经济关系在多大程度上被仪式化了，这是在全新世的竞争环境中成功的关键。

可用进化博弈论和相关理论中的概念来理解这一过程。我提出了"人类学博弈论"的概念，以区别于"进化论的"和基于理性人原则的或经济学的博弈论。人类学博弈论使我们能够理解小规模社群行为是一种社会理性——也可以理解为"非理性、基于既定社会准则的行为"——与经济理性相反。这是人类社会互动中所遵循的主要原则。

从考古学的时间尺度来看，我们看到的是一种文化传播过程。在这种过程中，最能够促进社群协作的方法会被选择出来，或者被他人模仿。我将这一过程称为"战略"选择，将其与社群的或其他多级的选择区分开来。然后，这种成功的战略以文化形式在代际间传播，但缺乏正式的强制执行机制，直到国家社会的出现和与此同时的强制性社会机制的发展。

在过去的两代考古人的研究中，我们已经发现了世界上许多个地区最早的复杂社会。很多案例都能够说明人类协作的演进过程。我在这里使用来自秘鲁南海岸，公元前800—前200年左右的帕拉卡斯人的例子。

2012年，在安第斯山脉的的喀喀（Titicaca）盆地进行了30年的研究之后，我和同事亨利·坦塔莱安（Henry Tantaleán）在秘鲁南海岸的钦查（Chincha）河谷开始了一项长期的考古研究计划。得益于先前考古学家的工作和我们自己的新数据，我们得以整理了全面的始于几千年前的河谷史前史。其中一个重要的时期被称为帕拉卡斯，这个社会在大约公元前400年发展到顶峰，并在公元200年终结并转变为另一种文化。这是这个地区最初的复杂社会和文明起源。我们的工作数据为理论学者们模拟在世上罕有的文明独立起源的地区之一发生的复杂化过程提供了又一具体案例。

我们在河谷中发现了大量帕拉卡斯文化遗存，从大型的金字塔，到散布在区域内的小村庄。我们还发现，在河谷附近极度干旱的草原地区有帕拉卡斯人留下的线性地画。类似于著名的纳斯卡地画，但要更早几个世纪，钦查地画是刻画在沙漠上，并有小块粗石勾勒。我们还发现地画共有五组，都集中在大草原边缘的五个主要帕拉卡斯文化遗址所在地，地画之间还存在许多小的建筑物。研究表明，许多小建筑物和地画都朝向夏至日的日落方向。我们团队和秘鲁各处其他的早先的工作明确地表明，前哥伦布时期安第斯地区的人们使用二至日来标记重大事件。

我们认为，这些地点是具有仪式重要性的社会事件的终结之地，这些事件发生的时间可能是由冬至日或其他天文学现象来标记的。此类仪式事件正是非常符合协作理论原则的那些"策略"。我们选择深入研究塞罗·德尔·蒂尔遗址，根据我们的理论，探究其在帕拉卡斯文化中的重要性。该遗址是一个有三层的大型土堆平台。底层最大尺寸约为50米×120米，是河谷地区典型的帕拉卡斯建筑样式。每层还有一个边长约12米的下沉式天井。

坦塔莱安和他的团队发掘了其中的一个天井，出土了大量人工制品，包括织物、食物、陶器、有装饰的葫芦、石器、藤编物、其他杂物和殉人。尽管我们没有发现常住人口的证据,但找到了盛装玉米酒的大型陶器。遗址还有大量的陶制器皿用于献祭,还有证据表明在仪式活动结束后大量的酒被倾倒进了天井里。塞罗·德尔·蒂尔无疑是一个重要宴飨场所的经典考古例证。

人类史前和历史时期最早的协作社群的本质是复杂社会起源问题中还未被解决的主要问题。我们用塞罗·德尔·蒂尔遗址的数据来检验以下假设:人们是不是从"小规模"的本地社群中宴飨活动开始,然后随着他们本身扩展成更大的政治组织,宴飨活动也吸纳了更远的社群?又或者,是最早成功的社群在大区域内成功和更远距离的自治社群建立了联系?来自亚利桑那州立大学的凯利·克努森(Kelly Knudson)分析了在天井发现的39个有机遗存的锶含量,包括人类遗存在内的各种有机体中锶同位素 $^{87}Sr/^{86}Sr$ 的比率都可以说明它们的地理来源。我们发现天井中遗物的来源非常广泛,遍布在安第斯山脉中南部周围。

该研究表明,秘鲁南海岸最早的复杂社会汇集了大量的人和物,形成于约公元前400年。至少在帕拉卡斯社会中,建设文明的最佳方法是在初期广泛建立同盟,然后在随后的数百年里进行扩张。形成鲜明对比的另一种策略是专注发展本地社群,并随着时间逐渐成长。

塞罗·德尔·蒂尔宫殿庭院中的献祭篮子。

塞罗·德尔·蒂尔宫殿庭院中的棉质服装献祭品。

塞罗·德尔·蒂尔宫殿庭院中以鸟为设计元素的项链献祭品。

秘鲁地图并标注研究区域位置。

重建景观，展示平台土丘和地上浮雕。[R. 古铁雷斯（R. Gutierrez）]

✧ 重要考古研究成果奖获奖项目

重建的通往塞罗·德尔·蒂尔的线形地上浮雕。（R. 古铁雷斯）

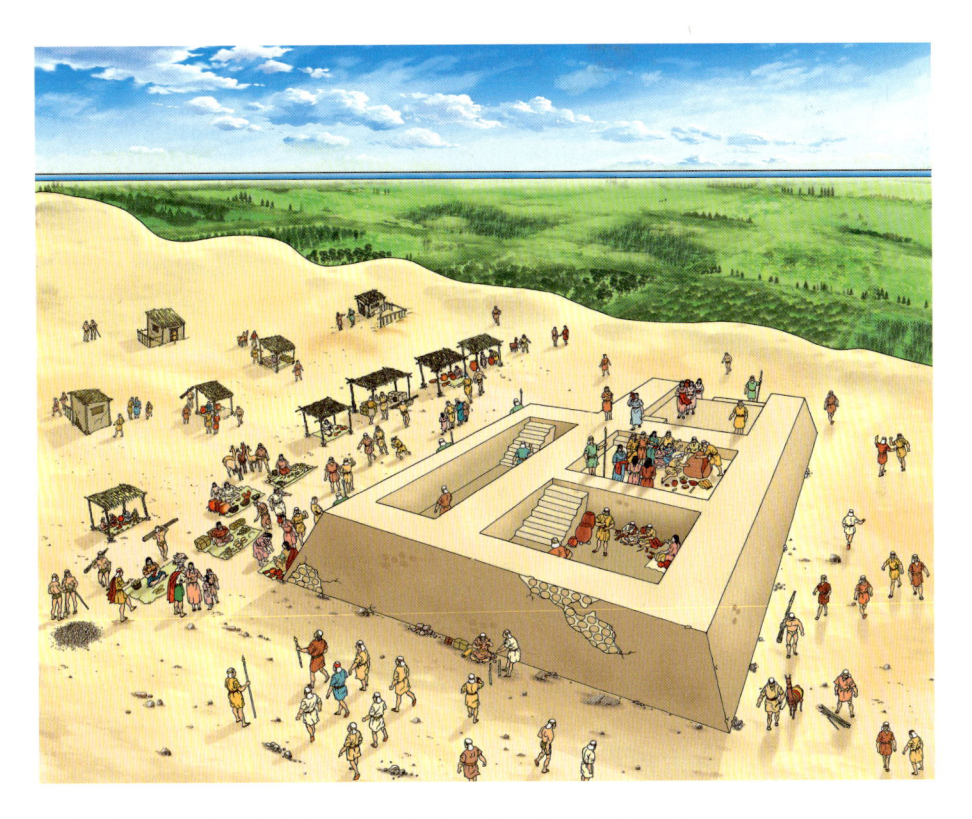

245

重建的塞罗·德尔·蒂尔宫殿庭院下沉式法庭。（R. 古铁雷斯）

秘鲁南部的研究数据表明，仪式与社会复杂化过程交织在一起。国家起源的途径必然包括具有高度互动性的仪式，这些仪式能以社会、政治、经济和文化原因将跨区域的人群聚集在一起。我们假设在演进初期存在许多相互竞争的社群。随着时间的流逝，我们观察到遗址数量减少，但纪念性建筑的规模却增大了。这表现的就是区域合并的过程，在一些地方，这一过程导致了真正的国家起源的质的飞跃。

◆ 重要考古研究成果奖获奖项目

项目负责人简介

查尔斯·斯塔尼什

    查尔斯·斯塔尼什是南加州大学文化与环境高级研究所的执行主任。他曾在加州大学洛杉矶分校任教人类学，并担任扣岑（Cotsen）考古研究所所长达20余年。他在秘鲁、玻利维亚和智利开展过广泛的工作，研究这些地区的史前社会。查尔斯毕业于宾夕法尼亚州立大学，获得学士学位，之后在芝加哥大学获得博士学位。他理论方面的研究集中在贸易、战争、仪式和劳动力组织在人类协作的演进和社会复杂化中所扮演的角色。查尔斯的主要著作包括《人类协作的演进》（2017年，剑桥）、《古代的的喀喀：秘鲁南部和玻利维亚北部的社会复杂化》（2003年，伯克利）、《古代安第斯山脉中的仪式和朝圣》（与鲍尔合著，2001年，得克萨斯）和《古代安第斯政治经济》（1992年，得克萨斯）。他还与一个可持续发展组织合作，通过小额贷款、组织直接赠款和旅游基础设施建设来保护全球文化遗产。他曾是敦巴顿橡树园研究图书馆的高级研究员，现任美国艺术与科学学院研究员、美国国家科学院研究员。

在亚泽勒卡亚（Yazılıkaya）圣所B室内的浮雕（公元前1250年左右）描绘了所谓的12位奔跑之神。

土耳其青铜时代赫梯都城考古
——博阿兹柯伊哈图沙遗址

安德烈亚斯·塞巴斯蒂安·沙赫纳（Andreas Sebastian Schachner）
德国考古研究所

1834年，一位叫特谢尔（Ch. Texier）的法国人发现了位于安纳托利亚中部博阿兹柯伊村（Boğazköy）附近一个古城遗址，探索古代东方最大城市之一的探险开始了。显而易见的是，亚泽勒卡亚有一处露天神殿，岩石上布满浮雕，这些岩画的图样和风格独一无二。尽管发现得早，但第一次大规模系统发掘是在1906—1912年，由伊斯坦布尔的奥斯曼博物馆和德国东方学会共同负责，并将其确定为赫梯帝国的首都——青铜时代晚期的哈图沙（Hattusha）遗址。这一认定首次明确了在安纳托利亚高原恶劣的地理条件下，在美索不达米亚流域、埃及以及印度河谷以外的区域也可以发展出古代东方高阶文化（图1），这次发现代表了近东古代考古学的根本范式转变。

自1931年以来，德国考古研究所的考古研究工作几乎未曾间断：第一阶段（1931—1939年，1952—1977年）由库尔特·比特尔（Kurt Bittel）主持；第二阶段（1978—1993年）由彼得·内夫（Peter Neve）主持；第三阶段（1994—2005年）由于尔根·泽赫（Jürgen Seeher）主持；第四阶段是安德烈亚斯·沙赫纳于2006年开始研究至今。发现的30000多件楔形文字泥板文书几乎全部使用印欧语系的赫梯语书写［贝德日赫·赫罗兹尼（Bedrich Hrozny）于1915年发现］，这导致古代东方研究的一个独立分支——赫梯学的建立。经过一个多世纪的集中研究，深入建立了近东青铜时代晚期最重要的超级大国之一的历史、社会结构、物质文化和宗教相互之间的联系。考古发掘的部分成果与历史学和语言学研究相结合，将完全被遗忘的文化重新带回人类的记忆，也因此，联合国教科文组织在1986年将博阿兹柯伊哈图

图1：从北方俯瞰哈图沙的整体航拍景象。

沙考古遗址列入世界文化遗产名录。2001年，联合国教科文组织又将发现的楔形文字档案列入联合国教科文组织世界记忆名录。所以，博阿兹柯伊是唯一同时具备两项重要遗产的具有代表性的考古遗址。

直到20世纪70年代，研究主要集中在古城的旧城区（下城）。除了防御森严的布于卡拉皇城（Büyükkale，图2），重点聚焦于大神庙（图3）以及下城地区的住宅建筑和最古老的防御工事。可以明确在公元前三千纪末建成之后，这座城市是如何逐渐发展成为一个庞大帝国的首都。1978—1993年，彼得·内夫重新定位了上城区，并在该市的部分区域发现了30多个寺庙，即使后来修正了年代，这在很大程度加深了对城市地形的了解。得益于于尔根·泽赫在1994—2005年的考古研究，我们得以了解早在公元前16世

❖ 重要考古研究成果奖获奖项目

图2：位于布于卡拉的赫梯帝国伟大君王的皇家宫殿的航拍景象。

图3：下城中的大神庙的航拍景象，建于公元前16世纪。

图4：对上城西南部人工池塘的初步重建（公元前16世纪至前15世纪）。

✧ 重要考古研究成果奖获奖项目

纪中叶，上城基本上是根据公众代表和权力代表的标准设计的。同时，他还发现了形式各样的人工水库和几个巨大的粮仓，这对了解古城的经济供给状况做出了重要贡献。

地下粮食储藏室由国家中央机构建造和掌控。在类似真空的条件下，粮仓能长时间存储大量谷物，弥补了农作物歉收的不足。粮仓储存的谷物不是为人们提供食物，而是供应牲畜，为下一轮的农业播种蓄力。在城市中发现了至少9个人工水库，功能相似（图4）。它们都建在斜坡上，这种建筑形式确保了底部形成不透水层，而其向后与每年循环的地下水位相交，所以在冬季数月中，水都会流到其中。这种长期储存的水几乎无法为人所使用，但是它确保了牲畜的水供应，并有利于用水密集型手工业的正常运作。

通过这些杰出的工程成就，可以发现安纳托利亚许多赫梯文化古城建造

图5：最近在北方下城进行的挖掘的航拍景象。红色区域类似于亚述贸易殖民地时期（公元前1850—前1725／1720年左右）被火灾破坏的官方储藏建筑物。其右侧已经出土了一座赫梯时期（约公元前1500—前1450年）的大型建筑物。墙壁的破坏模式表明可能是由地震引起的。

形式有其共性，这为赫梯王权从公元前17世纪至前16世纪早期具有地方影响力的政权转型为公元前16世纪晚期至前13世纪时具有跨地域重要性的伟大帝国奠定了基础。与赫梯技术创新并行的社会新事物，有吸纳叙利亚-美索不达米亚楔形文字的赫梯语言、宗教同化以及作为中央王权传输意识形态的媒介的意象和风格上统一的艺术创造，这些使得对整个社会的组织和控制更加有效（文前图）。

在很长一段时间里，长达数十年的研究成果传达了一个线性发展的城市形象。近来，这座城市的历史有几次深刻的历史转折和重大突破。根据安纳托利亚其他地区的考古发现，特别是最近对安纳托利亚地区以外的屈尔德佩遗址（Kültepe）的研究，该遗址位于叙利亚、安纳托利亚和美索不达米亚的交会之处，作为一个从无到有的综合性城市，第一个定居点建立于公元前

图6：赫梯上城的整体航拍视图（公元前16世纪至前13世纪）。在前景中，叶尔卡佩的巨大建筑标志着城市中的最高点，而在背景中可以看到已修复的神殿区域。

三千纪晚期。在这个网络中，哈图沙（这座城市最初的名字）地理位置占据着重要的战略意义，在交界处连接着安纳托利亚北部和中部。毋庸置疑，公元前19世纪和公元前18世纪，亚述商人定居在安纳托利亚中部各个城市，并建立了"殖民地"，构成了以当今伊拉克为核心的贸易网络的一部分。尽管早已为人所知，但在过去两年中首次发现了这一时期历史悠久的建筑，这一建筑被认为受皇家管理和许可，大规模的沉积物显示了统治者的经济权力（图6）。十分罕见的古楔形文字显示了哈图沙统治者权力的政治发展。

据推断，从亚述贸易殖民时期（约公元前1950—前1730 / 1720年）到赫梯时期的过渡期并不是我们之前长期所认为的约80年时间。考古发现表明，尽管遭到了阿尼塔国王（约公元前1728年）的明显破坏，该定居点仍然以相当大的规模存续。因此在公元前17世纪中叶，赫梯王朝与哈图西里一世（Hattushili I）夺取政权，他并没有定居在一个废弃的城镇，而是选择定居在一个运转良好的城镇中。而从考古学的角度看，新政权开始的证据是确凿的。赫梯帝国日常的物质文化呈线性发展，然而新的发掘重新评估了以往的发现，表明赫梯统治者很早就开始根据其思想和社会文化需要来重塑旧城区，这在安纳托利亚本土纪念性建筑的实施中尤为明显。与亚述贸易殖民

图7：赫梯上城防御工事的狮子门。左侧的狮子经过部分重建，曾在古代被毁。

时期相比，建筑结构和用途明显不同。公元前17世纪末至前16世纪，这种发展最让人印象深刻的例子是皇家城堡和大神庙（见图2和图3）。同时，前文提到的水库和粮库奠定了全新的经济基础，在一定程度上弥补了安纳托利亚中部不确定的地理因素。

随着上城的建成（约公元前1530年），哈图沙不仅达到了与同期美索不达米亚和埃及首都相似的规模，还具有相应的代表性设计和影响力（图6）。上述发现的30多个神殿构成了一个独立的区域，可能是为了确保赫梯人自称为"千神帝国"的伟大国王典礼仪式正常举行。此外，建在巨大岩石高原上的寺庙建筑显然扮演重要角色，根据文字证据显示，这些建筑物可能服务于已故和神化国王的祖先崇拜。当然，它们的建立、保护和定期祭祀也是统治阶级合法化的重要组成部分。

无论古今，对于一般游客来说，城市设计的独特性尤其体现于大门，它沟通了城里和城外的联系。门在古代近东所有文化中都具有某种神秘性。所以，上城防御要塞的门上饰有狮子或神像浮雕，既有装饰又有祈求保护作用，门通道呈抛物线形，这在古代世界是独一无二的（图7）。

古城南部是人工建造的壁垒叶尔卡佩（Yerkapı，土耳其语：大地之

图8：罗马式泳池和相邻宴会厅的重建（公元130 / 150—350年）。

门），长约250米、底宽约70—80米、高约40米，其上又修建了防御工事（见图7）。在中心设有一个人行门，门上装饰有四个狮身人面像。与古城大门类似，叶尔卡佩壁垒独特的建筑结构代表了赫梯文化的权力和意识形态。此建筑结构有意建立在古城的最高点，在20千米以外距离就能看得见，从而展现其效果和意识形态意义。

公元前14世纪中后叶为古城发展最鼎盛期，城市占地面积约190公顷。长期以来，现代学者一直认为公元前13世纪下半叶时城市开始衰落，随后突然崩溃。最近的考古发掘提供了证据，证明这是一个更漫长、更复杂的发展过程，至今仍未被完全了解。根据墙壁的损坏状态（见图5），过去两年中在下城发现的大型建筑可能在公元前14世纪毁于地震。一些出自纪念性建筑的证据也表明发生了大地震，所以这可能是解开赫梯帝国崩溃之谜中的第一步，但研究目前仍在进行中。

已知的考古、历史文献及地理文献将公元前13世纪浓缩成一系列复杂的原因和事件，最终以公元前1180年左右赫梯帝国的崩溃为结束。国内政治动荡、气候条件的逐步恶化、安纳托利亚境内的人口迁移以及整个地中海东部的人口流动等都是可能的因素，但可能还有其他我们尚未了解的复杂相互作用打破了赫梯帝国维持超过450年的脆弱平衡，最终导致了赫梯帝国的突然崩溃。值得注意的是，安纳托利亚中部的赫梯文化在随后的铁器时代的物质文化中几乎没有留下任何痕迹，据此可以认为，它对该地区长期的文化地理根基几乎没有影响。

在历经了深刻的文化退化之后，博阿兹柯伊紧随赫梯帝国发展起来。它是安纳托利亚中部铁器时代少数聚落考古发现之一，铁器时代的具有鲜明特色的彩绘陶起源于安纳托利亚，这与早期的假设相反。自公元前10世纪或前9世纪起，可以发现当地多样化的发展已经明显融入总体的风格和纹样。尽管我们不知道博阿兹柯伊在铁器时代的确切名称，且发展缓慢，该聚落于公元前8世纪成为城市中心，已发现的巨型建筑及毗邻的防御工事体现出权力的等级。公元前7世纪至前6世纪，号称"南堡"的建筑标志着铁器时代社会进一步的发展。

这一时期的物质文化特征为本土化发展，几乎没有显示出任何广泛的周边文化影响，可能是该地区地理位置较为偏远的缘故。直到该地区被罗马帝国同化后这种格局才被打破。最近几年的考古工作填补了该聚落历史的一个关键性空白。最初，罗马人在公元1世纪的时候建立了一个军营，可能与公元前3世纪晚期第一个城市的建立有着相同的地缘政治背景：控制交通路线。到了公元2世纪，营地为精心设计的别墅和浴场所取代，并建有大型泳池和宴会厅（见图8）。宴会厅装饰了最精良的壁画。虽然这座建筑群的部分使用持续到公元4世纪后期，考古学上的明显变化和扩建也证实了这组建筑群在当地文化框架内的使用。

不知什么原因，这个聚落在公元4世纪末期分崩离析。直到公元10世纪至11世纪的拜占庭时期，在前赫梯上城考古发现的一个保存完好的小村庄昭示着该地区的复兴。在这里，安纳托利亚人可能出于对安全需求的渴望，定居地点的频繁改变使定居史变得清晰了。当土耳其人移民到安纳托利亚后，此村庄就被废弃了，但也因此得以保存得如此完好。直到公元16世纪博阿兹柯伊小村庄在此建立［1982年改名为博阿兹卡莱村（Boğazkale）］；

图9：在赫梯下城，利用挖掘所证实的方法和材料，恢复了一段示范性的赫梯城墙，保持了原始尺寸。

这一次，村子还是选在了山谷中。

在长期以来的地理条件相对不变的情况下，这种曲折的定居历史使我们有可能通过比较既定的参数和创新来判断不同时期对应文化的发展。这样，就可以清楚地认识到，人类活动在何种程度和条件下能够影响社会文化发展，以及自然环境对人类社会文化活动的限制在哪里。

为未来保留过去

与考古发掘相同，对从这一联合国教科文组织世界文化遗产遗址内出土的文物进行修复，在德国考古研究所的工作中扮演核心角色。他们的修复目标是人们可以按年代在基本完整的自然环境背景中体验遗址。彼得·内夫为哈图沙开发了一种理想的参观流程，非常适合当地恶劣的气候条件，哈图沙现在可以作为露天博物馆而活跃起来了（见图6）。除了保护修复已发掘的建筑物，使其平面布局清晰可见，观众可以看到赫梯官庙建筑石雕复制品（见图7），这种方式常见于土耳其各类博物馆。重建的部分赫梯城墙与原来的建筑形态十分接近，因为修复追求的是使游客能够体验青铜时代的城市（见图9）。

✧ 重要考古研究成果奖获奖项目

项目负责人简介

安德烈亚斯·塞巴斯蒂安·沙赫纳

  安德烈亚斯·塞巴斯蒂安·沙赫纳出生于1967年，是德国考古研究所伊斯坦布尔部的高级研究员、德国维尔茨堡大学近东考古学的副教授。1999年获得博士学位，在读期间曾参加过土耳其和乌兹别克斯坦的多项考古发掘工作。在慕尼黑大学近东考古学系担任助教时，独立在土耳其东南部开展了两个研究项目。2006年起，主持德国考古研究所博阿兹柯伊的考古发掘工作，主要侧重于赫梯文化和古聚落历史的研究。哈图沙研究最大的特色在于采用了多学科合作研究的方法，注重人文科学、各种自然科学与考古学结合研究的应用。安德烈亚斯·塞巴斯蒂安·沙赫纳的研究不仅仅局限于考古发掘，研究领域还包括了安纳托利亚高原青铜时代和铁器时代、高加索、叙利亚和美索不达米亚，以及近东考古历史学和遗产保护、管理。他的出版物不只是关于田野考古工作，还涉及了古代近东艺术的理论和方法论、考古资料分析以及古代人类与地理环境之间的关系。

巨石建筑的风景与挖掘

繁荣与萧条，等级制与平衡：从景观到社会意义
——中北欧的巨石与社会

约翰内斯·穆勒（Johannes Müller）

德国基尔大学

是谁和什么机制触发了新石器时代的纪念性形式，其背后的动因是什么？中北欧和斯堪的纳维亚南部的漏斗颈陶文化时期（Funnel Beaker）的古环境和考古资料已经清楚地说明了社会过程的重建与农业的引进及首批纪念物的建造有关，并且其提供了一个精心研究新石器时代建筑和建造过程的诱发机制、意义的范例。

优先项目1400（德国科学基金会优先计划编号SPP 1400）"早期纪念性形式和社会分化"在为期6年（2010—2016年）的研究中，重点研究了纪念性建筑，特别是巨石建筑及其社会、经济背景。为了了解这些过程，学者们对现有的及新获得的数据进行了综合，并结合生态、社会历史和文化人类学观点进行解释。优先项目（SPP）研究团队由超过25名科学家和考古学家组成，他们从德国北部和南斯堪的纳维亚所谓的"漏斗颈陶文化时期"地区的考古和古生态档案中收集并分析了相关信息。

在一个跨学科团队中，我们分析了与发展有关的环境、社会和文化，包括环境和经济背景，巨石热潮以及漏斗颈陶文化时期社区的总体构成情况。

环境与经济

北部景观主要由封闭的混合橡树林构成，沿水域及海岸零散分布有开放区域。从觅食到农业的早期转变是与North Atlantic Bond Event 4 同时的，并在斯堪的纳维亚南部和德国北部有区域性的输入。这是根据公元前4000—

前3800年左右的斯卡格拉克海峡深海重建（Butruille et al. 2016）和贝劳湖的高分辨率沉积学证据（Dreibrodt et al. 2012）推导出的。有证据表明尤其是在公元前4050—前4010年的40年糟糕年份，在埃斯波尔斯坦，这一气候事件对经济和社会发展有巨大影响（Weinelt 2018）。从环境的角度来看，直到公元前35世纪，气候才变暖和改善，到公元前3200年左右气候再次恶化。这些气候变化也可能调节了经济和社会发展，包括纪念物的兴衰。

孢粉代用记录表明了土地开垦和重新造林的阶段（Feeser et al. 2019）。在公元前4200—前3600年左右，土地开垦量不断增加，随后在公元前3600—前3400年左右开始出现明显的繁荣，直到公元前3200年左右达到顶峰，大约在公元前3100—前3000年左右突然萧条。通过增加或减少塌积发生率的数量所获得的塌积层数的加权值支持了这一观察。除了环境导致的土地开垦外，还必须在这个过程中考虑人类影响的强度，人口的发展及经济战略的变化都可能是景观变化的原因。生业经济越来越依赖谷物栽

装饰华丽的漏斗颈陶器——巨石墓中的祭品。

位于德国北部地区的典型巨石墓。

培和家养动物（Brozio et al. 2019；Hinz 2018；Kirleis/Fischer 2014；Kirleis/Klooss 2015；Kirleis/Klooss 2016；Kirleis et al. 2012；Steffens 2007）。谷物谱图中自由脱粒的大麦和二粒小麦是其主要作物，其次是少量的单粒小麦（Triticum monococcum）和自由脱粒的小麦（Triticum aestivum sl）。畜牧业的发展（Hinz，2018；Steffens，2007）显示约从公元前4000至前3700年，驯养动物的骨骼从大约10%稳定增长到70%；约从公元前3400至前3100年，由70%缓慢增长到90%；到公元前3000年，仍在明显持续增长。对来自奥尔登堡-达瑙（Oldenburg-Dannau）的动物骨骼的同位素分析表明，漏斗颈陶文化定居者实行有限的当地放牧策略，也检测到了施肥迹象（Filipov et al. 2019）。除了动植物，采集的植物和鱼类在维持生业经济中也发挥了重要作用。

从经济学角度看，畜力在犁耕中的运用进一步促进了农业系统及土地利用方式的重大转变。虽然在公元前38世纪已经有了犁耕的证据，但新技术的突破大约发生在公元前3650年至前3300年之间（Mischka 2013）。集约化农业日益重要可能就是这项技术变革的结果，同时可能也是公元前34世纪首批村落出现的触发因素。

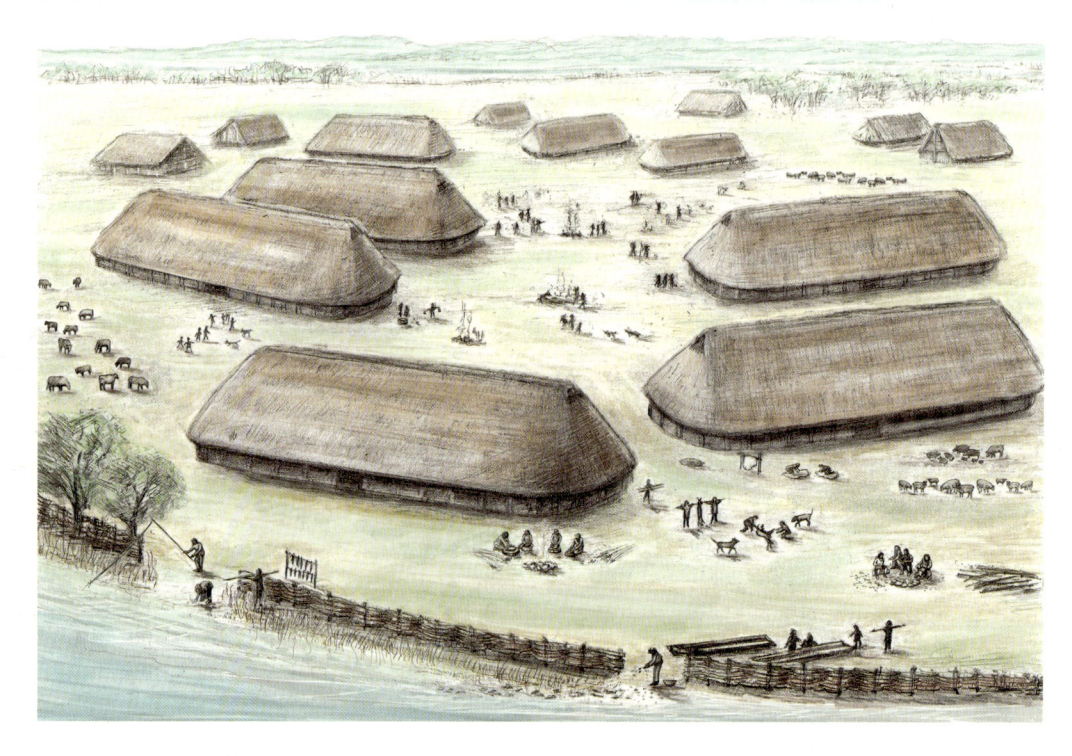

德国北部地区的新石器时代村落。

层积湖底沉积物对年代测定非常重要。

巨石的流行及其过程

在上述环境和经济背景下，德国北部巨石的流行主要始于公元前3600年及公元前3450年纪念物的增加（Brozio et al. 2019）。我们正在讨论的位于西姆布莱恩半岛南部约1200座纪念物全部建于公元前3200年左右的50年间，这意味着每年修建25座巨石建筑。如果巨石建筑的分布是随机的，那么每25千米（约7小时的步行路程）就会建造一座。

从类型学角度看，传统做法是将纪念物分为不同种类的支石墓和通道坟墓，这种分类方法已经沿用了几十年，目前没有明确的理由改变此分类系统。大多数的支石墓可以追溯到公元前3650—前3350年，通道坟墓则主要属于公元前3300—前3100 / 3000年（Sjögren 2011）。一些测年较早的建筑的存在表明在每一种建筑概念兴起之前，新的建筑创新便已存在。因此，在公元前39世纪单个的支石墓、公元前36世纪单个的通道墓葬便已经开始兴建（这远远早于公元前3650年左右支石墓及公元前3350年左右通道墓葬的流行）。结合放射年代测定法、最早时期巨石的排印年代测定法和把长

在Altmark的Lüdelsen挖掘快接近完成的团队。

德国北部地区的Karlsminde，一个巨石长冢。

期以来考古工作的经验和观察理论化（aoristic approach），对德国北部巨石发展的绝对量化成为可能（Brozio et al. 2019）。尤其是大约公元前3400—前3100年是纪念性形式极大繁荣并走向萧条的年代。在约公元前3050年之后，几乎没有新的巨石建立，因此，随后的两个世纪左右可被称为非纪念性世纪（在一些地区开始出现早期单坟之前）。

  巨石建筑的流行改变了景观，不仅建立了令人印象深刻的纪念物，而且在几个世纪中被用作融合不同的社会和礼仪习俗。在霍尔施泰因（Holsteiner）旺格尔斯（Wangels）LA 69号通道墓中，没有在内室里发现被清理的痕迹，也没有在甬道的前部发现奉纳式供品。但在墓室发现了丰富多样的陶器组合（ceramic services）（Brozio 2016）。用贝叶斯方法校准了85个放射性测年，确认了墓室的建造晚于公元前3350年左右，内室许多陶罐的堆积则发生在约公元前3200年，墓室其他的活动发生于公元前2100年左右。一个高度相关的发现是尽管里面的陶壶、陶罐等从未被触碰和破坏，但是墓道和墓室在数百年中都保持开放状态。我们将该遗址解释为制度化的祖先崇拜和创造，以及蓄意改变的记忆。单独埋葬仪式的加入（例如圆形土丘中附加长丘，在长丘中形成石堆墓），表明该遗址在大约公元前3100年开始出现新的意识形态实践（Müller 2018b）。

虽然并没有任何清理事件发生（但思想意识方向肯定会发生改变），旺格尔斯LA69号通道墓的例子显示了对该遗址的长期记忆化过程。即使一些墓室可能会被清理，例如在阿尔伯斯多夫·布鲁特坎普（Albersdorf Brutkamp），遗址的废弃或墓室的关闭发生时间不早于公元前3100 / 3000年。即使在上述拆毁或解体的要素导致记忆改变的情况下，遗址上的仪式实践和祖先崇拜，也能使创建仪式场地成为可能。

尽管这些地点促进了记忆的构建，巨石地点聚集的遗址同样以特定图腾相联系。空间上尊重邻近的巨石强调了更广阔的记忆聚集，这在诸如弗林特贝克（Flintbek）、博格施泰特（Borgstedt）或者哈尔登斯莱本的福斯特（Haldensleber Forst）等巨型石块构成的巨石墓以及吕德尔森（Lüdelsen）、阿尔伯斯多夫（Albersdorf）等稍小的巨石墓群均有反映。在弗林特贝克3号墓群中，单个的墓葬或坟丘被连接成长的坟丘。显然，这是弗林特贝克许多巨石纪念物集合成整个墓区巨石链的反映。从微观到中观层面，作为一种结果，巨石景观因此成为生活世界的记忆地毯。

巨石墓的埋葬惯例。

基尔大学对巨石进行的实验重建。

  在艾德尔河谷（Eider Valley）中部的布德尔斯多夫（Büdelsdorf）和博格斯特（Borgstedt）遗址（距离1.5千米）也保持了这种状态。体现了围墙、居民点、非巨石建筑和巨石纪念物之间的关系及流动的结构。在长程的历史中（Hage 2016），博格斯特地区森林面积为5.6公顷的大型堤道围栏构成的分界及部分较早的埋葬活动始于公元前3900年左右。经过不同阶段的更新和新纪念物的建造，包括将非巨石长丘重新布置为巨石墓，布德尔斯多夫1c的仪式性特征在大约公元前3300年被废除。一个大约由40—50间长屋构成的新的定居点被建立起来，包括内部的生活和工作区及外部的特殊活动区。此外，从一个礼仪性较弱的中心到以家庭区域为主的转变伴随的是博格斯特附近埋葬活动的延续和加强。大约经过了4代人，这个由大约400—500人构成的聚落再次被废弃（可能是因为过度开发附近的土地）（Feeser et al. 2016），而布德尔斯多夫作为新的堤道围栏继续存在直到约公元前2800年。

在艾德尔河谷中部，尽管巨石纪念物可能链状地位于各聚落连接道路上，但它们仍然聚集在当地人口密集的区域内。在这种空间布局的地方秩序化过程中，景观的加载显然带有纪念性的社会实践的含义。

"记住"和"破坏"是两种叙事手法，在漏斗颈陶文化时期遗址的家庭记录中也较为常见。例如，在奥尔登堡-达瑙，该定居点的最早特征是一名40—50岁妇女的平葬，直到公元前31世纪，该墓葬才开始受到人们的尊重。公元前3070年左右，村里的两口井以同样的方式被填埋，在底部有焚烧过的苹果和谷物，在上部有打碎的漏斗颈陶文化时期的陶罐、石磨和白色的贝壳（Brozio et al. 2013）。女性平葬墓股骨的增加为明显的仪式性填充，为此还专门挖了一个坑。原则上，在约250年间，女性村落创始人的墓葬受到尊重，尽管可以肯定的是，在某个时刻墓葬被摧毁并被用作仪式表演场地。

巨石墓Brutkamp。

新石器时代带有垒道的景观重建。

社会发展

无论是环境/经济背景信息还是北欧景观中具有先驱意义的纪念碑的历史都可以纳入漏斗颈陶文化时期社会总体发展状况中（Müller 2011b）。在资源获取、公共财产权力与个人财产、公共礼仪活动参与的有限区别是保持家庭生产模式的驱动力，并且在数个世纪中是以一种有效的互惠方式进行的（Sahlins 1972）。以考古学定义的具有特定社会特征的漏斗颈陶文化时期社会发展阶段如下：

阶段I——糟糕的时期和开放网络（公元前4100—前3800年）。中石器时代晚期的埃泰博勒（Ertebølle）群落被认为是通过群落活动来表达认同的社会。例如鱼栏的维护或在厨房堆积仪式性垃圾（Glykou 2016；Klooss 2015）。日常生活和年度生活的集体组织体现了地方习俗和区域联系，例如在堆积中发现了许多"南方"稀有物品（Vang Petersen 1984）。作为一种特殊模式，仪式性破坏这些器物并将其排除于日常消费之外，阻碍了制度化社会分层的发展（Klassen 2001）。

如上文描述的公元前41世纪的40年的糟糕年代使得这种刻意的社会行为受到压力。因此与其他地区的长距离联系得以实现，并将新工具和新技术融合到已有系统中。这并没有导致新的社会等级制度的建立，而是通过兼容创新延续了现有的社会实践。在这样的"世界"中，仪式和家庭意识形态之间并未区分开来。

阶段2——更好的时期和自我构建（公元前3800—前3600年）。以类似的方式，用单个墓葬建造非巨石长土丘并不是社会多元化和分层的表达，而是已经物质化的"厨房堆积"规则的继续实践（后者随着海水盐度的变化逐渐消失了）（Müller 2013d）。如果是这样，如上所述，家庭和仪式领域的划分第一次创造了一个社会舞台，在这个舞台上不仅可以向社区而且也可以向个人或家庭显示社会力量。但是，这从未发生，反而是更好的年份促进了人口的增长和多种经济实践，从而使得更多的家养和栽培品种融入到生业经济中。

阶段3——流行与社会竞争（公元前3600—前3350年）。支石墓、围墙等主要巨石建筑初始阶段及主要堆积阶段属于公元前3650—前3300年。

巨石建筑的挖掘。

巨石建筑的挖掘。

尽管仪式和家庭活动的划分促进了文化景观的建设，但很难推导出公元前3650年左右建筑活动增加及随后流行的原因。最初的纪念物和堤道围墙建造于农业经济发生主要转变（公元前38世纪已经发生）之前，在核心发展区域伴随有部分开放景观。例如在墓葬和堆积习俗中，人口和经济的繁荣并未反映出对部分人群的排斥（Hinz 2014）。相反，所有的仪式都几乎以每

✧ 重要考古研究成果奖获奖项目

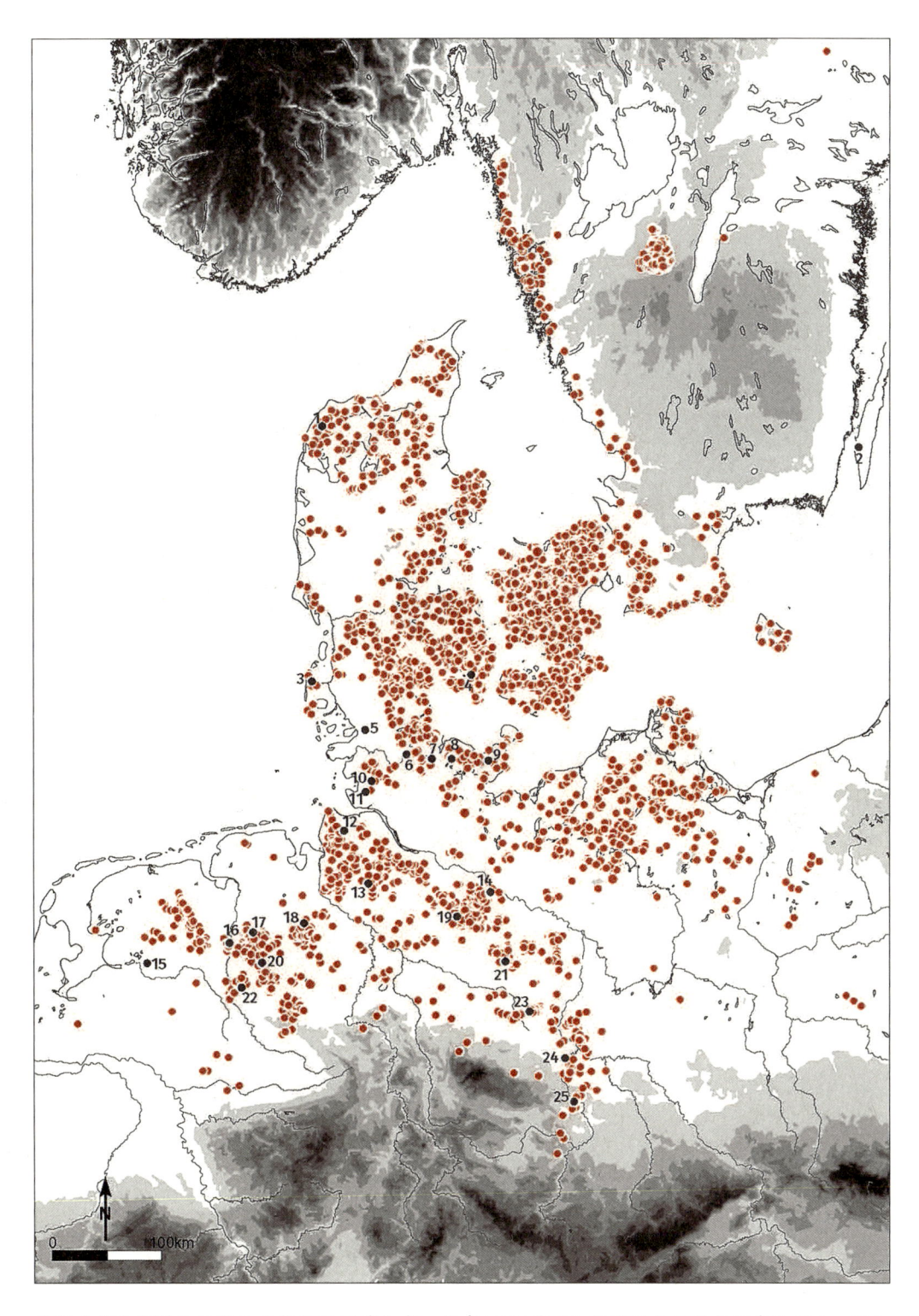

北欧中部和斯堪的纳维亚南部的巨石墓分布。约有12000座已知位置的巨石被标记在地图上。最初可能存在大约70000座纪念碑。

Oldenburg-Dannau的一口井的再填充。成年女性的股骨被作为仪式性供奉物安置其中。

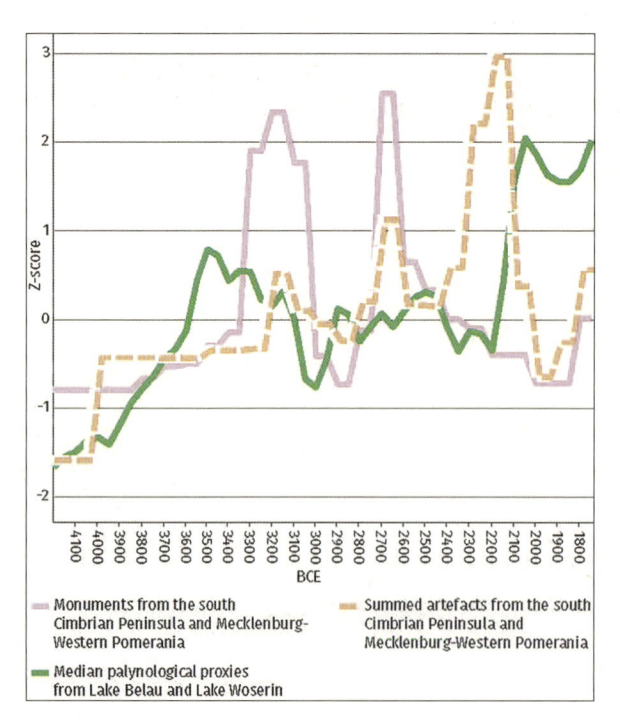

纪念性建筑和工艺品制作频率的量化。

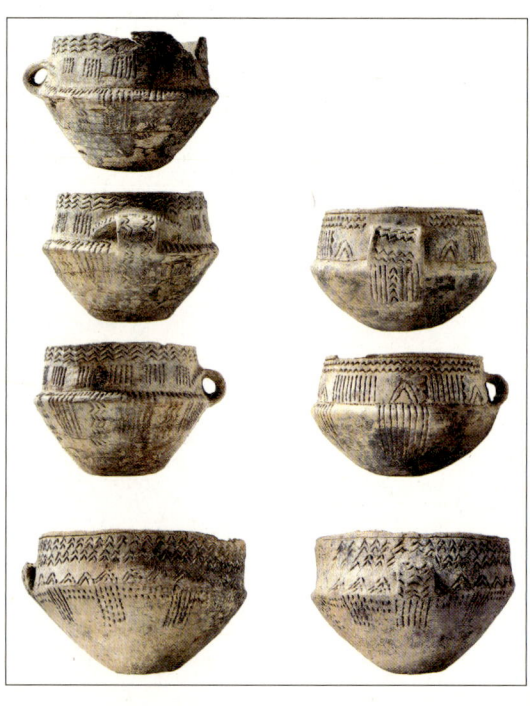

在巨石的开放室内，多种容器的组合持续了数个世纪。其中展示了三个未被破坏的容器。

个人都能参与的方式组织。然而，除了互惠和分享原则使用类似的原材料和建筑结构外，社会竞争和等级结构也具有重要意义。例如单个平葬墓包含有不同质量的器物，甚至相邻的纪念物尺寸和类别也不尽相同（Gebauer 2014）。

阶段4——共享（公元前3350—前3100年）。就这些事态发展的分歧而言，于社会管理方面，答案似乎有所不同。第一批村落的人口聚集再次使经济、社会和礼仪事务得以集体组织。具有社会集体内涵的巨石通道墓葬的建筑热潮再次代表了社会的无首领状态。即使权力是由其象征物组织和标记的，个人首先还是一个共同组织的参与者，而不是制度化的社会阶层。

阶段5——个性化（公元前3100—前2800年）。然而上述过程与权力的集中有关。虽然最初在许多分散的地方通过建造较小的纪念物可以看出先前的能源开发和社会消费，但通道墓葬的概念仅限于少数几个地方（Müller 2011b）。聚落之间的竞争加剧了能源开采的集聚，这种竞争强调了个人的重要性，比如"战士"，进一步发展可能是一种个性化特征。通过这

亨迪斯堡-居斯特贝格。重建展示了入口的情况，瓮与石块放置在一起。（S. Beyer绘制）

在比德尔斯多夫，一条崭新的道路被一个巨大的木柱和一个火坑标记出来，谷物在火坑中燃烧。

种个性化特征，漏斗颈陶文化时期社会的集体体系被一种新型社会所克服：不一定是一个更加分层的社会，而是一个具有个人声音的社会（后来被称为"单一墓葬社会"）。这些变化究竟是由流动群体（cp. Kristiansen 1989）还是由漏斗颈陶文化时期（Funnel Beaker）社会内部凝聚过程引起的（Damm 1993；Furholt 2014），或者两者兼有，目前仍在讨论中。因此，漏斗颈陶文化时期聚落以一种等级制和平衡的模式发展，导致了纪念物建筑和经济建设方面的繁荣与萧条。社会分层的趋势受到不同过程的阻碍，包括在纪念物建筑过程中与聚落融合在一起。

发展背后的动因

有趣的是，新石器时代纪念物的兴衰或多或少与经济领域内的某些变化相关。土地开垦的增加及减少可能与巨石建筑的流行有关，随后的几代人首次受到新经济的影响。生产和堆积的人工制品数量也以类似的方式增加和减少。如果我们将特定物品赋予一个声望值（例如数量较少的斧子），我们也可以以同样的方式观测到其增长和减少（Brozio et al. 2019）。

由于文化发展与经济发展具有可比性，因此在漏斗颈陶文化时期社会中赢得声望似乎与经济活动有关。随着其他因素的增加，土地开垦被发现早在几代人之前便已开始。就此而言，生业经济扩大所带来的改变和成功显然是合作群体取得社会成功的原因。如前所述，大多数人被埋在巨石冢中。这些纪念物的合作性特征通过墓室内个体的去个体化特征得以表达。成为祖先与埋葬权力的集体主义息息相关。此外，堤道围栏并未显示对个人社会权力划分的迹象；相反，通过庆典活动表现出的合作似乎与这些遗址的仪式性特征有关。在已知的聚落中，房屋之间没有明显的区别。即使是村落内部或外部的个人墓葬中也没有表现出剩余积累。他们被聚落"用于"社会事件，或者以一个整体来表达社会群体身份。

这些社会的生产力可以通过其无首领的特征来解释。漏斗颈陶文化时期社会纪念物的创建使得聚落保持平衡。因此，我们将漏斗颈陶文化时期社会标记如下：在该社会中，共享作为一种社会原则得到了明确发展，同时也为漏斗颈陶文化时期聚落的生产力负责。这些共享实践的特征在我们当前的景观中仍然可见，因此标志着结构性价值，这些价值不一定局限于过去的社会平衡。

重要考古研究成果奖获奖项目

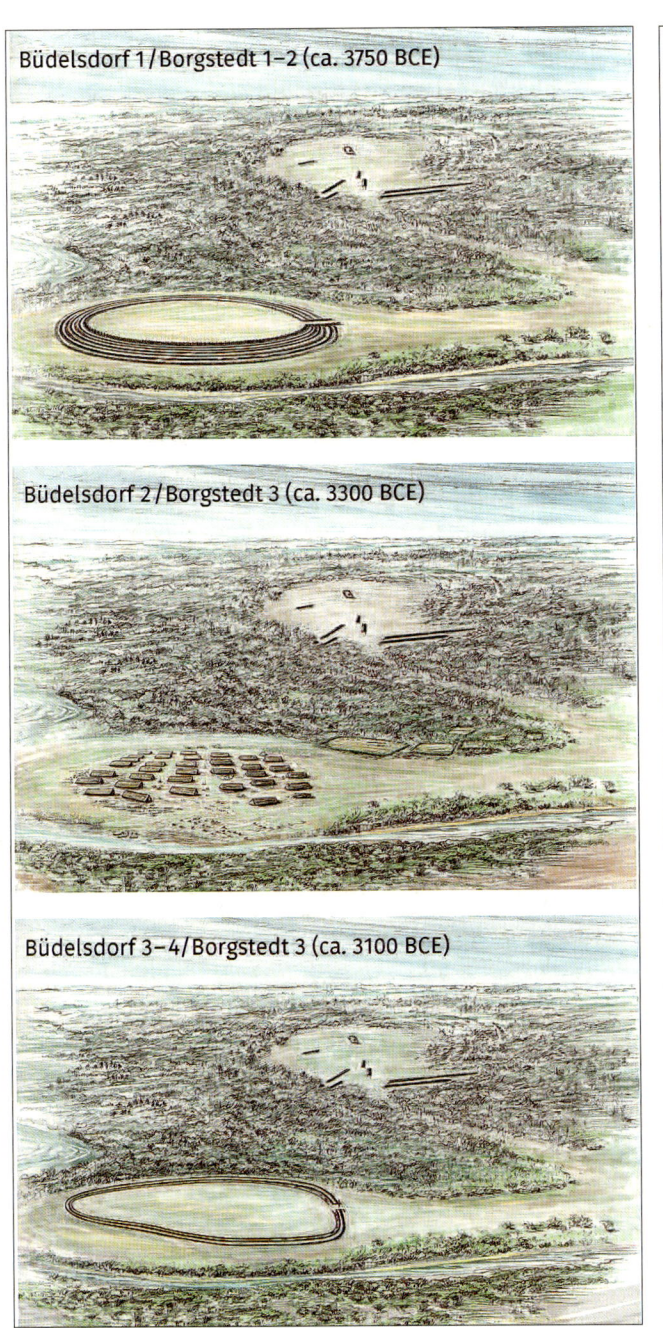

Büdelsdorf 1/Borgstedt 1–2 (ca. 3750 BCE)

Büdelsdorf 2/Borgstedt 3 (ca. 3300 BCE)

Büdelsdorf 3–4/Borgstedt 3 (ca. 3100 BCE)

比德尔斯多夫–博格斯特图。一个带有垒道的圆墩和一个非巨石和巨石墓葬表明利用当地景观进行纪念建筑。大约持续了三代人将这个圆墩改造为定居点，但之后又恢复为仪式场所。（S. Beyer绘制）

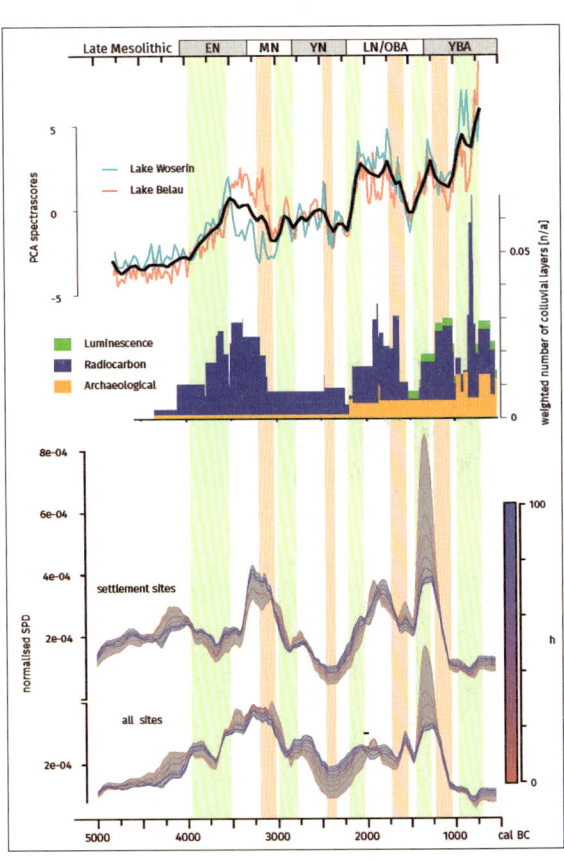

通过花粉学数据可以得知土地开垦和再造林的情况。大约在公元前4200—前3600年之间，土地开垦开始增加，而在公元前3600—前3400年期间则出现了高峰水平，一直持续到公元前3200年左右。风化堆积层通过不断变化的堆积量进一步证实了这些观察结果。聚宝年代测定对定居点表明特别是在公元前3300年左右可能出现了人口增长，而在公元前3100年左右则出现了减少。考虑到所有考古背景下的[14]C年代测定数据，显示从公元前3700—前3400年之间人口数量增加，并且高水平一直持续到公元前3050年左右，之后数值开始下降。

致谢：优先项目1400由德国研究基金会资助。没有由许多技术人员、学生和学者构成的大型团队的合作，我们就不可能深入探究新石器时代的过去。特别感谢来自基尔大学的简·皮埃特·布罗茨欧，豪克·迪伯恩，沃尔特·德夫勒，史蒂芬·德雷布罗德特，马丁·福尔霍特，芭芭拉·弗里奇（赫里蒂奇·萨克森–安哈尔特），弗兰齐斯卡·哈格，宋柯·哈特兹，马丁·欣茨，本·克劳斯·凯奥拉，韦布克·基里斯，斯蒂芬妮·克洛斯，莫里茨·门内加，阿尔穆特·内贝尔，克努特·劳诗曼（法兰克福），克里斯托弗·林内，凯·舒尔茨，玛拉·维纳特，玛利亚·德利希。

◆ 重要考古研究成果奖获奖项目

项目负责人简介

约翰内斯·穆勒

    约翰内斯·穆勒（弗莱堡大学博士学位，1990年）是德国基尔大学史前和原史考古研究所的教授兼所长。他是约翰·梅斯托夫学会（Johanna Mestorf Academy）（https://www.jma.uni-kiel.de/en）的创始主任，协作研究中心"转型的规模：史前和古社会中人与环境的相互作用"及卓越集群"根——过去社会中的社会、环境和文化连接"的发言人。他从事新石器时代和欧洲青铜时代的研究，探索将考古学的人类学方法与自然科学、社会科学、生命科学和人文科学内在地联系在一起。他带领的国际团队进行了大量的田野工作，例如东欧的大型遗址特里波利耶（Tripolye），波斯尼亚-黑塞哥维那的新石器时代晚期遗址奥科奥里斯特（Okolište），德国北部新石器时代的居址和墓葬遗址，大波兰地区早期青铜时代遗址，他还在印度进行了民族考古的田野工作。约翰内斯·穆勒在基尔研究生院（现为年轻的鲁茨学院）"景观中的人类发展"和斯堪的纳维亚研究生院"过去的对话"中开设有国际博士学位项目。

一个大型被斩首的鸟雕塑被原地发掘在一座声望很高的建筑物内。

中美洲最古老的文明奥尔梅克文化研究

安·玛丽·赛弗斯（Ann Marie Cyphers）
墨西哥国立自治大学人类学研究所

奥尔梅克文化起源于大约4000年前的墨西哥南部湾岸湿热带地区。它的出现和早期发展发生在公元前1800年至前800年间韦拉克鲁斯州的圣洛伦索（San Lorenzo）。在其最辉煌的时期，它管理着穿越沿海平原和湿地的区域通信和运输系统，并建立了独特的地缘政治领地及区域和长途贸易体系。其著名的纪念性石雕艺术的主题集中于统治者、政府和宇宙学。奥尔梅克的这些纪念性石雕作品是既存的社会和政治能力的物质化象征，奥尔梅克纪念石雕是一种既存的社会和政治能力的具体化，这种社会和政治能力用于巩固专门的生产和组织大量的劳动力，以便从60千米外的产地远距离运输这些重达数吨的石头。它还显示了有宗教支持并由世袭统治者领导的分化成不同阶层的社会组织形态和集中政治制度。与水和冥界有关的超自然观念构成了王室血统成员特有的意识形态。

1945年，马修·斯特林（Matthew Stirling）和他的妻子马里恩（Marion）在关于奥尔梅克的古老性，以及它与玛雅之间可能存在的继承和发展关系的激烈辩论中发现了圣洛伦索。该遗址的下一个重大调查是由迈克尔·科（Michael D. Coe）指导的，他建立了圣洛伦索的古代时期，进行了第一次地层发掘，在现有的艺术品中增加了许多雕塑并研究了现代环境。圣洛伦索·特诺奇蒂特兰考古项目的研究始于1990年，当时奥尔梅克地区的考古工作长期处于停滞状态。其明确的目的是用多学科方法研究奥尔梅克文明生活和文化发展中相对未知的方面。

地貌学研究提供了有关奥尔梅克时代令人惊叹的景观信息，并帮助我们

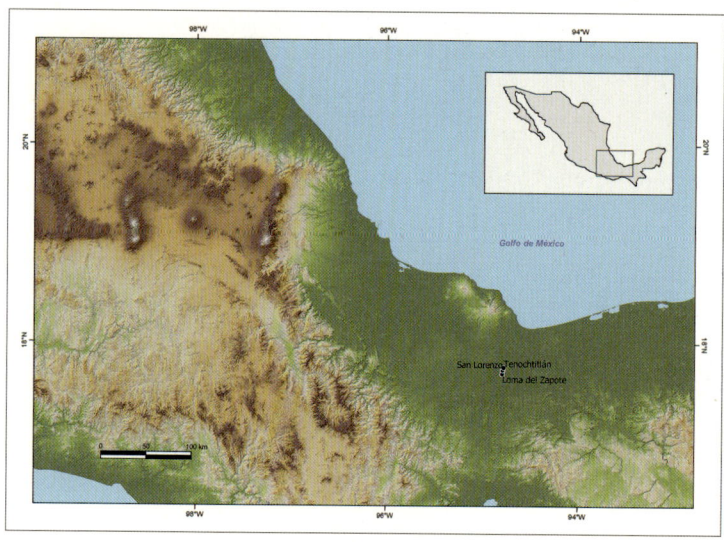

上图：墨西哥南部湾岸地区的地形图。

右图：圣洛伦索岛的地形图，显示首都圣洛伦索和两个卫星中心，特诺奇蒂特兰（Tenochtitlán）和洛马德尔扎波特（Loma del Zapote）。马尔皮卡港位于岛屿的南端。

了解当时人类面临的生命风险。河流改道形成了圣洛伦索岛，该岛位于下夸察夸尔科斯（Coatzacoalcos）河流域，这是一个低坡度的湿地平原，河流通道往往会在此分岔形成支流。对古代河流的识别和排序，表明由于普遍和特定的隆起，圣洛伦索岛周围的河道随时间向外迁移。这些河流为人员和货物往返于岛的节点（运输和通信网络中的独特自然焦点）的流动提供了方向性。水决定着潮湿的沿海平原的生活节奏，水文循环是一种革新力量，为维持不断增长的人口提供了重要的生存资源。

该岛由一个低于2000公顷的山脊组成，四周被河流和湿地包围。圣洛伦索位于该中心的高处，两端分别设有一个附属中心。高地，也称为高台（plateau），是该地的中心部分，周围是多层阶地。它占地150公顷，海拔65米。除了阶地之外，外围是宽阔而起伏的地形，有时与湿地接壤。系统的发掘揭示了行政、仪式、手工艺和上层精英住宅位于高原的高处位置，次要精英的住所及一些手工作坊在阶地位置，外围是平民百姓的小屋，奥尔梅克文化似乎以这样的方式显示出地形上的分区。社会地位反映在人口的空间分布中，因此较高的海拔和较高的中心位置对应较高的地位，而社会地位随着距中心的距离增加和较低海拔而降低。在探索家庭空间的大小、形状、建筑风格和组织的发掘中证实了这种趋势。例如，具有沙红色赤铁矿地面的结构是出现在高地高处精英的标记。红色宫殿占地2200平方米，位于高处的中央，顾名思义，用大量红色的赤铁矿进行了装饰。E组是一个占地1公顷的大型行政仪式区域，其建筑表面为红色，被统治者用来管理首都事务并进行私人和公共仪式，在精心设计的环境中充满了神圣的与起源有关的神话、水、繁殖和冥界的象征符号。

首都的设计——高台、阶地和外围——与圣山的概念有关。这种宇宙学概念指导着奥尔梅克生活的各个方面，并在圣洛伦索的建筑环境中得以再现。该文化景观上的人口分布取决于地位和血统，从而加强了社会分化的深刻意识形态。

我们在圣洛伦索设计并实施了一个系统钻探项目，以探查该处的垂直尺寸并记录其深埋的地层和结构。超过2600个系统的土壤钻孔穿透了奥尔梅克首都的文化土壤，最大深度为25米。通过GIS的应用，我们能够：（1）

圣洛伦索的风景。

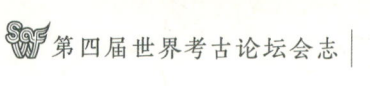

夸察夸尔科斯下游地区发生的一场大规模洪水。

这些住所只隔了一小段高地与洪水线保持着最低限度的距离。

重建可追溯到公元前1600年的高台建设阶段。（2）将遗址范围确认为775公顷，并确定最大居民数量为12000人。（3）确定居住集群的大小，从而确定人口密度。（4）在圣洛伦索确认了公元前1400年左右城市化的开始。我们证明高台是一个巨大的人工建筑，是用700万立方米土填筑而成的圣山的完美复制品。实际上，土的用量大于埃及胡夫金字塔（250万立方米）和危地马拉埃尔·米拉多尔（El Mirador）的丹塔金字塔（280万立方米）。

由于在潮湿热带地区保存条件不佳，我们对奥尔梅克手工业专业化的了解很可能只是数千年前的一些影子。这种环境为奥尔梅克提供了许多资源，但除了极少的浸水情况，这些资源已无法从考古工作中得知。几种商品的手工业生产得到了研究，从玄武岩、黑曜石和沥青等原材料的采购到生产技术和成品的分配，表明了手工业专业化在统治者宫殿控制范围内生产的产品和家庭内及非家庭内制造的商品有所不同。石雕的生产受到严格控制，位于红色宫殿建筑群的范围内；而腹地则生产沥青，接近原材料的供应地；黑曜石叶片由马尔皮卡港（Port Malpica）的独立工匠生产。还有一个特别的作坊专门用于对产品进行钻孔，尤其是玄武岩、绿岩、黑色金属和云母制成的名贵物品。

我们对生物的调查主要集中在分析植硅体、花粉、植物大遗存和动物遗存。奥尔梅克人消费的食物是通过多种方式获得的，包括捕鱼、狩猎、采集、耕种和树木栽培。维持生计的基础包括提供蛋白质的陆地和水生物种，而块茎作物则提供碳水化合物。令人惊讶的发现是，玉米并不是奥尔梅克人早期的主要食物，实际上直到公元前1200年至前1000年才出现在圣洛伦索的文化序列中。玉米的历史可能比在数百个分析样品中所观察到的还要久远，但它不是主要的，而是在文化序列的晚期它可能已被用于制作饮料，即公元前1200年之后。

奥尔梅克早期发展的模型强调了以河堤土壤肥力为基础的玉米生产力在圣洛伦索社会分层发展中的作用。对定居、环境和生存的多学科研究使我们拒绝了该模型，因为除了发现玉米不是维持生计的基础，我们还能够证明由于不可预知的洪水，堤坝的耕种产生了可变且通常不可靠的产量。

我们的替代模型基于与根茎作物和水生资源有关的环境风险和粮食生产。水生资源在墨西哥湾沿岸南部的湿地中扩散，而干旱地带则是稀缺资源。水文循环中的波动影响着水生食物来源的可用性及其获取所涉及的风

用进口的赤铁矿制成的砂红地板是保留给奥尔梅克精英阶层的。

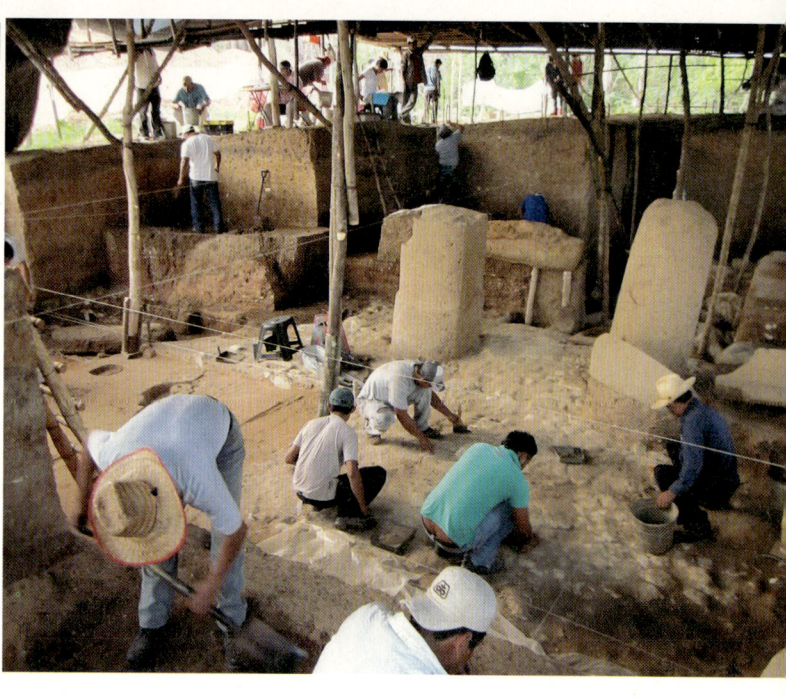

统览统治者住宅红色宫殿的挖掘情况,其中包括柱子(断裂)和台阶覆盖等石质建筑元素。

在红色宫殿发现的墨西哥中美洲已知最早的马赛克地板,由灰色和黑色卵石制成。

因为其密封性属性,沉积岩膨土被用于制作奥尔梅克建筑物的地板。

险。风险模型考虑到了粮食生产、环境多样性和水文学方面的局限性，这些是影响可获得的野生和栽培食物的因素。玉米堤坝模型强调平均水平和可预测的收成，该模型则强调了不可预测的变化所导致的粮食生产极端状况，以及如何通过多样化、储藏、贸易和流动性来管理此类风险。奥尔梅克采取的多样化策略包括在高地上种植块茎作物，在湿地上建造低矮的人工土丘作为干旱时的基础营地，以开采和保护水生资源。熏制的蛋白质食品对于危机时期的生存至关重要，而大量的蛋白质食品对于建立权力所需的劳动力管理至关重要。

系统化和密集的区域居住模式研究覆盖了800平方千米的低地地形，追溯了该地区不断变化的政治和经济状况，并展示了围绕第一个奥尔梅克首都复杂的多层等级的定居体系的发展。聚落研究表明，公元前1200年至前1000年之间的人口增长减少了圣洛伦索岛上可用于生产碳水化合物的高地面积。这种趋势的影响包括房屋生产、粮食进口以及入侵高风险生态带（如河堤）。

原地发掘出来的雕塑背景提供了额外的信息，并有助于解释。

这个大型坑很可能是支柱模型。

圣洛伦索聚落模式的历时性发展与一千年来的人口增长及形成国家级社会的行政等级制度有关。在顶峰时期（公元前1200—前1000年），圣洛伦索控制了其他五个永久居住点。圣洛伦索周围的地区面积为400平方千米，拥有20000名居民。

圣洛伦索作为一个首要的中心，占地775公顷，平均人口为12000人。它通过整个贸易关系扩大了其在墨西哥湾南部的影响力。在重要的交通枢纽建立次级中心是一项重要的区域扩张策略，其证据特征是在关键地点存在的石雕。两个这样的地点分别是在该岛北端和南端的特诺奇蒂特兰和洛马德尔扎波特山。同样，该岛的南端受该岛的主要入口马尔皮卡港的控制，在那里

重要考古研究成果奖获奖项目

这个从圣洛伦索出土的巨头雕像是该遗址已知的第10个巨头。

奥尔梅克艺术中常见猫科动物的形象。

我们发现了港口基础设施的证据，以及中美洲最早的黑曜石刀片作坊。

奥尔梅克的运输网络由复杂的水路和陆路网络组成，这些网络加强了湿地的经济和社会互动。运输系统以不同的方式配置了沿海平原，这鼓励了孤立的社区融入更大的实体之中，有利于经济专业化和商品的广泛分配。由于运输系统有效运行，因此需要的存储空间较少。河流是最有效的运输系统，所以，奥尔梅克和其他最早的文明出现在河岸边上。

我们对奥尔梅克运输系统的研究在很大程度上依赖于河流走廊的上下游模型，该模型曾用于研究东南亚的大河流系统和聚落等级。该模型表明，纪念性建筑的规模和遗址的等级与河流汇合处、河曲及岛屿处的关键位置相对应。就遗址的重要性和位置，建筑和交通网络中的石雕而言，这种模式在墨西哥南部湾岸的奥尔梅克地区仍然适用。该战略促进了几个层次上的互动，导致地理、政治和仪式景观交织在一起。

我们对区域聚落和雕塑的相关性研究表明，社会、宗教、政治活动的联盟中包括了圣洛伦索统治当局的各种参与。首都的皇室统治了卫星中心的较小皇族。偏远地区的精英通过适应其特定社会领域的各种机制参与了等级制度。区域组织将社会和宗族的距离转变为政治等级并将其制度化。这表明存在一个政治行政机构，官方精英的家族在与等级社会形式密切相关的声望制度中得到了仪式上的肯定。偏远的遗址可能通过在仪式中加入石雕来参与周期性的集中式仪式。这种仪式活动通过促进远距离腹地在信仰体系中的横向统一，缔造并保留了精英身份，同时增强了融合。它们也是一种手段，为依赖关系、贸易和社会互动创造途径，并克服或最小化水文循环影响的社会政治融合及人员和货物流动的问题。

我们研究的另一个重要目标是对纪念性的奥尔梅克雕塑背景进行系统、精确的记录和研究，以补充基于形式特征和内在象征意义的解读。在发掘中出土的雕塑，包括最近发现的巨石头像，已经能够根据出土环境，对这些艺术形式进行图像学的解释。在新的发掘中，对先前发现雕塑的考古情境进行了重新审查，以恢复和理解背景和时间上的关联。对几十年前发现巨大石柱情境的好奇心促使在中美洲发现了第一座统治者的宫殿，它被称为红色宫殿。对一个巨大的石制王座和长长的导水管设置进行了重新调查，并发现了一个埋葬着的仪式行政区域，这是中美洲第一个已知的政府宫殿。

显然，奥尔梅克统治者出于政治原因而使用大型雕塑。例如，研究表明

这个抛光黑陶瓷器皿上雕刻着天体神明的风格化图案。

刻有雕刻和切割图案的黑色陶器是奥尔梅克文明的标志。

这个中空台阶陶俑代表一个婴儿,展示了通过颜面改形技术营造的典型奥尔梅克特征。

这个陶瓷制成的球员雕像戴着头饰、奇异的面具和一个大圆镜子。

大型王座被重新利用并重新制成巨石头像，通过将展现权力的王座转化为他母亲的肖像来纪念祖先统治者。然后将这些巨石头像排列成两条横跨高原的巨大线条，形成一个以大广场为界的纪念性展示。由于统治者的倒台和公元前1000年左右首都的弃用，该展示从未完成。在将它们合并到这个宏伟的场景中之前，一个部分重新建造的大王座和三个未完成的巨石头像被遗弃了。

考古学家和工人一起站在红色宫殿挖掘现场旁边。

公元前1000年后，遗址出现的频率和类型急剧减少，表明该地区人口大量减少，约93%。同样，随着人们迁往更远的地区，首都的人口也大大减少。红色宫殿的焚烧和毁灭表明，居民可能是奋起反抗统治阶层无法应对环境变化，以及对社会和经济的要求而导致了不满、饥荒和移民。尽管人口大量减少，但在前古典中期仍有少数人居住在该遗址。

目前和以前参与此研究的合作者包括来自墨西哥、美国、意大利、西班牙和日本的以下专家和学生：

玛丽亚·德拉吕斯·阿吉拉（María de la Luz Aguilar）

亚历杭德罗·阿隆索（Alejandro Alonso）

维吉尼亚·阿利埃塔（Virginia Arieta）

娜迪亚·阿罗切（Nadia Aroche）

玛丽亚·阿尔诺德（María Arnaud）

路易斯·M. 阿尔瓦（Luis M. Alva）

费尔南多·博塔斯（Fernando Botas）

乔舒亚·博尔斯坦（Joshua Borstein）

伊丽莎白·卡塞拉斯（Elisabeth Casellas）

孔昌（Kong Cheong）

大卫·伊罗·西斯内罗斯（David Yiro Cisneros）

罗伯特·科班（Robert Cobean）

阿德里安娜·克鲁斯（Adriana Cruz）

安娜·迪·卡斯特罗（Anna Di Castro）

卡门·杜兰·德·巴祖亚（Carmen Durán de Bazúa）

恩里克·埃斯科巴（Enrique Escobar）

何塞·曼努埃尔·费格罗亚（José Manuel Figueroa）

尼莱什·盖克瓦德（Nilesh Gaikwad）

罗兰多·萨尔瓦多·加西亚（Rolando Salvador García）

伊冯娜·吉尔斯（Ivonne Giles）

拉努尔福·冈萨雷斯（Ranulfo González）

莉莉娅·格雷戈尔（Lilia Gregor）

路易斯·格里韦蒂（Louis Grivetti）

玛丽亚·尤金尼娅·格瓦拉（María Eugenia Guevara）

珍妮弗·吉列恩（Jennifer Guillén）

何塞·吉列恩（José Guillén）

埃斯特万·埃尔南德斯（Esteban Hernández）

建河那要（Sergio Herrera）

亚历杭德罗·埃尔南德斯（Alejandro Hernández）

艾尔维亚·埃尔南德斯（Elvia Hernández）

肯尼思·赫斯（Kenneth Hirth）

路易斯·费尔南多·埃尔南德斯（Luis Fernando Hernández）

埃米利奥·伊瓦拉（Emilio Ibarra）

赫拉多·希门尼斯（Gerardo Jiménez）

小川大和（Hirokazu Kotegawa）

马西·拉涅·罗德里格斯（Marci Lane Rodríguez）

杰森·德·莱昂（Jason de León）

阿尔泰米奥·洛佩斯（Artemio López）

罗贝托·卢纳戈梅斯（Roberto Lunagómez）

阿图罗·马德里（Arturo Madrid）

布里齐奥·马丁内斯（Brizio Martínez）

恩里克·马丁内斯（Enrique Martínez）

蒂莫西·默萨（Timothy Murtha）

阿丽亚德娜·埃里卡·奥尔蒂斯（Ariadna Ericka Ortiz）

费尔南多·奥希加（Fernando Ortega）

马里奥·阿图罗·奥尔蒂斯（Mario Arturo Ortiz）

玛丽亚·伊莎贝尔·帕霍纳雷斯（María Isabel Pajonares）

罗多尔福·帕拉（Rodolfo Parra）

特里·波维斯（Terry Powis）

卡罗琳娜·拉米雷斯（Carolina Ramírez）

伊萨乌拉·阿赫利亚·拉米雷斯（Isaura Argelia Ramírez）

尼古拉斯·费利佩·拉米雷斯（Nicolas Felipe Ramírez）

罗海廖·圣地亚哥（Rogelio Santiago）

斯泰西·西蒙兹（Stacey Symonds）

海梅·乌鲁蒂亚（Jaime Urrutia）

瓦伦蒂娜·瓦尔加斯（Valentina Vargas）

玛丽索尔·瓦雷拉（Marisol Varela）

恩里克·维拉马尔（Enrique Villamar）

卡尔·温特（Carl Wendt）

贝莱姆·祖尼加（Belém Zúñiga）

朱迪丝·祖里塔（Judith Zurita）

◆ 重要考古研究成果奖获奖项目

项目负责人简介

安·玛丽·赛弗斯

　　安·玛丽·赛弗斯是墨西哥国立自治大学人类学研究所（UNAM）的专职高级研究员。她是墨西哥科学院院士。她的主要研究兴趣是中美洲早期文化的发展，尤其是奥尔梅克文明。她对奥尔梅克的跨学科研究推动并形成了由生态、生物学、地貌学、地质学、物理学、人口、恢复和体质人类学领域的国际和国内知名学者组成的研究小组。她的工作以其综合的视角和整体的长期跨学科研究彻底改变了奥尔梅克考古学。她提出的有关奥尔梅克的研究和解释模型享誉世界。她被认为是文明和城市生活起源、古代生产策略、贸易和运输系统研究的权威。她的出版物遍及全世界，是中美洲前古典时期和奥尔梅克文明不可或缺的参考。她是14部科学著作、74篇文章、75本书章节和三卷编辑本的作者。她所获得的奖项体现了她的学术领导才能和国际声誉，例如阿方索·卡索奖（Alfonso Caso Award）、伊利诺伊大学的杰出校友奖、国家地理学会主席奖以及韦拉克鲁斯哈拉帕人类学博物馆奖章。

Bulletin of the
Shanghai Archaeology
Forum, Volume IV

世界考古学
主题演讲摘要

第四届世界考古论坛会志

全球化的生物考古学

白简恩　亚利桑那州立大学

摘　要

生物考古学是丰富我们对过去人类认识的重要跨学科研究手段。在经历全球化的复杂城市社会中，生物考古学应用于广泛的议题，包括移徙、不平等和流行病对历史人物及无文字记载的人物生活的影响。在本报告中，我将首先定义"生物考古学"，然后利用四个研究实例展现从生物考古学视角对古人的研究，以及其如何解决长期存在的考古学问题。其中包括研究帕伦克遗址古典玛雅时期一座贵族墓葬墓主的身份，以及科潘古王朝的创立者雅克斯·库克·莫的生命历程。然后，我会介绍正在进行的法勒隆生物考古研究项目，该项目涵盖古希腊古物时期（公元前700—前480年），并探讨国家形成的人员成本。最后，我将论述全球结核病的历史，特别侧重于古代美洲地区。

作者简介

白简恩　Jane Ellen Buikstra

白简恩，1972年在芝加哥大学取得博士学位，亚利桑那州立大学董事讲席教授、生物考古研究中心创始主任，美洲考古中心主任，美国科学院院士，美国人文与科学院院士。她曾担任美国人类学会理事长、美国体质人类学会理事长、古病理学会理事长。

她荣获多个学术奖项，包括美洲考古研究院帕梅朗斯科技考古成就奖、美国法医科学院斯图尔特奖、美国体质人类学会达尔文终身成就奖、古病理学会伊芙考伯恩奖、杜伦大学荣誉理学博士、劳埃德·科森世界考古学终身成就奖、宾夕法尼亚大学考古与人类学博物馆露丝·沃顿·德雷克塞尔奖；克罗地亚人类学学会戈雅诺维奇-克拉姆伯格人类学奖、捷克人类学学会阿莱斯·赫德利卡奖。

白简恩教授创立了生物考古学，其作为国际性学科丰富了考古学对古代人群的认识。她的研究领域涉及生物考古学、古病理学、法医人类学和古人口学，研究涵盖北美、安第斯山脉中西部、中美洲玛雅以及地中海地区。她已出版专著20余本，发表期刊论文150余篇，培养50多位博士，目前正利用考古复原的病原体DNA研究古代美洲的结核病演化历史，她也是希腊雅典菲伦生物考古学项目的负责人。

印度西素帕勒格勒赫古城的考古与历史

莫妮卡·史密斯　加州大学洛杉矶分校
拉宾德拉·库马尔·莫汉蒂　德干学院

摘　要

在印度次大陆公元前1000年的早期历史时期，城市化的发展伴随着佛教的发展等宗教方面的重大变化；伴随列国时代十六雄国的出现而形成的政治方面的重大变化；以及伴随写作和不朽建筑的发展而形成的文学和艺术方面的变化。过去的15年中，我们的团队对位于印度东部沿海奥里萨邦的9处不同遗址进行了发掘，这些遗址集聚在西素帕勒格勒赫（Sisupalgarh）古城周围。我们试图在那里解决早期城市化的社会背景问题。

西素帕勒格勒赫是印度次大陆为数不多的几个有铭文和文献的古老城市之一。这些铭文和文献资料可以直接告诉我们公元前一千纪，佛教和国家形成之初的政治、经济、礼仪和社会变革方面的内容。西素帕勒格勒赫也是这一时期最具合理规划理念的有围墙的城市，有八条间距相同的道路贯穿在这个平面呈正方形的城市之中。我们在西素帕勒格勒赫进行了为期8年的调查、地球物理勘测和发掘，以了解古代城市居民的日常生活及被威严的城墙环卫着的城内的巨型建筑。这些调查证实，西素帕勒格勒赫是重要的区域性消费中心，并且该城市与周围的佛教和耆那教遗迹中所见的更大的宗教景观融为一体。西素帕勒格勒赫的政治影响还包括该遗址被确定为公元前3世纪的羯陵伽战争的发生地。这场战争的严酷程度是恒河的统治者阿育王采用和平的佛法作为政治指导原则的理由。

随后的研究集中在解决城市化的区域人类环境动态问题上，我们在该研究中考察了食品生产系统和迁徙模式对西素帕勒格勒赫古城周边地区的影响。这些项目包括在加尔拜·萨桑（Golbai Sasan）、哈里拉杰布尔（Harirajpur）和奥斯塔布尔（Ostapur）的新石器时代/铜石并用时代的遗址进行发掘，在马尼卡帕塔纳（Manikapatana）沿海中世纪聚落的发掘，在古朗加·帕塔纳（Gouranga Patana）和坎凯库达（Kankeikuda）沿海早期历史居住区进行发掘和勘测，在早期的历史名镇拉蒂（Lathi）和塔拉帕达（Talapada）的发掘和地球物理勘测。事实证明，对拉蒂和塔拉帕达的调查特别有意义，因为这些住区的设计与西素帕勒格勒赫都是平面呈正方形，但规模较小。然而，即使规模较小，这些遗址也没有像西素帕勒格勒赫那样被完全使用，表明按人口密度和建筑投资来衡量，城镇规模的聚落并不那么成功。从城市化的历史和现代趋势来看，真正的城市中心和大城市继续受到大量移民和城市居民的青睐，这些观察结果令人信服。

作者简介

莫妮卡·史密斯　Monica Smith

莫妮卡·史密斯是加州大学洛杉矶分校人类学系和环境与可持续性研究中心的教授。她也是加州大学洛杉矶分校的纳温与普拉蒂马多西印度研究讲席教授（Navin and Pratima Doshi Chair in Indian Studies），并任该校南亚考古实验室的主任。她在加州大学圣巴巴拉分校取得古典文明学士学位，在加州大学洛杉矶分校取得考古学硕士学位，在密歇根大学取得人类学博士学位。她的研究领域包括城市化研究、古代政治经济学和南亚考古学，在印度和孟加拉国开展过许多考古项目。她曾在意大利、埃及、突尼斯、土耳其、马达加斯加和美国的田野工作中进行考古挖掘和调查。在担任加州大学洛杉矶分校的教授前，她曾在匹兹堡大学执教，也曾在美国国家公园管理局工作。她的最新著作是《6000年前的城市》，其他著作有《史前人类史》、《印度中部早期史城镇考古》、《西素帕勒格勒赫的考古发掘》（与莫汉蒂合著），以及主编《古代城市建设的繁荣：丰富的考古学》。

拉宾德拉·库马尔·莫汉蒂　Rabindra Kumar Mohanty

拉宾德拉·库马尔·莫汉蒂曾是印度马哈拉施特拉邦浦那大学和德干学院研究生院与考古研究所教授兼系主任。他在德干学院和浦那大学先后取得考古学硕士和博士学位。从1985年开始，在教学和研究中担任过不同的职位。他在印度次大陆的许多地方进行了广泛的调查和发掘。在他的指导下发掘了印度西部和中部的一些重要遗址：帕德里（哈拉帕文化）、巴拉瑟尔（阿哈尔文化）、卡隆迪亚和喀什巴特（摩腊婆文化）、巴基莫哈里的史前遗址和马胡杰哈里遗址（巨石和早期铁器时代）。作为主要调研员，他最近的发掘工作包括印度东海岸的9处遗址，其中有早期历史城镇西素帕勒格勒赫、塔拉帕达、拉蒂，港口遗址马尼卡帕塔纳和古朗加·帕塔纳，以及位于现在的奥里萨邦的加尔拜·萨桑、哈里拉杰布尔、奥斯塔布尔、德尔蒂胡达（Deltihuda）等重要的新石器时代早期农业聚落。他与莫妮卡·史密斯合作出版了《西素帕勒格勒赫的考古发掘》，还出版了《印度之珠：历史与科技》（与Tilok Thakuria合著）、《考古学与人类学的巨石传统》（与K. K. Basa和S.B. Ota合著）。他曾获大学教育资助委员会奖学金，是伦敦大学查尔斯华莱士访问学者、印度历史研究理事会高级研究员。他被来自布巴内斯瓦尔德的吠院、梵语和印度文化中心（Arsha Vidya Vikas Kendra）授予"Arsha Vidya Bharati"的称号。他在国内外期刊上发表论文80余篇，与伦敦大学、牛津大学、加州大学洛杉矶分校和德国耶拿的马克斯·普朗克人类历史科学研究所开展合作研究项目。

地中海东岸沿岸青铜时代的城市化与全球化：米吉多遗址的个案研究

伊斯雷尔·芬克尔斯坦　特拉维夫大学考古研究所

摘　要

　　米吉多是黎凡特青铜时代与铁器时代考古和历史研究的重要遗址。从20世纪初开始，这里已进行了4次考察，发现了30多处聚落遗址，其中一处属中心聚落。米吉多是公元前4世纪末黎凡特首次城市化进程的最好例证。在整个青铜时代，它是该地区最具权势的城邦之一。至青铜时代晚期，米吉多被古埃及法老统治，这是古代近东的第一个"全球性"王国。

　　这篇讲演将探讨米吉多遗址的性质、在青铜时代的历史以及它对"城市化和全球化"这次会议主题的贡献。

作者简介

　　伊斯雷尔·芬克尔斯坦　Israel Finkelstein

　　伊斯雷尔·芬克尔斯坦是特拉维夫大学考古学名誉教授、以色列科学和人文学院院士、法国铭文与文学学院外籍成员。他于1983年获得博士学位，之后任教于芝加哥大学和索邦大学，并常年在哈佛大学和希伯来大学做研究工作。芬克尔斯坦教授领导了多项田野考古发掘，其中就包括《圣经》中的示罗遗址，以及著名的米吉多遗址。另外，他还发表论文近400篇，出版专著多部。这些著作中引人注目的是《以色列聚落考古》（1988年）、《边缘生活》（1995年）、《发现〈圣经〉》（2001年）、《大卫和所罗门》（2006年，书中最后两章与尼尔·阿舍·西尔伯曼合写）、《被遗忘的王国》（2013年，获得2014年法国铭文与文学学院法兰西学会的德拉朗德·盖里诺奖）。

　　2005年，他在考古学"过去维度"的研究方面获得了丹·大卫奖；2009年，法国文化部授予他"艺术及文学骑士勋章"；2010年，他获得洛桑大学荣誉博士学位；2009—2014年，他领导了欧洲研究委员会资助的项目，名为"重建古代以色列：从精确科学与生命科学的视角"。

世界考古与世界遗产

伊恩·里利　昆士兰大学

摘　要

尽管采取了各种措施来改善这种状况,但考古学在《世界遗产名录》中的代表性仍然不足。这样的情况是世界遗产体系过去的政策和实践所遗留下的问题,比如那些希望其遗产列入名录的国家通常与世界遗产打交道的方式。然而,考古学家自己也要对重要的考古遗址缺乏全球性的认可负有部分责任。这主要是因为很少有考古学家对世界遗产有更多的了解,或者很多都是以浅层的方式参与其中。

代表性不足的一个结果是,除非考古学在全球的重要性得到《世界遗产名录》更高度的认可,否则各国政府往往不够重视考古学。这种不屑一顾的态度产生了许多负面影响,比如缺乏对考古遗址的保护,比如错过了通过文化旅游来发展社区的机会,以及通过那些被世界遗产承认而增值的社区来改善居民健康和幸福感的机会。这些错失的机会危及考古记录,这是我们都应该关注的。从长远来看,各级政府要付出的代价要比忽略这些考古遗产在短期内所节省的要高得多。这是因为社区发展的缺乏以及社区居民健康和幸福感的下降常常与政府对考古(及其他)遗产的漠视有关,从而造成或加剧长期的社会和经济问题,这些问题的解决往往是昂贵的。

解决办法是什么?对于考古学家来说,即使我们有兴趣这样做,而不是仅仅专注于我们的研究,可能也很难直接影响政府的政策和实践。偶尔,个体实践者可以发挥一些个人影响力,但更常见的是,一个国家或地区的专业机构应与国际组织以及本国部门和机构合作,以实现改变。相关的机构应该有计划地去行动,并以此作为核心活动,而不是在专注于其他事项时偶然或顺便地做到这一点。目前,主要的组织是国际古迹遗址理事会(ICOMOS)和国际自然保护联盟(IUCN),这两个组织分别是联合国教科文组织(UNESCO)关于文化和自然世界遗产的法定咨询机构。这两者在过去并没有很多的合作,但是在最近五年左右的时间里,这种情况在迅速地改变,特别是在世界遗产方面。考古学家们在这种发展的关系中发挥了关键作用,产生了有益的影响。国际古迹遗址理事会还设有一个国际考古遗产管理科学委员会（ICAHM），该委员会负责对考古记录的保护，特别是在世界遗产的层面。

通过现任中国社会科学院考古研究所所长、国际考古遗产管理科学委员会专家委员陈星灿教授等同事，中国在我所谈到的参与活动方面有着出色的表现。世界其他地区的相关同事也以类似的方式参与其中。但是我认为，要想真正发挥作用，就应该更好地从战略上利用有影响力的国际盛会，例如"世界考古论坛·上海"，就将来自世界各地的考古学家召集到一起。这些盛事有助于协调出一种全球性的方法，来将那些世界考古的杰出项目列入《世界遗产名录》。

作者简介

伊恩·里利　Ian Lilley

伊恩·里利是昆士兰大学社会科学学院的名誉教授，荷兰莱顿大学考古遗产管理当代课题的威廉·威廉姆斯主席。他是国际古迹遗址理事会的世界遗产评估员，也是国际古迹遗址理事会国际考古遗产管理科学委员会的前任秘书长。他还在国际自然保护联盟的两个委员会任职，也担任过其他国家和国际组织的领导职务。除了进行世界遗产评估和相关的实地考察，伊恩还协助制定了在柬埔寨、加拿大、日本、马来西亚、美国和越南的世界遗产提名。他是伦敦古物学会及澳大利亚人文学院的成员，也是澳大利亚原住民和托雷斯海峡岛民研究所的成员。他的研究兴趣包括古代移民和贸易、社会身份认同的发展、考古伦理学及考古学和遗产在当代社会中的作用。他的最新著作是《太平洋地区早期人类的扩展和创新》的"遗产管理"卷（ICOMOS 2010）和教科书《大洋洲考古：澳大利亚和太平洋群岛》（Blackwell 2006）。他现在作为主要合著者，正在为剑桥大学出版社编写有关澳大利亚考古学的著作。

特奥蒂瓦坎的城市发展进程与中美洲政治经济扩张

朱莉·玛丽·卡洛琳·加佐拉　塞尔希奥·戈麦斯·查韦斯

墨西哥国家人类学和历史学研究所

摘　要

特奥蒂瓦坎是前西班牙时期墨西哥国内较为复杂的社会之一。在公元前200年初，这里有大量的农村聚落（由不同的民族语言群体组成），他们在此开发了重要的水利工程，旨在加强农业生产。然而，在公元1世纪时，经济政策发生了根本性的变化，即人口所需要的粮食来源从本地生产转变为进口。

在公元50年左右，迎来第一个城市建设期，城市的发展围绕着三个神圣的空间开始，月亮金字塔、太阳金字塔和羽蛇神庙建筑群正式建成。

在公元150年左右，城市结构发生了变化，从而使得特奥蒂瓦坎成为古代规划和城市化最好的例证之一。多个族群定居在这个城市，外族人建立的社区依旧保留着他们故乡的传统，以此作为一种对资源控制的方式，从而得以生存。为地方和区域提供消费的手工生产体系促进了城市的经济繁荣，产生了巨大的财富并增加了当地贵族的数量。在公元5世纪末，特奥蒂瓦坎国家对当今的墨西哥东南部地区和危地马拉进行了军事入侵，因为这里的古代玛雅城市控制着特奥蒂瓦坎贵族阶层维持其威望所需的重要资源。

本文概述了城市的发展、经济政策的变化，以及通过在不同地方设置统治者来扩大统治范围的必要性。本文还讨论了与其他远距离城市建立的社会和政治关系是如何变化的。

作者简介

朱莉·玛丽·卡洛琳·加佐拉　Julie Marie Caroline Gazzola

朱莉·玛丽·卡洛琳·加佐拉自2004年起担任墨西哥国家人类学和历史研究所（INAH）的研究员，专门研究特奥蒂瓦坎文化。2000年，她毕业于法国巴黎第一大学，并获博士学位。2002年到2006年间，她担任特奥蒂瓦坎的羽蛇神庙研究和保护项目的联合主任。自2006年以来，她是特奥蒂瓦坎第一个遗址使用项目的负责人。她的主要研究兴趣包括宝石生产、颜料和矿物的鉴定、陶器和特奥蒂瓦坎城早期居住情况。她分别在2000年、2002年和2005年获得了特奥蒂瓦坎国家最佳研究奖。

塞尔希奥·戈麦斯·查韦斯 Sergio Gómez Chávez

塞尔希奥·戈麦斯·查韦斯是墨西哥考古学家、教授，1987年起在墨西哥国家人类学和历史研究所（INAH）任专职研究员。他曾在特奥蒂瓦坎指导过多个研究项目并组织各种学术活动，此外曾在墨西哥城的国家人类学和历史学院（ENAH）任教数年。他发表了100多篇内容涉及专业手工业生产、农业系统、特奥蒂瓦坎的外族存在和族群互动等领域的论文。他的著作包括关于古代特奥蒂瓦坎城市地区的结构和组织、书写体系和口语等方面。此外，他还发表了数篇关于文化遗产保护的论文。2004年至2007年间，他在国家人类学和历史学院攻读人类学博士学位。2005年和2006年，在法国的ECOS-NORD和墨西哥的ANUIES-CONACYT奖学金的资助下，他参加了在法国巴黎第四大学（索邦）和高等社会科学学院举办的学术和研究活动。他曾受世界各地几所最负盛名的大学邀请，就特奥蒂瓦坎的研究成果发表演讲。2006年，他获得了国家人类学和历史研究所颁发的特奥蒂瓦坎最佳研究奖。自2002年起，他担任"城堡项目"（Citadel Project）的主要负责人，这是一个雄心勃勃的项目，致力于对特奥蒂瓦坎三大建筑群之一进行考古研究和保护，以及对羽蛇神庙下的隧道进行探索。2015年他荣获"世界考古论坛·上海"的"田野发现奖"。

美国西南部城市化的根源：迁徙、融合和不平等如何建立查科文化

芭芭拉·米尔斯　亚利桑那大学人类学学院

摘　要

　　公元800年至1200年间，普韦布洛人建立了密集的聚落，代表着美国西南部最早的城市化建设。第一个聚落以查科峡谷为中心，迅速发展成为等级明确的社会，该社会积极运用合作原则为居民和社区仪式建造纪念性建筑。第二个中心位于圣胡安中部地区，距离查科峡谷只有不到一天的步行距离。整个地区还有其他数百个较小的社会中心，总面积超过10万平方千米，在该地区工作的考古学家称之为查科世界（Chaco World）。考古学家们一直在争论这些区域中心是如何出现的，它们的相对年代，以及其联系紧密程度等问题。为了解决这些问题，查科社会网络项目组收集了该地区所有已知拥有纪念性建筑的社区中心的数据，包括467个拥有大房子和/或大型地下仪式场所（kivas）的地点。项目组运用陶器年代测定方法，首次系统地将这些方法覆盖到全部区域，将测定的年代间隔缩小到50年之内。然后使用社会网络理论来分析迁徙、融合和联系紧密程度等问题。研究发现，查科峡谷在公元800—900年，通过迁徙和融合成为了区域网络内的中心地带。相应的证据还有，在普韦布洛波尼托（Pueblo Bonito）发现了早期的贵族墓葬以及大量进口的仪式性物品，包括绿松石、鹦鹉、贝壳喇叭和特殊的陶制品，如圆筒瓶（cylinder jars）和熏钵（smudged bowls）。查科世界在公元10世纪后期交流紧密，达到了互联互通的顶峰。当时该地区的大部分地方都建立了新的合作建设项目，扩大了现有的聚落，并将查科道路延伸到关键地区。基于GIS的全视域分析显示，在这一时期建造的纪念性建筑被有意放置在当地最显眼的地方，进一步增强了它们的可见性。在公元11世纪初期，随着一个新的区域中心在圣胡安中部地区崛起，区域网络开始分裂，部分原因是来自查科峡谷的移民。在一个世纪之内，查科峡谷的大部分地区人口减少，权力分散，人们向外迁徙，从而导致了等级制度的解体。我们的研究结果表明，社会网络分析对帮助理解有相对完善测年的定居聚落城市化过程是很有价值的。

作者简介

芭芭拉·米尔斯　Barbara Mills

芭芭拉·米尔斯，亚利桑那大学人类学教授，亚利桑那州立博物馆考古部负责人，美国印第安研究研究生跨学科项目成员。她在宾夕法尼亚大学获得人类学学士学位，在新墨西哥大学获得人类学硕士和博士学位。她曾在美国西南的多个地区进行了田野和实验室工作，包括四角（Four Corners）、查科（Chaco）、祖尼（Zuni）、明布雷斯（Mimbres）和莫戈隆边缘（Mogollon Rim）地区。此外，米尔斯教授还在危地马拉（后古典时代）、哈萨克斯坦（青铜时代）和土耳其（新石器时代）进行过考古研究。她与白山阿帕奇部落（White Mountain Apache Tribe）合作，在莫戈隆边缘地区开展了一个长期的田野项目。最近，她还在几个国家科学基金会资助的项目中担任首席研究员。这些项目旨在建立大规模的综合数据库，并将在美国西南部和墨西哥西北部的考古研究中应用社会网络分析理论。查科项目延续了她以往的兴趣，即从多维度观察社会关系的动态，以讨论过去的迁徙、身份认同和意识形态问题。她出版编著了9本书，撰写了90余篇同行评审文章及书籍章节。米尔斯教授因其陶器研究而获得美国考古学会颁发的考古分析卓越奖，还曾获美国人类学家戈登·威利（Gordon Willey）最佳考古论文奖和美国人类学协会考古学部授予的帕蒂·乔·沃森（Patty Jo Watson）杰出讲师奖。

史前西欧的纪念性建筑和社会变迁

克里斯·斯卡里　杜伦大学考古学系

摘　要

建造大型和持久的纪念性建筑是过去一万多年以来人类社会最普遍的特征之一。它们存在于每一个有人类居住的大陆上，并由不同类型的社会建立：狩猎采集者社会、农耕社会以及早期（和近现代）的国家。小型纪念性建筑可代表纪念活动，大型纪念性建筑则是权力的表现。它们可以通过其特定的形态或所包含的材料来象征性地表达这些意义。有证据表明，大多数纪念性建筑都伴随着特定活动和仪式，通常与社会权力、宗教信仰或丧葬和纪念死者有关。

西欧和北欧的新石器时代遗址（约公元前4500—前2500年）例证了上述这些主题。尽管它们可以达到相当大的规模，但大多数都是小型农业社会的产物：土墩和石墩的长度可能超过100米，高度可能超过5米；一排排矗立的石头可以绵延超过1千米。即使纪念碑的外观相对简单，其内部也常包含复杂的结构。这些结构可能揭示了一处纪念性建筑是如何通过一系列扩建和修改，从而形成最终的形态。

纪念性建筑是社会进程的产物，其规模、组织和材料的使用都暗示着不同规模的社区运作，就像有时埋葬在其中的死者数量有限一样。西欧新石器时代纪念性建筑的一个特征是巨石块的使用，它们通常来自附近地区，但有时也来自几十千米以外。考虑到这些石块的规模（最大的一个重达100多吨），这意味着存在一种社会结构，能将所需的大量人员聚集在一起进行协调。这或许表明这些石块本身具有特殊的重要性，它们可能具有象征意义或宗教意义。

相反，在这些纪念性建筑中用于埋葬死者的材料，其规模通常较小。然而，在某些情况下，被埋葬的人会得到具有异国风情的祭品，这暗示了声望并表明了与远距离的联系。例如，在公元前5世纪中后期的法国西北部，以及在公元前3世纪的伊比利亚南部都是如此。尽管这些特殊的遗址可能暗示着有势力的个人崛起，但它们并不代表长期社会复杂性的发展初期。例如，在法国西北部，紧随其后的是建造规模较小且简陋的集体墓穴。这强调了一个事实，即纪念性，特别是建造巨大的纪念性建筑，可能与区域内社会变化的不同周期有关。

本次演讲主要讲述了作者在法国西部遗址的发掘工作，并讨论在世界其他地区的社会变革大背景下，欧洲新石器时代纪念性建筑的重要性。

作者简介

克里斯·斯卡里　Chris Scarre

克里斯·斯卡里是杜伦大学的考古学教授。他是欧洲史前史方面的专家，但也对世界其他地区的考古学有广泛的兴趣。他曾在法国、葡萄牙和海峡群岛指导或联合指导发掘史前遗址，并著有《新石器时代布列塔尼的景观》《英国和爱尔兰的巨石纪念碑》和《古代文明》（与布莱恩·费根合著）。1991年至2005年，他担任《剑桥考古学杂志》的编辑，2006年1月到杜伦大学担任考古学教授之前，他还是剑桥大学麦克唐纳考古研究所的副所长。他对人类文化和认知进化有着广泛的兴趣，是世界史前主要教科书《人类过去》（2018年第4版）的编辑。2013年至2017年，他担任英国考古学杂志《古物》的编辑。他的最新著作是《伊比利亚西部的巨石墓群：安塔·达·拉金哈的发掘》（与路易斯·奥斯特贝克合编）。

气候变化、生物多样性衰退和全球冲突的交汇：非洲考古学家的新挑战

保罗·莱恩　剑桥大学

摘　要

学术界普遍认为，21世纪人类面临的两大挑战是生物多样性的减少和全球均温迅速上升导致的有害的气候变化。人们还认为，过去两个世纪的工业化和全球化进程是造成这些问题的主要原因，导致不同利益相关者之间摩擦不断，甚至出现直接的冲突。作为考古学家，我们很清楚，无论是气候变化还是全球化进程中产生的摩擦都并不新鲜。正如关于人类世起源的争论所强调的，现在影响地球系统的一些因素可能在数千年前就已出现。

认识到这两点有助于人们意识到，人类正面临着一系列前所未有的全球范围内且有潜在严重性的社会生态学挑战，而这些挑战的根源可能藏于悠久的历史中。在我看来，无论在哪里工作，考古学家都要担负起新的责任。首先，作为学者，我们有责任以新的方式带着新的问题来进行考古研究，其中涉及到人类、环境和其他物种之间错综复杂和不断变化的关系。这项研究的目的不仅是确定人类活动如何对当地和区域环境产生负面影响，或过去的人如何应对气候变化；而且我们还应该确定人类活动在何时、何地以及多长时间内可能增强了生物多样性和社会适应力。其次，作为地球上的公民，我们要运用这些知识，发挥更积极的作用，从而对那些改良当前气候变化、扭转生物多样性减少、确保社会生态弹性和公平获得自然和人力资本分配的政策以及干预措施的实施有所帮助。此次演讲中，我作为一位专注于撒哈拉以南非洲遗址的欧洲考古学家，将以个人研究的角度阐述我对考古学角色变化的看法。最后，我将对目前非洲考古面临的挑战和中国考古学家如何帮助解决这些问题的方法进行一些思考。

作者简介

保罗·莱恩　Paul Lane

保罗·莱恩在非洲考古学领域工作已经超过35年。他是剑桥大学非洲深度历史和考古学珍妮弗·沃德·奥本海默（Jennifer Ward Oppenheimer）教

授，以及乌普萨拉大学（Uppsala University）全球考古学教授。他专门研究东非近五千年来的环境历史生态学和考古学，侧重于食物生产之前的过渡时期、环境驯化、象牙贸易、聚落动态、海洋遗产以及奴隶制及其废除的考古研究。

亚洲西南地区的早期红铜冶炼：区域和跨区域体系

芭芭拉·海尔文　悉尼大学

摘　要

亚洲西南部红铜生产的变革跨越了整个公元前四千纪，从实验性的开端到大规模生产，最终伴随着社会的快速变化，在大美索不达米亚出现的第一批城市中达到顶峰。从公元前四千纪晚期开始，文献上就出现了关于劳动分工和职业分化的记载。但因为冲积平原资源相对匮乏，这个新兴的复杂工业系统依赖于低地城市和周围高地间的互补供应链。在伊朗中部的考古发掘及之后的分析工作，论证了当时原料的开发和制备过程，以及之后的加工与修整过程。本场报告将阐述这个新兴工业的组织结构，并讨论远距离且文化迥异的地区之间相互依存的关系。因此，我将从手工业组织相关的理论概念开始，并对伊朗过去20年的考古与冶金考古研究进行回顾，包括我们围绕伊朗中央高原西部阿瑞山姆遗址（Arisman）所做的发掘和分析，以及其他时期的遗址，如锡亚尔克土丘遗址（Tappe Sialk）等。这些证据将与美索不达米亚冶金情况的记录，如工艺品、分析和文献进行比较。这样，两个地区之间的相互依赖性及它们随着时间推移而出现的变化都会愈加明显。最后，这两个区域只能相辅相成地发展，对此，一个跨区域组织形成的问题也随之浮现。

作者简介

芭芭拉·海尔文　Barbara Helwing

从今年开始，我成为柏林古代近东博物馆（Vorderasiatisches Museum Berlin）的馆长。从考古学家、讲师再到对亚洲西南部感兴趣的研究员，我走过了漫漫长路。我的研究重点是土耳其、伊朗和更广阔的亚洲西南地区。我曾在澳大利亚和法国担任教授的职位，并在悉尼大学担任名誉教授。我的研究兴趣在于早期城市社会和复杂组织的出现，以及不平等现象的普遍加剧问题。我从技术传统和知识传递的角度来探讨这些问题。这些兴趣也推动了我在土耳其、伊朗、阿塞拜疆和斯里兰卡的田野研究，其中我最感兴趣的是早期定居组织和早期城市聚落的兴起。

Bulletin of the
Shanghai Archaeology
Forum, Volume IV

中国考古学
新发现与研究
专场讲座摘要

第四届世界考古论坛会志

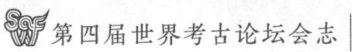

金沙遗址

周志清　成都文物考古研究院

摘　要

　　金沙遗址地处长江上游的成都平原，位于中国西南四川省成都市西郊，2001年发现，确认分布范围达5平方千米。截至目前已经完成100余处地点的发掘，发掘面积达25万平方米，发现大型祭祀区1处、大型宗庙建筑3座、3000余座墓葬、8000个灰坑、200余座陶窑等，该聚落群具有明显的功能分区与社会分化。金沙遗址史前文化的时代为距今4000—2500年，新石器晚期就有人群在此活动；距今3500—2500年为遗址主体遗存的时代，文化面貌具有明显的三星堆、十二桥、新一村文化因素。

　　金沙遗址是继三星堆遗址之后四川省最为重大的考古发现。商周时期古蜀人专门祭祀中心和大型宗庙建筑的出现，奠定了金沙遗址聚落群中心聚落的地位。祭祀区为面积11000平方米的人工土台，目前发掘了63处祭祀遗存，出土金、玉、铜等文物9000余件，出土遗物与三星堆遗址有着密切的关系，是古蜀文明公元前1500—前500年的又一都邑中心。

　　金沙遗址有着复杂而多样的祭祀习俗和繁缛的礼仪性遗物，高度发达的神权体系是古蜀文明的重要特质。绵延千年未发生位移的祭祀圣地，反映古蜀社会的超稳定结构和信仰认同，神权是维系当时族群认同的重要力量，其迥异于王权或威权的发展模式。无城垣的都邑形态，丰富了古蜀文明的都邑中心内涵。金沙遗址的发现拓展了古蜀文明的内涵与外延，丰富了中国青铜时代多元一体的格局。出土遗物与东南亚、西亚等域外古代文明有着广泛的联系，其交融互鉴了世界其他青铜文明元素。

作者简介

　　周志清　Zhou Zhiqing

　　周志清，博士，研究员。1974年生，云南省玉溪市峨山县人。毕业于武汉大学历史系考古专业和四川大学专门史专业。学术专长为中国西南地区先秦考古。他先后主持和参加了数十项重大考古科研项目，近年主持的金沙、高山、皈家堡遗址的发掘与研究，主要关注成都平原商周时期分期体系和年代框架，以及成都平原在长江上游史前文明中的高地地位和横断山区在中国南北文化交流中的重要地位。他承担多项国家及省部级重大社科基金课题，取得重要成果；出版8部专著和考古专题报告，发表或撰写100余篇论文或简报，多次获得四川省和成都市社会科学优秀成果奖。

玉与聚落
——凌家滩的社会复杂化

吴卫红　安徽大学

摘　要

　　安徽含山县凌家滩遗址是中国史前时期著名的制玉中心之一，也是同时期中国规模最大的聚落之一，其鼎盛期距今约5500—5300年。通过对遗址所在裕溪河流域近500平方千米的区域系统调查得知，在距今5700多年前，凌家滩周边便已出现近20处小型聚落，但面积均在1万—4万平方米。大约距今5500年左右在凌家滩形成了中心聚落，周边小型聚落则明显衰落或消失，体现出较典型的聚落集中化过程。

　　凌家滩聚落位于裕溪河北岸，以一条自然长岗为轴，向两侧沿河分布，总面积达140万平方米。在中心聚落形成之时，整个聚落便有较为清晰的功能区划：在山岗最高处规划了一处大型墓地，目前已发现68座墓葬，大多数随葬丰富的玉器和石器，也存在随葬品较少的墓葬，其中最大一座随葬玉器、石器超过300件，陶器仅约30件，显现出明显的等级差异；而沿河区域则为重要的生活区，被一条长达2000余米的大型环壕环绕，并将生活区与大型墓地隔离开。在晚期还在外围兴建了一条外壕沟，但未形成环绕，似乎属于未完成的工程。

　　凌家滩中心聚落的形成、复杂礼仪的出现、精致玉器的大量使用，反映出社会复杂化程度已较高，成为探索中华文明形成过程的重要节点。

作者简介

　　吴卫红　Wu Weihong

　　吴卫红，笔名朔知，安徽大学历史系考古专业特聘教授，此前曾在安徽省文物考古研究所从事田野考古工作20余年，曾主持凌家滩遗址及周边区域的调查、勘探、发掘工作，并主持过安徽怀宁孙家城史前城址、铜陵师姑墩商周遗址、潜山薛家岗遗址的发掘，3次获得全国田野考古奖。

　　他的主要研究方向为新石器时代考古，重点研究领域为长江中下游、淮河流域的史前文化。他著有发掘报告《潜山薛家岗》和《长江下游的"玉石分野"与社会变革》《崧泽时代的皖江两岸》《薛家岗与良渚的文化交流——兼论皖江通道与太湖南道问题》《良渚文化的初步分析》等。

辽河流域早期文明的发现与研究

郭明　辽宁省文物考古研究院

摘　要

　　以牛河梁遗址和半拉山遗址为例，介绍辽河流域早期文明的发现与研究情况。两遗址在规模、社会分化的程度等方面都存在一定的差异，这种差异可以为我们提供更为丰富的关于红山文化晚期社会的信息。考古发掘资料显示，在距今5500—5000年的红山文化晚期阶段，北方的辽河流域也已经跨入文明的门槛，垂直分化成为社会的普遍特征，相应的社会规范已经出现，复杂化的社会初步形成。社会公共设施（特殊功能建筑）的修建与使用，以及与此相关的统一的社会意识形态是维护社会团结和确立社会秩序的基础。

作者简介

　　郭明　Guo Ming

　　郭明，辽宁省文物考古研究院副研究馆员，历史学博士。主要研究领域为东北地区新石器时代考古。

从"南海Ⅰ号"沉船发掘看中国水下考古

姜波　国家文物局水下文化遗产保护中心

摘　要

"南海Ⅰ号"是一艘南宋时期的沉船，1987年发现于广东省川岛海域，2007年实施整体打捞，迄今室内发掘工作仍在进行中，全部考古工作在2021年结束。"南海Ⅰ号"沉船残长22.95米，宽9.85米，船内舱室最深2.7米。全船共分为15个舱室，从船体结构和船型工艺判断，"南海Ⅰ号"属于"福船"类型，采用了水密隔舱技术。目前，船舱内货物已清理完毕，出水文物总数超过18万件，堪称我国水下考古之最，其中尤以铁器、瓷器为大宗，还有各类金、银、铜、铅、锡等金属器，竹木漆器，玻璃器，以及人类骨骼、矿石标本、动植物遗存等。丝织品、纸张等有机物已经不存，但经检测提取到少量化学残留物。

"南海Ⅰ号"沉船实施沉箱整体打捞，在世界水下考古史上堪称创举。发掘阶段引入了信息化测绘技术，建立了综合测绘记录平台，全面实现了考古记录工作的数字化，标志着中国水下考古进入一个新的发展阶段。"南海Ⅰ号"是迄今为止我国所发现的年代久远且保存完好的古代沉船，堪称古代海上丝绸之路最重要的沉船考古成果。

作者简介

姜波　Jiang Bo

姜波，男，汉族，博士学位，研究员，1970年生于湖南岳阳，2001年毕业于中国社会科学院研究生院。他现为国家文物局水下文化遗产保护中心水下考古研究所所长、研究员，享受国务院特殊津贴专家，国家"万人计划"领军人才。他兼任国际古迹遗址理事会执行委员、中国古迹遗址理事会（ICOMOS-CHINA）副理事长。他的主要研究领域为水下考古、海上丝绸之路研究与汉唐都城考古。他的主要代表作有《汉唐都城礼制建筑研究》（专著）、《中国古代都城考古学研究》（专著、合作）、《从泉州到锡兰山》（论文）等。他曾工作于中国社会科学院考古研究所、中国文化遗产研究院、国家文物局水下文化遗产保护中心，为美国哈佛大学、美国国家美术馆访问学者。

从现代人出现到农业起源
——中原及相关地区晚更新世古人类文化的发展

王幼平　北京大学

摘　要

近年来，北京大学考古文博学院与郑州市文物考古研究院合作，先后发掘河南新密李家沟，新郑赵庄、黄帝口，登封西施、东施、方家沟，以及郑州市二七区老奶奶庙等遗址。2016年后，又将工作扩展至西北地区新疆吉木乃通天洞与岭南地区广东英德青塘遗址。

中原及相关地区考古新发现清楚地揭示了东亚大陆核心区古人类文化发展的连续性。距今5万—4万年的老奶奶庙等遗址发现有组织的营地安排、远距离的优质石料的运输，以及石器生产技术上的改进发展；新郑赵庄远距离搬运紫红色石英砂岩，专门垒砌成石堆基座，再摆放巨大的古棱齿象头，更具有明确的象征意义。这些均是现代人行为在中原地区出现的证据，展示出中国及东亚地区现代人出现及发展的区域性特点。

登封西施与东施遗址石叶和细石器工业的发现，以及时代更早的新疆通天洞遗址的莫斯特文化遗存，则清楚反映晚更新世期间中国及东亚地区发生过人群迁徙与文化交流，证实了现代人扩散北线的存在。然而在距今5万—4万年中原及周边已明确出现解剖学意义上的现代人之际，来自旧大陆西侧的人群或文化的影响仅局限于北部边境地区，直到距今2.6万年前后才波及中原地区。广东英德青塘遗址等发现更说明，一直到晚更新世结束，中国南方始终流行着砾石-石片石器，并不见外来人群或文化影响的明确迹象。

新密李家沟与广东英德青塘遗址的发现与研究，则分别展示晚更新世末至全新世初中原与岭南地区旧石器文化的发展，以及从狩猎采集向农业社会迈进的重要历程。李家沟遗址清理出由马兰黄土到黑垆土的连续剖面，发现了细石器、李家沟与裴李岗三叠文化层。从典型细石器文化阶段已出现局部磨光石器及中原地区最早的陶器，到李家沟文化阶段发现由流动性较强的专业化狩猎向半定居与广谱资源利用的发展，清楚地记录了中原与北方地区旧、新石器时代的过渡历程。青塘遗址四个连续堆积的文化层则完整反映了末次冰盛期结束以来，岭南地区从石片石器、砾石石器到磨制石器的过渡，最早陶器的出现，以及由流动性较强的狩猎采集活动到相对稳定穴居生存方式的渐变进程。

上述诸遗址考古发现与多学科研究成果，非常清楚地展现了晚更新世期中原及相关地区古人类适应东亚大陆季风区与全球性环境变迁，经历从现代人出现到农业起源独特发展历程，更为认识世界史前文化发展多元化、不同地区现代人与农业起源多样性的特点提供了新证据。

作者简介

王幼平　Wang Youping

王幼平是北京大学考古学与博物馆学院的教授，自1986年以来一直从事教学和旧石器时代研究。他带领了一系列旧石器时代遗址的发掘工作，包括湖北省的鸡公山遗址、河南省的织机洞、李家沟、西市、赵庄、老奶奶庙遗址等。他的著作包括《中国旧石器时代考古学》《中国古人类与文化的起源与发展》，并在国内外期刊上发表过近百篇文章。

上山文化与稻作起源

蒋乐平　浙江省文物考古研究所

摘　要

上山文化以浦江县上山遗址命名，发现于2000年。近20年来，发现、发掘的上山文化遗址已经超过了18处，集中分布在钱塘江上游金衢盆地及附近地区。上山文化分三期，测年距今11000—8400年。

上山文化分布在约一万多平方千米的河谷盆地，是迄今发现的中国早期新石器时代最密集的遗址群。遗址出土大量的陶石器，陶器以大口盆为代表，石器以石磨盘、石磨棒及石片石器为代表。遗址普遍发现由成排柱洞构成的房址基础，以及壕沟、灰坑等遗迹，证明上山文化已经进入定居状态。

遗址出土丰富的稻遗存，其中包括作为掺合料掺入陶土的稻叶、稻壳，浮选发现的炭化稻米，以及从工具微痕分析得出的收割、加工证据。经小穗轴、植硅体特征分析，上山文化遗址出土的稻遗存已具备栽培、驯化的特征，是迄今发现的年代最早的稻米。

中国早期新石器时代的发展，经过从洞穴向旷野两个阶段，上山文化为旷野阶段最早的代表性遗址群，证明东亚新石器迈出了走向稻作农业的第一步。上山文化是稻作文化起源的典型考古学案例，具有进一步的发掘与研究价值。

2019年发掘的义乌桥头遗址，属上山文化中期遗址。遗址发现东亚地区最早的环壕及具有祭祀功能的中心台地遗迹，对探索早期稻作文化区社会复杂化进程，具有重要意义。

作者简介

蒋乐平　Jiang Leping

蒋乐平，浙江省文物考古研究所研究员。1985年毕业于中山大学人类学系考古专业。从河姆渡文化考古开始，他主持发掘新石器文化遗址十余处，发现并命名跨湖桥文化和上山文化，为中国南方地区早期新石器文化探索和稻作农业起源研究做出了积极的探索。他出版考古学研究报告、学术著作7部，在国内外学术刊物发表论文70多篇。

贾湖人：从猎人、渔夫到农民的音乐家
——贾湖遗址的发掘与研究

张居中　中国科学技术大学

摘　要

河南舞阳贾湖遗址是位于中国中部淮河上游的一个新石器时代前期的聚落遗址，面积约55000平方米，河南省文物考古研究院、中国科学技术大学等先后在此发掘8次，面积2700平方米，年代距今9000—7500年。发现房址、陶窑、窖穴500多处，墓葬500多座，出土陶、石、骨等质料的遗物几千件，其中以多音孔骨笛、内含石子的成组龟甲、具有原始文字性质的符号、大量绿松石随葬品尤为珍贵。这里还发现有中国最早的家猪和渔业行为、水稻种植、含酒精饮料的酿造等。贾湖人不仅是优秀的猎人、渔夫和工匠，还是中国最早的农民和音乐家，在当时的东亚地区处于领先地位，和西亚两河流域的同时期文化相映生辉。

作者简介

张居中　Zhang Juzhong

张居中，中国科学技术大学科技史与科技考古系教授，长期以来一直从事新石器时代考古、农业考古、音乐考古、陶瓷考古等专题研究，先后在Nature、PNAS、Antiquity、《考古》等国内外刊物发表学术论文数十篇。

芦山峁与石峁：公元前第三千纪的中国北方

孙周勇　陕西省考古研究院

摘　要

公元前第三千纪初期，晋陕高原北端的河套区域率先出现了遗址数量剧增、人口膨胀的显著态势，聚落规模差异加剧，社会结构日趋复杂。在经历了财富集中、高等级聚落、大型宫室、祭坛及公共设施涌现的过程之后，聚落间防御需求日趋强烈，环壕、城垣等防御设施成为聚落的重要组成部分。日益常态化的祭祀、占卜等宗教活动成为凝聚聚落人群的核心手段，而大型宫室、祭坛、广场等反映社会公共权力的设施建设以及财富分化，最终加剧了以石峁遗址为代表的河套地区走向早期国家的步伐。

本演讲介绍了芦山峁及石峁遗址的考古新发现及研究成果。公元前2300年前后，晋陕高原北端以石峁城址为核心"大一统"的政治格局形成，面积超过400万平方米的石峁城址当仁不让地成为晋陕高原北端的地缘政治中心。石峁遗址由"皇城台"、内城和外城构成，城外有哨所等城防设施，城内面积逾400万平方米，结构清晰、形制完备、保存良好，是目前中国发现最大的史前城址。石峁城址初建于距今4300年前后，沿用至距今3800年前后。

大致与此同时，晋陕高原南端面积超过200万平方米的芦山峁遗址的出现，宣告了晋陕高原南端区域政体中心的形成，代表了活跃在黄土高原腹地的另外一支曾经与石峁集团势均力敌的族群。

公元前第三千纪晚期，以黄土与石料为原材料构筑大型公共设施及宫室建筑成为晋陕高原南、北两端（芦山峁及石峁两个区域中心）的建筑传统，这种传统深刻影响了中国北方地区次级聚落的选址及形态。活跃在晋陕高原南流黄河两岸的主要社会集团最少包括了以石峁为核心的北方集团、以芦山峁为核心的中部集团，以及与石峁集团关系密切的南部陶寺集团，他们在一定时期内与夏集团鼎足而立，保持着自己独立的文化传统与发展轨迹，构建了"万邦林立"的社会图景。

作者简介

孙周勇　Sun Zhouyong

孙周勇，陕西省考古研究院院长，博士、研究员，先后荣获"百千万人才工程国家级人选"、"万人计划"哲学社会科学领军人才、中宣部文化名家暨"四个一批"人才等称号，是享受国务院政府特殊津贴专家。他长期从事新石器考古及商周考古发掘与研究，主持国家社科基金重大项目《石峁遗址考古发现与研究》。其中他主持发掘的石峁遗址荣获"首届世界考古论坛重大田野考古发现"、全国十大考古新发现、田野考古奖一等奖等荣誉，为中华文明探源做出了贡献。他发表《马面溯源以石峁遗址外城东门址为中心》《公元前第三千纪北方地区社会复杂化过程考察》等论文90余篇，出版《周原：2002年齐家制玦作坊和礼村遗址考古发掘报告》、*Craft Production in the Western Zhou Dynasty* 等专著6部。

沉睡数千年 一醒惊天下
——三星堆遗址的发现、发掘与古蜀文明

雷雨　四川省文物考古研究院

摘　要

　　三星堆遗址是中国长江上游最重要的先秦时期遗址，也是古蜀文明的代表性遗址。自1929年发现玉石器以来，以四川省文物考古研究院为主的多家文博机构在此开展了持续90年的考古工作，获得一系列重大成果，一个由大型城圈、超大型建筑、高等级"祭祀坑"等重要文化遗存组成的王都遗址初步出现在世人面前，充分展现了古代蜀国独特和辉煌的青铜文明，是中华早期文明多样性的典型实例。

　　三星堆遗址的发现、发掘和研究，是中国考古学史的重要篇章，古代蜀人从公元前2700年至前600年在此长逾2000年间不间断地演绎了人类文明从孕育、诞生、发展、辉煌到开始衰落的完整过程，这样的遗址，不仅在中国绝无仅有，在世界范围内也很罕见。

作者简介

　　雷雨　Lei Yu

　　雷雨，男，四川省文物考古研究院三星堆遗址工作站站长，研究员。他曾主持广汉三星堆、什邡桂圆桥和越南义立遗址的考古工作，目前正主持《广汉三星堆——1980~2005年考古发掘报告》编写，以及"十四五"期间三星堆遗址的考古工作。

陕西周原遗址近年考古发现

曹大志　北京大学

摘　要

一、2013年周原聚落结构调查

2012年下半年至2013年10月底，对整个周原遗址进行了全面调查。调查面积近50平方千米，铲刮记录断坎600多条，记录不同年代的文化遗存点近3000个，考古钻探面积近10万平方米。基本上搞清了周原遗址仰韶、龙山、商周、汉及汉以后各时期文化遗存的分布状况。发现商周时期墓地64处，在7处墓地中记录了9座带墓道大墓，记录了130多座夯土单体建筑。调查共发现手工业作坊遗存50多处，分为六大类：铸铜作坊、制骨作坊、角器作坊、玉石器作坊、蚌器（或漆木器）作坊、制陶作坊。

二、凤雏建筑区发掘

2014年9月起，周原考古队在凤雏建筑群进行较大面积的揭露。凤雏三号基址是迄今所知西周时期规模最大的单体建筑，总面积达2180平方米，始建于西周早期，到晚期彻底废弃。基址主体部分呈"回"字形，庭院中部有长方形铺石遗迹，正中长方体立石一块，从建筑形制、祭祀遗存等方面来看，凤雏三号基址有可能是西周时期的"社"。

三、水网系统的发现与发掘

2009年以来，池渠系统的发现是近年来周原聚落研究重要的考古成果。周原遗址池渠系统可分为引水渠、主干渠、支干渠、环壕沟渠等几类，可基于此将池渠系统划分为若干层级，相对应的功能区等级也并不相同。几十条池渠是遗址的给排水设施，也作为功能区间的分界。

作者简介

曹大志　Cao Dazhi

曹大志，男，北京大学考古文博学院助理教授。他的研究方向为中国青铜时代考古，曾在安徽寿县寿春城遗址、甘肃礼县大堡子山遗址、陕西岐山周公庙遗址、陕西周原遗址有过田野工作经历。

探秘公元前5世纪的地下乐宫：曾侯乙墓与相关考古发现

方勤　于淼　湖北省文物考古研究所

摘　要

1978年，曾侯乙墓发现于湖北省随州市西郊，墓主人为诸侯国曾国国君，生活在战国早期。这座公元前5世纪的墓葬保存完好，共出土文物15000余件。其中，出土青铜礼器268件，总重量达10吨；10个种类共125件乐器；一座65件套、刻有3775字铭文、至今仍可以演奏的大型编钟；大量工艺精美的金器、玉器和漆木器；等等。这些物品全面展现了中国古代"礼乐文明"时期的社会文化风貌及其在科学与技术方面的突出成就。

对曾侯乙墓的研究持续至今，随着越来越多的曾国墓葬被发现，关于曾国历史的认知逐渐明晰。其始封国君"南公"，为周王朝创建伊始的重臣，他被分封于铜矿资源丰富的长江中游地区，肩负守卫南土、监管青铜资源的重任。在此后长达700余年的时间里，南公的后代们镇守于此。东周时期，随着周天子权力的式微，曾国由盛转衰，大量的编钟铭文透露了这个世袭贵族从最初"左右文武"到后来"左右楚王"的身份转变。相关考古发现也展示了曾国与另一个南方大国楚国之间错综复杂的外交关系，为了解周代南方地区的政治格局提供了宝贵资料。

迄今为止，已发现300余座曾国墓葬，共13位可以确认的曾国国君，组成从西周早期到战国中期的曾侯世系。曾国在历史典籍中并无记载，为完全通过考古发现所揭示。本报告将展示曾侯乙墓最具代表性的考古发现、曾国历史研究的最新成果，以及未来研究的可能性。

作者简介

方勤　Fang Qin

方勤，研究员，历史学博士，先后毕业于北京大学考古系考古学专业、武汉大学中国传统文化研究中心。他的研究方向为中国青铜文化，现任中国考古学会理事、中国考古学会两周考古专业委员会副主任。他主持的郭家庙墓地发掘、苏家垄墓地发掘分别入选2014年全国十大考古新发现、2017年全国六大考古新发现。

他主持国家社科基金重点项目"枣阳郭家庙墓地发掘报告（2014—2016）"，并参与多项国家社科基金重大项目。所著《曾国历史与文化——从"左右文武"到"左右楚王"》，依据考古资料构建了名不见经传的曾国历史，引起广泛关注，该书2018年初版后售罄，于2019年再版。

于淼　Yu Miao

于淼，女，1980年生，传播学博士，副研究馆员，湖北省文物考古研究所公共传播中心负责人。自2011年她进入湖北省文物考古研究所工作，致力于传播与普及考古成果，建构沟通之桥，让公众更好理解考古发现之意义，让悠久的历史赋予现代社会以启迪。

于淼博士笔耕不辍，关注湖北地区考古成果，先后撰写科普图书《长翅膀的小鹿》《文物与成语》《长江中游的史前时代》，这些图书问世后获得广泛社会好评，提升了公众对考古发现的认知，促进中华文明在当代社会的推广与传播。

作为湖北省文物考古研究所的青年人才，于淼博士积极参与国际交流与培训项目，曾赴大英博物馆、法国卡地亚当代艺术基金会、新加坡文物交流中心等国际机构学习并推广中国传统文化。本次论坛，于淼博士将介绍20世纪中国最重要的考古发现之一——曾侯乙墓与曾国的历史。这个发现于1978年的战国古墓系统展示了中国青铜时代最鼎盛时期的文化面貌。

秦始皇陵考古的收获与认识

张卫星　秦始皇帝陵博物院

摘　要

　　经过近60年的考古工作，秦始皇陵发现的主要遗存可分为墓室墓道、正藏、墓上建筑、外藏、祔葬、祭祀、墙垣、门阙、道路、陵邑、工程以及附属遗存等。同时从丧葬结构看，这些遗存也构成了一个具有礼仪性质的整体。综合数十年的研究成果，已在主要问题上形成了共识，如遗存的时代、丧葬性质、陵墓的主人、陵园的形制、陵园布局轴线分区、外藏坑的内容与象征意义等，但对陵墓的范围及标志、陵墓的方向、个别陪葬坑的性质、个别祔葬墓的墓主、主要遗存的破坏行为定性、陵园的象征设计思想等仍存在争议。近年来，通过新的材料我们还认识到陵墓的建造与多种思想的融合有关，陵墓的图式与模型功能值得深入思考，陵墓还是新的思想观念下人神交通的关键节点等。

作者简介

张卫星　　Zhang Weixing

　　张卫星，1970年2月生，陕西省"四个一批"人才，陕西省特支计划哲学社会科学领军人才，秦始皇帝陵博物院研究馆员。他曾任秦始皇陵考古队队长、考古部副主任，现任科研规划部主任、秦文明中心副主任。1995年他从西北大学考古学专业毕业，2005年从郑州大学博士研究生毕业。他长期以来从事秦始皇陵及兵马俑的考古工作，2009—2019年主持秦始皇陵园的考古工作，进行了陵园的系统勘探，重点发掘了K9901、陵园礼制建筑、道路遗迹等。他主持参加多项国家社会科学基金、自然科学基金、国家文物局课题，参加中德、中日、中美等多项国际合作研究；出版的专著有《礼仪与秩序：秦始皇帝陵研究》（2018年获第二届中国考古学大会研究成果奖）、《秦战争述略》、《秦甲胄研究》，另外出版有考古报告4部，发表论文100多篇。

隋唐洛阳城的考古发现与研究

石自社　中国社会科学院考古研究所

摘　要

隋唐洛阳城创建于隋大业元年，经隋唐、五代与北宋，前后沿用500多年。隋唐洛阳城以其"前直伊阙，背依邙山，左瀍右涧，洛水贯其中，有河汉之象"的地理环境因素，宫城、皇城偏隅郭城西北的独特布局，整体划一、以里见方的里坊建制而在中国都城建设史上具有重要的历史地位。

1954年以来，隋唐洛阳城做了大量的考古工作，通过详细的勘探和重点发掘，究明了城址的规模和格局，对研究中国古代都城的空间规划、管理制度和居民生活具有重要意义。

宫城应天门北领宫城，南面与龙门双阙对峙，为一门三道过梁式建筑结构，是一组以城门楼为主体，两侧辅以垛楼，向外伸出阙楼，其间以廊庑相连的巨大建筑群。应天门的建筑格局对后世都城产生了深远影响，如北宋汴梁的宣德楼、元大都的崇天门，以及明清紫禁城的午门，无不是由这种形式演变而来，同时对日本、朝鲜等亚洲国家都城建制也有深远的影响。

武则天是唐代第三个皇帝唐高宗的皇后，也是中国历史上唯一的女皇帝，她即位后创建了明堂。按礼制，明堂应建在郭城之南三里之外、七里之内。武则天标新立异，将明堂建在了宫城正殿位置。明堂遗址的考古发掘工作对研究隋唐东都宫殿的形制布局与建筑特征具有重要价值。

天堂是武则天即位以后建造的用来贮佛像的礼佛堂，是一座方形台基上有五重呈同心圆布列承重基础的建筑，建筑形制十分独特。明堂和天堂是中国古代都城建设史上的新气象，不但改变了这一时期宫殿建筑的空间高度，而且其建筑形制布局在中国古代建筑史上具有极其重要的地位，具有极为重要的学术价值。

洛阳的历次城市总体规划都注重大遗址的保护工作，特别是依托国家考古遗址公园的建设启动了隋唐洛阳国家历史文化公园的建设，对隋唐洛阳城遗址进行整体性的保护展示，保护了遗产、传承了历史、提升了民众的生活，也促进了城市的发展。

作者简介

石自社　Shi Zishe

石自社，中国社会科学院考古研究所副研究员，洛阳唐城考古工作队队长，主要负责隋唐洛阳城的考古发掘与研究工作。他先后参与、主持发掘了隋唐洛阳城宫城中心区明堂、天堂遗址，九洲池遗址，应天门遗址，宣仁门遗址，永通门遗址，定鼎门遗址，唐宋时期宫殿遗址、里坊遗址等诸多大型遗址，发表了相关的研究报告、论文等，参与编写出版了综合性城址考古研究报告《隋唐洛阳城1959—2001年考古发掘报告》，对隋唐洛阳城的形制布局等诸多问题有较深入的认识，对唐宋时期的城市考古有较为深入的研究。

青龙镇
——海上丝绸之路上的港口遗址

陈杰　上海博物馆

摘　要

青龙镇遗址位于上海市青浦区白鹤镇，据文献记载，这里是唐宋时期重要的对外贸易港口。后因吴淞江变迁，港口功能逐渐丧失，至今遗址仅保留了青龙塔等少量遗迹依稀可以追溯旧时风貌。为了了解青龙镇遗址的文化内涵、市镇布局，2010—2019年上海博物馆考古研究部对该遗址进行了长期的考古勘探和发掘工作，历年共发掘约5000平方米，发现了佛塔塔基、建筑基址、铸造作坊、水井等重要遗迹，出土了大量的瓷器、建筑构件等遗物，取得了丰硕的成果。

历年考古发掘发现了大量的贸易陶瓷及相关遗迹，确证了青龙镇是唐宋时期海上丝绸之路的重要港口之一。特别是发现了北宋时期具有航标塔功能的隆平寺塔，这些考古发现与文献记载相吻合，为海上丝绸之路考古研究提供了新的材料。青龙镇是上海城镇发展史上重要的一环，史载镇上有"三亭、七塔、十三寺、二十二桥、三十六坊"，被称为"东南巨镇"。通过考古发掘来重构青龙镇市镇兴起、繁荣、衰落的一般过程，在市镇一级的考古中具有典范意义。此外，2016年隆平寺塔基的发掘为江南佛塔建造技术与佛教史研究提供了重要的材料。

作者简介

陈杰　Chen Jie

陈杰，上海博物馆副馆长，中国考古学会理事，上海市人类学会副会长。其专著荣获上海市哲学社会科学优秀成果奖著作奖，陈杰主持的青龙镇遗址考古项目被评为"2016年度中国十大考古发现"之一，主持的上海广富林遗址发掘荣获首届中国考古学会田野考古奖。

近年来佛教考古的新发现及相关问题的思考

李裕群　中国社会科学院考古研究所

摘　要

佛教考古是中国考古学的一个重要分支，近年来随着考古工作的展开，在佛教考古领域里已有不少新的发现。

新疆地区，由中国社会科学院考古研究所等单位最新发掘的于田县胡杨墩佛寺遗址和鄯善县吐峪沟石窟群遗址，展现了公元4—5世纪佛寺布局和壁画，为研究佛教艺术在西域的传播提供了重要的实物资料。

平城地区，由山西省考古研究所等单位发掘的云冈窟顶佛寺遗址，是一种以塔为中心、周围环以僧房的布局。2015年出土的佛教画石椁特别引人注目。

邺城地区，邺城考古队先后发掘了赵彭城北朝佛寺和核桃园北齐大庄严寺遗址，基本究明了北朝晚期佛寺布局。

太原地区，由中国社会科学院考古研究所等单位发掘的北齐蒙山开化寺佛阁和童子寺佛阁，是目前所见规模最大的。

上述地面佛寺表现出与犍陀罗地面佛寺的密切关系，具有重要学术价值。因此，需要加强对犍陀罗佛寺的研究。目前，各地区地面佛寺的考古工作亦不均衡，因此，加强区域内佛寺考古工作势在必行。佛教考古往往有新的发现，提供了新的视野，需要我们注重个案的研究。

作者简介

李裕群　Li Yuqun

李裕群，男，汉族，浙江桐乡人，1957年生。1978—1982年，在山西大学历史系考古专业读本科，获历史学学士学位。1982—1985年，在山西省古建筑保护研究所工作，主要从事古建筑的勘察、设计和研究工作。1985—1987年，在北京大学考古系研究生班学习，1989年获历史学硕士学位。1987—1990年，在山西省古建筑保护研究所工作，任第二研究室副主任，主要从事石窟寺和砖木结构古建筑的研究。1990—1993年在北京大学考古系攻读汉唐考古博士学位，并兼任考古系助教，1993年获历史学博士学位。1996年到中国社会科学院考古研究所工作，曾任考古研究所扬州队负责人、汉唐考古研究室副主任、副研究员。现任边疆民族与宗教考古研究室副主任、研究员。主要从事汉唐考古与佛教考古的研究工作。

Bulletin of the
Shanghai Archaeology
Forum, Volume IV

世界考古论坛
分组讲座摘要

第四届世界考古论坛会志

古南非的城市化与全球化

伊诺桑·毕莱伊　南非比勒陀利亚大学

摘　要

由劳特利奇出版社出版的《考古学与全球化》一书（塔马·霍多斯主编，2017）将全球化解释为一个"增加连通性的过程（表现为对连通性的社会认识）"。因而全球化并不一定意味着现代化、西方化或文化同质化，而是"共享行为和共同价值观的发展"（强调世界的整体性，兼顾差异性）。因此，该书撰稿人指出，无论是过去还是未来，全球化理论和物质文化研究都可以被用于讨论和更好地理解人类与文化之间的关系。自公元10世纪起，连通性在非洲南部已开始体现出来，尤其是津巴布韦高原及其周邻地区，形成了共享行为和共同价值观，这或许可以被视作全球化或全球化的雏形。这加速了该地区城市化的发展，在津巴布韦文化／文明证明了该地区的整体性的同时显示出包括文化在内的诸多差异。

作者简介

伊诺桑·毕莱伊　Innocent Pikirayi

伊诺桑·毕莱伊是比勒陀利亚大学考古学教授。他主要研究公元11世纪以来非洲南部复杂社会的兴衰。目前他正在指导大津巴布韦遗址的地质考古调查，来研究古代城市的水资源以及水在社会-政治结构中的地位。他是IHOPE（地球人类共同历史与未来）组织的创始人之一，该组织在全球范围内整合研究人员与项目，综合生物物理学、社会科学和人类学方法，以研究人类史和地球史。自2007年起，他成为AHP（非洲人文学科项目）的项目组成员，该项目着力于资助新研究方法的开创和非洲人文学科奖学金的筹集。2017年9月，他被任命为文物期刊《古代：世界考古评论》杂志的代言人，以便为更好地指导非洲青年学者制定战略。

阿兹特克帝国、新西班牙和墨西哥国都：全球化世界中的城市更替考古学

莱昂纳多·洛佩斯·卢汉　墨西哥国家人类学与历史学研究所

摘　要

在近700年的历史中，墨西哥城是以建筑更替的悲惨命运为标志的。从此意义上来看，整个城市与巴塞罗那相比，其城市面貌的发展更像纽约，因为新建筑并没有逐渐融入到城市原有景观之中，形成围绕原本市政中心的现代化同心圆结构。相反，多个世纪以来墨西哥城盛行这一观念：一座有活力的城市必须建立在昔日废墟之上。实际上，此种观念必然会导致许多城市中纪念性建筑遗产不可避免地消失。例如，阿兹特克帝国的中心，其繁华和最高等级的特诺奇蒂特兰古城被有条不紊地夷为平地以让位于征服者们的定居地和早期西班牙殖民者。不幸的是，该城随即被卷入蒸蒸日上的巴洛克式城市的建造洪流，没有留下原来的一砖一瓦。新西班牙殖民辖区看似无尽的矿产和农业财富充实着古城的新内涵。继而在很大程度上被波旁时期的新古典主义中心所取代。在自由主义的墨西哥共和国战胜了教会的强权后，特诺奇蒂特兰作为一国之都被大幅度改造，其中殖民时期最经典的传统艺术被毫不犹豫地拆除了。同样，随着沥青、混凝土、玻璃和钢铁的建筑元素被无情地强加于城市之中，这样的更替仍在20世纪再现。

作者简介

莱昂纳多·洛佩斯·卢汉　Leonardo López Luján

莱昂纳多·洛佩斯·卢汉目前是特诺奇蒂特兰大神庙发掘项目的负责人，也是墨西哥国家人类学与历史学研究所（INAH）的高级研究教授。他在巴黎第十大学获得考古学博士学位。其研究集中在位于墨西哥中部的前西班牙社会的宗教、政治和艺术，而且在墨西哥考古学史研究方面也取得了重大突破。到目前为止，他已完成16本著作，发表200余篇论文，并参与编辑了18部作品集。

莱昂纳多·洛佩斯·卢汉曾在法国索邦大学（巴黎第一大学）、巴黎高等研究实践学院、巴黎人类博物馆、巴黎高等研究院、罗马大学、普林斯顿

大学和哈佛大学担任客座教授/研究员。他曾获得多项荣誉，包括美国科罗拉多大学的尤金·凯登人文奖（1991年）、墨西哥科学院社会科学研究奖（2000年）和古根海姆学者奖（2000年）。同时他还是英国社会科学院、墨西哥历史学院、墨西哥国立学院和伦敦古文物学会的成员。2015年，他在"世界考古论坛·上海"中获奖。

考古学与城市化：以大都市伊斯坦布尔为例

穆罕默德·杰拉勒·厄兹多安　伊斯坦布尔大学史前部

摘　要

伊斯坦布尔位于黑海与地中海之间海上航线的瓶颈处，地处连接安纳托利亚-近东到东南欧的陆上桥梁。尽管伊斯坦布尔的地理位置对不同文化区的形成至关重要，但其城市考古至今只关注近古至中世纪的典型遗址，年代更早的则无人问津。虽然在大都市伊斯坦布尔内诸区域有大量考古发现，例如旧石器时代早期的亚林堡洞穴遗址和新石器时代早期的菲克里特佩遗址，但这却并未激发公众兴趣，公众普遍更加关注历史时期。

拜占庭古船的出土，新石器时代聚落遗存及保存完好的墓葬，修筑古港口海底通道时留下的人类足迹，这一切都出乎意料地激发了公众兴趣，促成了几乎全城范围内其他系统性的抢救性发掘项目。因而在过去的十年中产生了一些重要考古发现。最近还有公元前四千纪的土丘墓群被公之于众。本文通过列举一些最重要的发现，讨论公众意识是怎样被改变的。

作者简介

穆罕默德·杰拉勒·厄兹多安　Mehmet Celal Özdoğan

荣誉教授穆罕默德·杰拉勒·厄兹多安博士1943年出生于伊斯坦布尔，并在伊斯坦布尔大学获得学位，其主要研究方向为新石器时代早期山区农业经济的兴起和扩张。自1964年以来，他参与了多次发掘调查，包括柴奥努聚落、亚林堡、托普德佩、梅斯拉·特莱拉特、坎里格奇特和下皮纳尔遗址。最近，穆罕默德在色雷斯东部从事下皮纳尔早期新石器时代遗址的发掘，同时推进露天遗址类博物馆和文化遗产管理项目。考古学史、考古政策和环境考古亦在其专业领域之内。穆罕默德是众多学术机构的成员，包括美国国家科学院（NAS）和欧罗巴学院。他曾获得包括土耳其科学院奖（2001）、韦比·科赤基金（2008）和意大利骑士奖在内的诸多荣誉。在考古及文化遗产方面，他已出版26本著作，发表327篇学术论文。

阿努拉德普勒：斯里兰卡第一座首都以及它的全球化连通性

阿努拉·马纳图卡 斯里兰卡凯拉尼亚大学

摘 要

阿努拉德普勒是古斯里兰卡第一座也是最繁荣的首都。最迟在公元前4世纪，阿努拉德普勒即已成为城市中心。直到公元10世纪，它一直是斯里兰卡首都。这座城市与其他国家有着密切的贸易与文化联系，这些联系不时会影响到这座城市的兴衰。历史和考古资料都清楚地表明，除了邻国印度，它与中国和罗马都有着密切的联系。本文旨在发现并评估在公元前4世纪到公元10世纪之间与阿努拉德普勒有关的全球化连通性。

作者简介

阿努拉·马纳图卡 Anura Manatunga

阿努拉·马纳图卡是斯里兰卡凯拉尼亚大学的高级考古学教授，亦为大学文化遗产研究中心主任。马纳图卡教授是斯里兰卡考古学家委员会成员，也是斯里兰卡政府考古部顾问委员会成员。他担任中央文化基金会波隆那鲁瓦项目的考古主管，是教科文组织—斯里兰卡文化金三角项目锡吉里耶分部的助理主任，也是斯里兰卡政府文化事务部文化产权委员会成员。他曾被选为斯里兰卡皇家亚洲学会的荣誉图书馆员。

九寨沟阿梢垴遗址考古新成果：对高海拔生存的新认知

玳玉　加州大学圣地亚哥分校
安可·海因　牛津大学

摘　要

　　直到最近，人们一直认为中国阿坝自治州境内的高海拔森林山地地区在汉代甚至更晚才出现了人类定居。而本年度在九寨沟国家公园内阿梢垴遗址进行的考古发掘则表明，这里的人类定居最早可追溯到至少3000年前的新石器时代。本文将对四川省文物考古研究院、加州大学圣地亚哥分校、牛津大学、阿坝州文化局与九寨沟国家公园的合作项目进行概述。

作者简介

　　玳玉　Jade d'Alpoim Guedes

　　玳玉是加州大学圣地亚哥分校人类学系与斯克里普斯海洋研究所助理教授，环境考古学家、民族学家。善于采用多学科方法研究人类如何调整觅食行为和农业策略以适应新环境，并灵活应对气候与社会变化。其主要研究方法包括植物考古、古气候重建和计算机建模；其主要研究区域为亚洲，其中在中国开展了大量的工作，同时涉及尼泊尔、泰国和巴基斯坦等地。她常与农业专家密切合作，以检验现代农业体系中的传统作物，如小米、小麦、大麦和荞麦的地方品种潜质。

　　安可·海因　Anke Hein

　　安可·海因是牛津大学考古学院中国考古学系助理教授，考古人类学专家，主要研究中国西部的新石器时代和青铜时代文化，主要关注文化接触、身份认同、技术转移和制陶技术问题。她参与了甘肃和四川的田野项目，并从斯德哥尔摩博物馆馆藏中追溯中国西部史前时代制陶技术的变化。

土耳其的城市考古遗产：始于共和国早期的变化趋势

泽伊内普·厄兹多安　伊斯坦布尔技术大学

摘　要

得益于其悠久的历史，历史性的城市聚落往往也包含埋藏在地下的考古遗存。在土耳其，具有多层堆积的城镇的历史主要通过拜占庭至奥斯曼时期的标志性建筑来解读。但是，仅凭某些特定时期产生的宏伟建筑，无法解释当地的历史传承和聚落布局的变化。正因如此，一些曾在世界文化史上占据重要地位，且都被发现于过去重要贸易路线上的重要城市的历史，例如伊斯坦布尔、加济安泰普、塔尔苏斯、伊兹米尔都无法被完全界定。但是，近年来随着《瓦莱塔公约》的生效，考古调查已经在市中心的大型建筑工程开始之前进行。因此，过去只能通过文献来了解的甚至无从得知的重要信息，如今已被逐渐揭晓。无疑，调查的第二个重要步骤是确保考古遗存和相关信息能够面向社会。将文化资产与社会接轨的方法，在2008年国际古迹遗址理事会关于《文化遗产遗址解释和介绍宪章》以及2005年欧洲理事会颁布的《文化遗产对社会价值公约》（法鲁）中得到了强调，由此推动了城市考古学的发展。然而，在土耳其，城市考古遗址的保护与展示仍然有限。本文将介绍为抢救和展示共和国早期的城市考古遗址初期所做的工作，进而讨论国家政策的变化，然后着眼于当今土耳其有多层位堆积的历史城镇的考古研究，例如加济安泰普、塔尔苏斯、伊兹米尔，并讨论它们在文保及展览方面的潜质。

作者简介

泽伊内普·厄兹多安　Zeynep Özdoğan

泽伊内普·厄兹多安于1995年荣获文学学士学位（建筑学专业）。1999年她以如何保护和展示下皮纳尔新石器时代遗址为硕士论文主题而进行研究，2008年她又凭借关于保护土耳其20世纪移民村的研究而获得哲学博士学位。泽伊内普曾参与多个文化保护项目，包括土耳其科学院东南安纳托利亚村落建筑保护项目（2000—2003）。她的主要工作是负责记录土耳其西北部地区的乡土建筑（1996—2012）。自1997年起，泽伊内普负责史前遗址方面的遗产管理和建筑保护项目，并积极参与了下皮纳尔发掘资料的整理与出版。她还参与设计了下皮纳尔遗址博物馆和康利盖契特遗址博物馆，这些博物馆已经部分完成。身为土耳其国际古迹理事会和文化遗产管理委员会成员，泽伊内普在村落建筑、文化资源与管理方面已出版了5本书，发表了52篇论文。自1998年起，她担任伊斯坦布尔技术大学建筑修复系学术委员。

塔尔苏斯的城市化进程

阿斯利·米兹拉吉尔　土耳其海峡大学

摘　要

本文将以西里西亚地区的塔尔苏斯遗址为例，集中阐述地中海东部沿岸大型聚落文明的传承性。当代塔尔苏斯市中心由一座最晚建于公元前7000年的新石器时代村落发展而成，从未遭遇毁坏或废弃。有关塔尔苏斯重大全球性的变革，例如从村落向小城镇再到大城市中心生活的改变，已经在此处遗址进行了研究并将继续展开调查。本文将阐述被称为"古兹卢库莱"的城市土丘墓的年代序列和地层堆积，并重点关注该遗址和该地区历史时期的过渡阶段（青铜时代晚期至铁器时代、罗马帝国时代到近古时代、拜占庭时代至早期伊斯兰时代）。20世纪上半叶，在一所美国大学的赞助下，这座遗址由一位女性考古学家进行首次发掘，随即成为土耳其安纳托利亚考古的标志性遗址之一。近期，来自土耳其海峡大学的新国际考古团队正在对塔尔苏斯的古兹卢库莱冢进行发掘，这是对西里西亚海岸城市化进程中几大关键变革期的探索。

作者简介

阿斯利·米兹拉吉尔　Aslı Mizrahil

土耳其考古学家阿斯利·米兹拉吉尔现为土耳其海峡大学历史系全职教授，曾师从著名的古安纳托利亚研究者麦奇泰尔德·梅林克（Machteld J. Mellink），并在布林莫尔学院获得了古典及近东考古学的博士学位。米兹拉吉尔的研究领域是古安纳托利亚青铜时代及铁器时代物质文明的延续与文化的变迁。她还担任海峡大学塔尔苏斯-古兹卢库莱（位于地中海沿岸的西里西亚平原）发掘研究中心的带头人，并指导发掘城址的文化堆积。

在托罗斯山脉铁器时代城堡的建筑浮雕和文化认同方面，米兹拉吉尔亦著述丰厚（Asli Özyar-Halet Çambel, Karatepe-Aslantaş, Azatiwataya. Die Bildwerke. Mainz: Philipp von Zabern 2003）。作为海峡大学建筑学和历史学以及哈莱特·康拜尔-内尔·查基尔汗考古研究中心（Halet

Çambel-Nail Çakırhan Research Center)的创立者,近期她在指导一座有200年历史的海岸木屋的修复工作,该木屋由康拜尔-查基尔汗捐赠给海峡大学,作为研究中心。

卡霍基亚的城市化景观

苏珊·阿尔特　美国印第安纳大学伯明顿分校

摘　要

卡霍基亚的城市化程度令人惊叹。这是一座建立在伊利诺伊州中部湿地洪泛平原上的城市，其各地区范围向西横跨密西西比河，向东一直延伸至高地。这种地理位置似乎并不符合现代人建城最佳区位的参考标准，但卡霍基亚的宏大规模和复杂化程度在墨西哥北部的美洲原住民住地中首屈一指，足以被称为城市。在本篇文章中，笔者通过两条论据来解释为什么这种环境促使美洲原住民建城。第一条论据涉及对城市核心区外围的宗教区、行政区、农村和居住区中的数百座建筑、灰坑和其他遗迹进行的发掘，不仅勾勒出了市中心如何与周边的人群或社区互动的图景，还为理解城市化的产生原因及方式提供了关键数据。第二条论据是参照美洲原住民的口述史，力图更好地解释某一特定区域如何被赋予宇宙观的意义，而这一意义超越了今天我们认为可能更为重要的其他问题。

作者简介

苏珊·阿尔特　Susan Alt

苏珊·阿尔特是印第安纳大学伯明顿分校的人类学副教授，其科研关注点主要是水、地球、性别、仪式和人类社会的本体论关系。她的考古重心为俄亥俄河下游和密西西比河中部的山谷地区，特别是城市化和美洲印第安古城卡霍基亚及其高地神庙和聚落建筑群。她发表了多篇论文，著有《卡霍基亚的复杂性（Cahokia's Complexities）》（Alabama 2018）一书，也担任了最近出版的《新唯物主义和古代城市化（New Materialisms and Ancient Urbanism）》（Routledge 2019）其中三卷的主编。

贝塔萨马蒂：阿克苏姆镇（埃塞俄比亚）的发现和发掘

迈克尔·哈罗尔　美国约翰·霍普金斯大学

摘　要

阿克苏姆帝国是非洲最具影响力的古代文明之一。最新的考古勘探发现了位于阿克苏姆和红海之间的贝塔萨马蒂（Beta Samati）古镇。考古发掘显示，这里是当时贸易和宗教变革的中心，出土了许多重要的文物，包括大量地中海贸易往来的商品、一座早期的大教堂、碑刻和一个刻有凹纹的金戒指。从日常生活、宗教仪式和国际贸易的角度来看，贝塔萨马蒂曾是一处重要的行政中心，对阿克苏姆王朝具有深远而重要的意义。

作者简介

迈克尔·哈罗尔　Michael Harrower

迈克尔·哈罗尔是约翰·霍普金斯大学的副教授。他是一位考古学家，研究领域是非洲和阿拉伯地区悠久的文明史。他的研究重点是水系的空间、政治和意识形态变化，近期着重于古代贸易。就研究方法而言，他是地理信息系统（GIS）和卫星图像测绘这两方面的专家。近期，他在阿曼和埃塞俄比亚进行了有关长时段水系历史的田野工作，这项研究受到了美国国家航空航天局（NASA）资助，结合了考古调查（勘探）和卫星图像分析的方法。在埃塞俄比亚，他重点调查了阿克苏姆王朝之前至晚期（公元前1000—公元700年）的定居方式，以及新发现的贝塔萨马蒂古镇的出土文物。在阿曼，他进行了大范围的考古调查，并对铜和亚氯酸盐（软岩）的资源、生产和贸易网络进行了卫星图像测绘。

基于斯里兰卡古代灌溉制度的城市化与全球化考古分析

查达纳·威兹安纳其　斯里兰卡拉贾拉塔大学

摘　要

根据历史及考古证据，2500多年前，干旱地区灌溉管理是斯里兰卡文明身份的起源。在这一时期，人们的主要生活方式是农业生产。

干旱地区主要的环境问题是缺水。为了解决这一问题，人们开始有目的地建造灌溉系统以收集雨水和流水。因而，干旱地区水资源管理和水利技术是斯里兰卡灌溉系统的主要标志。

古埃及、美索不达米亚、中国、希腊和罗马等古代文明证明了灌溉对城市化发展的贡献，这也得益于全球化的发展。研究结果基于次级数据，例如来自考古学和文献来源的证据显示了实时灌溉技术的知识。公元4世纪，由潘杜卡巴哈亚哈国王（Pandukabhaya）建造的阿努拉德普勒（Anuradhapura）是这个国家的第一个首府。国王建造了阿巴亚湖（Abaya wewa），是灌溉系统的开端。后来，建造这座城市的其他国王逐渐建造了几个灌溉池（Wapi，Wewa湖），包括提莎湖（Tissa wewa）、加米尼湖（Gamini wewa）和努瓦拉湖（Nuwara wewa）。这些水池直接用于城市供水。由于其有效且持久的先进技术，灌溉湖至今仍被认为有其存在价值。建造波罗迦罗摩海（Parakrama Samudra）大型蓄水池的波罗迦罗摩巴忽国王一世［Parakramabahu（Ⅰ）］负责开发斯里兰卡干旱地区的第二首府波隆纳鲁沃（Polonnaruwa）。这些灌溉方案所用的水是由不断穿越河流的渡槽提供的。最后，通过研究这些灌溉方案对城市化的贡献，我们可以清楚地发现，除了市政供水之外，城市本身还需负责城市水沟保护、景观美化、降温以及为城市内外的宗教场所提供用水的任务。它为城市及其居民的可持续发展做出了巨大贡献，以满足他们日常生活的需要和愿望。因此，上述标志均可看作当今世界城市化与灌溉之间的联系。

作者简介

　　查达纳·威兹安纳其　Chandana Withanachchi

　　查达纳·威兹安纳其，博士，教授，斯里兰卡拉贾拉塔大学社会科学与人文学院院长，资深考古学家，曾获得斯里兰卡考古学家委员会奖学金。主要研究领域为灌溉考古学。他在国际工作坊和灌溉领域的实际工作中做出了贡献，是灌溉考古学方面专家，任斯里兰卡拉贾拉塔大学社会科学与人文学院学报编辑，并曾于国内外出版研究型文章和书籍。

全球化始于何时？查科人过去的经验空间、已知空间和想象空间

帕特里夏·克朗　美国新墨西哥州立大学

摘　要

全球化展示了贸易和技术如何将世界更紧密地联系在一起。即使是偏远地区，也能显示出这些远程联系。在美国新墨西哥州的查科峡谷中，发现了来自太平洋的贝壳、中美洲热带地区的大型鹦鹉和可可树、西墨西哥的铜铃，以及数百上千千米外陶工制作的陶器，显然这些非本地物品是远道而来，其含义经过了适当的调整或更改，以适应现有的需求、结构和习惯。对大多数查科人而言，其所经历的世界与这些物品的世界相去甚远，而很大程度上，查科人只将这些物品用于宗教和仪式，强调其异域神秘感。这些不同的物品显示出越来越多对未知社会空间、对他者的意识，以及在创建政治、经济、仪式和知识层次时对外来性的整合（甚至操纵）。

作者简介

帕特里夏·克朗　Patricia Crown

帕特里夏·克朗是新墨西哥州立大学人类学系的莱斯利·斯皮尔杰出教授，也是新墨西哥州立大学博尼托镇发掘工作的联合调查员。她在亚利桑那大学获得了博士学位，并于2014年被选入美国国家科学院。克朗教授曾在美国西南部的祖先镇、莫戈隆和霍霍坎地区进行过田野调查；自2004年以来，她一直在查科峡谷的博尼托镇及其周围进行发掘。她对仪式、过去女性的角色，以及儿童如何学习其成年后所需技能特别感兴趣。为解决这些问题，她研究陶器。她与合作者杰弗里·赫斯特一起用有机残留物分析方法，从查科峡谷的陶器中鉴定出墨西哥边境以北的第一个前西班牙时期的可可豆（巧克力）。她有三本合著《查科和霍霍坎》《前西班牙西南部的社会暴力》和《美国西南部的陶器生产》，一本独著《陶器与意识形态：萨拉多彩陶》和两本编著《前西班牙西南部的女人和男人：劳动力、权力和威望》和《查科峡谷博尼托镇土墩：物质文化和动物区系》。2020年她即将出版《缸罐之家：查科峡谷博尼托镇28号房址》。

印度中部阿舍利文化遗址的近期调查

西马德里·奥塔　印度考古调查局

摘　要

继对印度次大陆早期人类活动的问题进行研究后，近期在印度中部赖森县蒂科达-达姆东里（Tikoda-Damdongri）的村落周围开展了对阿舍利文化遗址的系统性调查。这些遗址已被证实为印度次大陆发现的阿舍利遗存最为丰富的遗址之一。

对文化材料的初步分析和地质考古调查表明，阿舍利人群在这片约6平方千米的区域内生活了相当长的时间。该遗址文化堆积较厚，不同地域丰富的遗物以及在一定区域内器物组合的变化，为反映人类行为模式和史前人地关系提供了极好证据。此外，该地区正在开展多方面的研究工作，包括遗址形成过程、古环境研究、地质考古等。这些研究必将为从宏观层面了解整个南亚地区，特别是印度次大陆的早期人类行为带来革命性的变化。

作者简介

西马德里·奥塔　Simadri B.Ota

西马德里·奥塔博士，曾任位于新德里的印度国家考古局局长，于2017年退休。他还曾任位于博帕尔的英迪拉·甘地国家人类博物馆馆长。奥塔博士于1987年获颁印度科学促进协会"青年科学家奖"。在印度考古调查局任职期间，他在不同地区进行了大量的考古调查，主要项目包括：中央邦纳尔默大坝淹没区的抢救性考古调查，以及在高海拔的拉达克喜马拉雅地区、安达曼群岛等地进行的史前调查。他在国内外发表过许多著作，涉及诸多考古领域，包括考古遗产管理。他的研究兴趣包括史前考古、田野考古、抢救性考古、文献资料、考古遗产管理和建筑保护等。当前，奥塔博士在史前研究领域有两个重要项目，其一是"赖森县蒂科达-达姆东里的阿舍利遗址的地质考古学调查"，另一个是"高海拔拉达克喜马拉雅地区的早期人类活动研究"。近期，他获颁泰戈尔国家奖学金（Tagore National Fellowship），以支持他对史前拉达克的继续研究。

斯瓦西里早期（公元900—1000年）坦桑尼亚西印度洋海岸的灾难与死亡

艾力纳扎·杰玛　坦桑尼亚达累斯萨拉姆大学人文学院考古与文化遗产学系

摘　要

　　洪水、热带风暴、海啸和地震等自然灾害对整个世界的古代社会产生了各种影响。与这些现象有关的考古学研究在欧美地区越来越多，尤以地质考古为甚，但是在东非，很少有考古研究关注其对当地社区的影响。而考古材料与古气候记录显示，西印度洋沿岸的低地居住点在全新世晚期偶尔会发洪水。本文将介绍来自坦桑尼亚东北部潘加尼湾的新考古材料，这些材料表明，约1000年前潘加尼河南岸的山洪使河口附近的古代村落遭遇灾难性毁灭。在吉姆遗址进行的发掘已经在疑似洪水源头的沉积物中找到了人类残骸。根据测年数据和地质考古证据得出的结论是，人们在洪涝前的一段气候干旱期占据了吉姆遗址，直到洪水摧毁该遗址并导致全体居民丧生。

作者简介

　　艾力纳扎·杰玛　Elinaza Mjema

　　艾力纳扎·杰玛是坦桑尼亚达累斯萨拉姆大学考古与文化遗产学系的高级讲师，分别在2006年和2008年在达累斯萨拉姆大学取得考古学本科和硕士学位，后于2015年在德国法兰克福大学取得博士学位。他是一名海洋历史考古学家，致力于重建古代与近代临海聚落的文化历史，并保护东非海岸的相关文化遗产。他最近发表的文章是关于西印度洋海岸古代灾难的考古学研究（Mjema 2018）。

景观和家户研究视角下奥约帝国的尼日利亚首都（公元1570—1830年）

阿金乌米·奥贡迪兰　美国北卡罗来纳大学夏洛特分校

摘　要

在这篇文章里，笔者阐述了其研究团队自2017年以来研究奥约帝国的首都奥约伊莱的新考古学方法。笔者强调景观和家庭是考古调查和数据收集的单位，将这次汇报设置在政治历史、政治经济和帝国首都城市化的聚落生态的背景下。笔者解释了重视景观和家庭研究方法的基本原因。这篇演讲提醒人们注意为了管理人口、使社会制度等级化、规范人口流动和社会交流，城市布局是怎样演变的。本文将研究重点放在家户和居住单位上，尝试回答有关阶级、性别、手工业经济、长途贸易、社会再生产和权力关系等动态问题，这些问题都对帝国首都的日常生活产生了影响。

作者简介

阿金乌米·奥贡迪兰　Akinwumi Ogundiran

阿金乌米·奥贡迪兰是美国北卡罗来纳大学夏洛特分校人类学与历史学系的非洲学研究教授，也是《非洲考古评论》的主编。他在波士顿大学和伊巴丹大学分别获得了博士学位和理学硕士学位。他的研究兴趣广泛，涉及约鲁巴世界（西非）的新兴社区、社会复杂性和文化历史的考古学研究。他早期的研究尝试探索了全球/区域社会、政治、经济发展进程对社区形成的影响，以及在公元1000—1800年，社会参与者是怎样利用物品和环境创造了知识、社区和身份的。目前，奥贡迪兰正在主持一项关于奥约帝国（西非）的政治经济、聚落生态和城市景观的研究项目。他还促进了大西洋非洲和非洲移民考古的合作研究项目。奥贡迪兰教授的研究获得了卡耐基基金会、社会科学研究委员会、温纳格伦人类学研究基金会、国家人文基金会和美国哲学学会等机构的支持。已出版的著作包括《大西洋西非的权利和景观》（剑桥大学出版社，2012）和《黑色大西洋世界里的仪式》（印第安纳大学出版社，2014）。

乍得湖盆地南部的社会规模和区域复杂化

斯科特·麦凯克恩　中国昆山杜克大学

摘　要

在前殖民时代晚期，中非乍得湖盆地南部共存多种社会政治形式，考古研究表明这是当地自公元前1000年以来就一直在发展的复杂文化体系的一部分。到公元两千纪早期，这个系统中的特定社群开始发展出与国家形态相关联的特征：复杂的政治等级制度，集中的行政结构，对合法暴力行为某种程度的垄断等。欧洲殖民者最终认识到这些国家后来在该地区的继承者：凯恩姆·博努（Kanem bornu）、豪萨·巴克威（Hausa bakwai）和后来的索科托·哈里发（Sokoto caliphate）、巴吉米（Baghirmi）及其较小的邻国。

与此同时，有大量证据表明，这些发展中的国家与一些人口众多、有一定经济实力，但未达到国家级社会政治等级的其他社会形态共存。这些较晚的社会中许多参与了复杂的交换系统，其中一些在该地区建造了各国难以与之相媲美的纪念性建筑。然而，假设这些社会要么是没有演变成国家，要么是处于衰退过程中的前国家状态是没有用的。在前殖民时期的乍得湖盆地，财富的创造往往与国家控制的边缘地区联系在一起，有时候通过暴力的过程（抢夺奴隶、掠夺、偷牛），有时不那么剧烈（制盐、捕鱼）。该地区的国家与周围的非国家社群形成了一种相互构成和动态的关系，这些社群的领土往往侵占到国家首都附近。因此，国家作为不同的社会政治实体而产生，作为同一进程的一部分，通过这一进程，其他社会被确定（和自我确定）为不同的文化体系的范例，它们往往与国家对立，被称为山地人、湖泊人口、边境地区的"土匪"社群。考古学家和其他研究人员面临的挑战与其说是了解特定国家或非国家社群的起源，不如说是了解这一复杂的区域社会政治系统发展的过程。

作者简介

斯科特·麦凯克恩　Scott MacEacher

斯科特·麦凯克恩是昆山杜克大学学术委员会副主任、考古学和人类学教授。自20世纪80年代初以来，他一直在非洲不同地区进行考古研究，特别是在喀麦隆北部和尼日利亚的曼德拉山脉周围。他主要的研究兴趣包括非洲的国家形成过程、种族和社会边界的考古研究、非洲文化遗产管理和考古遗传学。著有《寻找博科圣地：中非暴力史》，合著了《克梅—卡克里比：1999年至2004年乍得喀麦隆石油管道抢救性考古》，他担任了四卷刊物的联合编辑，并就非洲史前不同方面撰写了大约60篇论文。

尼日利亚西南部伊费考古遗址的冲突、城市化和未来

本杰明·奥贡弗拉坎　奥巴费米亚沃洛沃大学

摘　要

伊费古城以传统内涵丰富、文化遗产繁多而著称。利奥·弗洛贝尼亚斯（Leo Frobenious）1910年在伊费的探险据说是她考古生涯的开端。从那之后，围绕古城内部和周围开展的一系列考古工作揭示出其丰富的考古资源。虽然目前对古伊费人的文化表现形式和城市发展轨迹方面的研究已取得了重大进展，但这只是冰山一角。然而，考古工作因各种人为因素而中断。最近的调查显示，持续的伊费-莫达克危机，以及上次冲突后为重建城市而进行的快速城市发展都对古城的考古遗址产生了负面影响。本文回顾了这场危机和城市的无序发展，阐释了它们对考古遗址以及对早期历史事件的重建和解释产生的影响。最后，面对众多城市化的挑战，本文也提出了保护、保存和维持这些遗址的建议。

作者简介

本杰明·奥贡弗拉坎　Benjamin Ogunfolakan

1977年，本杰明·奥贡弗拉坎作为技术助理加入了当时的伊费大学（University of Ife）。1981年考入苏联（现俄罗斯联邦）莫斯科国立大学，在那里他凭借对考古学的热爱获得了历史学硕士学位。1988年，他回到奥巴费米亚沃洛沃大学（Obafemi Awolowo University）工作，之后他进入伊巴丹大学（University of Ibadan）攻读理学硕士和考古学博士学位。

自1988年以来，他一直致力于对约鲁巴人土地的历史考古学研究，尤其关注著名的"碎陶路面"（Potsherd Pavement），当地人称之为阿帕迪路沃（Apaadi Luwo），在伊费非常普遍。有趣的是，他在包括贝宁共和国和多哥共和国在内的30多个约鲁巴城镇和村庄发现了这种路面。

除了这种路面，他还一直致力于约鲁巴其他的工艺技术研究，确认了伊费地区的炼铁遗址。此外，他还一直致力于发掘奥孙州（Osun State）的旅游潜力，发现了许多文化和自然旅游地，特别是在尼日利亚奥孙州东北部地区。

2004年，他被任命为奥巴费米亚沃洛沃大学新开放的马丁斯·阿沃林勒沃·奥德耶米文物与非洲艺术博物馆（Martins Aworinlewo Odeyemi Museum of Antiquities and African Arts）的馆长。

他参加了国内和国际的许多会议和研讨会。2005年秋，他获得了著名的美国哈佛大学希拉·比尔德·福特基金会的基金。2006年春，他获得了美国阿默斯特学院的科普兰基金。他是美国哈佛大学的非常驻研究员。2015年，他通过以前的一个学生Akin Ogundiran教授，到美国北卡罗来纳大学夏洛特分校非洲系当了一个月的研究员。此外，他还是众多专业协会的成员，现任尼日利亚重要遗产研究会的全国主席，已发表了35篇学术论文。

古代玛雅的起源、发展和适应性

弗雷德·瓦尔德兹　美国得克萨斯大学奥斯汀分校

摘　要

古代玛雅的起源，是中美洲南部考古学近期研究的热点话题。玛雅社会何时开始？最早的社区是什么？北伯利兹能为早期社区和最早的玛雅村落提供参考模型。最早的半定居社区大约在公元前3000年出现，首批玛雅村落可追溯到前古典时期（Preclassic Period，公元前1000—前250年）。最早的玛雅似乎从早期的社区发展而来，并从中继承大量的知识。随着玛雅社会的日益复杂化和人口增长，它们也渐渐付出了一些代价。本文将介绍此区域聚落的历史概况以及玛雅人的适应策略。

作者简介

弗雷德·瓦尔德兹　Fred Valdez

弗雷德·瓦尔德兹博士是得克萨斯大学奥斯汀分校的人类学与考古学教授。他有超过40年在中美洲的研究和田野考察经验，注重对古代玛雅的研究。在获得哈佛大学考古人类学方向的人类学博士学位后，他受聘于得克萨斯大学，继续他的研究工作，并在培养新一代的考古人类学者方面做出了重要贡献。瓦尔德兹博士是危地马拉富布赖特访问学者（Fulbright Fellow），曾获得辛辛那提大学塔夫脱奖学金（Taft Fellowship）等诸多荣誉。他现任得克萨斯大学奥斯汀分校考古和热带研究中心（Center for Archaeological and Tropical Studies，CATS）主任，同时也在西北伯利兹担任伯利兹考古计划项目（Programme for Belize Archaeological Project，PBAP）的负责人。

尼日利亚约鲁巴北部地区最早的聚落、定居者以及社会政治变革

乔纳森·阿勒鲁　尼日利亚伊巴丹大学

摘　要

最近在约鲁巴北部的部分地区进行的历史和考古调查揭示了有关前殖民城邦出现的确凿证据。现存文献提供了重要数据，说明在15—19世纪，伊博米纳人的伊巴贾亚群体在约鲁巴北部社会政治发展中所起作用。该地区的考古调查表明该地区有丰富的人类文化遗产。现有的证据表明，伊勒斯王朝和他们统治的人民可以追溯到大约400—600年前，即14世纪上半叶到16世纪上半叶。放射性碳测年数据显示，在17世纪的最后25年中，伊巴贾亚对周边社群的统治达到了顶峰。

作者简介

乔纳森·阿勒鲁　Jonathan Aleru

乔纳森·阿勒鲁博士是伊巴丹大学的历史考古学教授兼考古与人类学系主任。1985年，阿勒鲁教授在伊巴丹大学开始了他的教学生涯，担任研究生助理。他在2011年晋升为教授。2006年至2008年期间，他是理学院研究生院副院长。2000年至2001年，在瑞典乌普萨拉大学考古与古代史系获客座奖学金。他是多个国家和国际机构的成员：尼日利亚考古协会、西非考古协会、世界考古大会、泛非史前史及相关研究协会和非洲考古学协会。他是西非考古协会（2010—2017）的第一副会长，也是世界考古学大会理事会成员（2008年至今）。迄今为止，世界考古学大会是世界范围内唯一具有代表性的考古学家机构。世界考古学大会为所有关心过去的人提供了一个国际论坛。阿勒鲁教授在国内和国际期刊上发表过大量论文，并在国内外许多会议上提交过论文。

重写城市景观：特奥蒂瓦坎激光雷达地图

杉山奈和　美国加州大学河滨分校

摘　要

　　考古学在重建长时段史前城市系统方面具有独特的能力，因此前哥伦布时代的重要中心特奥蒂瓦坎（公元1—550年）成为优秀研究对象，用以探索促成城市化的复杂社会政治、环境和经济状况。石柱建筑群广场项目在叠层景观的框架内解释了新的特奥蒂瓦坎激光雷达地图，量化了史前城市系统是如何对现代景观产生持久影响的。这个2.5维空间地图覆盖了特奥蒂瓦坎谷地的165平方千米，将米隆（Millon）测绘地图的覆盖范围扩大了122平方千米。这幅激光雷达地图不仅重新定义了古代城市的范围，还量化了现在的景观是如何追踪其过去的轮廓的。考古学对过去和现在景观间的连续性提供了有价值和有影响力的见解。激光雷达的数据已经证明，古代城市系统残存痕迹大量消失。为建造新国际机场而进行的大规模基岩开采，破坏了整个山坡上的许多考古遗迹。这些消失遗迹的证据，现在只能作为数字档案保存在我们的激光雷达地图上。

作者简介

　　杉山奈和　Nawa Sugiyama

　　杉山奈和是一位人类学考古学家，专门研究仪式化景观建筑、人和动物的相互作用，以及中美洲城市化的过程和影响。杉山教授于2014年获得哈佛大学人类学博士学位，随后成为史密森学会国家自然历史博物馆的彼得·巴克博士后研究员，目前为加州大学河滨分校的助理教授。她是联合国教科文组织世界遗产墨西哥特奥蒂瓦坎石柱建筑群广场项目的联合主管，她的团队正在特奥蒂瓦坎古城礼仪中心的一个中央市政建筑群进行发掘。作为一名动物考古学家和骨同位素专家，杉山教授写了大量文章，是关于在特奥蒂瓦坎和洪都拉斯科潘的玛雅中心，为祭祀而进行的动物管理和仪式性顶级食肉动物的饲养。

查加的水资源：灌溉系统的社群动态性使用、所有权、建设和管理

瓦朗斯·西拉约　坦桑尼亚斯特拉·马里斯·姆特瓦拉大学学院

摘　要

　　自前殖民时期以来，乞力马扎罗山的水资源不仅引起了查加（Chagga）本地社群的关注，也使19世纪初的来访者们十分着迷。长久以来，许多学者，如艾莉森·格罗夫（Alison Grove）、弗朗西斯·瓦夫鲁什（Frances Vavrus）、唐纳德·莫斯格罗夫（Donald Mosgrove）、马蒂亚斯·泰格赛斯（Mattias Tagseth）、马修·W. 本德（Mathew W. Bender）等人，都以此为研究对象进行了多方面的深入研究。这些学者最感兴趣的是关于水源的形成和管理。根据本德（2019：3）的说法，这是由"水文、技术、文化、精神和政治等不同的但又相互关联的知识体系"所界定的。新的一些研究，如本德（2016，2019）和西拉约（2017）探讨了乞力马扎罗山的水资源是如何成为争论的焦点，以及它如何成为简单社会复杂化发展的动因。水资源是查加的一切，水定义了他们的日常生活。水被用来灌溉（农民和寺院的）农田、饲养牲畜、家用、酿造啤酒，以及在其他社会文化活动中发挥作用。本文将使用多学科方法详细探索乞力马扎罗前殖民时期，灌溉沟渠的使用、所有、建设和管理社区层面的动态变化。此外，本文还论证了传统灌溉系统使查加社会变得庞大而复杂。

作者简介

　　瓦朗斯·西拉约　Valence Silayo

　　瓦朗斯·西拉约是斯特拉·马里斯·姆特瓦拉大学学院历史及考古学系的讲师。他在考古与历史研究、文化遗产管理和社区管理领域有着扎实的知识和丰富的经验。他研究查加的防御系统、前殖民时代酋邦和社会复杂化。他曾参与东非沿海多项田野工作。作为一个年轻学者和研究人员，瓦朗斯的学术研究灵活多变、充满热情、积极上进，致力于研究无价遗产资源的可持续利用，并对学习和发展新技术保持持久的热情。

伊朗历史名城哈马丹的城市考古新方法

雅哈布·莫哈马迪法尔　伊朗布-阿里大学

摘　要

　　哈马丹是伊朗西部的大都市之一。它位于阿尔文德山（Mount Alvand）脚下，是伊朗最古老的城市之一。哈马丹被誉为"伊朗的历史和文明之都"。这座城市是伊朗第一个君主政体——麦地安王朝（公元前700—前550年）的第一个首都。它也是阿契美尼德王朝（公元前550—前330年）、帕提亚（公元前248—前224年）和萨珊王朝（公元前651—前224年）的夏都。此外，这座城市在伊斯兰时代一直是统治者关注的焦点，阿维森纳墓（Avicenna Tomb）是这座城市的象征。大约90年前，一位名叫卡尔·弗里施（Carl Frisch）的德国工程师在旧的城市基址上建造了这座现代化城市，他建造了6条主要街道和一个中央环岛。该城市被誉为城市设计中的第一座现代化城市。

　　经过长时期的探索，帕提亚时期一个具有特殊建筑和城市化的古城遗迹出现了。这座面积超过40公顷的古城是这一时期最大的城市之一。哈马丹的显著特征是持续了25个世纪中存在和延续。经过两个组织多年对城市发展与古代文明的争执，城市官员的态度和方式终于逐渐改变，并于2018年在哈马丹举办了两场出色的旅游活动，其中一项是亚洲活动（ACD），另一项是全球活动（UNWTO）。这种态度的转变是考古学家和那些对文化遗产感兴趣的人长期努力的结果。之后，在联合国教科文组织的帮助下，2019年丝绸之路沿线宗教会议也在哈马丹举行。获得世界绿色城市证书是哈马丹的另一大特色。显然，在传统与现代之间的冲突和面临的挑战中，现代性最终稍显劣势。该市六条主要街道中有两条专用于人行道，不允许汽车进入，并且作为城市骨干古老而悠久的主轴线，被选为人行道。本文讨论了遗迹和遗物的作用及一些居民和商店老板在城市转型中的抵制行为，以及该计划的正面和负面影响。

作者简介

雅哈布·莫哈马迪法尔　Yaghoub Mohammadifar

雅哈布·莫哈马迪法尔主攻历史时期，2005年8月，获得伊朗德黑兰塔比阿特莫达勒斯大学考古学博士学位。

论文：《扎格罗斯中部帕提亚遗迹和聚落的调查与分析》

1996年8月，获得伊朗德黑兰塔比阿特莫达勒斯大学考古学硕士学位，主攻历史时期。

论文：《早期到新埃兰时期埃兰人雕塑风格和用途的新研究》

著作：

（1）《帕提亚考古与艺术》（大学教材），2008年，大学人文学科教材研究与编写机构，德黑兰（波斯语）；

（2）《帕提亚时期以利玛利人的解脱》，范登·比格、路易斯、克劳斯·希普曼著，2007年，大学人文学科教材研究与编写机构，德黑兰（译著）（译为波斯语）；

（3）《前伊斯兰时代伊朗的历史和文明简介》（大学教材，出版中），大学人文学科教材研究与编写机构，德黑兰（合著）（阿拉伯语）；

（4）《扎格罗斯中心考古项目》（准备中），马修斯R，穆罕默迪法尔Y，马修斯W，莫塔列姆A，第1卷：2008年在谢赫·阿巴德和贾尼的发掘，牛津：牛津大学出版社和英国波斯研究所。

论文：50篇。

泰国东北部的二次瓮棺葬传统

纳鲁弗尔·旺通查罗恩　泰国艺术大学考古学院考古系

摘　要

自史前时期以来，瓮棺葬传统就是东南亚大陆和沿海地区为人熟知的一种葬式。根据测年可知，这种葬式在泰国东北部最早的考古证据可追溯到新石器时代，即大约距今4000—3500年前，大部分瓮棺用于埋葬婴儿和儿童的遗骸。然而，在距今约2000—1000年前的史前时代晚期和历史时代早期处于前国家社会的芒奇山谷地区，二次瓮棺葬俗开始出现，并取代了原有的一次瓮棺葬传统，且已普遍用于所有年龄段的遗骸。本文致力于通过系统梳理文献考察这些葬式传统的分布情况，包括绝对年代和相对年代的时间意义上的分布，以及通过对泰国东北部楠帕查考遗址中二次瓮棺葬的人类遗骨进行案例分析，考察人群的综合健康状况。

作者简介

纳鲁弗尔·旺通查罗恩　Naruphol Wangthongchaicharoen

纳鲁弗尔·旺通查罗恩在泰国艺术大学考古学院考古系取得了博士学位，现为该系讲师。在此之前，曾作为合同制考古学家或者研究助理参与过许多不同的考古学和体质人类学项目，这些项目都在泰国艺术部和诗琳通公主古人类研究中心(公共机构)的指导下进行。此外，他的研究侧重于史前社会晚期的泰国东北部和中部地区，尤其是生物考古学或包括埋葬行为在内的人类骨质考古学。

西方式的城市化发展进程为什么没有出现在玛雅低地？
——伯利兹河谷的视角

詹米·何塞·欧　克莱尔·艾伯特　美国北亚利桑那大学

摘　要

在过去的20年里，中美洲考古学家在研究古代玛雅文化的社会政治组织和史前聚落的结构方面付出了艰苦卓绝的努力。为了解决这些问题，学者们利用了来自亚洲、欧洲、非洲，以及日本文化背景下的政治组织模型。一些学者提出，玛雅低地的政治景象由"不稳定的政局所构成，这种政局下的民众则被意识形态和血缘关系团结在一起"。其他一些学者则支持一种向心化国家的看法，认为这些玛雅国家的行政组织并不是基于血缘的。由此引起的讨论还包括中美洲城市的结构问题，例如玛雅城市是否显示了城市的定义中那些属于"真正的城市"的特点。尽管这些问题——尤其是在玛雅低地中心区域城市的案例中——已经得到了解决，许多问题依然亟待探讨，例如为什么人口密集的"西方式城市中心"会出现在中美洲的一些非玛雅地区，这些地区从没有被真正调查过。我们的研究正是聚焦于这些问题。我们检视了伯利兹河谷的古代玛雅聚落，力图探索那些阻碍"西方式城市化"出现的元素。

作者简介

詹米·何塞·欧　Jaime Jose Awe

詹米·何塞·欧，伯利兹河谷考古勘测项目负责人，北亚利桑那大学的人类学副教授，伯利兹考古研究所的荣誉成员。他在加拿大安大略省的特伦特大学取得了人类学荣誉学士和硕士学位，又于伦敦大学学院取得了考古学博士学位。2003年至2014年间，他在伯利兹考古研究所担任第一任主任，负责管理他的祖国——伯利兹的考古遗产。在他漫长的职业生涯中，他指导了伯利兹几个主要考古遗址的保护工作。他的研究范围广泛，从印第安远古时期一直到16世纪欧洲人征服中美洲，他都有所涉及。近年来，他的研究主要关注伯利兹西部文化复杂性的兴起，以及在玛雅文化衰落时期，人类对环境压力的反应。

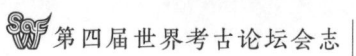

克莱尔·艾伯特　Claire Ebert

克莱尔·艾伯特（博士，宾夕法尼亚州立大学，2017年）是北亚利桑那大学的讲师。她是一名人类学考古学家，研究方向是早期农业社区复杂性起源的比较研究。她的研究将考古学和空间分析等方法与环境考古学方法相结合，以检验经济实践在应对不断变化的生态、气候和社会条件方面的作用。她在伯利兹的主要田野工作是研究古玛雅人的饮食和干旱之间的关系。过去一年，她还在伯利兹西部开展了一个新的研究项目，研究粮食生产的集约化与热带森林环境和气候变化的关系。

作为一个国际化城市的泰勒达巴：埃及学的学科挑战

托马斯·施耐德　中国南方科技大学　加拿大英属哥伦比亚大学

摘　要

　　埃及考古学的传统关注点在于殡葬考古，现代发展的压力导致了一种局面，即埃及只有极少数城市得到了保存和深入研究。最著名的此类城市——尼罗河三角洲东部的泰勒达巴（阿瓦里斯Auaris）——已成为融合埃及和近东文化及人口的城市典例；在后来被占领的时期，它是埃及黎凡特后裔所统治的希克索斯王朝的首都。这种文化状况使人们猜测，早期埃及的许多其他城市在本质上也可能具有类似的世界性。有趣的是，对泰勒达巴（阿瓦里斯Auaris）的发掘发现了另一种学术和公众接受的方式，这种方式忽略了考古证据，或故意用否定的眼光来表现。可以看出，这种观点是20世纪末和21世纪初关于埃及学和埃及考古学如何处理古埃及研究和历史重建的学科冲突的结果。

作者简介

　　托马斯·施耐德　Thomas Schneider

　　托马斯·施耐德作为加拿大英属哥伦比亚大学的埃及学和近东研究教授被借调到深圳南方科技大学（SUSTech）担任副校长（国际）。在苏黎世、巴塞尔和巴黎学习后，他于2001—2005年在瑞士巴塞尔大学担任国家科学基金会的初级研究教授，2005—2007年担任斯旺西大学埃及学讲座教授。他在维也纳大学、海德堡大学和耶路撒冷希伯来大学担任客座教授，并在纽约大学和加州大学伯克利分校担任客座学者。他曾于2016年在中国社会科学院考古研究所担任客座教授，并于2018年在上海大学担任客座教授。他发表了大量关于埃及与近东和北非的联系、埃及历史和年代学、埃及历史音韵学和纳粹德国的埃及学史方面的文章。他是《埃及历史杂志》的创始编辑，并代表美国东方研究学院（2012-8）担任《近东考古学》的编辑。

班考文化：泰国西部新石器时期文化研究新进展

素帕玛斯·东萨昆　泰国文化部艺术厅

摘　要

班考文化是一支位于泰国西部的新石器时期文化，该文化以位于北碧府的班考遗址（距今4200—3300年）命名。这座著名的遗址于20世纪60年代由佩尔·索伦森（Per Sorensen）和钦尤迪（Chin Yoodi）发掘。班考因出土了农业遗存的证据和别具风格的陶器而显得格外重要。索伦森认为诸如三足陶器和陶支架等一些突出类型的陶器，反映出其与中国龙山文化的联系。为进一步了解这种史前文化，艺术部从2009年开始对班考文化进行研究。田野工作已扩展至最早发现班考文化的奎内（Kwai Noi）河河谷地区以外。这次工作确认了不少遗址，特别是在湄南河（他钦河）河谷西部的遗址。班考文化遗址可分为两组，一组分布在山上，一组分布在低地。

本文将会探讨在素攀府农亚赛县平原的古墓发掘工作，研究人员在那里发掘出120座带有随葬品的墓葬。放射性同位素（AMS）测年结果显示该遗址距今4000—3000年，这一结果与班考文化的时期相吻合。尽管它们之间有着密切的联系，但农亚赛遗址出土的某些随葬品却反映出了自己的文化特征。一些埋葬方式与班考文化相异，但似乎又与湄南河河谷东部（巴塞河Pa Sak river）相似。更有趣的是，陶器分析表明，进口的陶器在巴塞河河谷一带很常见。这项研究旨在进一步细化东南亚大陆的新石器文化史前序列。

作者简介

素帕玛斯·东萨昆　Supamas Doungsakun

素帕玛斯·东萨昆，1975年12月19日生于泰国巴蜀府。1997年于泰国艺术大学（Silpakorn University）考古学系获文学学士（考古学）学位。2005年在玛希隆大学（Mahidol University）环境与资源学院攻读环境管理技术硕士学位。1997年毕业后，作为一名考古学家供职于泰国文化部艺术厅二区办公室至今。2003年，第一次参与发掘农亚赛县的一处班考文化遗址。6年后，主持开展了班考新石器文化的调查项目，并延续至今。

下信德省（印度河三角洲贸易港口）考古工作概述

阿斯玛·易卜拉欣　巴基斯坦国家银行　博物馆、文献与美术馆部

摘　要

本文将介绍过去几年在信德省（位于印度河三角洲）开展的发掘勘探工作，以及最近几年仍在继续进行的工作。

印度河三角洲地区在信德这一块的工作是最有趣也最艰难的，此处快速变化的三角洲已冲毁了数个遗址，这些遗址是早期伊斯兰时代到莫卧儿王朝时期的重要港口。该地区与远东、埃及、斯里兰卡、罗马、伊朗和中国间，曾通过三角洲港口和丝绸之路进行着活跃的贸易往来。这些遗址中的发现显示出（信德）与上述地区的相似之处，相似器物的原材料既可能是外来的，也可能是本地的。这一现象必须通过科学分析来确定。

本文涉及由笔者发现的水下城市的最新发现，并可以进一步解决巴哈伯尔（Banbhore）和德巴尔（Deybal）的相关问题。传说中在39天内建成的亚历山大要塞，也是该地区的发现之一。

在巴哈伯尔进行的发掘也是这项研究的一部分。从2012年到2016年，巴基斯坦-法国-意大利联合考古团队对其进行了科学发掘。尽管1965年到1985年间，该遗址由考古及博物馆部进行过发掘，但没有任何科学报告发表。现在已完成了对该遗址的首次玻璃（锶同位素）分析。本文将简要介绍并讨论这项工作。

作者简介

阿斯玛·易卜拉欣　Asma Ibrahim

阿斯玛·易卜拉欣博士（部长）是一位资深考古学家 / 博物馆学家和文物保护专家，她是国家银行和博物馆、文献与美术馆部的创始人和部长。在此之前，她以不同的身份在巴基斯坦政府考古和博物馆部门担任策展人 / 主管长达20年。

她以顾问身份参与了多个博物馆和文物保护项目建设。她是非政府组织巴基斯坦SEAS、考古与环境研究中心先驱，英联邦博物馆协会理事，也是国际货币与银行博物馆理事会（ICOMON）南亚区的首任理事。

她的研究作品已在国内外出版，包括两本针对四、五年级的教材。她目前正参与建立巴基斯坦国家银行档案馆，并与美国哈佛大学医学院一起从犍陀罗墓中提取人类遗骸中的古DNA。

BBC，Horizon，Discovery，ZDF＆HBO和BBC频道4都记录了易卜拉欣博士在波斯木乃伊方面的开创性工作。

作为富布赖特访问学者，阿斯玛以"萨拉·霍拉犍陀罗墓地的古代人类遗骸中锶、氧和氮同位素分析"为题，开展了她的博士后研究工作。

阿根廷中部半干旱地区狩猎采集者的生活方式

巴勃罗·梅西尼诺

布宜诺斯艾利斯省中心国立大学社会科学院　阿根廷国家科学与技术研究委员会

摘　要

　　这项工作的目的是综合不同的考古证据（例如动物、植物考古，石器和骨器技术以及年代分析），以便了解全新世期间阿根廷潘潘沙丘中部（the Central Pampean Dunefields）狩猎采集者的生活方式。该地区是阿根廷潘潘（Pampean）平原中部的半干旱区域之一，其主要地貌为抛物线形沙丘。这些考古遗址通常发现于永久性和临时性的浅水湖泊的边界上，而且其中一些遗址在全新世期间被狩猎采集者周期性地居住过。

　　平原中部沙丘地带的早期人类遗迹可追溯到距今约10000年前，当时湖泊是建造居住营地的首选场所。这似乎是气候条件得到改善，以及经过几代人的探索，以及对当地环境（淡水来源和动物活动）的认识不断提高的结果。在全新世中期，植物考古学研究表明，这片区域经常被用来埋葬，代表这些湖泊被作为永久居住场所。动物考古学分析表明，人类族群在这一时期食用的物种种类繁多。此外，美洲鸵鸟（Greater rhea）蛋的完整性与淡水资源短缺有关，它们与居住在非洲沙漠中的狩猎采集人群使用的鸵鸟蛋相似。

　　整个全新世期间，狩猎采集人群的流动性很强，这一点从各种非当地的石器原料和大西洋沿岸的海洋软体动物的出现中可以看出。大多数石器来自东南方250—350千米处（坦迪利亚山脉系统Tandilia Range System），但也有少量岩石来自阿根廷中部其他地区。

　　在全新世晚期，考古遗址显著增加，这一事实表明，人口密度上升，居民流动性下降，前西班牙裔狩猎采集群体的居住更加持续。全新世晚期发生的另一个重大变化是出现了陶器等重要创新。这些狩猎采集者对技术创新的采用和整合发生在一个以社会复杂性的变化为特征的文化背景中。综上所述，狩猎采集群体改变了适应性和流动模式，以应对阿根廷中部半干旱地区发生的文化和环境变化。

作者简介

巴勃罗·梅西尼诺　Pablo Messineo

巴勃罗·梅西尼诺是社会科学院（布宜诺斯艾利斯省中心国立大学）的考古学教授，也是阿根廷国家科学与技术研究委员会（CONICET）的研究员。他主要研究的课题是美洲聚居形成和巨型哺乳动物灭绝的过程，特别是研究人类在新地域的迁徙和殖民，比如阿根廷潘潘草原内部。他还研究了阿根廷中东部最近15000年石器工具的生产和使用、狩猎采集社会的生存模式和适应情况，以及当地地貌演变。目前，梅西尼诺教授是由《国家地理》杂志资助的跨学科项目的主要负责人。

自上而下和自下而上的水资源管理：柬埔寨吴哥改变水资源管理策略的历时性模型

莎拉·克拉森　加拿大英属哥伦比亚大学

摘　要

公元9世纪至15世纪，柬埔寨西北部的大吴哥地区曾是高棉帝国历代首都的所在地。

这一面积超过1000平方千米的区域，已被改造成一个精心设计的景观，其特点是自上而下的国家资助的水利基础设施。目前考古证据显示，该地区著名的寺庙形成了扩大的定居点的核心区域，包括数千个池塘、居址和周边寺庙。居所是用木头和不耐用的材料建造的，这些材料没有存留下来，但吴哥城的遗迹仍然保留在景观的表面。这些遗迹很难确定年代，到目前为止，地表考古数据缺乏年代上的辨识度，这是理解吴哥发展和衰落轨迹的最重大挑战。

在本次演讲中，克拉森结合不同类型的考古数据集，在新寺庙社群的基础上开发了历时性的景观发展模型。这些寺庙社群与国家资助的大量水利基础设施相结合，是吴哥农业生产系统的重要组成部分。随着时间的推移，国家尝试集中生产，自治的寺庙社群被国家资助的大型农业部门所取代。

作者简介

莎拉·克拉森　Sarah Klassen

莎拉·克拉森于2018年获得亚利桑那州立大学人类学（考古学）博士学位。她现在在英属哥伦比亚大学担任加拿大社会科学与人文研究委员会（SSHRC）的博士后研究员。她目前正在指导科尔考古项目（Koh Ker Archaeological Project），并共同指导柬埔寨考古激光雷达项目。这些项目均由加拿大社会科学与人文研究委员会和欧洲研究理事会（ERC）资助。有关她的工作请关注instagram@klassenarchaeology或sarahklassen.ca。

恰塔霍裕克的最新研究成果

奇勒·西林格鲁　爱琴海大学考古学系

摘　要

恰塔霍裕克是世界上最具代表性的史前遗址之一，因其密集的泥砖建筑、壁画和形象艺术闻名于世。经过数年发掘之后，这处总面积13.5公顷的遗址还在不断为考古学家们了解安纳托利亚和西南亚新石器时代生活方式提供新的信息。2018年以来，最新的发掘集中在先前尚未调查研究的土丘区域。我的演讲会集中介绍当前安纳托利亚新石器时代考古的核心问题，并与恰塔霍裕克的最新研究关联起来。

作者简介

奇勒·西林格鲁　Çiler Çilingiroğlu

奇勒·西林格鲁的研究方向为安纳托利亚史前历史，特别关注旧石器时代末期、中石器时代和新石器时代。他对西南亚和爱琴海地区从更新世晚期到全新世早期的新石器化过程非常感兴趣。

他的博士论文研究的是土耳其西部伊兹密尔附近乌鲁卡克遗址的新石器时代陶器。他对这些材料进行了类型学、制陶技术和出土情境等方面的研究，揭示了在遗址长期使用过程中（约公元前6700—前5800年）制陶技术的变化。他还详细对比了安纳托利亚、爱琴海地区和保加利亚的新石器时代遗址，反映了区域间陶器生产、使用、交换和功能上的相似与不同。

2015年，他参与了在土耳其西部沿海进行的一项调查，该项目的目的在于了解卡拉布伦半岛从旧石器时代早期到土耳其共和国早期的长期定居情况和发展历程。从景观考古学的角度来讲，其中的一个目标是发现短期营地和有人类活动的前新石器和新石器时期遗址。最终发现了土耳其西部第一个原生的旧石器时代遗址，以及第一个旧石器时代末期和中石器时代遗址。

自2018年起，他接手伊安·霍德先前完成的项目，开始主持恰塔霍裕克的发掘工作。他在恰塔霍裕克的工作着力于遗址的早期使用阶段，还有土丘上研究有所欠缺的区域，从而了解更多自公元前8世纪晚期到前6世纪早期，遗址建立、发展和废弃的历程。

从一个千年到另一个千年：莫克索斯平原东南土丘风格的断裂和转变

卡拉·雅梅斯·贝当古　德国波恩大学美洲人类学系

摘　要

不同生态系统中人为土丘的存在一直是美国考古学界一个充满争议的话题。最近几十年来，争论已扩展到广阔的亚马孙地区。其中一个例子是位于莫克索斯平原东南的大型土丘。在这一地区发现了高达20米的群丘，它们的建造与居住时间为公元400和1400年之间。

土丘建造和居住社会的长期、持续发展，显示了一种复杂的社会动态，这种动态并没有摆脱更广泛的区域进程的影响。通过分析所调查的近百座土丘的陶瓷材料，并将其和陶瓷年表进行类比，我们试图从历时角度来了解这些遗迹开始出现的原因和时间，以及在居住历史上我们可以从什么角度来谈论位于莫克索斯平原东南部的"纪念建筑"。

本文探讨了土丘的政治和/或仪式作用，以及它们与突然发生的转变之间直接或间接的关系，这些转变主要发生在亚马孙河地区：第一阶段是公元1世纪，第二阶段在第二个千纪初期。

作者简介

卡拉·雅梅斯·贝当古　Carla Jaimes Betancourt

卡拉·雅梅斯·贝当古，德国波恩大学美洲人类学博士，并获得了玻利维亚圣安德烈斯大学考古学学位。在2004年至2015年期间，她是德国考古研究所"莫霍斯德国玻利维亚考古项目"的联合主任。主要研究玻利维亚和厄瓜多尔亚马孙地区的大型土丘和前西班牙时期的陶器。她的环沟系统中伊特内斯/瓜波雷（Itenez / Guapore）陶瓷复合物研究获得了基金（2010—2014）支持。曾担任厄瓜多尔基多天主教大学（2013）、圣安德烈斯大学（2015）和利马秘鲁天主教大学（2018）的客座教授。在国家民族志和民俗博物馆（MUSEF）任职，并负责羽毛艺术的研究和《羽毛的力量》（2015）目录的出版。自2016年以来，她一直担任德国波恩大学美洲人类学系讲师和研究员。她著有关于亚马孙考古学的专著，并在期刊上发表了几篇相关文章。

早期原始城市主义的消亡和全球新石器时代生活方式的出现：新石器时代晚期的恰塔霍裕克及其影响

阿卡迪亚斯·马西尼亚克　波兰波兹南大学

摘　要

新石器时代带来了人类历史上第一次城市革命。一批大型城市在近东地区出现，基本可以确定这些城市都住着成千上万的人。这次城市化的高峰发生在公元前8000年下半叶。这些城市的迅速衰亡标志着新石器时代社区发展进入到一个新时期。事实证明，新石器时代组成要素的重构，是新石器时代生活方式迅速从近东核心区传播到外界的基础。新石器时代的案例首次揭示了城市化的现象及其与全球化进程的关系。恰塔霍裕克是近东地区最新的原始城市中心之一。由于在这个聚落的持续工作，与上述过程相关的，这个新石器时代晚期聚落的特点被逐步揭示出来。本文旨在概括导致恰塔霍裕克原始城市中心衰亡和新石器时代新形势出现这一变革的特点。这些发展及其深远影响将在近东这个广阔的背景下进行讨论。

作者简介

阿卡迪亚斯·马西尼亚克　Arkadiusz Marciniak

阿卡迪亚斯·马西尼亚克是波兹南大学的考古学教授。他关注西亚和中欧早期农业社区的发展及其向复杂社会的转变过程。他提出了新石器时代晚期转变的概念。他指导了土耳其恰塔霍裕克新石器时代晚期聚落的发掘。他对新石器时代农业社区的动物考古也有很大兴趣。他是社会动物考古研究的发起人和倡导者，这是一种旨在研究人与动物之间多层面的社会关系的范式。他还关注考古实践的政治性以及遗产政策和战略的挑战因素。他开发了一个创新性的IT平台，旨在创建和维护不同的考古资源的数字馆藏（例如 hatch.e-archaeology.org）。他还为考古遗产和考古学领域提供了许多次职业培训。

史前爱琴海的城市化和连通性：一种自下而上的方式

乔治斯·瓦沃拉纳基斯　希腊国立雅典大学

摘　要

公元前第三个千年期间，希腊和爱琴海地区出现了早期城市中心。它们被视为社会高度复杂性的现象，通常被归因于社会不对等现象和精英阶层的出现。克里特岛也是如此，在公元前第二个千年初期，第一座米诺斯宫殿通常会建造于新建立的城镇中。有人认为，城市化与第一批精英诞生之间的联系并不像传统所认为的那般紧密。此外，有证据表明，在某些情况下，城镇生活的发展并没有明显的中央政权。因此，它们的出现不是原因，而是爱琴海史前城市化的结果。城市化源自横向的高度连通性而非纵向层级的社会组织。这与早期社会试图通过诸如仪式活动建立共同的集体价值观以确保在一定区域内有效地再现社会关系的做法背道而驰。从自下而上的角度看史前爱琴海，中央集权的出现是对非等级制和包容型社会组织模式普遍的、低层级策略的反应。

作者简介

乔治斯·瓦沃拉纳基斯　Georgios Vavouranakis

乔治斯·瓦沃拉纳基斯是希腊国立雅典大学（NKUA）研究史前爱琴海的副教授。他于1994年在这所大学攻读历史学和考古学，专业为考古学和艺术史，并在谢菲尔德大学获得了硕士学位（1998）和博士学位（2002）。他擅长米诺恩克里特岛和考古学理论的研究，发表了史前爱琴海社会构成中米诺恩建筑的社会维度、丧葬习俗以及关于陆地景观和海洋景观的著作。他还出版了关于希腊史前考古学史的著作。他曾在塞浦路斯和克里特岛主持田野项目，目前是NKUA考古和艺术史实验室的主任，也是NKUA在雅典附近的马拉松进行考古发掘的领队。

贡开遗址聚落和活动的断代与分析

戴瑞斯·埃亚　柬埔寨吴哥管理局

摘　要

　　人们普遍认为贡开是一座延续时间短、非传统规划的10世纪吴哥城市，是在阇耶跋摩四世（Jayavarman IV）统治下首都迁移后在偏远丛林中开辟出来的。在此之后，首都迁回到吴哥，贡开被时间和森林湮没。越来越多的研究者发现这种说法是站不住脚的；根据最近的调查结果，贡开表现出规模更大、更复杂、更持久的城市现象。2015年在中心城市核心区的发掘显示，两个遗址的基础活动时间都在7到8世纪之间。此外，陶器组合的各个方面与7到8世纪的三波坡雷古（Sambor Prei Kuk）遗址非常相似。中上层和表层的陶器包括了暂时被定为高棉和中国的陶器，表明9到14世纪及以后，这个遗址仍然在被使用。磨光陶器（buffware）可能表明4世纪到6世纪时该遗址已经存在。这些经测的遗址还包含大量10世纪的特征。目前尚不清楚中层或者上层的堆积是否能代表10世纪及以后的持续利用，周期性利用还是场地再利用等问题。有些证据支持前者而有些支持后者。显然该地区曾在长期内异常活跃，其区域职能也扩散到了其他地区。

作者简介

　　戴瑞斯·埃亚　Darith Ea

　　戴瑞斯·埃亚博士是吴哥考古公园的古迹保护和考古部副主任。

　　他于1995年获得金边皇家美术大学文学学士学位，2000年获京都大学硕士学位，2010年获大阪大谷大学博士学位。自2000年以来，他一直在吴哥管理局工作（该机构负责保护吴哥考古公园），并在皇家美术大学考古学院教授高棉陶器史。他还在暹粒的柬埔寨智慧大学教授柬埔寨历史、高棉研究和世界文明。2004年，戴瑞斯获得了亚洲文化委员会的资助，在亚利桑那州立大学、弗利尔与赛克勒美术馆（属于史密森尼博物院）和宾夕法尼亚大学考古学和人类学博物馆进修，研究如何管理从挖掘到保存过程中的文物。他组织协调了吴哥管理局和众多国际团队之间的项目。

　　戴瑞斯·埃亚博士的主要研究兴趣集中在9到15世纪吴哥时期的高棉

粗陶器。他发掘了吴哥地区的10多座粗陶器窑址和其他具有纪念意义的遗址，并在国际会议上展示。2015年，他接管了吴哥地区出土陶器的管理工作，作为吴哥管理局新陶器保护、研究和文档保存计划的一部分。2014年9月至2015年5月，他作为新加坡纳兰达-斯利维查雅科研中心的访问学者，联合策划了之前的合作研究和田野教学项目。在这些项目中，他发表了一篇关于托普切伊窑的开创性论文，出版了一本关于吴哥窟的专著，并主办了有关柬埔寨考古研究的研讨会。

考古遗址圣达菲拉维耶哈（1573—1660）的研究
——西班牙-美洲殖民城市的商业网络以及欧洲、美洲和亚洲产品的消费

加布里埃尔·科科　圣达菲市民族学和殖民地博物馆

摘　要

圣达菲拉维耶哈位于阿根廷圣达菲省。它是拉普拉塔河最早的西班牙裔美洲人城市之一，由胡安·德·加雷指挥的西班牙探险队在原住民领土上建立。建立该城的目的是控制原住民社会的领土，并打开与巴拉圭、大西洋和上秘鲁的商业往来路线。1660 年，该市被废弃并迁至现在的圣达菲定居点。1949 年，该遗址被发现，目前已被建成为一个考古公园，保留了部分城市布局，包括住宅、教堂和市政厅的遗迹。这次考古研究的目标之一是将居民所消费的物品与连接美国与欧亚的商业网络联系起来。这些研究收集了 37000 件陶瓷制品，包括商业玻璃容器，西班牙、葡萄牙、意大利和巴拿马的陶瓷，中国瓷器，原住民和西班牙裔美洲人的陶器。

这张海报展示了考古学、类型学以及用X射线荧光（FRX）和X射线衍射（DRX）进行化学和矿物学表征的考古学研究的结果。这些研究是由圣达菲的民族学和殖民地博物馆在巴塞罗那大学的技术项目框架内进行的。（殖民地新世界的技术冲击。陶瓷考古学和考古学中的文化转变-HAR2008-02834/HIST，HAR2012-33784和HAR2016-75312-P）

因此，对圣达菲拉维耶哈陶瓷藏品的研究使人们能够确定文物的生产中心，并将其与官方路线（船队和帆船系统，马尼拉帆船，秘鲁利马港和智利圣地亚哥港）和非官方路线（巴西大西洋沿岸的违禁品）联系起来。通过这些途径，那些源于欧洲、美洲和亚洲的商业和国内产品，被16和17世纪的圣达菲社会所消费。

作者简介

加布里埃尔·科科　Gabriel Cocco

加布里埃尔·科科是阿根廷共和国罗萨里奥国立大学的人类学家（考古学方向）（1996），阿根廷圣达菲市民族学和殖民地博物馆" 胡

安·德·加雷"、阿根廷共和国圣达菲拉维耶哈考古公园的馆藏协调员兼研究和管理负责人，民族学和殖民地博物馆"殖民考古学：从圣达菲拉维耶哈（1573）到圣菲德拉维拉克鲁斯（1660）"项目的负责人。

他的研究主题是西班牙裔美洲人的历史考古学，殖民地城市主义和南美低地的考古学。

作为"圣斯皮里图斯堡（1527—1529）的恢复和整合管理"项目（由圣达菲创新和文化部与西班牙巴斯克大学合作）的联合主管，他被提名为2015年上海考古论坛SAF奖（田野考古发现奖）。"圣斯皮里图斯堡"是西班牙人在阿根廷领土上的第一个定居点。

他是伊比利亚-美洲殖民地城市主义研究网络（RII_UC）、皮乌拉大学（秘鲁）、立陶宛国立大学（阿根廷）、马德里政治大学、萨尔瓦多理工大学和巴拿马古城管理处的副研究员，国际项目"殖民新世界中的技术影响"的研究人员，在巴塞罗那大学发表由Jaume Buxeda i Garrigós指导的"考古学和陶瓷考古学（ARQ / UB）的文化变革"。

卡霍基亚社群的元素

艾琳·贝岑豪瑟　伊利诺伊州考古调查局

摘　要

11世纪末，美国的第一个城市卡霍基亚诞生于伊利诺伊州西南部边缘。这个庞大的城市中心由多个区域组成，它们拥有共同的建筑特征，却表现出不同的内部组织分区。这一巨大综合中心内的建筑模式和工艺生产碎片表明了可能存在的宗教分区，如果不是由于政治或种族，这些分区不是有组织地产生的。这些内部分区包括在卡霍基亚初期就已积极建造的社区，并最终形成了一种超越前密西西比乡村生活的社会秩序。在这篇文章中，我们将居住区与其他类型的职业区区分开来，将人类与非人类住地区分开来。我们制定了建筑多样性、密度和定位的新标准，以识别卡霍基亚社区的元素，并检查它们是如何被创建和重新配置的。我们认识到，这些建筑中至少有一部分是专门为吸引和庇护其他生命体而建造的，它们是卡霍基亚兴衰的一部分。这篇文章得益于在东圣路易斯和卡霍基亚进行的大规模广泛发掘所获的数据。

作者简介

艾琳·贝岑豪瑟　Alleen Betzenhauser

艾琳·贝岑豪瑟是伊利诺伊州考古调查局的高级考古学家，也是美国边区野外站的协调员。她对密西西比现象在美国边区的发展有着浓厚的兴趣，这种现象在物质、建筑和空间结构的变化中得到反映和调和。她的著作包括编辑卷中的章节，同行评议的文章，以及关于疏林时代晚期和密西西比陶器、建筑、不平等、社区、城市化的研究报告。她持续通过各种公共宣传活动、研讨会和参观活动来宣传圣路易斯地区的考古学。

吴哥从外到内：柬埔寨马德望省的家户考古学

艾莉森·卡特　美国俄勒冈大学

摘　要

透过家户考古学的研究对居住空间的探索，将有助于更好地从多角度理解社会。先前关于吴哥家户的研究多聚焦于首都之内的遗址。马德望省（Battambang Province）的人类居住的考古学资料可以追溯到全新世早期，这里也是现在柬埔寨主要的稻米生产区域，在讨论过去马德望省与吴哥腹地关系研究时，其农业贡献是关注的焦点。我们的田野工作围绕11世纪的巴塞寺（Prasat Basaet）寺庙展开，致力于此区域居住的性质和时间长度的理解。马德望省的家户考古学，为讨论吴哥首都如何对周围居民的生活产生影响提供了一个契机。本文将呈现在巴塞寺两个田野季度的初步结果，并和先前在吴哥的工作进行比较。

作者简介

艾莉森·卡特　Alison Carter

艾莉森·卡特，俄勒冈大学人类学系助理教授，是研究东南亚政治经济和社会复杂化的考古人类学家。她以"铁器时代（公元前500—公元500年）东南亚大陆的贸易、交换和社会政治发展：来自柬埔寨与泰国的宝石与玻璃珠的观察"为论文题目，获得威斯康星大学麦迪逊分校（the University of Wisconsin-Madison）的博士学位。她目前是柬埔寨"发掘古代家户项目（Project Excavating Ancient Households, Pteah）"的主要执行者和偕同计划主持人，该项目针对马德望省前吴哥时期、吴哥时期和后吴哥时期的居住空间展开调查。此外卡特的研究兴趣还包括东亚和南亚考古学、激光剥蚀感应耦合电浆质谱（LA ICP MS）和材料分析、手工业技术和专业化、仪式与宗教、贸易和交换以及珠子的研究。

地方和宏观区域视野下墨西哥西北部和美国西南部的全球化

本·纳尔逊　美国亚利桑那州立大学

摘　要

拉克马达（La Quemada）是墨西哥西北部众多的区域中心之一，形成于约公元600—900年中美洲文明向北扩张期间。一些考古学家将扩张归因于气候变化，而另一些人则关注于它在中美洲和美国西南部的远距离交流关系中所起的作用。考虑到堡垒式的建筑和以不同方式排列的数量惊人的人骨，这之间很可能还存在冲突的问题。拉克马达·马尔帕索（La Quemada-Malpaso）河谷研究团队的考古项目站在当地的视角探讨了这些现象，通过地球科学探索环境变化，基于化学和岩石学评估交换关系，根据生物考古学测定社会暴力和利用种族考古学了解区域仪式传统是如何整合当地的原住民。最近，另一个小组，由墨西哥西北部文化联系与影响项目主导，一直在从宏观区域的角度研究远程交流的问题，他们收集和分析了来自中美洲和美国西南部数百个前西班牙时代的聚落中所发现的异域物品和符号的数据。本报告将回顾这些相关项目的重要发现，探索拉克马达和它的姊妹政体是如何成为全球化进程的一部分。历经数个世纪，最终在更加广阔的地区建立了联系。

作者简介

本·纳尔逊　Ben Nelson

本·纳尔逊是亚利桑那州立大学人类进化与社会变革学院的人类学名誉教授，于1995年至2019年在那里任教。他对墨西哥西北部和美国西南部的前西班牙时期的社会政治复杂性和关联性的周期性兴衰很感兴趣。他是墨西哥的拉克马达·马尔帕索山谷考古项目的领队，同时也是前西班牙时期墨西哥北部与西部文化联系与影响项目的联合主管。纳尔逊曾是人类进化与社会变革学院的副主任，也是美国人类学协会考古部的前任主席。他是三本书的作者或编辑；他的文章发表在《美国人类学家》《美国古代》《墨西哥考古学》《人类生态学》《人类学考古杂志》《美国国家科学院院刊》和《第四纪研究》等期刊上。

城市化进程与分析

罗兰·弗莱彻　澳大利亚悉尼大学

摘　要

考古学传统上将聚落形态分为如下几类：营地、村落、城镇和都市。然而过去单一的、严格定义的类型现在却变得模糊不清。这些聚落类型普遍认为是对不同规模的概括，并倾向于在等级化理论框架下线性地理解由高度流动的小型聚落演变为定居式大型族群的过程。然而，显而易见的是，以农业为基础的城市化包含紧凑的、高密度的聚落和分散的、大规模的低密度聚落，也包含季节性的和完全流动的城市聚落。此外，我们还知道有国家管理的牧民经营的大型营地。现在很清楚的是"城市化"的定义具有区域性，此前全世界范围内通用的普世定义变得脆弱且脱离事实依据。问题在于社会分析需要这些异化的命题，且每个地域的定义只服务其自身，又不受其他地区定义的影响。尽管如此，全世界的考古学家仍继续相互沟通，并且我们知道自己在谈论什么，即存在着某种意义上的全球性的聚落现象。我们倾向于认为考古学家能够识别出城市。因此，如果我们希望探讨地域间的关联和影响，我们应该尊重地域的特殊性，同时放弃物质性和社会之间特定的关联，并且将动态化且有区别的路径作为跨地域研究的基础。那么，不论是持有激进或是尊重的态度，我们都可以分析不同的模式，而不是将多样的文化现象归纳为一个个模糊不清的类型或是直接抵触跨地域比较。

作者简介

罗兰·弗莱彻　Roland Fletcher

罗兰·弗莱彻教授于20世纪60年代在牛津大学接受教育，博士论文是关于加纳和埃及的聚落考古。1975年取得博士学位后他在悉尼大学任教。1995年，剑桥大学出版社出版了他的专著 *The Limits of Settlement Growth*。自1999年开始，他负责主持吴哥窟国际考古项目，包括城市布局、空间分布、经济、环境和衰亡的研究。他的研究重点为聚落动态和考古学理论。从2018到2020年，他每年6月在位于奥胡斯的丹麦国家城市研究中心智库担任客座研究员。他目前的研究重点是物质性对人类社会行为的影响。

不仅仅是自然灾害：从过去展望未来

玛格丽特·纳尔逊　美国亚利桑那州立大学

摘　要

　　干旱、风暴和飓风等极端气候一直是人类生活面临的巨大挑战，许多人认为，灾害正以越来越多的方式影响着人类的安全。如今，灾害管理人员敦促我们通过减少人为造成的脆弱性来降低气候挑战带来的影响。但在灾难发生前，弥补资金漏洞所需资金，对政府和非政府组织而言有巨大压力，因为这些薄弱环节尚未被关注——人们没有挨饿，基础设施没有被摧毁。那么，我们如何确定人为的脆弱性是极端气候影响程度的一个有力"预测者"呢？通过分析气候、环境和社会变化的长期序列，考古学和历史研究可以提供一种方法。在这些序列中，我们可以检查是否在人类的脆弱性负荷最高的地方极端气候的影响程度最大。笔者关注了7个地区的长期历史/史前时期中罕见的气候挑战和人为造成的脆弱性，其中3个在北大西洋的亚极地岛屿，4个在美国西南部的干旱到半干旱的沙漠。笔者也评估了极端气候事件对粮食安全和社会环境的影响程度。

作者简介

　　玛格丽特·纳尔逊　Margatet C. Nelson

　　玛格丽特·纳尔逊是亚利桑那州立大学人类进化与社会变革学院（School of Human Evolution and Social Change）名誉教授，以及巴雷特荣誉学院（Barrett Honors College）名誉副院长。她在新墨西哥州西南部的明布雷斯（Mimbres）地区进行合作研究，重点研究文化传统在社会和生态方面的连续性和变化性。最近，她领导了两个跨学科研究团队。第一个是关于美国西南部和墨西哥北部史前小农的适应性和可持续性的社会生态问题（公元600—1500年）。第二个侧重于气候挑战对人类的影响，包括在美国西南部和北大西洋的冰岛、格陵兰、法罗群岛和苏格兰的研究人员（PNAS 2015）。纳尔逊在2008年被选为美国科学促进协会的会员，并因其卓越的教学成就而被认可为ASU百年教授、ASU家长协会年度教授和ASU主席教授。

使用新技术记录玛雅城市景观：激光雷达在伯利兹河谷的应用

克莱尔·艾伯特　北亚利桑那大学

摘　要

对城市中心的考古研究往往依赖于人口统计学及其功能性定义，即城市作为人口密集的中心区，主要是为了经济活动而发展起来的。然而，这种特征限制了考古学家比较和对比城市区域属性的灵活性，因为城市区域并不总是经济或社会活动的中心。虽然大多数研究玛雅低地前西班牙城市化的考古学家会同意大型中心是"城市"的观点，但对玛雅城市化的本质仍有疑问。像激光雷达（光探测和测距）遥感这样的新地理空间技术正在帮助研究人员在热带地区开发更动态的方法来了解在古典时期（公元300—900/1000年）与城市化有关的各种属性。激光雷达在玛雅东部低地伯利兹河谷的应用提供了一个案例来研究几个古典时期中心区的城市化特征是如何变化的，内容包括聚落规模、城市功能、农业基础设施、建筑环境，以及其他社会和经济功能。通过研究结果，我们记录了城市相关属性的模式，从而构建一个描述玛雅低地这部分城市景观的比较框架。

作者简介

克莱尔·艾伯特　Claire Ebert

克莱尔·艾伯特（博士，宾夕法尼亚州立大学，2017年）是北亚利桑那大学的讲师。她是一名人类学考古学家，研究方向是早期农业社区复杂性起源的比较研究。她的研究将考古学和空间分析等方法与环境考古学方法相结合，以检验经济实践在应对不断变化的生态、气候和社会条件方面的作用。她在伯利兹的主要田野工作是研究古玛雅人的饮食和干旱之间的关系。过去一年，她还在伯利兹西部开展了一个新的研究项目，研究粮食生产的集约化与热带森林环境和气候变化的关系。

城市化之前
——伊比利亚第三个千年早期的聚集性与纪念性

莱昂纳多·加西亚·圣胡安　西班牙塞维利亚大学

摘　要

　　那些可追溯到第三个千年初期的巨型遗址的发现，对理解导致西地中海城市生活的社会进程提出了新的挑战。巨型遗址占地数十公顷，具有许多重要的古迹（巨石墓，沟渠围墙）、数千个坑洞以及那些揭示了中长距离接触的材料集合。这些巨型遗址现已成为研究伊比利亚铜器时代的主要参考点。在本文中，我将讨论大型遗址对于聚落变化、纪念性和人口聚集的研究意义，这些现象是社会复杂化加剧的重要证据，也是通往城市化过程中失败轨迹的重要证明。

作者简介

　　莱昂纳多·加西亚·圣胡安　Leonardo García Sanjuán

　　莱昂纳多·加西亚·圣胡安（1967）是塞维利亚大学（西班牙）的史前史教授。在过去的25年中，他从事了伊比利亚新石器时代晚期、红铜时代和青铜时代的社会研究工作，重点研究了诸如社会复杂化、纪念性、埋葬方式和巨石景观等主题。目前，他领导了瓦伦西纳（塞维利亚）红铜时代大型遗址和安特克拉巨石景观（马拉加）的研究项目，最近编辑了关于巨型石碑的大量专著，如《蒙特利里奥》（2016）、《孟加》（2018）。2015年至2016年期间，他带领科学团队支持将安特克拉石墓遗址列入《世界遗产名录》，这种意见得到了2016年7月在伊斯坦布尔举行的联合国教科文组织大会的认可。他曾经（或现在）是UISPP（国际史前史和原史科学联盟）、中国社会科学院上海考古学论坛、欧洲考古学家协会以及西班牙和安达卢西亚政府的科学委员会成员。在过去的10年中，他在阿根廷、奥地利、法国、德国、爱尔兰、葡萄牙、英国、乌拉圭和美国做了客座讲座。2019年，他因对伊比利亚史前晚期历史研究的贡献而获得了法国善信学院的克里斯蒂安·让·吉兰恩奖。

绿洲定居社会中无城市化的王权：古代花剌子模的阿克查汗-卡拉遗址

艾莉森·贝茨　澳大利亚悉尼大学

摘　要

在大约公元前200年至公元200年间，中亚阿姆河三角洲地区兴起了一座绿洲王国。大规模防御性遗址阿克查汗-卡拉，正是这一时期的王室所在地。该遗址为理解当时宣扬王权的方式提供了丰富的证据，而这些方式则源于波斯的王权神授模式。尽管在三角洲地区有大量的防御性工事和其他同时期的大型堡垒，但这里并没有传统意义上明显的城市化迹象。相反，在一个分散的乡村社区中有一个权力中心，这个权力中心很可能依附于国家组织获取灌溉资源。与周边游牧联盟的关系为当地社会和经济结构增加了复杂性。本文概述了在古代花剌子模没有出现城市体系的情况下，我们应该如何理解权力的本质和经济管理方式。

作者简介

艾莉森·贝茨　Alison Betts

她是悉尼大学埃德温·卡斯伯特古代中东考古和神话学的教授。她主要研究中东和中亚地区的游牧民族考古。她对欧亚大陆和中国早期文化交流尤其感兴趣。她也是在乌兹别克斯坦的卡拉卡尔帕克和澳大利亚探险队的联合负责人，研究琐罗亚斯德教的早期历史和作为王权宣扬工具的古代艺术。

在埃及阿斯旺新发现的墓地：丢失的一环

帕特里齐亚·皮亚琴蒂尼　意大利米兰大学

摘　要

帕特里齐亚·皮亚琴蒂尼将介绍西阿斯旺的埃及-意大利考古队EIMAWA于2019年冬季在阿斯旺进行的考古研究的第一批结果，这是米兰大学和埃及古物部新的联合项目。该项工作共调查了2万平方米的面积，发现了大约300座公元前6世纪到公元4世纪的墓葬，并且其中一座已经完成发掘。35具木乃伊埋葬于此，其中两具可能是一对母子，发现时他们相互拥抱在一起。还发现了大量遗物和一张陪葬床的大部分，上面有完整的象形文字铭文，刻着埋葬在坟墓里最重要的人的名字——"阿斯旺军队的首领"帕米瑞赫（Pamerih）。尽管那个时期阿斯旺居民的生活由于纸莎草纸以及城市地区和神庙的考古发现而被知晓，但无从得知他们坟墓所在处。因此，这个巨大墓地的发现构成了具有历史和文化重要性的缺失环节。

作者简介

帕特里齐亚·皮亚琴蒂尼　Patrizia Piacentini

帕特里齐亚·皮亚琴蒂尼自1993年起担任米兰大学埃及学和埃及考古学教授，米兰大学文学、艺术和环境遗产博士学院院长，米兰大学埃及档案馆（世界上最大的埃及学档案馆之一）的科学主任，《埃及和埃及文献档案图书馆》杂志的创始人和主编。作为考古学家，她自2018年起担任在西阿斯旺的EIMAWA的负责人。她在意大利和世界各地组织了许多埃及学展览和大会。著有200多部出版物，其中《埃及与法老》于2010年和2011年出版了两卷，《俯瞰埃及1914：摄影师先驱西奥多·科夫勒的再发现》于2015年出版。

中国黄河下游青铜时代城市的环境考古

齐德淳　美国圣路易斯华盛顿大学

摘　要

现在世界上一半以上的人居住在人口稠密的城市，这就引发了一个关键问题：城市是可持续发展的，还是天生对环境有害的？对早期城市环境影响的考古评估为思考当代城市生活的复杂挑战提供了基准。当代研究对城市化及其环境后果产生了不同的看法。对一些人来说，城市伴随着"城市劣势"，它们吞噬了不成比例的自然资源，导致了大范围的环境退化，同时集中了有害的疾病和污染物。另一种观点认为，人口密集的城市提供了一种"城市优势"，因为它们具有环境效率，从社会互动中得到的积极反馈产生的经济价值大于资源消耗的比例。关于城市及其环境之间关系的考古学研究很少，迄今为止所做的许多工作都强调了中美洲或东南亚地区由轮歇农业维持的低密度城市系统。相比之下，中国的城市是高密度的聚落，由集约的土地利用实践支撑。本文通过对黄河下游青铜时代遗址的研究，探讨了城市的可持续性。探讨中国青铜时代古城高密度城市化与环境条件的关系，为探索"城市优势"和"城市劣势"模式提供了考古学依据，有助于我们提炼城市可持续性的概念。这项工作通过探索城市化如何影响人类景观的长期变化，有助于我们进一步理解人类世变化的本质。

作者简介

齐德淳　Tristram Kidder

齐德淳是圣路易斯华盛顿大学人类学系的教授。他的工作探索了全新世人类是如何被环境和景观改变的。利用地质考古和环境考古学的方法，他在密西西比河流域、中国的黄河流域以及哈萨克斯坦和乌兹别克斯坦开展了工作。

孟加拉国的城市化与全球化考古

沙纳吉·莱娜　孟加拉文科大学

摘　要

孟加拉国独立于1971年，位于印度西孟加拉邦、阿萨姆邦、梅加拉亚邦、特里普拉邦和米佐拉姆邦之间，东南部与缅甸接壤，南临孟加拉湾。从地形上说，孟加拉国绝大部分都是平坦的陆地，由中部和南部濒死的三角洲、稳定的三角洲、活跃的冲积平原和潮汐三角洲组成。在这片占地面积仅147610平方公里的土地上有数以千计的考古遗址和古迹，其历史可追溯至公元前4世纪晚期至公元18世纪。

本演讲将通过可用的考古和历史证据，来说明孟加拉国在过去城市化和全球化进程中失落的城市，并证明它们实际上是知识文化、商业和技术交流的中心。另外，也会展示出孟加拉国在交流网络和文化传播中并不处于边缘地带。这将是一个重要的知识工具，用以说明"一带一路"的目的在过去就已经通过商业和文化交流达到，因此这一理想在不久的将来也可能实现。

作者简介

沙纳吉·莱娜　Shahnaj Leena

沙纳吉·莱娜教授担任孟加拉文科大学考古学研究中心主任，从事南亚和东南亚考古、海洋考古、南亚艺术和建筑学、文化遗产管理和可持续考古旅游方面的研究和教学工作。1991年，她获得了达卡大学伊斯兰历史与文化系的伊斯兰艺术与考古学硕士学位。1997年她获得了印度普纳大学德干学院研究生院和研究中心考古学系的研究型硕士学位，2004年她获得了博士学位。

她目前正在孟加拉国比塔尔加（Bhitargarh）考古遗址进行考古发掘和研究。她不仅发掘了重要的结构遗存，而且还制定了策略来激发公众对遗产保护和管理的兴趣。沙纳吉教授已经出版了4本书，在著名刊物上发表了71篇研究论文，还编辑了国内外书籍。

城市空间与奴隶遗存：加纳南部三镇联合区域的考古研究

沃兹·艾伯　加纳大学

摘　要

在加纳，人们普遍认为奴隶制主要出现在中部和西部海岸线的城区，这些地区的65个堡垒和城堡大多就是在大西洋奴隶贸易时代建造的。虽然这些堡垒和城堡已被联合国教科文组织列为世界遗产，但是在遗址观光与奴隶制讨论中最受瞩目的则是中部地区的海岸角和埃尔米纳城堡。根据口述和其他的历史档案，加纳沃尔特地区南部沿海城市，从阿夫劳市到安亚努伊市，都见证了过去对奴隶的关押和交易。这些事件在文化、历史和一些统治这些地区的安洛人的记忆中留下了印记。遗憾的是，由于奴隶遗址的关注点都在加纳的中部和西部地区，因为那里定期举办类似非洲解放日、泛非洲历史戏剧项目、回归年等活动，为了重新发现其他地区的奴隶制遗迹和遗产而进行的历史学、人类学和考古学方面的系统性研究并不太多。这篇论文讨论了这些挑战，介绍了沃尔特海岸奴隶路线考古项目所取得的初步的人类学和考古学成果，也为教育和旅游发展弥补了社区博物馆对奴隶制遗产的记录和保存方面的缺失。

作者简介

沃兹·艾伯　Wazi Apoh

沃兹·艾伯博士是一位受过广泛的人类学方面的训练的考古学家。他拥有加纳大学考古学的文学学士和哲学硕士学位，以及纽约州立大学宾汉姆顿大学考古学人类学的哲学博士学位。他的研究领域包括非洲考古学、文化遗产管理、抢救性考古学、法医考古学、发展人类学、德国在多哥兰的传教与殖民的考古，以及沃尔特南部奴隶制的考古。他在2016到2018年担任加纳大学考古与遗产研究系的主任，从2015到2019年担任西非考古协会（WAAA）的主席。在成为加纳大学的资深讲师之前，他作为弗雷德里克·道格拉斯学者在美国宾夕法尼亚州的布卢姆斯堡任教过几年。他写过《简明人类学》，参与编辑过《加纳考古学目前的视角》和《德国及其西非殖民地》。他正在写作《统治与重生的启示》，揭开加纳的阿克皮尼人、阿坎人、德国人和英国人被掩埋的过去（撒哈拉以南地区出版商）。

脊顶墓葬土丘与卡霍基亚景观

莎拉·贝尔斯　美国东康涅狄格州立大学

摘　要

卡霍基亚城最引人注目的是那些围着广场、居住区和自然景观所建的大型土墩。其中最有标志性的应该是僧侣土墩——一座巨型的分层平台土墩，坐落在卡霍基亚的中心，是这座城市布局和规划的支点。同样重要的还有那些沿着城市中轴线和边缘而建造的纪念性墓葬土墩。作为数百人的安息之所，这些脊顶墓葬土墩连接着卡霍基亚的生界与死界。我认为，这种连接根植在整个城市的设计里，并以"响尾蛇道"为中心——一条最近被发现的引领着整个城市格局的独特道路。

作者简介

莎拉·贝尔斯　Sarah Baires

莎拉·贝尔斯是东康涅狄格州立大学人类学系的助理教授。她的研究重点集中在美国原住民的城市化、景观研究和丧葬礼仪。她的书《水之地，死者之城：宗教和卡霍基亚的兴起》探讨了大约在公元1050年卡霍基亚刚建立时宗教所扮演的角色。她目前的研究领域在这个题目的基础上延伸出去，通过对卡霍基亚邻里组织的分析，来了解当时的人们在城市建立之初是如何参与到整座城市的创造中，而在卡霍基亚崩塌时又是如何逃离的。除此之外，贝尔斯还参与编辑了《美洲土著的互动关系》，同时也是多篇期刊文章的作者。她曾在美国公共电视网的纪录片《美国原住民》中出镜，也为史密森学会写过《作为美国人意味着什么》系列文章。

日本与蒙古学者对匈奴和契丹辽代古城址与窑址的联合发掘、调查和比较研究

佐川正敏　日本东北学院大学

摘　要

自2006年以来，日本和蒙古学者一直在蒙古境内进行匈奴、回鹘和契丹辽代正方形城址和窑址的联合发掘与调查。一是发现库斯金-布拉克2号和3号古城城址，其位于蒙古东部克鲁伦河上游，墙体多用砖瓦建造。自2014年以来，这些遗址中发现了公元前1世纪匈奴时期的窑、砖和瓦当。这是在蒙古境内首次发掘的匈奴时期结构完整的窑址，还在窑址和杰列林-杜尔吾金城址之间发现了用相同木制模具制作的屋顶筒瓦。第二个遗址是位于蒙古东端沙尔朱-乌尔1号古城城址。自2018年以来，在正方形城址内发现了8世纪下半叶回鹘时期的屋顶砖瓦和向东整齐排列的东门、小广场、主体建筑及后楼。这些面朝东排列的城墙城堡和宫殿建筑具有鄂尔都-巴里克和契丹辽上京游牧民族的典型特征。因此，这可能是当地不起眼的衙门为控制回鹘东界而修建的古城。第三处遗址是青陶乐盖古城城址。它可能是契丹族为控制辽西界府县所建的防务管理机构——镇州城。2006—2008年，考察队运用GPS技术确立了3D古城地形建模，确认古城长约1250米，宽约550米。2008—2011年，在蒙古首次发掘了该古城北部的东门、辽代的陶窑和瓦窑。值得一提的是，古城东门与契丹开国皇帝耶律阿保机皇陵的正门结构相似，但不同于汉唐风格之门的构造。上述的三处遗址周围现仅剩几处游牧帐篷，这显示了历史上环境的变迁。

作者简介

佐川正敏　Sagawa Masatoshi

佐川正敏，1956年出生于日本仙台市。自1998年至今，在日本东北学院大学先后担任副教授和教授。在东北学院大学学习期间，于1980—1982年在北京大学考古专业留学深造。1984—1986年，在东北学院大学任助教。1986—1998年，为日本奈良国立文化财研究所的研究员和主任研究官，发掘了日本古代首都平城京及其佛教寺院等，同时参与了中国社会科学

院考古研究所北魏洛阳永宁寺等合作研究。1996年，在中国科学院古脊椎动物与古人类研究所从事研究工作。2001—2003年，参加中国社科院考古研究所兴隆洼文化的合作研究。2006年，与中国社科院考古研究所共同举办东亚古代佛寺塔基论坛。2011—2012年，在韩国朝鲜大学任教授。2008年至今，参加蒙古科学院历史与考古研究所开展的匈奴、回鹘和辽代城址等合作项目。

美索不达米亚和安纳托利亚世界的早期城市化：共性与差异

玛塞拉·弗兰基潘　意大利罗马大学

摘　要

古代社会的城市化现象表明，在公元前4000年，美索不达米亚河下游以及美索不达米亚北部特定地区——卡布尔盆地的发展最令人印象深刻。不同类型的政治和社会发展在安纳托利亚和美索不达米亚其他地区证明是相反的，在不同的地理和文化区域中，一定的城市化现象和表现出不同程度的政治集权在其中扮演着次要的角色。

这篇文章主要关注以下几个方面：

a）美索不达米亚城市发展的特殊性与该地区独特的环境特征之间的关系，其主食生产潜力以及所处社会的原始社会结构之间的联系；

b）不同的地区、不同的轨迹带来了不同程度的城市规模，以及多样化甚至有时候是截然不同的社会政治的发展程度；

c）早期城市发展过程中如何处理特定的社会实践与经济之间的关系；

d）宗教意识形态和社会共识在加强早期等级制度和巩固城市结构中所发挥的作用；

e）城市在不同社区的互动和融合中扮演的作用。

本文还将试图突出文化和社会融合在所分析的社会的发展和稳定中发挥的作用，并强调其在面对我们当前和未来的挑战时所具有的重要性。

作者简介

玛塞拉·弗兰基潘　Marcella Frangipane

玛塞拉·弗兰基潘是从事史前史研究的教授，曾在罗马的萨皮恩扎大学为本科生、硕士生和博士生教授近东和中东的史前史和史前人类学。

她目前是该大学的萨皮恩扎基金会成员，美国国家科学院的外籍准会员，意大利林塞国家学院的成员，柏林德国考古研究所以及美国考古研究所的通讯会员。

2018年以前，她一直是《起源》杂志的主编和 Studi di Preistoria Orientale

（SPO）系列丛书的编辑，这些出版物均由罗马的萨皮恩扎大学出版。目前，她仍是土耳其东部的阿尔斯兰特坡系列专著的编辑，在那里发表了现场发掘的最终成果。

她曾参与墨西哥、意大利、埃及和土耳其的田野调查，并成为马阿迪（埃及）王朝晚期斯帕恩扎（Sapienza）遗址发掘的现场副主任，并于1990年担任意大利东安纳托利亚的考古项目主任（在土耳其阿尔斯兰特坡-马拉蒂亚和泽廷利巴切-乌尔法的发掘）。弗兰基潘教授自1976年以来一直在阿尔斯兰特坡项目工作，这是她研究活动的核心，也是她对多个主题研究兴趣的主要灵感来源，这些主题包括等级制和不平等社会的兴起和早期发展，集权经济、官僚机构和古代近东国家的兴起，特别是涉及美索不达米亚和安纳托利亚的。

弗兰基潘教授在阿尔斯兰特坡的研究获得了上海考古论坛（中国，2015）的发现奖、维托里奥·德·西卡科学奖（考古学）（意大利，2015）以及罗顿迪艺术救世奖（意大利，2017）。她还获得了马拉蒂亚大学（土耳其）的荣誉博士学位和意大利总统颁发的意大利共和国骑士勋章两个荣誉头衔。

中亚北部图瓦地区的匈奴遗址

玛丽娜·基卢诺芙斯卡娅　俄罗斯科学院物质文化史研究所

摘　要

公元前最后几个世纪，中亚地区经历了重大的变化。这些变化与匈奴的登场相关。匈奴在头曼单于和冒顿单于的领导下登上历史舞台，萨彦-阿尔泰高原被纳入了匈奴的势力范围。叶尼塞河上游的盆地里仍生活着乌尤克-萨格利文化人群，他们属于斯基泰—西伯利亚文化系统的一部分。这些变化都能从考古遗存中得到反映，特别是在墓葬中。由于不同文化间融合，墓中出现了外来物的武器、珠宝和手工制品。

目前已知在图瓦共和国境内，可能与匈奴相关的遗存有巴伊达格2号墓地、阿依马尔利格31号墓地、乌尔宾3号墓地，还有最近发现的阿拉泰（Ala-Tey）和德雷金墓地，但相关研究工作尚未完成。所有这些遗迹都位于叶尼塞峡谷入口处的乌卢克-海姆文化盆地。这是一个至关重要的战略地点，是经萨彦岭通往米努辛斯克盆地道路的开端。除此之外，图瓦中部最大最好的牧场就位于这片区域。在历史上任何时候对这片土地的控制都是头等大事，所以在这里发现匈奴遗物不足为奇，匈奴征服米努辛斯克盆地极可能取道于此。在阿拉泰和德雷金墓地发现了大约50座匈奴时期的竖穴土坑墓，有石棺墓，由石或木围绕成的土坑墓。多数墓主呈仰身直肢，亦有腿部弯曲者。所有墓葬都随葬1—2件陶器。不同于阿拉泰墓地，在德雷金墓地发现了一些武器——骨弓和箭镞（此地的发掘由瑞士欧亚探险社团资助）。发掘出土了许多带饰、服饰、珠子、锤饰、耳饰、汉五铢钱、汉式镜及其残片，其中镂空铜带饰最引人注目。这都是古代游牧民族的真实杰作。对所发现的遗物进行加速质谱测年可知，这些遗址的年代应为公元前2至公元前1世纪。

1. 基卢诺芙斯卡娅、勒乌斯：《图瓦地区乌卢克-海姆文化的新证据》，《考古资讯》24，圣彼得堡，2018，125—152页。

2. 勒乌斯：《图瓦中部的匈奴时期新发现》，《匈奴考古——多视角下的亚洲腹地第一个草原帝国》，波恩对亚洲考古学的贡献5：515—536，波恩，2011。

3.《图瓦地区的考古发现：阿拉泰和德雷金匈奴墓地发掘报告（2015—2016）》，《亚洲考古》2018，吉林大学，中国 HYPERLINK "https://link.springer.com/content/pdf/10.1007/2Fs41826-018-0004-5.pdf"。

作者简介

玛丽娜·基卢诺芙斯卡娅　Marina Kilunovskaya

基卢诺芙斯卡娅是俄罗斯科学院物质文化史研究所的高级研究员。她在中亚和西伯利亚的考古学领域发表了大量论文，包括关于斯基泰人和匈奴人的研究。她的研究兴趣包括游牧文化、古代冶金学和死亡考古学。

东亚大型农业聚落和早期城市之间的连续性和间断性

沟口孝司　日本九州大学

摘　要

绝大多数古代农业社会都见证了不同等级的聚落的出现和发展。它们往往会形成一个集社会文化、经济和政治于一体的区域单位，通常包括一个大型的中心场所式聚落，以及若干较小的聚落，而后者在仪式、经济和政治上都依附于中心聚落。

有趣的是，大型聚落往往没有发展为"城市"。农业社会中大型中心场所式聚落往往位于各社区间互动的节点上，在一体化区域单元中具有高度的"中心性"。然而，中心性的地位并非由中心地区所享有的拓扑系统优势就能实现；中心性牢固地植根于部族（sodalities）之间的自愿合作与协作之中，这些部族聚集在一起，在中心地区共同组织各种仪式活动（用以调和部族内部和部族间各种关系）。

许多最古老的城市都保留了这种功能特点，即城市是社会群体之间进行社会、经济和政治谈判并调节关系的场所。然而，这样的城市往往"建立"在远离现存的中心性地方村庄。

本文认为，大型农业聚落与城市之间的不连续性，与社会秩序从基于祖先崇拜向先验崇拜的转变有关。本文将运用日本和中国商代的考古研究来论证这一观点。

作者简介

沟口孝司　Koji Mizoguchi

沟口孝司1963年出生于日本福冈县北九州市，日本考古学家，研究社会考古学和考古学理论。1995年获英国剑桥大学考古学博士学位后，沟口教授成为日本福冈九州大学社会文化研究院考古学副教授。2013年，他成为九州大学教授。2000年至2002年，沟口教授曾在英国伦敦大学学院考古研究所教授日本考古学。

他的著作包括《日本考古史》（宾夕法尼亚大学出版社，2002）、《现代日本的考古学、社会与身份》（剑桥大学出版社，2006）、《日本考古学》（剑桥大学出版社，2013）和《全球社会考古学》（劳特利奇出版社，与克莱尔·史密斯合著，2019）。

城市化与性别

内田纯子　中国台湾"中研院"历史语言研究所

摘　要

东方女性长期忍受父系社会制度的区别对待,这种制度的起源可追溯到史前时期,因为书面历史出现的时候父权社会已经建立,其变化过程将由考古学家揭示。

根据默多克的民族学研究,原始世界的男性与女性都参与了各种"维持生命"的劳动,比如采集食物和烹饪、打扫卫生、保暖、生育以及照顾婴儿。而除了维持生命的必要劳动外,"社会活动",如宗教工作和贸易,几乎都是由男性从事的。

农业的发展带来了产品剩余,"社会活动"的规模也越来越大,必须依靠"社会活动"来组织社会系统。手工制品最初是由个人自己动手制造维持生命的劳动工具,后来变为由独立的专职手工业者进行。这些脱离了"维持生命"劳动的人的生活依赖于农民和渔民这样的食品生产者,以及在家照顾孩子和做家务的女性。

在殷墟遗址,即大邑商,发掘出的人骨,既有贞人的墓葬,也有玉工匠的墓葬,墓主人皆是男性,表明了男性承担这些工作。由于青铜器、陶器等手工艺品多为正规化、高技术的产品,我推测这些手工艺品也是由男性专职工匠制作。在中国有一个成语"男耕女织",纺轮主要是从女性墓葬中出土,能上溯至新石器时代,揭示了女性在史前时期参与纺织劳动,而氏族墓地(也包括平民墓地)中的女性墓葬中很少发现纺轮,包括普通的墓葬。大邑商城市中的女性已经脱离了纺织劳动。

城市化使妇女摆脱了大部分手工业和获取食物的劳动。换句话说,她们被迫待在家里,除了做家务以外,无所事事,没有机会发挥她们的潜力,这说明性别结构在此时已经固定。

作者简介

内田纯子　Uchida Junko

内田纯子对中国青铜器时代很感兴趣。在日本接受过短期的考古训练后，她搬到中国台北，在"中研院"历史语言研究所工作，研究保存在"中研所"的殷墟出土文物。从小屯宫殿区和西北冈王陵区出土的各种文物几乎都是碎片，但这些文物的种类和质量都是极好的，同时也提供了惊人的信息。她相信通过相关的分析和观察，以及对这些小碎片的理论探究，可以让我们还原商朝人的生活和社会。此外，她对现代性别结构的起源也很感兴趣，并尝试思考殷墟中存在的性别问题。

从近年来的孢粉研究看湄公河三角洲欧伊文化中心的发展

阮麦香　越南社会科学院考古研究所

摘　要

为了了解湄公河三角洲地区公元1000年前后喔呋文化时期的古环境及环境与人类生活的关系，我们在仁清（Nhon Thanh）、去清（Go Thanh）、同塔（Go Thap）、达诺（Da Noi）、桥梁（Chom Cau）以及康登（Canh Den）遗址采集了6个浅层岩心以供孢粉学分析。初步分析结果表明，该区域的植物群由热带植物组成，以乔木植物、草本植物和蕨类植物为主。红树林花粉沉积物分析的结果显示了湄公河三角洲海岸线的变化。可以观察到潮汐环境的转变：从下层以红树花粉为主的潮间带环境到岩心上部以沼泽植物为主的冲积平原环境。此外还可以通过岩心中存在的木炭和陶器来观察古人最初定居带来的影响，其中在30—40厘米至1米深的地方最明显。这说明在海平面下降时古人逐渐适应了从沿海向湿地环境的变化。同时，孢粉分析和古文化特征研究将有助于更好地解释环境对喔呋文化中心的形成和衰落的影响，为进一步研究该区域的古环境提供了基础资料。但是，应该继续在更大范围内研究这种变化在特定时期对每个区域的影响程度。

作者简介

阮麦香　Nguyen Thi Mai Huong

阮麦香，越南社会科学院考古研究所的孢粉学家。她的研究兴趣是越南北部考古遗址的植被历史和古环境、古代人地关系、栽培作物史。她于2014年3月在东京大学获得社会文化环境研究的博士学位。她曾参与越南北部花粉库建设国际项目（2008—2009年，与科罗拉多大学丹佛分校、法国国家科学研究所、日本橿原市考古研究所合作）。2017—2019年她担任SUNDASIA项目附属研究人员和顾问，力图廓清景观变化与古代人类活动之间的关系，以及它们对今天越南的影响。

探索文明的发展机制："走出欧亚大陆"新一体化进程综述

松本直子　日本冈山大学

摘　要

城市化是许多文明发展的核心，生活环境的根本转变可以看作是一个生态位的构建过程，它可能改变了人们的认知和行为。本研究项目"走出欧亚大陆"的人类历史科学综合性研究：探索文明发展机制，由日本MEXT支持，以"身体为中介的物质和精神相互渗透模式"作为研究的基础，并运用"生态位构建"过程理论，即生物自己改变自己的环境，这些变化进而会影响下一代的进化。美洲、日本群岛还有大洋洲是智人离开欧亚大陆、克服瓶颈效应和极端条件的最终目的地，因此，选择这些地区作为研究对象。我们将在跨学科框架内，包括考古学、生物考古学、人类学、认知科学、大脑与神经科学、社会心理学和分子人类学等在内，系统地比较不同情况下人类文明的独特发展。

作者简介

松本直子　Naoko Matsumoto

松本直子是日本冈山大学人文社会科学研究院考古学教授、文明动态研究中心副主任。1998年获九州大学文学博士学位。她的研究兴趣包括日本群岛绳纹时期的狩猎采集社会、弥生时代的农业社会、群体间暴力因素，以及认知考古学和性别考古学跨学科研究框架的构建。她在日本西部九州和中古地区的几个绳纹和弥生时代遗址主持过考古发掘。除了"走出欧亚大陆"项目外，她还参与了由欧盟地平线2020研究与创新项目资助的"超越考古"项目，以促进欧洲和日本在各个领域的互动。

古代韩国的中心：月城遗址的发现与重建

李钟勋　韩国庆州国立文化遗产研究院

摘　要

庆州月城遗址的发掘始于2014年。大约800年（公元101—935）的时间里，月城一直是古代新罗的首都。自发掘伊始，就在不同领域开展了跨学科的研究。庆州国立文化遗产研究院（GNRICH）通过对遗址内部及其护城河的研究，发现了1600年前的种子、动物骨骼、木质结构建筑和木简。通过对这些出土文物的历史研究和景观修复（场景复原），可以了解整个遗址的脉络，也可以对古代生活环境进行积极的复原。

综上所述，GNRICH将通过在月城遗址的系统发掘和环境复原来重现新罗的文化与环境。一系列遗址发掘的过程，将为重建新罗时期或统一新罗生活方式提供帮助。

作者简介

李钟勋　Lee Jonghoon

工作经历

2016年至今　庆州国立文化遗产研究院院长

1999年至今　供职于庆州国立文化遗产研究院

主要研究领域

1.新罗王国文化探索：新罗都城的研究、复原与建设

2.通过景福宫的发掘考古重现首都汉阳（现在的首尔）

3.在罗州国立文化遗产研究所调查马韩文化和百济文化

学历背景

庆州大学文化资源研究　博士

庆州大学文化资源研究　硕士

庆北大学考古与人类学　学士

佛教全球化背景下犍陀罗寺院的考古发现

衣丽都　美国佛罗里达国际大学

摘　要

　　佛教的传播不局限于佛教的教义上，其寺院的建筑结构及形象同样也是佛教传播中重要的组成部分。这一研究课题将基于新的考古学发现、文献资料、以往的研究成果以及早期发掘的寺院遗址，来探讨佛教从西北印度的犍陀罗地区传播到西域以及中原地区的方式。近年来对新疆及中原地区佛教寺院遗址的考古发掘有十分重要的发现，这些新材料具有很高的研究价值并会丰富我们对该区域佛寺的认识。再结合19世纪和20世纪学者们在犍陀罗及新疆地区佛教寺院发现和发掘的考古材料，所有的这一切都允许我们对这些佛寺遗址进行再思考，并且对新疆地区佛教寺院的宗教习俗及仪式进行新的探索，进一步探讨其与犍陀罗佛教寺院之间的关系。从现有材料可以明显看出，犍陀罗及西域地区的佛教寺院遗址及佛教艺术对河西走廊及中原地区的早期佛寺产生了很大影响。然而，从犍陀罗到中原地区佛教寺院建筑布局的变化仍需要更为深入的学术研究，尤其要注意的是它们对佛教全球化的贡献，而这正是本课题的主要着眼点。

作者简介

　　衣丽都　Yi Lidu

　　衣丽都博士是佛罗里达国际大学副教授，研究领域为中国艺术、建筑和考古，特别关注中国中世纪艺术考古和物质文化。衣教授毕业于加拿大多伦多大学并获博士学位。在进入佛罗里达国际大学传媒、建筑与艺术学院工作之前，她曾在多伦多大学任教，也曾担任麦吉尔大学葛丽塔·钱伯斯讲席访问教授。衣博士的研究兴趣主要集中在佛教石窟艺术、建筑和考古领域。她最新的研究著作《云冈石窟：艺术、历史、考古和仪式》是西方学界首次对云冈石窟在社会艺术史方面进行全面研究的专著。

处于气候变迁时代的城市可持续性和未来：过去亚热带城市提供的启示

弗农·斯卡伯勒　美国辛辛那提大学

摘　要

在社会科学中定义和应用可持续性这个概念一直以来都是一个挑战。本文提出的一种方法主要是从考古记录中看出低密度城市化的作用，由此强调它在检查过去城市适应方面的效用。早期亚热带城市及其分散的土地使用和定居模式显示，持久性与互联性形成于环境和社会多样化的背景中。古代城市区域系统背景下所显示的农村腹地影响力总体上比当今世界的要大。我们通过两个考古案例的研究，来强调水资源的获得在影响早期社会制度方面的不同作用：干旱地区（查科峡谷，新墨西哥州）和湿润地区（蒂卡尔，危地马拉）。在本报告中，过去的亚热带城市系统与半干旱城市系统并列，后者强调聚落的最早核心和当前大多数城市化定义的初始模型。古代的低密度，热带城市系统模型作为一个评估当下聚居点和土地利用适用性设计的潜在途径已经被忽视。

今天，由于社会对碳燃料的需求和温室气体排放的意外后果，大气温度显著升高，其对地球的影响最终与水的可获得性和分布的脆弱性有关（斯卡伯勒，2018；斯卡伯勒和伊森达尔，2019）。从极地冰盖融化、海平面上升，到海洋变暖、飓风风力和水的影响越来越大，再到射流轨迹改变和干旱引起的森林火灾。降水过量和不足都是这个星球上最严重的可持续性问题。因此，气候变化将是对可持续性科学的终极考验。考虑到地球上四分之三的大城市——每个都拥有1000万及以上人口——都位于大陆架浅海岸（UN-DESA联合国经济和社会事务部，2012），海平面和温度的上升已引起飓风风暴带来猝不及防的伤害以及内陆地区毁灭性的变暖和火灾。世界各地的城市将进一步受到气候条件的挑战，也许参照过去亚热带城市的持久性可以提供一些帮助。

如果把所有的相关学科都纳入对话，气候变化对我们近期未来的影响可能导致适应性变化，以应对积极的社会变革。过去关于可持续性的实践与现在和未来经过深思熟虑的技术相结合，将有助于这种新的生态。

作者简介

弗农·斯卡伯勒　Vernon Scarborough

弗农·斯卡伯勒是辛辛那提大学的著名教授，人类学查尔斯·菲尔普斯·塔夫脱教授，最近刚从该大学退休。弗农·李·斯卡伯勒的主要兴趣一直是古代国家背景下的水资源管理和工程景观。通过研究古代水工程系统和景观，他从比较生态学和跨学科的角度处理过去和现在的社会可持续性问题。除了最近在美国西南部的工作，他还重视国际野外工作项目。他曾在苏丹喀土穆大学（1981—1982年与南卫理公会大学进行博士后交流）和巴基斯坦白沙瓦大学（1986年富布赖特奖学金）任教和主持挖掘工作。他在伯利兹、危地马拉和墨西哥正在进行的土地利用和水资源管理研究补充了过去在希腊阿尔戈里德（1994）和印度尼西亚巴厘岛（1998）的工作。他目前重点研究危地马拉古玛雅城市蒂卡尔的水系统和建筑环境，以及新墨西哥州查科峡谷普韦布洛人先祖的水系统和建筑环境，这些研究都是在当今具有应用潜力的复杂社会系统背景下进行的。

除了获得塔夫脱基金会基金和辛辛那提大学的几项资助外，他还得到了国家科学基金会和阿尔法伍德基金会（包括对蒂卡尔水利工作的支持）、国家地理学会和Wenner-Gren基金会（巴厘岛的支持）的直接资助。他获得了新墨西哥州圣达菲市高级研修学院的Weatherhead奖学金（1995—1995）和两项夏季常项奖学金（1996—2000）。2004年，他被辛辛那提大学授予All-University Faculty Rieveschl奖，以表彰其创作和学术作品。他获得了2006—2007学年的塔夫脱中心奖学金，并于2011年当选为美国科学促进会（American Association for the Advancement of Science）研究员。2010年，他被授予查尔斯·菲尔普斯·塔夫脱教授和杰出大学研究教授，后者是辛辛那提大学授予从事研究活动的教师的最高荣誉。

他经常参与跨学科交流活动，包括国际邀请研讨会，例如由国际水文计划（IHP—代尔夫特）、国际研究中心日本研究（东京）、人与生物圈（联合国教科文组织–巴黎）、未来基础（西雅图）、圣达菲市高级研修学校（Santa Fe）、美国国家大气研究中心（Boulder）、社会环境综合中心（SESYNC-Annapolis）和"世界考古论坛·上海"等机构举办的活动。去年，他作为客座研究员受邀在瑞典哥德堡大学（University of Gothenburg）

做了五周的城市未来演讲。他目前正在编辑《水与人类：联合国教科文组织的历史概况》，这是一项包括40多个章节的重要倡议。作为指导委员会成员和受邀者，他参与在IHOPE（地球人未来的综合历史，是IGBP的一项成果——国际地球圈和生物圈方案，斯德哥尔摩，现在是未来地球）的全球（柏林、乌普萨拉和安纳波利斯会议）和亚洲地区（日本秋田）研讨会，他一直是美洲活动的主要组织者之一（尤其是IHOPE-Maya）。他是《WIREs水文日志》期刊（Wiley-Blackwell）和《可持续性与社会发展新方向》（剑桥大学出版社）的高级副主编。他已经出版了9本书——包括7部编辑过的书（还有一本在出版中）及150篇书籍章节和期刊文章，后者包括《科学》《美国国家科学院院刊》和《古代美国》。他的工作始终侧重于跨学科性、可持续性和水资源管理。

韩国城市化前的聚落变迁

李清圭　韩国岭南大学

摘　要

城市化的特征是经济或政治上的中心地位、居住区的复杂性和庞大的人口。以早期韩国为例，城市化可以从中国北方和朝鲜的历史背景下进行多角度考察。公元前9至公元前5世纪，当小提琴状青铜匕首和支石墓（石棚墓）出现的时候，韩国城市化的初始阶段开始了。一个典型的例子是，在春川地区汉江中部的一个小岛上，一个数百年来建造了多达900座房屋的大型村镇遗址。韩国研究人员认为，更复杂的社会形成于公元前4至公元前2世纪，因为在韩国西南发现了这一时期随葬大量青铜器的墓葬。然而，与之相关的大型村落遗址尚未确定。但在山顶上发现了带环壕的小聚落。人们在韩国东南部发现了包含大量铁制工具的个体墓葬或墓群，这些工具是在一定距离之外生成的。它们的年代介于公元前1世纪到公元3世纪。但是，这一时期可以称之为城镇或城市的聚落还没有明确定论。到了公元4至5世纪，该区域内建造了随葬大量金器和铁制武器的墓葬，在庆州地区形成了带有城墙和城堡的国家政体，如月城遗址。

作者简介

李清圭　Lee Chungkyu

在首尔国立大学先后获得学士学位（1977）、硕士学位（1981）和博士学位（1995）。先后被聘为济州国立大学（1984—1995）、岭南大学（1995—2020）的教授，并于2015—2016年成为剑桥大学的访问学者。研究领域涉及韩国、中国东北及日本的青铜和铁器时代。出版专著有《东亚航海的考古学起源》《铜镜与古代朝鲜》及《济州岛考古研究》，曾任韩国考古学会会长（2018—2019）。

位于西北沿海哈里森河一处大型聚落群体的形成与发展

帕特里克·摩根·里奇　加拿大英属哥伦比亚大学

摘　要

位于不列颠哥伦比亚省西南部的哈里森河与切哈利斯河生态富足的交汇地带是我们所知的北美西北海岸面积较大、全年人口最密集的地区之一。在圣艾利斯沿岸，萨利希人的祖先在位于河流两岸和河中岛屿上建立了12个相互毗邻、彼此连接的永久性居址。在本文中，我考察了这一距今约1600年前的聚落中关于其创立和发展的最新考古证据。聚落分化这一发展过程促成了聚落间的互相合作、互惠关系、对传统习俗的整合以及空间上紧密分布的聚落群体间及其内部的层级差异。该地区长期定居点还存在连续不断的人为干预，这些干预重塑了土地的边界并影响了水路。就像美洲第一批城镇的出现那样，经济的基础主要是水产资源，而不是农业，但也包括狩猎、植物的种植和收获，以及广泛的贸易网络。结合传统知识和民族志的记录，这处大型聚落遗址的考古遗存为研究人和其赖以生存的土地和水资源之间的可持续发展关系提供了思路。

作者简介

帕特里克·摩根·里奇　Patrick Morgan Ritchie

摩根·里奇是英属哥伦比亚大学的博士研究生，也是研究圣艾利斯原住民遗产的考古学家。在不列颠哥伦比亚省沿海地区的考古研究和文化遗产管理方面，摩根拥有超过10年的经验。他在该地区指导勘测、绘图和发掘项目，并记录了几十个遗址点。摩根发表了许多关于聚落形态、社会组织、人口统计学和民族历史学方面的期刊论文。

美国中西部视角下密西西比文化肇始期的宗教、文化交流和世界主义

格雷戈里·威尔森　　安珀·范德华克　　美国加州大学—圣塔芭芭拉分校

摘　要

近些年在卡霍基亚和更广阔的中西部地区进行的研究重新定义了密西西比文化的起源，将其塑造成伊利诺斯州南部到威斯康星州的多个原住民社群间多方互动的一个高潮。今天这个报告中，我们将探索从伍德兰时期到密西西比文化时期，居住在卡霍基亚东北部伊利诺伊河谷中的农业人群是如何参与世界体系的。在靠近伊利诺伊州中西部皮奥里亚湖上游的范德尔遗址进行的为期两年的遥感和田野发掘工作，为了解这个地区的人口流动和文化接触的复杂历史提供了新的启示，而这些互动正是促进美国边陲，毗邻伊利诺伊河谷的密西西比社会兴起的动力。这项正在进行中的研究揭示了早期密西西比文化中的土墩墓、精心设计的仪式性建筑和卡霍基亚11世纪中期城市化增强后仪式中心的构造和使用现象，同时，这些建筑也与位于密西西比河上游远离中心的群体相结合。这项研究被视作讨论"密西西比仪式文化的起源是世界主义的"此问题外的拓展视角。

作者简介

格雷戈里·威尔森　Gregory Wilson

格雷戈里·威尔森（2005年获得博士学位，毕业于北卡罗来纳大学教堂山分校），加州大学—圣塔芭芭拉分校人类学副教授。他的研究涉及前哥伦比亚时期北美和南美洲的社会不平等、身份、政治和暴力问题，采用以家庭和社区为中心的考古学调查，强调对大型和多样的数据集的分析要采取谨慎的方法论。

安珀·范德华克　Amber VanDerwarker

安珀·范德华克（2003年获得博士学位，毕业于北卡罗来纳大学教堂山分校），加州大学—圣塔芭芭拉分校人类学教授。她参与了墨西哥、北美东部和秘鲁的田野和实验室研究。她的研究涵盖多种方法、地区和主题，围绕新世界人类与食物之间的关系，尤其关注向农业转变的时期。

秘鲁特雷帕民族：印加颅骨手术的艺术、科学和民族遗存及其全球传播

伊里娜·波德戈妮　阿根廷国立拉普拉塔大学

摘　要

前西班牙时期的印加人和安第斯人都是钻孔专家：当时的外科医生能成功地切除头盖骨上的受损部分，并且在一些地区，存活率高达75%。这种技能因西班牙人的征服而被湮没，以至于19世纪晚期的欧洲人在面对从原住民坟墓中发现的安第斯人穿孔头骨时，才意识到——但依旧否认——它的存在。

本文在全球化的背景下讨论安第斯山脉文明消失后的颅骨穿刺史，并重新阐释了在西方商品化的影响下，它是如何被秘鲁科学和文化界认可的。它沿着交换和人工复制的两条轨迹发展。1893年，19个穿孔头骨被送到史密森尼学会，学者对这些头骨进行了拍照并复制石膏为模型。这些石膏模型卖或赠送给了其他的北美博物馆，但是这些照片在被送回秘鲁后，激励了安第斯外科学生胡里奥·塞萨尔·特略（Julio César Tello）（1880—1948）的收藏想法，并建立了秘鲁的第一个考古博物馆。第二条发展路径讨论了秘鲁艺术家费尔南多·科科·贝多亚（Fernando Coco Bedoya）（1952—）的作品。自20世纪90年代以来，他一直在旅游市场上复制前西班牙时期的随葬陶器（huacos），锯掉它们的马镫形把手，用可口可乐的瓶盖把它们头顶的穿孔环盖住。一部名为《特雷帕-纳西奥内斯》（*Trepa-Naciones*）的系列影片，讲述了为追求西方商品化和消费，安第斯的历史和文化的暴力化过程。这些轨迹共同揭示了复兴安第斯医学和文化异质性的激进潜力和限制，这篇论文的合著者计划在未来几年的博物馆策展中对此进行探索。

作者简介

伊里娜·波德戈妮　Irina Podgorny

伊里娜·波德戈妮是阿根廷国家科学委员会（CONICET）的终身研究员。她曾在拉普拉塔大学学习考古学，1994年以一篇关于考古学史和博物馆的论文获得博士学位。她还曾任德国莱茵贝赫第三研究所研究员

（2009—2010）、德国柏林伊比利亚-美洲研究所和巴西里约热内卢天文博物馆（Museu de Astronomia）博士后。伊里娜目前的研究项目涉及历史上的物种灭绝和动物疗法。除了学术研究，伊里娜还与阿根廷文化周刊和拉丁美洲艺术家合作，最近一次是在秘鲁首都利马举办的2018年艺术展，以及在德国波恩古代美洲收藏大学举办的2019年艺术展。自2003年以来，她一直是《背景中的科学》杂志的编辑委员会成员。此外在2017年，她还成为《人文学史》杂志的编辑委员会成员。最近，她还被选为地球科学学会的主席。

难民考古：全球现象叙述（马萨达的视角）

盖尔·斯迪拜　以色列特拉维夫大学

摘　要

观看阅读最近几年的新闻报道足以令人认识到我们正处于一个移民时期。由于安全的不稳定性、持续恶化的天气和健康环境或是对经济安全的追求，非洲、西南亚、中东和中南美洲的居民已经在移动中。不计其数的临时性或更永久的设施和营地已在世界各地建立。然而这一人道悲剧给我们提供了独特机会，在近乎实验室条件下去调查难民在压力和极端条件下的行为：一个人如何保持他／她兼有个体的和作为社会或宗教群体一部分两者的身份认同。作为被迫移民的一代，他们伴随的"记忆组合"是什么，以及从考古的视角看，这些事物是如何体现在所谓的"难民考古"的物质文化材料上。我们对马萨达叛军（公元66—73年）的足迹的追寻基于一个基本理解，即这一社区并不是一个纯粹的整体，而是比我们之前理解的复杂得多。其中最重要的新方法是基于对丰富的物质文化、大量的碑刻以及经过批判讨论的古代历史数据的综合分析。研究的结果表明，在那个动荡的年代里，马萨达不仅组成了早期罗马社会犹太行省的镜子或缩影，而且很大程度上可以给难民的全球现象以启发。这个解释似乎说明了批判性运用现代现象的新方法论以重建古代叙事的可行性，以及证明了考古学在公众话语中的关联性。

作者简介

盖尔·斯迪拜　Guy D. Stiebel

盖尔·斯迪拜博士是特拉维夫大学考古与古代近东文化系的高级讲师，以色列世界遗产遗址马萨达遗址的考古发掘领队。盖尔·斯迪拜在伦敦大学学院以古罗马巴勒斯坦地区的军事用品研究获得博士学位，并在希伯来大学进行死海战争卷轴的实物教具博士后研究。斯迪拜已经广泛地在军事考古和历史，文本和物质的结合，与耶路撒冷考古等方面发表了许多文章。在过去几十年里与他人合编了科学集刊《新研究：耶路撒冷及其地区的考古学研究》以及著作《古罗马的耶路撒冷：一座新古城（JRA增补版）》。专著《古罗马耶路撒冷的武器、男人和社会》将于2020年出版（布鲁姆斯伯里出版社）。作为马萨达诺伊施塔特家族考古发掘的领队，他在2017年转向这一领域。他的一些新的发现，尤其是园艺和希律王的葡萄栽培，被第三届上海考古论坛评为世界10大考古发现之一。最近，斯迪拜被以色列文化部长提名为以色列考古委员会主席。

铁器时代（公元前1100—前600年）的地中海
——全球化进程中的城市化过程

塔马·霍多斯　英国布里斯托大学

摘　要

公元前第一千纪被视为地中海历史上的第一个全球化的时代。从东到西、从北到南不同人群以前所未有的规模进行着物质和思想的深入交流。这样的建成环境为地中海的铁器时期（公元前1100—前600年）被视为全球化时代起到了关键作用，这基于以下两个原因。首先，我们在考古学上对这一时期的了解来自古代聚落的文化背景。其次，新的建筑形式、建筑表达和施工技术促进了我们与全球化联系在一起的一体感。然而，这些相似的研究引发了殖民主义的解释——土著社群如何以及为什么变革他们的生活环境。后殖民主义的观点强调能动性和混合发展，力图纠正这种不平衡性，但有时这些观点因忽略殖民者的贡献而受到批评。全球化的观点认为要保持普世实践和地区差异的平衡性，所以提供了一个思想框架帮助重新思考地中海铁器时代城市发展的证据和解释。为了在全球化的背景下看城市发展所扮演的角色，有必要对相关特征之间的关系，当地习俗的连续性，以及在逐渐关联的背景下发展新的和/或混合形式的习俗进行严格评估。对于地中海铁器时代的世界而言，尽管可以证明很多建成环境的变化是土著导致的，但他们并不能在世界关联性逐渐加强的时代中独善其身。这个演讲概述了这些发展。通过这样做，它揭示了建成环境在文化混合环境中的多个竞争性的身份反映和角色的复杂性。

作者简介

　　塔马·霍多斯　Tamar Hodos

　　塔马·霍多斯是地中海铁器时代（公元前1100—前600年）考古的全球性的领导者。她主要关注的方向是殖民化的影响，社会身份的构建和表述。她使用后殖民主义和全球化的理论来研究这个前所未有的关联性的时代地中海各个社群和文化之间的相互作用和影响。她先后获得了美国布林莫尔学院的学士学位、英国伦敦大学学院的硕士学位和英国牛津大学的博士学位。她最近的著作主要有《考古学和全球化劳特利奇手册》（劳特利奇出版社，2017）和《地中海铁器时代的考古》（剑桥大学出版社，2010）。

从激光雷达成像和多指标考古证据探讨广泛分布的古代玛雅湿地

提姆·比奇　美国得克萨斯大学奥斯汀分校

摘　要

我们最近应用机载激光雷达，并耦合遗址年代和使用多个指标，对中美洲伯利兹地区大面积的玛雅湿地耕作系统进行了报告。这些耕地的历史可以追溯到玛雅的后古典和终古典时代（1300—1000年前），当时的人们种植了许多典型的古代玛雅作物，包括玉米、竹芋、南瓜、甜土豆和水果。玛雅湿地处在一个非常活跃的人口增加、景观变化、干旱等变化的时期，这些变化又对玛雅文化的重大改变产生了影响。更广泛的证据表明玛雅低地和美洲分布着大量的湿地农业生态系统，我们假设燃烧、准备和维持这些耕地会导致二氧化碳和甲烷的增加，可能这样对早期人类世产生了影响。

作者简介

提姆·比奇　Timothy Beach

提姆·比奇担任美国-墨西哥关系的史密斯百年纪念主席，并领导得克萨斯大学奥斯汀分校的地理学比奇-比泽土壤和地质考古实验室。他在乔治城大学任教21年，并担任辛科·赫曼诺斯主席、地理和地球科学教授，以及遗址和环境研究项目主任。受国家科学基金会、国家地理学会、美国国际开发署、得克萨斯大学奥斯汀分校和乔治城大学的资助，他对美国、墨西哥、伯利兹、危地马拉、尼加拉瓜、叙利亚、土耳其、冰岛、哥伦比亚、意大利和德国的玉米带区域的地质考古学、土壤、地貌学、古生态学和湿地进行了田野调查。这些田野调查季节的成果是他在全世界发表100多篇同行评审文章和著作章节以及数百篇科学演讲的基础。他的大部分著作是关于玛雅世界的地理考古学、环境长时段的变化、土壤和古气候。他当选为美国科学促进协会院士，并获得古根海姆和邓巴顿·奥克斯奖、地貌学的吉尔伯特奖、2010年乔治城大学杰出研究奖、2014年乔治城外国服务学院年度教学卓越奖和2017年卡尔·奥绍尔奖。

中世纪中亚非农耕区的城市文化

法尔德·马苏多夫　乌兹别克斯坦科学院考古研究所

摘　要

在乌兹别克斯坦中部新发现的塔什布拉克城址始于公元10世纪晚期，是喀喇汗王国高地城市化发展的见证。坐落于海拔2100米之上的塔什布拉克的建筑遗迹占地7公顷，其布局反映出了中亚绿洲地带中世纪定居区已知古城的共性。依据地球物理学调查结果，我们绘制出这个城镇上的主要据点，包括城堡，还有分布着冶金作坊和大型墓区的下城区。塔什布拉克显然不存在大而密的住宅区和护城墙，但在其东南角至少存在一座防御性塔楼。尽管高地中心的布局基本符合低地城市的规划，喀喇汗王国在建设高地的塔什布拉克时仍进行了适应性调整，以便更好地与当时中亚山区的游牧政治体制、土地使用权、经济形态、手工业等发展相匹配。

作者简介

法尔德·马苏多夫　Farhod Maksudov

法尔德·马苏多夫是乌兹别克斯坦科学院考古研究所高级研究员，其研究方向主要为中亚古代及中世纪社会的考古与生态。他主要关注自然与文化的互动关系和文化景观的重建与建模。他运用广泛的科技手段，例如遥感和地理信息系统结合，研究古植物学（宏观植物研究）、动物考古（稳定同位素）和人类考古遗传学。

王者之艺：商朝最后的首都安阳殷墟手工业生产的考古学研究

李永迪　美国芝加哥大学

摘　要

　　本演讲重点介绍商代最后一个都城安阳殷墟（约公元前1200至公元前1000年）的手工生产活动。考古数据包括青铜铸造、骨器制作、蚌、大理石镶嵌加工、石器制作和陶器生产的证据。讨论层面包括上述手工业的物质遗存、工艺技术、操作链以及生产组织等。演讲亦从都城的政治和精英阶层方面，考察安阳作为城市中心的手工业生产形态。本文强调，安阳殷墟的手工业生产，特别是大规模作坊生产，以及为高级贵族服务的小规模工艺生产，如果最终不是由商王所统筹，则主要是在精英阶层的领域内及控制下运作。

作者简介

　　李永迪　Li Yung-ti

　　李永迪，芝加哥大学东亚语言及文明学系副教授，主要研究方向为中国青铜时代考古，研究涉及手工业生产技术与专业化、社会复杂化、跨地区互动和中国古代国家的形成等诸多领域。近年来，主要通过检视安阳商代手工业遗存及其展现的技术、生产组织，探讨商代殷墟的手工业生产。同时，李永迪教授也和武汉大学合作，在武汉盘龙城开展田野考古项目。该项目旨在调查"前安阳时代"长江中游地区的青铜文明中心及其与周边地区，特别是与中原商文明的核心地区——二里岗之间的联系。

铁器时代伊朗和中亚的城市化：一个全球化论题？

葛嶷　意大利那不勒斯东方大学

摘　要

考古证据表明，中亚和伊朗的城市化进程被视作并解释为影响周边区域整体城市发展的特征。在铁器时期，中亚伊朗高原文化发展的"红色"带表明了聚落模式常常经历变革式的城市发展。在"红色"带中，群体游离于游牧和定居之间。如果我们一方面考虑高原的地质和环境特征，另一方面考虑被亚洲最大河流穿过的大平原，我们就能理解这些过程既是那些文化背景的见证者，也是参与者，其中还包括印欧人、伊朗人和印度人的到来等问题。

作者简介

葛嶷　Bruno Genito

葛嶷自2004年起任那不勒斯东方大学（UNO）伊朗和中亚考古与艺术史教授。他于1997年担任INTAS项目协调员（RFBR 95-336），并于2000年担任"斯基泰至西伯利亚古代文明"顾问委员会成员。2003—2010年，他指导了"伊斯法罕数字考古档案"项目，并于2003年成为欧洲和日本考古学家永久联络会成员。他还是2003—2014年那不勒斯东方大学和意大利马可波罗远东研究所（IsMEO/IsIAO/ISMEO）位于伊朗的意大利考古项目负责人，并于2003—2006年负责那不勒斯东方大学项目DI.AR.I.NS。自2008年以来，他担任UNO在乌兹别克斯坦的意大利考古项目负责人，并在2009—2017年担任UNO在线考古杂志《考古通讯》的科学主任。2008—2016年，他和北京大学与西北大学合作，主持以丝绸之路为主题的科学考古项目。自2013年起，他担任UNO考古项目ARCHEO.Pro.Di.MuS.和UNO"亚洲、非洲和地中海系列丛书"的负责人。2016—2019年，他担任国家项目（PRIN 2015RMKAFR）领导，以及UNO博士课题"亚洲、非洲和地中海"协调员。2007—2021年，他当选考古部门服务中心主席。

日本福冈县古贺市船原古坟出土铅玻璃的传播和生产技术的研究

桃崎祐辅　日本福冈大学

摘　要

　　船原古坟（Funabaru Kofun）位于九州岛北端的福冈县古贺市。该古坟建立于公元600年左右，规模相对较小，自西北至东南总共仅长约49米。一个水平方向的石室在1996至1997年的考古发掘中被发现。然而，它已经被盗墓者严重盗扰，只有很少的遗存得到保留。然而，在2013年一次与农田改良项目共同执行的项目中，一些人工坑洞在古坟西南侧的粮田之下被发现。这些坑洞形状和大小各异，且没有发现其作为人类墓葬的痕迹。然而，这些坑洞包括马具、武器、兵甲和装饰品。这里的埋藏物数量之多，被视作可以和奈良县斑鸠町的藤之木古坟相媲美。这些数量众多的遗物的埋藏状态通过3D测量得到了记录。发掘物通过X射线计算机断层扫描（CT扫描）被分析，以研究建筑痕迹和是否存在有机物残留。

　　其中最大的1号坑是L形的，直径5.3米，宽0.8米，初次发现时距地表0.8米。除了在坑北角底部发现的10—12把漆质弓之外，还发现了一个包括一套马鞍、一套铠甲、七组马具和一套铁箭镞的木箱。马具具有日本和新罗特征。

　　其中新罗来源的马具在艺术与制作上最为精美。它们包括一个辔头、金属配件、缰绳和银杏饰品以及铁马镫。缰绳圆形的金铜质地部分与金属配件由白色和长方形物体镶嵌。最初，该物品被视作是一个被精致打磨的锥形海螺壳。然而，在经过荧光X射线分析之后，该物品中没有发现钙成分，而海螺壳中则应当存在一定比例的钙成分。相反，该物品中检测到了硅和铅，这说明这件器物是由铅玻璃制成的。

　　这类铅玻璃制品在汉代得到广泛生产。它们通过熔化二氧化硅砂、石英（硅）和铅矿石（铅）制成，并使用氧化铜（铜）进行着色。这类铅玻璃被用于装饰器物、墙壁、服装和珠宝，甚至被出口到朝鲜半岛和日本。然而，在公元4世纪，随着西晋王朝的覆灭，这项生产也随之停止。我们仍然发现了一些来自北魏时期的可以确认的样本。北魏时期，由于来自中亚的技术，铅玻璃生产有了短暂的复兴。然而，这项技术随后再次中断。

《隋书·何稠列传》记载了这样一个故事：当铅玻璃的生产在中国中断之后，一个名叫何稠的粟特后裔高级官员使用了一种"铜绿釉"来复兴类似外国风格的玻璃生产。一个由中国模仿萨珊王朝森林玻璃的铅玻璃酒杯可以作为这一故事的证据。这个酒杯被发现于位于陕西省西安市的Lu Wu墓葬（死于592年）。之后，在隋代的历史遗址上出土了大量铅玻璃陶器，从而发现了这一时期铅玻璃生产的全面复兴。这意味着发现于船原古坟的新罗马具（由铅玻璃制成）存在着以下几种可能：（A）铅玻璃原材料由隋王朝输入新罗；（B）铅玻璃的生产技术由隋朝传递至新罗。此外，铅玻璃生产的复兴时间可能可以缩短到581年（隋王朝的建立时间）至592年之间。只有在这之后这一技术才传播至新罗。

在韩国，在数个公元7世纪早期至中期新罗和开城王国的历史遗址之中（例如益山的百济/王郡里遗址以及弥勒寺），7—8世纪的铅玻璃生产设备已经被发现，这意味着这项技术已经被隋和唐王朝分享。尤其是百济弥勒寺西塔，出土了一件公元639年的随葬器物和绿色的铅玻璃盘，它们被发现于百济时期最大的石墓之下。

福冈县福津市的宫地岳墓葬出土了一件与弥勒寺玻璃器类似的绿色铅玻璃盘，这件玻璃盘被认为是从百济进口而来。在福冈县福津市冲之岛礼仪性遗址第8号遗址中，出土了一件萨珊波斯的玻璃残片，它和北周李贤墓（569年）发现的样本相似。此外，还出土了一件绿色的铅玻璃珠（kiriko beads）。传统意义上，波斯玻璃器被认为是中国北朝取道于新罗运输而来。尽管普遍认为日本的使隋使团始于公元600年，但在《新撰姓氏录》中，有一条记录记载了公元589年，一个来自倭（日本最早使用名）的使团前往了吴，这意味着日本在同年，日本使臣可能从百济出使隋朝。

在未来，一个关于日本和韩国铅玻璃二次生产的更为详细的研究将展开。通过这项研究，铅玻璃记录的传播路线和时间框架（也是这项技术从中亚二次引入隋代的时间）将变得更加清晰。

作者简介

桃崎祐辅　Yusuke Momosaki

桃崎祐辅1967年出生于日本福冈县福冈市，博士毕业于筑波大学。东京国立博物馆馆员（1997—1998），筑波大学助理（2000），福冈大学人文学部助理教授（2004）。2007年任福冈大学人文学部副教授，2009年任该校教授。研究领域包括东北亚、中亚地区中世纪欧亚考古学的游牧文化和佛教考古。2018年4月任中国社科院考古研究所访问研究员（一年）。

古代城市化、混杂传统和现代乡村：以苏丹北部为例

尼尔·斯宾塞　英国伦敦大英博物馆

摘　要

　　青铜时代晚期和铁器时代早期见证了努比亚上游（今天的苏丹北部）法老城镇的建立，这是古埃及国家在该地区进行殖民控制和资源开采的其中一部分（约公元前1450至公元前1070年）。这种新的定居方式作为尼罗河中游城市化的新形式被广泛讨论。在本次报告中，我想要通过大英博物馆于2018—2019年在阿玛拉西部的田野工作来讨论这一现象的两个特定方面。首先，我将讨论这一地区如何通过尼罗河流域和东地中海网络接触到新的技术、风格和消费实践，而当地的居民也对这些元素进行更新和再阐释，以创造出新的传统。这些混合传统融合了久远的非法老时代努比亚文化特征。其次，我会考虑分析这些法老王朝定居点作为城市主义的例子（因此与现在相关）与周围农村社区对我们研究的看法之间的紧张关系，即揭示古代经验与现代河岸、农业和农村生活（与当代城市经验不同）之间的重要连续性。

作者简介

　　尼尔·斯宾塞　Neal Spencer

　　尼尔·斯宾塞是伦敦大英博物馆尼罗河与地中海文化馆员，负责策划和领导埃及、苏丹、古希腊和罗马世界相关的展览、藏品研究与考古田野工作。尼尔还将为大英博物馆新古代世界展陈发挥领导作用。尼尔拥有超过20年的在埃及（Kom Firin、Sa el-Hagar、Qasr Ibrim、Amarna）、苏丹和印度的博物馆与考古项目经验，这包括培训、文档整理、发掘和社区外延。尼尔关注古埃及公元前1000年的寺庙，并在剑桥大学完成博士学位。随后，尼尔加入大英博物馆，担任晚期和托勒密时代埃及的策展人。他的出版物关注晚期青铜时代努比亚和埃及地区古代生活经历与文化之间的纠缠。尼尔曾任意大利都灵埃及博物馆、牛津大学的格里菲斯研究所、伦敦的弗洛伊德博物馆以及伦敦的埃及考古学会的成员。尼尔在博物馆的工作延伸至策展部门之外，他于2008年构思并发起了国际培训项目（ITP）。这一项目为早期和中期博物馆职业创立了全球网络，每年夏季均会在伦敦举办系列项目。目前有

超过301名ITP成员，他们来自43个国家和141个机构，覆盖了中东、非洲、南亚和东亚。在数字领域，尼尔是研究空间（ResearchSpace）的战略领导，他和数字人文专家进行合作，重建博物馆和数字之间的联系，更好地捕捉不同机构与学科之间的知识和相关数据。在更地方性的层面，一个近期完成的项目试图为南苏丹一个农村聚落进行自我赋能，形塑和创造可持续的文化遗产展示，这是在方圆300千米内唯一实现这一目标的聚落。

考古学对人类未来的启迪

陈淳　复旦大学

摘　要

考古学不仅研究人类的过去，而且对人类社会未来的走向也能够提供重要的启迪。本文通过回顾玛雅、复活节岛和良渚文明的衰亡，旨在探讨古代文明衰亡对现代工业文明发展的警示。文章认为，今天的地球只不过是一个放大了的玛雅低地和复活节岛。考古研究发现，环境恶化和资源枯竭总是文明衰溃的重要前提。面对当代工业文明所面临的人口压力、环境恶化和能源枯竭的严峻形势，我们应该倡导"知足知止"而非"多多益善"，以保证人类社会可持续发展。

作者简介

陈淳　Chen Chun

陈淳，复旦大学文物与博物馆学系教授，博士生导师。博士毕业于加拿大麦基尔大学人类学系。主要从事史前考古学研究，涉及领域包括旧石器时代考古学、考古学理论与方法、农业起源及国家与文明探源。

凤凰来仪
——贵州遵义高坪杨氏土司墓地五室墓出土器物浅识

周必素　贵州省文物考古研究所

摘　要

1953年，贵州遵义高坪珍珠山地瓜堡杨氏土司墓地五室墓出土了一批器物，但残损，计有28件（套）。按质地可分为金、银、铜、玉四类，按功能不同可分装饰品、日用品和丧葬品等。对器物进行分类、定名，理清随葬器物、金凤冠、下颌托等组合情况，对凤冠特殊饰件进行解读并了解其演变过程，同时对下颌托进行分类，揭示其所反映的丧葬观念。探讨墓主性别、墓葬构筑年代，对这批器物的产地及来源进行初步研究。五室墓出土这批器物有"僭越"之嫌，但恰恰体现出土司制度的特殊性，是土司制度文化研究的生动素材。

作者简介

周必素　Zhou Bisu

周必素，贵州省文物考古研究所所长、研究馆员。主要从事播州杨氏土司遗存以及西南地区宋元明时期墓葬的考古学研究，参与和主持过的田野项目有遵义海龙囤遗址、遵义新蒲播州杨氏土司墓地、高坪土司墓地、团溪土司墓地、杨粲墓地发掘等。曾荣获全国"六大""十大"和世界考古论坛"十大"新发现奖及年度田野考古发现奖一等奖。有系列发掘简报和论文发表。

东周城址与斯基泰城址

张良仁　南京大学

摘　要

我国城市发展史一直是学术界关心的问题。在过去的研究中，学者们大多以《周礼·考工记》为参照，来考察各个时期城址的特征。本文拟以黑海北岸的斯基泰城址卡缅卡（Kamen'ka）为参照，以便分析中山国灵寿故城，并进一步总结我国战国时期城址的总体特征。两座城址年代接近，但是卡缅卡为游牧人群城址的代表，而灵寿故城为农业人群城址的代表。二者虽然经济基础不同且相距遥远，不过可以看出，基本功能相同，都包含了贵族居住区、手工业作坊区和贵族墓葬区。修建城址的目的不在于容纳大批人口，而在于保护贵族和手工业。

作者简介

张良仁　Zhang Liangren

张良仁2007年获得加州大学洛杉矶分校博士学位，现为南京大学历史学院教授。主要从事中国西北和欧亚大陆（含中亚）青铜时代考古，现在主持俄罗斯和伊朗的合作考古项目。

安徽史前彩陶的再认识

张爱冰　安徽大学

摘　要

在中国史前彩陶的发生、发展和传播过程中，地跨淮河、长江两大流域的安徽地区彩陶遗存有着其独特的价值和地位。安徽史前彩陶出土数量可观，内涵丰富、复杂。距今7000年前后，在淮河流域的双墩、石山孜和侯家寨等遗址发现了安徽最早的彩陶。距今6000年前后，以侯家寨遗存为代表的橘地红彩系彩陶正式形成。距今5800至5500年，橘地红彩系彩陶在江淮地区的孙家城等遗存中得到了丰富和发展。距今5500至5000年，江淮南部地区诸文化零星出土的彩陶，标志着安徽史前彩陶逐步进入了尾声。安徽史前彩陶的发展，似有重心逐渐南下的进程。安徽史前彩陶在其发生和发展过程中，始终与周边地区的彩陶文化存在着交流与融合。

作者简介

张爱冰　Zhang Aibing

张爱冰，男，1961年7月生，安徽枞阳县人。1982年毕业于南京大学考古专业，现任安徽大学历史系教授，兼任中国考古学会理事。主持国家社科基金重点、重大项目等多项，合著《群舒文化研究》入选国家哲学社会科学成果文库。

权力中心变迁与郑州地区城市

宋国定　刘亦方　中国科学院大学

摘　要

郑州地区作为早商国家统治的王畿，区域内形成的地方城市可分为畿内和基层城市两类。两者均接受都城的管控。其中，畿内城市形态的一致性体现了自上而下制度性规划的特征。当地存在两条东西向交通线连接了与洛阳盆地的往来。而由郑州商城出发，沿广武山东南麓，通过小双桥可向北渡黄河，都城南部的望京楼则是南向交通的重要门户。

上述城市体系在二里头时期就已经奠定。但伴随晚商统治策略的变动以及政治权力中心的转移，地区城市化进程被迫中止。在随后漫长的历史发展中，区域城市化也总是围绕国家行政中心的变动展开，均以自上而下的过程为主导。

这一认识具有较强的现实意义：中国当今城市的发展离不开政策扶持。城市、地区的可持续发展，除了合理的发展目标和规划以外，也需要相对长期的执行力保障。

作者简介

宋国定　Song Guoding

宋国定，中国科学院大学考古学与人类学系教授，研究领域为夏商周考古、科技考古等。主持多项国家级和省部级基金项目，发表考古发掘报告及学术论文数十篇（部）。

刘亦方　Liu Yifang

刘亦方，北京大学考古文博学院博士毕业，中国科学院大学考古学与人类学系博士后。研究领域为夏商周考古及城市考古。

击柝相闻：东周时期邹、鲁两国都城遗址的比较研究

王青　山东大学

摘　要

邹国和鲁国是东周时期海岱地区南部的重要诸侯国，更是当时"泗上十二诸侯"的主要代表。两国位置南北比邻，《左传·哀公七年》载"鲁击柝闻于邾"。自20世纪70年代以来，邹、鲁两国的都城遗址（曲阜鲁国故城和邹城邾国故城）开展了大规模考古工作，出土了丰富的实物资料，为比较分析两国的文化面貌和历史发展轨迹提供了重要基础。本文主要观点包括：尽管两国位置比邻，且邹国长期是鲁国的附庸，但由于两国分别是外封来的姬姓国家和海岱土著夷人国家，造成两国文化传统也有很大不同；又由于两国在东周时期都是地处齐、楚、晋等大国之间的小国，导致两国的历史发展轨迹有相似之处，考古发现的来自周边大国的遗存特征都比较明显，真实反映了这段曲折的历史。

作者简介

王青　Wang Qing

王青，山东大学考古系教授，1967年1月出生，山东威海人。1990年山东大学考古专业本科毕业，1999年吉林大学考古系博士毕业，2000年至今工作于山东大学考古系，主要研究领域为先秦考古、盐业考古。

夏代都城的形成与演变

魏继印　河南大学

摘　要

　　约公元前1900年前后，一场规模空前的大洪水迫使造律台文化人群向东迁移到豫中一带，形成很多新砦文化聚落。新砦遗址是其中年代最早、面积最大的一个。此遗址最初居住有王湾三期文化居民，为了抵御洪水，已经开挖内、外两重城壕，可以把洪水引入双洎河中。造律台文化人群迁入后，与当地文化融合形成新砦文化，一同利用原有的环壕，为了保护沟壁，并对壕沟内壁进行夯打加固。新砦遗址面积达100万平方米，是当时中原地区面积最大的遗址，不但面积巨大，还发现有大型宫殿基址和祭祀遗址，出土遗物规格相对较高，很可能是夏王朝初兴的临时都城。新砦遗址位于两山之间沟谷当中，地势西高东低，容易受洪水冲刷，在防御方面也无险可守，并不是理想的建都地。新砦文化晚期时，新砦文化北经洛汭、南经龙门进入洛阳盆地。此时的洛阳盆地也刚经受大洪水，在中央形成了广阔的冲积平原，沃野千里，非常适合发展。二里头遗址位于洛阳盆地中央洛河北岸的台地上，可以避免像新密一带的洪水冲刷，是理想的建都之地。二里头都城从第二期开始进入繁荣阶段。二里头都城开启了后代在洛阳盆地建都的先河。

作者简介

　　魏继印　Wei Jiyin

　　魏继印，2008年博士毕业于郑州大学历史学院考古系，毕业后在河南大学历史文化学院任教，现为历史文化学院副院长、副教授、博士生导师。兼任中国考古学会理事、中国考古学会夏商专业委员会委员、河南省文物考古学会副秘书长。主要研究方向为中国新石器至青铜时代考古，在《考古学报》《考古》等发表学术论文30余篇。

大运河对隋唐宋城市发展影响的考古实证

刘海旺　河南省文物考古研究院

摘　要

近年对河南、安徽等地的隋唐大运河遗址大规模的考古发掘及调查成果表明，隋代开通的大运河对隋唐宋时期城市发展的影响是空前巨大的：大运河的开通对沿岸各类城市的建设发展起到了巨大的促进作用；漕运的便利和大型国家粮仓的建设对都城人口规模的扩大提供了粮食等基础物质保障；城市内外沿河两岸形成的规模大小不同的繁荣"河市"对汉唐城市管理严格的封闭里坊制起到了突破和消解作用；大运河也促进了中国南北城市各类商品的交换和流通。此外，考古发掘也印证了北宋时期日本僧人在大运河乘船旅行时关于大运河两岸风貌的日记记载等。

作者简介

刘海旺　Liu Haiwang

刘海旺，男，汉族。1989年7月以来一直从事田野考古发掘与研究工作，长期致力于汉唐宋时期考古和古代冶金考古研究。现任河南省文物考古研究院院长、研究馆员，是考古学博士。

从考古材料看殷墟第四期的文化面貌

岳占伟　中国社会科学院考古研究所

摘　要

　　本文结合近几十年的考古材料，从殷墟比较系统发掘的几个族邑不同时期的墓葬（人口）数量和居址的数量与规模，商代最重要的手工业——青铜器铸造业，以及殷墟都邑规模等几方面考察了殷墟第四期的文化面貌，不仅看不出殷墟文化在第四期有衰退趋势，反而看到的是殷墟在这一时期是一个非常繁荣的大都邑。

作者简介

　　岳占伟　Yue Zhanwei

　　岳占伟系中国社会科学院考古研究所副研究员。研究专长为殷墟青铜器铸造工艺和殷墟陶器烧制工艺，代表作有专著《殷墟铸型分范技术研究》，论文《试论殷墟晚期青铜礼器的两个发展方向》《殷墟白陶的初步研究》等。

吉尔吉斯斯坦古城遗址的初步考察

张小刚　敦煌研究院

摘　要

　　2017年7月12日至21日，张小刚作为敦煌研究院专家团成员赴吉尔吉斯斯坦进行学术交流与考察，先后实地考察了吉尔吉斯斯坦2个州的10余处古代文化遗址，包括2014年列入"丝绸之路：长安天山廊道的路网"的吉国楚河州的科拉斯纳亚瑞希卡遗址（红河新城遗址，8—12世纪）、布拉纳遗址（巴拉沙衮城）、阿克贝希姆遗址（碎叶城，7—11世纪）等3处世界文化遗产，纳伦州的库姆·多波镇古城遗址及附近的古代塞种人墓葬群、阔克·塔什考古遗址、卡绍伊·卡尔衮古城、塔什·拉巴特古驿站、蒙纳凯勒迪古城、沙勒达克别克古城等遗址，为今后进一步开展考古研究积累了学术资料。

作者简介

　　张小刚　Zhang Xiaogang

　　张小刚，1977年出生，湖北武汉人，历史学博士，敦煌研究院研究馆员、考古研究所所长，中国考古学会理事，中国敦煌吐鲁番学会理事。主要研究方向为石窟考古与佛教美术史，代表性著作有《敦煌佛教感通画研究》等。

商代早期中原腹地的城市化

侯卫东　河南大学

摘　要

郑州商城和偃师商城成为都城的同时，紧接着在中原腹地几乎同步形成了一批商文化系统的中小型城邑，呈现出一股"城市化"浪潮。中小型城邑的营造与都城的耦合度很高，兴衰节奏比较一致，并且与都城保持了持续不断的文化互动，说明都城对中小型城邑的控制是直接而有效的。商代早期中原腹地五座中小型城邑属于商王朝新获得的土地、人口和自然资源，政治上统治、军事上控制是其中必不可少的方面。从布局规划来看，望京楼商城、垣曲商城和府城商城与都城的规划理念一致度非常高，是都城的简化版和缩小版，四合院式大型夯土建筑代表了最高长官的衙署和生活场所，就是军政合一的地方行政中心。

作者简介

侯卫东　Hou Weidong

侯卫东是河南大学黄河文明与可持续发展研究中心副教授、中国社会科学院考古研究所博士后，承担"郑州商城与王畿区域聚落考古研究""中原腹地商代早期城邑研究"等课题，多次参加郑州商城和安阳殷墟的考古发掘。

巴蜀地区宋蒙（元）山城遗址群的调查收获

蒋晓春　安徽大学

摘　要

宋蒙（元）战争期间，宋军扬长避短，利用四川地区独特的山形水势建设了100余座据山控水的山城，形成了牢固的山城防御体系，一举改变了战争的不利态势。针对宋军山城防御体系，蒙（元）军不仅将攻占的宋军山城据为己有，还仿照宋军新建了10余座山城。宋蒙（元）双方的山城攻防战创造了许多经典战例，是世界战争史上的奇观。笔者用6年的时间对47处宋蒙（元）山城进行了实地调查，其中宋军山城41处，蒙（元）军山城6处，基本涵盖了所有能确定地址的宋蒙（元）山城。调查发现，这批山城遗址群数量大，类型丰富，保存较好，极大地弥补了我国宋代城池防御设施实物缺乏的遗憾，具有重要的学术价值。

作者简介

蒋晓春　Jiang Xiaochun

蒋晓春，四川华蓥人，历史学博士。安徽大学历史系教授，博士生导师。近年主要从事城市考古研究，发表学术论文及考古报告70余篇，出版专著2部，主持国家社科基金重点项目、西部项目、重大招标项目子课题各1项。

中国雄安新区10—13世纪城址与社会实态的考古新发现

何岁利　中国社会科学院考古研究所

摘　要

中国雄安新区成立于2017年，范围包括河北雄县、容城县、安新县及周边部分区域。雄安新区10—13世纪城址与社会的考古研究尚属空白。2017年至今，联合考古队先后开展了区域系统考古调查、勘探与发掘。中国社会科学院考古研究所于2018年在雄县双堂乡新发现了一处小型聚落遗址以及金代墓葬区，发掘出土了大量宋金时期铜钱、瓷器等。2019年又新开展了唐末五代、宋金时期鄚州城址的考古勘探和发掘，首次揭示了新区范围内宋金时期州、县城址的形制、结构、地理环境等历史实态，为新区范围10—13世纪城址与社会的考古研究提供了新资料，同时也为雄安新区千年历史文脉以及规划建设等提供了基础资料。

作者简介

　　何岁利　He Suili

何岁利，男，中国社会科学院考古研究所副研究员。1998年至今，主要从事隋唐长安城考古发掘与研究，其间参加过多项中外国际合作交流的考古研究项目，发表论著20余篇（部）。2017年起，领队从事雄安新区考古调查、勘探与发掘研究。

黄河流域早期国家进程的U形迁流轨迹与豫西晋南青铜金属资源

金正耀　中国科学技术大学

摘　要

新石器晚期到青铜时代，是中国早期国家进程从"方国"到"王国"的重要演进时期。在黄河流域上演的这出王国诞生历史大剧的揭幕，恰好也是中国青铜时代的开启。从晋南临汾盆地的陶寺到洛阳盆地的二里头，再到西依嵩山、濒临河汊的郑州，复至西依太行、襟带漳洹的安阳盆地，以黄河为津梁的这一U形迁流轨迹，见证了早期国家尤其是王国阶段的关键性发展历史。探索中国青铜时代的开启，王国的诞生和早期发展，须从发生这一迁流的本源性动力的探索入手。山川地势、土壤气候以及历史人文等诸多要素之外，尤其不应忽视的，是豫西晋南青铜金属资源所发挥的关键作用。

作者简介

　　金正耀　Jin Zhengyao

　　金正耀，教授，博士生导师，中国科技大学科技考古实验室主任，中国考古学会理事，新兴技术考古委员会常务副主任。曾任中国社会科学院研究员，主持国内外基金项目共10余项，发表中英日文论文120余篇，著作10余部。

秦汉时代的"城市化"与城邑等级

刘瑞　中国社会科学院考古研究所

摘　要

　　根据文献记载，统一后的秦王朝通过郡县制进行治理，到汉统一之后则采取了郡国并行的地方管理制度，县是郡国下的基本单位，在民族聚居区设道，并为皇太后、皇后、公主设食邑，形成郡（国）治、县（邑、道）治所的城邑格局。这样，随着秦始皇的统一和汉代疆域的不断拓展，以郡县城邑为核心，出现了在空前庞大疆域内的统一王朝治理下的"城市化"的第一次高潮。文献虽然记载了县（邑、道）的选择，是"县大率方百里，其民稠则减，稀则旷"，但对城邑的规格差异却并无明确记载。通过梳理目前已发现秦汉城址考古资料，结合文献记载，对秦汉时期不同地区城邑规格的差异进行整理，提出秦汉时期郡（国）、县（邑、道）的基本规格，提出秦汉城邑等级的相关"模数"。

作者简介

　　刘瑞　Liu Rui

　　刘瑞，复旦大学博士，中国社会科学院考古研究所研究员，阿房宫与上林苑考古队队长，汉唐研究室副主任。先后参加甘肃武威白塔寺、河北邯郸临漳曹魏邺城、河南洛阳汉魏故城阊阖门、广东广州南越王宫署等遗址考古。2011年他开始参与或主持秦阿房宫、秦汉栎阳城、秦汉上林苑、汉唐昆明池、秦汉唐渭桥、秦汉郑国渠、秦汉唐郑白渠、汉唐漕渠遗址考古。2013年度渭桥遗址、2017年度秦汉栎阳城发掘分别入选当年度全国十大考古新发现。

　　他主持完成国家社科基金课题"西汉诸侯王陵墓制度研究"，参与完成国家社科基金课题"汉长安城骨签考古研究"。目前他正主持国家社科基金课题"秦封泥分期与秦职官郡县重构研究"，主持国家社科基金重大招标项目"秦汉三辅地区建筑研究与复原"，作为子课题负责人参与国家社科基金重大招标项目"秦统一及其历史意义再研究"。

　　他已发表汉唐考古与历史研究论文、考古报告等130余篇，出版《西汉

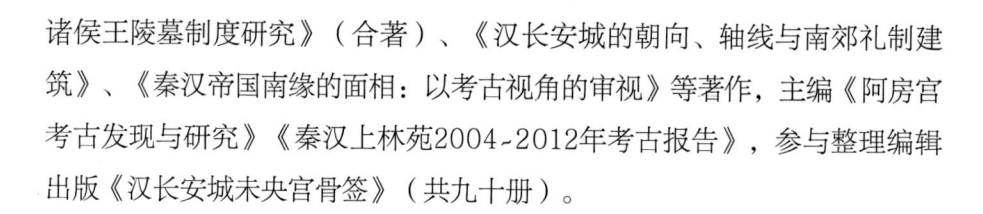

诸侯王陵墓制度研究》（合著）、《汉长安城的朝向、轴线与南郊礼制建筑》、《秦汉帝国南缘的面相：以考古视角的审视》等著作，主编《阿房宫考古发现与研究》《秦汉上林苑2004~2012年考古报告》，参与整理编辑出版《汉长安城未央宫骨签》（共九十册）。

汉魏洛阳城历史沿革与空间格局的考察

钱国祥　中国社会科学院考古研究所

摘　要

汉魏洛阳城是中国古代重要的都城遗址，始建于西周，东周、东汉、曹魏、西晋和北魏先后为国都，累计建都时间约540年。

自20世纪50年代中叶至今，该城址有长达60多年的考古发掘。先后发现了北魏的内城、外郭城和宫城，获得了该城址历代沿革变化和空间格局的重要收获。该城址自曹魏创建了以太极殿为核心的居北居中单一宫城，并被之后两晋南北朝时期各主要割据政权都城所继承，北魏统一中原迁都洛阳以后，又扩建了规模空前的外郭城，形成了具有宫城、内城、外郭城三重城圈和众多里坊市场的新型国际性商贸大都市。

这种都城形制的出现，不仅改变了秦汉以来都城多宫的面貌，而且对后世中国和东亚地区的古代都城都具有非常重要的影响。

作者简介

钱国祥　Qian Guoxiang

钱国祥，中国社会科学院考古研究所研究员、洛阳工作站站长，中国考古学会建筑考古专委会主任、三国至隋唐专委会副主任、城市考古专委会副主任。主要研究方向为汉唐城市与墓葬考古、建筑基址复原、建筑瓦当与佛教造像研究等。

古代城邑的发展演变

徐龙国　中国社会科学院考古研究所

摘　要

　　城与邑是两种不同的聚落形态，城是由邑发展而来的，从新石器时代晚期至秦汉时期，城经历了萌芽期、第一次勃发期、低潮期、第二次勃发期、调整期5个时期。城的两次勃发期，属于中国历史上的躁动时期，先后孕育了早期王国及秦汉帝国。躁动的直接原因可能是生产力的提高、财富的增加、社会组织方式的改变以及原有的社会秩序被打破等。进入秦汉以后，社会进入有序的发展时期，大的城邑已不多见，从都城到郡国城再到县邑城，建立起大小有别的等级秩序，并基本奠定了中国城市网络格局。然而，还有一部分邑并未发展为城，而是变为后来的里。里分城外之里和城内之里两种，其形态存在一定的差异，对文献记载中的里进行研究时，应注意区分两种里的不同。

作者简介

　　徐龙国　Xu Longguo

　　徐龙国，1964年5月生，山东费县人。1984年至1988年就读于山东大学历史系考古专业。1988年至2001年，在山东省淄博市博物馆工作。2001年至2004年，在中国社会科学院研究生院攻读博士学位。师从刘庆柱先生，学习秦汉城市考古学。2004年至今，在中国社会科学院考古研究所工作，研究员。2007年至2008年，曾赴韩国研修，进行中韩古代城市的比较研究。

辽宁省盖州市青石岭山城考古收获

王飞峰　中国社会科学院考古研究所

摘　要

青石岭山城位于辽宁省盖州市青石岭镇，2015年4月开始，中国社会科学院考古研究所、辽宁省文物考古研究院、盖州市文物管理处联合组队对山城进行考古调查和发掘。目前青石岭山城已经发现了城墙、城门、蓄水池、金殿山遗址、大型建筑基址、墓葬等高句丽遗迹，瓦当、陶器、石器、铜器、铁器及与冶炼有关的炉渣等高句丽遗物。

通过调查和发掘，我们认为青石岭山城是目前已知辽南地区规模最大的高句丽山城，根据其周长和面积来看属于高句丽大型山城。山城的修建年代可能在6世纪，山城的废弃可能与乾封元年（666）至总章元年（668）唐朝与高句丽的战争有关。

作者简介

王飞峰　Wang Feifeng

王飞峰，1981年生，2006年毕业于山西大学考古系，获历史学学士学位，2013年以《高句丽瓦当研究》为题获得韩国高丽大学哲学博士学位。研究方向为汉唐时期中国和朝鲜半岛的文化交流，已经发表相关论文20余篇。

洹北商城手工业作坊的发现与发掘

何毓灵　中国社会科学院考古研究所

摘　要

2015年始，中国社会科学院考古研究所安阳队在洹北商城内发现商代中期的手工业作坊遗址，并持续发掘，至今已揭露约3500平方米。

作坊主要以铸造青铜、制造骨器为主。通过发掘，发现大量制范、熔铜、浇铸、打磨、垃圾处理等多个技术环节相关的遗迹、遗物，较为清晰地揭示出青铜铸造的工艺流程。作坊区内，还发现40余座从事青铜铸造的工匠之墓，墓葬成排分布，随葬青铜铸造工具，其中9座墓葬随葬有陶范。这种"居葬合一"聚邑正是商代家族形态的反映。作坊区内同样发现大量独具特色的制骨成品、半成品及废料。两种或多种手工业生产集中在一起，更便于生产管理和生产技术传承。

洹北商城作坊的发现很大程度上填补了商代中期的空白，为研究商代铸铜、制骨手工业生产提供了翔实、可靠的材料。

作者简介

何毓灵　He Yuling

何毓灵，中国社会科学院考古研究所研究员、安阳工作站副站长。主要从事夏周时期考古发掘与研究，长年坚守于殷墟考古发掘第一线，系统发掘了商代中期都城的宫殿区、手工业区，填补了商代中期都城考古的空白。长期致力于殷墟都城布局与手工业生产研究。发掘了继妇好墓之后殷墟保存完好的高等级贵族墓亚长墓，第一次揭露殷墟时期特殊人群——甲骨占卜巫师的家族墓地。工作期间，曾先后多次到国外进行学术交流，分别于2005年、2008年作为访问学者，到日本橿原考古研究所、加拿大英属哥伦比亚大学人类学系访学。已发表考古报告、论文、图录、随笔等各类文章70余篇（部），主要围绕着殷墟时期的都城布局、手工业生产、社会礼制、墓葬制度及殷墟废弃进程等多个学术前沿课题。研究工作得到国内外多个基金资助，先后主持、参与了多个国家社科基金重大项目、一般项目研究。

隋唐长安城考古的新收获与新方法的探讨

冯健　西安市文物保护考古研究院

摘　要

　　西安地处关中平原中心，曾为十三朝古都，周秦汉唐遗址与现代城市的空间关系密切，尤其是隋唐长安城，与现代西安城高度重叠。新中国成立以来，各相关单位对隋唐长安城遗址进行了多次的考古工作，取得了丰富成果。隋唐长安城遗址在当代城市建设中面临着巨大的发掘困难和保护压力。我院建设文物考古地理信息系统平台，不仅便于对隋唐长安城进行研究，而且将传统考古工作流程进行了优化。隋唐长安城勘探与发掘的测绘数据实时入库，综合历史发掘的点、线、面，结合史料，对叠压在现代城市下的遗址进行预测，有针对性地展开发掘，提高了发掘的准确性。

作者简介

　　冯健　Feng Jian

　　冯健，1975年出生，1997年毕业于西北大学历史系，2005年获得考古学与博物馆学硕士学位。现任西安文物保护考古研究院所长，文物保护专家（教授），致力于文化遗产的研究和保护。冯健在文化遗产领域做出了重要贡献，曾担任国家文物局丝绸之路文化遗产保护管理状况报告的主要负责人。此外，他在丝绸之路档案信息管理系统（AIMS）的开发中发挥了关键作用，促进了与丝绸之路相关的国际交流与合作。

南京石头城遗址的发现与研究

贺云翱　南京大学

摘　要

　　石头城因石头山而建,它肇始于孙吴立都之前,又延续至南朝亡国之后,堪称古都金陵的起点与"母城",也是迄今所知唯一大部尚存地表的六朝城垣遗迹。经过考古调查、勘探与发掘,石头城遗址的范围、城垣结构及大体轮廓已逐渐清晰。近年来,又对此前勘探发现的地下东垣和北垣遗迹进行了更详细的考古发掘,发现了体量巨大的城垣遗迹,出土遗物主要为砖、瓦、瓦当、瓷片等。这次考古发掘探明了六朝石头城的确切位置和建筑结构,为研究六朝都城整体布局、古长江及与石头城的关系,以及六朝都城城墙建筑技术等问题提供了宝贵资料。

作者简介

　　贺云翱　He Yun'ao

　　贺云翱,现任南京大学历史学院教授、博士生导师,南京大学文化与自然遗产研究所所长,南京大学南京历史文化研究中心主任,《大众考古》主编。社会兼职主要有中国考古学会三国至隋唐考古专委会、文化遗产保护专委会、城市考古专委会和公共考古指导委员会副主任,江苏历史文化研究基地首席专家、江苏省钱币学会副会长、江苏省古陶瓷研究会会长、南京市人民政府决策咨询委员会委员等,是第十三届全国政协文化文史和学习委员会委员。先后发表过百余篇学术论文及著作,特别是其中的六朝都城研究、"六朝瓦当"学术体系建构、早期佛教考古研究、中国古代金银器研究、中国古代陵寝研究、明孝陵及明东陵考古成果、对南京城市历史文化研究以及对"文化遗产学"的研究等赢得了较高的学术声誉,部分成果受到日本、韩国、越南等国学者的极大关注。

长江流域的早期城市

罗二虎　四川大学

摘　要

长江流域早期城市的起源与发展，大体可分为滥觞期（距今7000—5300年）、初始期（距今5300—3800年）和发展期（距今3800—2600年）等三个阶段。最早出现的城市是长江流域下游附近的良渚，距今约5000年，稍晚出现的是长江流域中游的石家河，再晚才是长江流域上游的三星堆和金沙等。长江流域早期城市主要有以下特点：表现为非连续性发展；政治性功能突出；宗教性礼仪祭祀活动中心；布局上基本都是以城垣为标志划分为内外两部分，但城垣的最初出现可能并非主要用于防御；十分重视水上交通与防洪排涝。

作者简介

罗二虎　Luo Erhu

罗二虎，四川大学历史文化学院教授，历史学博士。主要从事中国西南与南方地区考古、美术考古等。主要著作有《中国新石器时代资料集成》《中国汉代画像与画像墓》《秦汉时代的中国西南》《文化与生态、社会、族群：川滇青藏民族走廊石棺葬研究》等。

东周王城的城市化特质观察

徐昭峰　辽宁师范大学

摘　要

东周时期可以说是中国古代城市发展的第二个高峰期。东周王城作为东周时期的王国都城，在中国古代都城制度史上居于重要的地位，不仅具有承上启下的作用，而且影响着各诸侯国国都的建设。东周王城的城市化特质主要表现在：十分注重人地关系的和谐统一发展，这从东周王城所处的地理环境和发达的水系可以看出；城市规模的不断扩大；城市的功能分区显著；密集的道路网和发达的给排水系统；发达的手工业和商业；规模宏大的储量系统；城市居民中"百工"的份额；物质文化反映的远距离文化交流或贸易交换；等等。

作者简介

徐昭峰　Xu Zhaofeng

徐昭峰，男，1974年生，博士，教授，博士生导师，辽宁师范大学历史文化旅游学院院长。主要从事夏商周考古学研究，先后主持国家社科基金项目等10余项，出版著作4部，在《考古学报》《考古》《文物》等刊物上发表论文100余篇。先后入选辽宁省"兴辽英才计划"哲学社会科学领军人才、"辽宁省百千万人才工程"百人层次等。

长江中游地区史前城址反映的文明化进程

余西云　单思伟　武汉大学

摘　要

长江中游是中国最早出现城的区域，目前已经发现19座史前城址，均分布在山地向古沼泽过渡的小平原和岗地，可以分为四个阶段。

1.距今6000年前后，在澧阳平原出现城头山古城，在大洪山南麓出现龙嘴古城等。单重城垣城壕，平面圆形，面积较小，应该是早期农业人口争夺这些适宜耕种的地区的结果。

2.距今5300年前后，出现的谭家岭、走马岭、阴湘城等。走马岭，双重城垣城壕，平面为方形或圆角方形，面积较大。

3.距今5000—4200年左右，出现石家河等17座古城。石家河三重结构，平面方形，面积大。

4.距今4200—3900年左右，大洪山南麓的肖家屋脊与澧阳平原的孙家岗，是否有城垣尚不清楚。存在丰富的玉器，具有中心聚落的性质。城是社会复杂化、社会冲突加剧的产物，是环境与资源优化的结果，是社会控制模式的体现，是文明化的集中体现。

作者简介

余西云　Yu Xiyun

余西云，武汉大学历史学院考古系教授。主要研究领域为秦以前考古。他发表有《江汉地区文化变迁》《巴史——以三峡考古为证》《西阴文化：中国文明的滥觞》《巴东楠木园》《考古学：发现我们的过去》等学术著作。

单思伟　Shan Siwei

单思伟，男，汉族，1973年生，湖北黄冈人，博士，教授，博士生导师。现任武汉大学考古学与文博学院院长。主要从事中国古代城市考古、城市文化遗产保护与管理等方面的研究工作。曾主持或参与多项国家级、省部级考古项目，发掘了一批重要的古代城市遗址。在国内外学术刊物上发表论文50余篇，出版专著2部。

晋陕高原仰韶中期聚落形态的探索：以离石德岗遗址为例

张光辉　山西省考古研究所

摘　要

德岗遗址位于晋陕高原的黄河东岸，地处中原文明与北方文明对峙的前沿地带，有着勾连东西、串接南北的先天地理优势，该区域也一度成为中国先秦史的焦点之一。

德岗遗址发现的一批仰韶中期房址，排列有序，结构完整，并出现"半窑洞"房屋，初步展示了这一时期晋陕黄土高原地区的聚落形态，也为考察支撑此类聚落的地理环境与文化背景提供了案例。

同时，遗址所见以25°为主方向的向心结构排列，揭示了中原之外的晋陕高原仰韶中期的社会发展层次及可能存在的社会运行模式。

作者简介

张光辉　Zhang Guanghui

张光辉，男，36岁，山西省考古研究所助理研究员，曾参与兴县碧村、离石德岗等多处晋西史前遗址的发掘与研究工作，发表相关简报与论文十余篇。

良渚文化研究的新进展

赵春青　中国社会科学院考古研究所

摘　要

一、新发现

1.确认了良渚古城的存在，以莫角山为中心，是三重城围结构，总面积290万平方米，城内有四通八达的水道，城外有高低坝组成的大型水利工程。

2.池中寺仓储区发现大量炭化稻谷遗迹。

3.茅山遗址首次发现三层水稻田及灌溉系统。

4.玉架山遗址发现环壕聚落。

5.发掘了高城墩、卞家山、文家山、小兜里、福泉山、广富林、绰墩、姜里、彭家墩、戴墓墩、小青龙、官井头、赵陵山等良渚文化遗址。

6.江苏兴化、东台蒋庄遗址是首次发现长江以北地区的良渚文化遗址。

7.德清中初鸣遗址群发现迄今为止规模最大的制玉作坊。

二、新研究

1.对玉器的研究分为两个部分：一是研究玉璜、玉琮、玉璧、玉钺的形制、纹饰、组合和功能，兼论良渚神人兽面像及其反映的宗教信仰与礼制；二是研究制玉工艺和玉料来源。

2.对古城的研究，也分为两个部分：一是研究古城的营造、水利系统和聚落；二是从宏观角度，结合良渚文化墓葬和聚落形态，研究良渚社会结构及其演进、衰亡的过程，着眼于中国文明起源。

3.对于良渚文化刻画符号的研究，以整理出版图录和讨论符号与文字关系为主。

三、新思考

1.对神人兽面像中的观念动物和刻画符号中"象形符号"的原型的研究，或许可以从良渚人的日常活动和人地关系出发。

2.对于刻画符号的研究应减少比附与想象，而更多着眼于考古学角度的分析，与刻画符号所在的载体即陶器、玉器和石器的研究相联系，探究良渚人的思维观念。

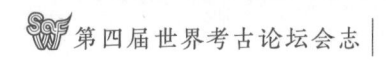

3.对良渚文化社会发展阶段的探讨。不少人认为是王国文明，我们觉得只有到了夏文化才进入王国文明，而良渚文明是众多邦国文明之一。

作者简介

赵春青　Zhao Chunqing

赵春青，男，中国社会科学院考古研究所河南新砦队队长、研究员，中国考古学会会员，中国古都学会理事。主要研究领域为考古遗址的发掘及研究等工作，参与及主持多项考古发掘工作。代表著作有《新密新砦——1999—2000年田野发掘报告》《郑洛地区新石器时代聚落的演变》《中华文明传真·原始社会卷》《姜寨一期墓地再探》等。

二里头都邑的规划布局及其演进

赵海涛　中国社会科学院考古研究所

摘　要

　　剖析二里头都邑聚落的构成要素、整体布局及其发展过程，可探索二里头国家王权的产生过程及其特征。都邑构成方面，在中心区新发现道路、墙垣、有祭祀功能的巨型坑、多进院落宫室建筑——5号基址。聚落的布局演变方面，二期时，构成二里头都邑的主体要素均已出现，"井"字形道路系统划定的都邑框架形成，奠定了此后都邑布局的基础。此后都邑总体上由开放到封闭、由兴盛到废弃，二里冈文化早期仍为高规格聚落。陶系构成演变情况与聚落布局的演变基本一致。二里头都邑或已出现家族式居葬合一的分区格局，各区或有墙垣围护；手工业生产存在着大规模作坊制和小范围加工地点并存的模式。

作者简介

　　赵海涛　Zhao Haitao

　　赵海涛，副研究员。2002年入中国社会科学院考古研究所工作，主持或参与二里头遗址多项重要田野考古项目。大型考古报告《二里头：1999~2006》的主编之一和主要撰写者，现主持国家社科基金重点项目"二里头：2010~2017"。

开封城市考古发现

王三营　开封市文物考古研究所

摘　要

　　开封城位于河南省东部，黄河之滨，建城已有4000年历史，中国历史上第一个王朝夏曾定都于此200余年，此后战国时期的魏，五代时期的梁、晋、汉、周，北宋，金相继定都开封，有八朝古都之称。元、明、清、民国时期又作为河南省省会700余年，开封是名副其实的历史文化名城。开封位于中原腹地，濒临黄河，历史上兵燹与水患不断，但开封城在原址数次重建，几千年来在其城下形成了厚厚的文化印记，有"城摞城"奇观之美名。近年随着旧城改造，考古部门相继发掘了北宋东京城顺天门、御龙湾明代建筑、明代周藩永宁王府等几处遗址，这些遗址无不与战争、洪水有着密切的关系，是开封城市的重要记忆，是人类宝贵的历史文化遗产，这些遗址发掘为城市大遗址保护与展示提供了重要资料。

作者简介

　　王三营　Wang Sanying

　　王三营，男，1971年生，现任开封市文物考古研究所所长，研究馆员，中国考古学会宋辽金元明清专业委员会理事，河南省文物考古学会常务理事。主要致力于开封城市考古研究、开封地方史研究、宋元明清瓷器研究。曾主持多个考古项目的发掘及报告的编写，在《文物》《华夏考古》《中原文物》《史学月刊》等专业刊物发表论文20余篇。

商代青铜器高放射成因铅铅矿来源的调查与研究

金锐　河南大学

摘　要

　　系统探讨商代青铜器矿料产地信息，对研究其政治、经济、文化交流、交通运输、方国地理等问题具有重要意义。目前，利用铅同位素分析法，示踪文物产地，进而探讨古代资源开发与流通，业已成为国内外科技考古界的研究热点与重点之一。我国在此领域研究成果颇多，其中商代青铜器的高放射成因铅铅矿来源研究，因其重要价值备受国内外学术界关注，但由于诸多原因，尚无定论。作为商统治中心的河南地区，极有可能是青铜器矿料的主要产地之一，但其境内的小型铅矿鲜被关注。本文通过地质调查和分析，发现了河南境内存在高放射成因铅铅矿，其来自河南省境内云斑硅质灰岩中富存的铅锌矿。这一发现为探讨商代矿产资源开发和流通等问题提供了新的证据。

作者简介

　　金锐　Jin Rui

　　金锐，男，1986年12月出生，安徽安庆人。科技考古学博士，毕业后任教于河南大学历史文化学院，现任河南大学科技考古与文化遗产保护实验室主任，主要从事冶金考古学研究。

吴哥文明的核心价值及其文化遗产保护

王元林　中国文化遗产研究院

摘　要

高棉人于9至15世纪创造了辉煌灿烂的吴哥文明，成为古高棉文明最为耀眼和突出的代表，也是东南亚地区最具代表性的区域性文明之一。吴哥文明的发展与辉煌具有丰厚的史前文明基础，尤其是闻名于世的扶南国与真腊王国时期国力强盛，对外交往趋于频繁，区域发展成就了吴哥王朝地理版图优势与雄厚的统治基础。吴哥文明核心价值体系的突出表现，是以稻作农业为主要经济支撑的农业文明为基础，拥有大型水资源管理工程与技术，建设了畅通有效的交通系统和令人叹为观止的石筑艺术，以及伴随着权力与信仰高度结合的社会形态和精神信仰，拥有了高度发达的城市文明，共同促成了吴哥王朝的国家的形成与发展。

作者简介

　　王元林　Wang Yuanlin

王元林，中国文化遗产研究院研究员，从事中外文化交流考古，曾参与柬埔寨吴哥古迹周萨神庙和茶胶寺考古项目，现主持2016年度国家社科重大项目"吴哥古迹考古与古代中柬文化交流研究"和王宫遗址保护修复项目。

从殷墟到大邑商
——安阳辛店遗址的时代性质布局探讨

孔德铭　安阳市文物考古研究所

摘　要

　　辛店遗址位于安阳市北部柏庄镇辛店集南部一带，2016年发现该遗址。遗址距殷墟遗址核心区约10千米，南北长约1400米，东西约750米，总面积约100万平方米。2016年和2018年、2019年安阳市文物考古研究所配合安阳市政道路建设对遗址进行了两次发掘，发掘总面积约4000平方米。辛店遗址范围广大，铸铜作坊、大型建筑遗迹、墓葬等分布密集，文化内涵十分丰富。时代跨度长，从下七垣文化时期、洹北商城时期、殷墟时期一直延续到西周时期。遗址内出土了上万件陶范、模、铸铜工具及大量的青铜礼器、玉石器、陶器等，出土文物种类多、数量大、价值高。遗址的时代、文化内涵、布局等表明该遗址是一处殷墟时期以"戈"为主体的"居、葬、生产合一"的超大型青铜铸造基地和大型聚落遗址，是殷墟文化遗址的重要组成部分。遗址的发现展示了真实意义上的"大邑商"的范畴，见证了中国早期都城低密度城市化发展的进程，对于研究殷墟时期都城的布局、范围等都是一次突破性的发现。

作者简介

　　孔德铭　Kong Deming

　　孔德铭，男，1966年8月出生，河南滑县人，郑州大学历史系历史专业毕业，学士学位。现为安阳市文物考古研究所所长，安阳市文物局副局长，研究馆员。安阳市优秀专业技术人才（市管专家）、安阳市学术技术带头人，上海大学、郑州大学、安阳师范学院等特聘教授。

淮河流域史前城址与城市化的考古学观察

张东　中国社会科学院考古研究所

摘　要

新石器时代晚期黄河、长江流域人口数量激增，人群高度集中，大型城址和环壕聚落普遍出现，被认为是社会复杂化加剧和早期国家出现的物化表征，也是中国史前城市化的集中体现。淮河流域介于黄河流域和长江流域之间，对早期中国不同区域间社会交流具有重要意义。本研究以淮河流域新石器时代晚期城址为研究对象，探讨淮河流域史前城市化发展的社会背景、共同特点和地方差异，阐述淮河流域新石器时代晚期的城市化在中国早期王朝国家形成过程中发挥的特殊作用。

作者简介

张东　Zhang Dong

张东，中国社会科学院考古研究所史前研究室助理研究员，研究领域为新石器时代考古，长期从事淮河流域和江淮地区的史前考古研究，目前主持淮河中游新石器时代晚期双墩聚落和禹会村城址的考古项目。

中国家兔起源考证

王娟　河南省文物考古研究院

摘　要

家兔是一种常见的家养动物。我国从20世纪80年代起至今，关于中国家兔起源的争议尚未有结论。国内主流观点包括"本土说"和"欧源说"。两者的分歧在于中国家兔是源自本土已灭绝的野生穴兔，还是先秦时期引入我国的野生穴兔，两者的相同点是都主张中国家兔的驯化远远早于欧洲家兔。本文先从古生物学、动物考古学、分子生物学和历史文献学的角度出发，对国内主流观点引用的论据进行了整理和验证，然后结合国际上关于家兔驯化的研究结果和中国古代史料、笔记小说、诗歌、地方志等材料，为中国家兔起源问题提供了初步解答。

作者简介

王娟　Wang Juan

王娟博士毕业于澳大利亚拉筹博大学，现于河南省文物考古研究院从事动物考古研究工作。她的研究兴趣集中于中国历史时期的动物骨骼遗存，尝试结合中国丰富的历史文献资料以还原历史时期人与动物的关系。

青铜时代世界体系中的石峁古城

易华 中国社会科学院民族学与人类学研究所

摘 要

　　石峁古城的发现与发掘震惊世界,已经发现的青铜器、石范、牲畜遗骸(羊、牛、马)、壁画、石灰地面、石雕、陶鹰、骨簧、瓮城、马面及石城筑砌技术等足以表明石峁时代东亚已经进入了青铜时代世界体系。定居农业文化土城发达,青铜时代石城流行。土筑石砌古城位于半月形文化传播带核心地区,是东西交通南北接合部,正是东亚定居农业文化与中亚青铜游牧文化的结晶。通过与南亚哈拉帕、摩亨佐达罗古城,西亚乌尔、巴比伦、哈图莎、特洛伊以及欧洲迈锡尼古城,中亚阿尔丁(Altyn tepe)、纳马兹加古城(Namazga tepe),北亚辛塔什塔(Sintachta)、安卡姆古城(Arkaim)等比较研究,石峁古城已是当时世界上规模最大、结构功能最复杂古城之一,表明东亚已是青铜时代世界体系新中心。

作者简介

　　易华 Yi Hua

　　易华,中国社会科学院民族学与人类学研究所研究员,史学博士,理学硕士。长期从事游牧与农耕民族关系研究,发表论文《青铜之路》《青铜时代世界体系中的中国》;专著《夷夏先后说》化解中国文明本土起源说与外来传播说矛盾;《齐家华夏说》探索华夏文明形成过程。

亚欧大陆视野中的汉长安城

周繁文　中山大学社会学与人类学学院

摘　要

汉长安城是中国古代都城制度史上的里程碑之一，将其置于亚欧大陆的视野下，能够更清楚地观察在帝国时代的初创期，都城城市形态和空间结构的发展演变和特征。本文对亚欧大陆西部的高地—低地、平原、海滨等三种城市空间结构模式进行了分析，并以罗马城为重点，概述了波斯帝国、亚历山大帝国、安息帝国和罗马帝国的都城模式，比较汉长安城空间结构模式与亚欧大陆西部都城模式的异同。

作者简介

周繁文　Zhou Fanwen

周繁文，考古学博士，毕业于北京大学考古文博学院，2008—2010年曾于意大利罗马三大进行联合培养。著有《长安城与罗马城——东西方两大文明都城模式的比较研究》，发表论文《帝国以前的罗马城——从聚落到都城的考古学观察》。曾获广东省哲学社会科学优秀成果一等奖。

秦陵建筑基址壁画材质及工艺的初步研究

张尚欣　秦始皇帝陵博物院

摘　要

　　2011年到2013年，秦陵博物院对秦陵封土北侧西区寝殿部分大型夯土台基式建筑遗址进行了试掘，发现了一片秦代壁画遗存。为了科学认知壁画的材质和制作工艺，本研究使用偏光显微镜（PLM）、拉曼光谱（RM）、带能谱的扫描电镜（SEM-EDS）、X射线衍射仪（XRD）、红外光谱仪（IR）、气相色谱质谱联用仪（GC-MS）对壁画残块进行了分析研究。结果表明壁画结构由外到内分别是颜料层、底色层、细泥层、粗泥层。壁画的黑色颜料为黑色氧化铜，白色颜料为碳酸钙；底色层为碳酸钙；彩绘胶结材料为动物胶；粗泥层和细泥层中均添加了白灰为胶结材料，粗泥层中还添加有植物茎秆。本研究结果为我们探索秦陵陵寝建筑的考古文化提供了重要信息。

作者简介

　　张尚欣　Zhang Shangxin

　　张尚欣，秦始皇帝陵博物院副研究馆员。2000年毕业于西北大学文物保护技术专业，2008年硕士毕业于中国科学院研究生院科技史专业。主要从事秦陵及兵马俑坑出土文物保护及科技考古方面研究。

早期宗教、城市与文字
——浅谈甲骨文的起源

陈志欣　天津师范大学

摘　要

宗教与城市之间有着密不可分的联系。在新石器时期，宗教孕育了文明的发展，而文明促进城市的建成，城市又反哺宗教与文明。石虎山遗址祭祀坑附近新发现的甲骨文，对于破解早期宗教与城市的关系提供了重要的线索。石虎山遗址牛肩胛骨上的文字应为我国目前发现最早的多字甲骨，对其上文字的解读，有助于探索新石器时代甲骨文向殷商甲骨文的转变与发展，也有助于我们进一步理解早期宗教与城市的关系。

作者简介

陈志欣　Chen Zhixin

陈志欣，现就读于天津师范大学历史文化学院与欧洲文明研究院中国史易学史专业，师从杨效雷老师，研究易学考古的相关问题。

郑韩故城北城门遗址的重要发现及相关研究

樊温泉　余洁　河南省文物考古研究院

摘　要

　　2016—2018年，我们对位于郑韩故城北城墙与隔城墙交会处东侧的缺口进行了考古发掘，初步判断此处为文献记载的郑国"渠门"。春秋时期其北部为护城壕，水渠和道路穿过城墙缺口处应为一陆门和一水门；战国时期修筑大型夯土建筑，并与同时期修筑的北城墙突出部分共同构成瓮城城墙，并增设两条道路。北城门遗址考古是历史上对郑韩故城城门进行的第一次科学发掘，发现战国时期带有防御体系的瓮城城墙，属中原地区东周时期王城遗址首次发现，且与其他设施共同加强了北城门的军事防御体系，对于研究东周时期的城门建制具有重要意义。

作者简介

　　樊温泉　Fan Wenquan

　　樊温泉，河南省文物考古研究院研究馆员。曾主持或参加过新密黄寨、渑池关家、三门峡庙底沟等遗址及三门峡虢国墓地、新郑郑韩故城的考古发掘。研究领域主要为新石器时代考古学、商周考古学及汉代考古学。

　　余洁　Yu Jie

　　余洁，河南省文物考古研究院助理馆员，2017年参与北城门遗址的考古发掘工作。

秦始皇陵二号兵马俑坑考古新发现

朱思红 秦始皇帝陵博物院

摘　要

2015—2016年二号坑发掘约100平方米，通过发掘，我们对秦始皇陵二号兵马俑坑有以下新认识：1.坑壁只是部分夯土修筑，可能因为坑壁垮塌需要修补而为。2.对于"弩兵"方阵的布局和内涵有了新的认识。3.新发现了一件将军俑，可能是这个单元的最高指挥官。4.所谓的"跪射俑"应称蹲射俑，所持可能是弩，也可能是弓；立射俑是张弓射箭起始时的瞬间状态。5.原"弩兵"定名不合适，或许应称"材士"。

作者简介

朱思红　Zhu Sihong

朱思红，男，博士，秦始皇帝陵博物院研究馆员。长期从事秦始皇陵考古研究，曾主持秦始皇陵内城建筑遗址发掘、秦始皇陵园从葬墓发掘和兵马俑二号坑考古发掘（2015—2016）。2019年7月起重新主持二号坑考古发掘。

淮河流域商代台墩型遗址的布局

何晓琳　武汉大学

摘　要

2012年以来，安徽省文物考古研究所和武汉大学考古系合作，在安徽北部的淮河流域发掘了包括台家寺、古堆桥、南城孜等多处商代遗址。这些遗址都建在较周围略高的台墩上，周围以围沟环绕。以揭示面积最大、内涵最为丰富的台家寺遗址为例，包括了大型建筑、祭祀坑、铸铜作坊、墓葬等各类不同性质的遗存。

台家寺遗址各类不同性质的建筑布局清晰，宫殿、府库、作坊等大型建筑整体呈松散的四合院式布局。而以古堆桥遗址为代表的部分台墩型遗址，则是呈现出建筑在中间、生活与生产废弃物在外围的布局。两者的不同，正是淮河流域商代聚落等级差异的体现。

作者简介

何晓琳　He Xiaolin

何晓琳，1981年生于江苏省南京市，2011年毕业于北京大学考古文博学院，获博士学位。2018—2019年哈佛大学人类学系访问学者。2011年起任教于武汉大学历史学院考古系至今，副教授职称，研究方向为商周考古。

从近年考古新发现看郑州商城布局规划

杨树刚　河南省文物考古研究院

摘　要

近年来，配合郑州城市基本建设，河南省、市考古机构对郑州商城遗址进行了多处考古发掘工作，发现了诸如黄河路晚商墓葬、健康路祭祀遗存、东里路南仓变电站夯土遗存、南学街商代祭祀类遗存等，获取了新信息，为进一步探讨郑州商城内外城功能规划与布局提供了可能。

作者简介

杨树刚　Yang Shugang

杨树刚，河南省文物考古研究院夏商周考古研究室副主任，郑州商城工作站站长。近年来，主持郑州商城、焦作府城等多个项目的考古发掘工作，主要研究方向为夏商考古与城市考古。

商代半人半兽形象研究

韩鼎　河南大学

摘　要

　　商代的"半人半兽"应与"人兽相伴"整合起来，作为"人兽"主题进行研究，并可分为"人虎""人蛇""人鸟""人蝉"四类主题。通过对商代"人兽"主题的分析，我们可以发现"人兽相伴"方式和"半人半兽"特征两者间存在一些规律，即"半人半兽"中人兽"同化"的器官正是"人兽相伴"模式中两者接触（结合）的部分。由此可以推断，"半人半兽"的形象是对"人兽相伴"形象的抽象化表现。"人兽相伴"表现了巫觋借助动物的能力沟通天地的形象，而"半人半兽"象征了巫觋对动物沟通天地人神能力的同化或占有。礼器上饰以这些纹饰，其目的是加强礼器作为人神中介的功能。这一研究对理解由多种动物元素杂糅成的饕餮纹有重要的启示意义。

作者简介

　　韩鼎　Han Ding

　　韩鼎，1982年生，博士，副教授，硕士生导师。现任教于河南大学考古文博系，两次赴美国达特茅斯学院访学。主要从事美术考古方向的教学和研究，于《考古》《考古与文物》等期刊发表论文多篇。目前主持国家社科项目、省社科项目各一项。

西汉王侯的地下奢华

丁新权　江西省文物局

摘　要

　　2011年开始发掘的南昌汉代海昏侯国遗址，真实、完整地展现了海昏侯国国都、历代海昏侯墓园、贵族和平民墓地的空间布局。海昏侯刘贺墓不仅是目前中国考古发掘的面积最大、保存最好、内涵最丰富、出土文物最多的汉代列侯墓葬，而且也是中国长江以南地区发现的唯一带有真车马陪葬坑的墓葬。迄今已出土的1万余件（套）文物，形象再现了身为帝、王、侯的刘贺的传奇人生和西汉时期高等级贵族的奢华生活，具有极高的历史价值、艺术价值和科学价值。其中数千枚竹简和近百版木牍使多种古代文献2000年后重现，是我国简牍发现史上的又一次重大发现。大量工艺精湛的玉器、错金银、包金、鎏金铜器，图案精美的漆器，显示出西汉时期手工业高超的工艺水平。重达115千克的金器、数十吨重的铜钱、成套编钟、诸多带有文字铭记的漆器和铜器，反映了西汉时期的籍田、酎金、食官、赙赠、乐悬、舞列、车舆、出行等制度。

作者简介

　　丁新权　Ding Xinquan

　　丁新权，教授级高级工程师，注册城市规划师。历任江西省住房和城乡建设厅城市规划处副处长，江西省世界自然遗产和风景名胜区管理中心主任，新疆维吾尔自治区申报世界遗产领导小组办公室副主任，江西省第七批援疆工作前方指挥部经济协作与乌鲁木齐联络组组长，新疆维吾尔自治区住房和城乡建设厅党组成员、副厅长，江西省旅游发展委员会党组成员、副主任。2018年11月，任江西省文化和旅游厅党组成员、副厅长。2019年8月，任江西省文物局局长。

汉帝国南缘的铁器生产系统：湘西桑植官田遗址冶金分析

林永昌　香港中文大学

摘　要

铁器在汉王朝经济系统中有着重要地位，但在汉王朝核心区以外的周边地带，铁器生产和组织是如何进行的仍有待探讨。特别是在汉帝国的南缘，大部分铁器与中原地区所见十分相似，且分布广泛，但背后的传播机制在以往研究中存在很多空白。因此，近年在湘西地区张家界桑植官田遗址发现的铁作坊，为研究汉代南方铁器的生产体系提供了重要材料。本论文先介绍遗址出土铁器和冶铸遗物的冶金分析结果。结果表明该遗址可能是制作生铁或以生铁脱碳为钢的生铁作坊。此外，很可能因遗址所在环境，铁器生产过程中使用了本地化技术，官田遗址所体现的生铁技术与中原地区所见有所差异。新发现不单有助于认识汉代南方的生铁工业，同时也为了解生铁生产技术的南传提供了重要线索。

作者简介

林永昌　Wengcheong Lam

林永昌，考古人类学助理教授，研究地域关注中国大陆，近期研究方向集中于青铜时代和汉代的经济体系与社会发展。他的研究兴趣涵盖多种考古技术，包括冶金学、动物考古和地理信息系统（GIS），并据此来研究中国历史上最关键的几个时期的手工业生产和贸易往来。最近，他正在中国南方开展有关古代冶铁经济和汉代贸易的研究。

16至17世纪澳门在全球瓷器贸易体系中的作用

赵月红　澳门考古学会

摘　要

近年，随着考古工作的不断开展，澳门出土了大量贸易瓷器碎片，它们属于16世纪中期至17世纪中期大量供外销的克拉克类型的瓷器碎片。这些瓷器通过葡萄牙人建立的海上贸易路线（里斯本—果阿—马六甲—澳门—长崎航线）被运输至各地进行贸易。

澳门作为明清时期中西方海上贸易及文化交流的重要中转港，当时正处于连接欧洲海上贸易网与中国陆上贸易网两大贸易体系的关键交接点上。上述出土的外销瓷器考古证据增补了该时期全球瓷器贸易的重要信息。

作者简介

赵月红　Ut Hong Chio

赵月红，澳门考古学会理事长。台湾大学人类学学士、广州中山大学人类学硕士，现任职于澳门文化局学术及出版处。曾参与澳门近年多个考古发掘项目，发表《前海岛市政大楼地下室结构一致考古发掘概述》（第二作者，2010）、《澳门考古工作与今年成果》（2014）、《公众考古与澳门考古遗产保护》（2014）、《澳门近年出土明清时期漳州外销瓷器初探》（2018）等。

新石器时代台湾与世界的接触和交流：考古学材料的观察

李匡悌　中国台湾"中研院"历史语言研究所

摘　要

根据地质学和地理学的研究认识，台湾岛与大陆在第四纪最后一次冰期之后才隔海相望。直到目前，没有发现任何考古材料证明台湾新石器时代的文化是由岛上最早的旧石器时代文化发展演化而来。至今为止，所有的考古证据都表明这些新石器时代早期的人群都是由岛外移居到岛上的。比较遗憾的是没有具体的证据能够说明和解释有关这些外来移居者到底是什么时间，从哪里，怎么移入的。长久以来，以张光直、贝尔伍德教授为首的众多学者认为，五六千年前大批说着南岛语族的社群来到台湾，并从台湾向外扩散。

本次简报的目的不在于对这项迁徙和扩散理论进行响应或辩驳，只希望借由若干新近出土的考古材料，来说明这些台湾新石器时代早期的移居者与岛外地区的接触和互动。特别是台南科学园区的南关里遗址及南关里东遗址的考古遗物，提供了非常具体和明确的证据说明当时为了获得经济生活上的资源，他们不只是和岛内其他地区的社群接触，甚至于和岛外不同地理区域的社群进行交流。其次，借由生活物质制作工艺技术上的观察，进一步地检视台湾和邻近地区之间文化类缘的相似性与差异性。最重要的是我们期待透过这些比较分析能够为理论的建模提供更清楚的认识。

作者简介

李匡悌　Li Kuangti

李匡悌是中国台湾"中研院"历史语言研究所考古学系研究员。他在亚利桑那州立大学获得人类学硕士和博士学位，之后还在台湾的清华大学和台湾师范大学任教。

他在台湾从事了30多年的田野考古研究。特别是自1999年以来，他一直担任台南科学园区抢救性考古考察的共同首席研究员。他的研究兴趣主要集中在台湾及周边地区的史前聚落和生存模式，研究方法包括同位素和几何形态计量学以及古DNA研究。

他还对环境考古学、动物考古学，以及饮食与古代食物采购策略之间的关系感兴趣。通过生态学方法，他的研究重点在于史前居民如何开发环境资源，以及如何安排生存活动。他目前的研究旨在探索更多台湾北部和东部的样本，以建立系统发生树，并利用几何形态计量分析来探究家猪何时传入台湾。他和同事曾成华教授获得了2015年上海考古论坛田野发现奖。他还是2017年胡适博士纪念讲席教授。

由台湾北部与东北部铁器时代的玻璃珠谈区域互动

王冠文　中国台湾"中研院"历史语言研究所

摘　要

台湾史前玻璃珠最早可追溯至铁器时代。过去针对出土于东南部及南部玻璃珠的研究，显示绝大部分的珠饰与印度-太平洋的单色玻璃珠极相似，且化学分析显示其可能来自和东南亚区域的交流。然而，台湾北部、东北部的玻璃珠饰外形与其他区域存在差异。因此，本研究旨在通过研究台湾北部和东北部玻璃珠的外形与化学成分，了解是否存在不同的区域互动。

研究分析了来自淇武兰遗址下文化层（东北部，4—12世纪）及十三行遗址（北部，2—15世纪）的玻璃珠。研究结果显示，两遗址皆以橘色和蓝色珠子为主，此颜色与台湾其他地区并不相同。同时，这个地区存在一些形制特殊的玻璃珠，如：带有橘色外皮及玻璃质内胎的不透明玻璃珠，以及蓝色半透明的长管珠，这些类型的珠子，目前并不见于台湾其他地区的考古遗址，也未见于东南亚。然而，化学成分显示，两座遗址皆以m-Na-Al玻璃及v-Na-Ca玻璃为主，显示其海外交易来源仍为东南亚，这表明台湾北部和东北部的玻璃珠和南海网络有关。综合考虑这些结果，特别是流通于北部、东北部的特殊玻璃珠类型，以及以橘色为主流颜色的现象，显示当时该区域的社会可能对橘色玻璃珠存在特殊需求，以及台湾北部和东北部对交易网络的可能控制。而台湾和其他地区的玻璃珠交流则受到限制。

作者简介

王冠文　Wang Kuan-Wen

王冠文自2007年由材料科学跨入考古学，研究主要通过科学分析讨论考古文物所反映的文化、社会与经济互动，研究区域以台湾为主，除了关注台湾本土，也探讨与东南亚、东亚等区域的互动。目前，她聚焦台湾及环南海史前的玻璃质器物，尝试通过台湾铁器时代的玻璃珠进行探讨，使用电子显微镜及激光剥蚀感应耦合电浆等技术进行分析，整合科学分析与考古资料，初步建立当时玻璃珠的区域与年代分布，并以此为基础，讨论台湾与东南亚地区的玻璃珠生产、消费与交易现象，及其与社群的互动。王冠文未来的研究将会立基于此，并主要关注两个方面。首先，将对台湾各区域的玻璃珠做更全面的分析，以了解中国台湾、东南亚及中国大陆之间的互动。其次，将继续重建南海地区的玻璃生产，从而考察它的发展和可能的跨区域知识交流。

Bulletin of the
Shanghai Archaeology
Forum, Volume IV

公众考古
讲座摘要

韧性与脆弱：毗奢耶那伽罗帝国都城的兴衰

卡拉·辛诺波里　美国新墨西哥大学

摘　要

200多年以来，位于印度南部半干旱的德干地区的毗奢耶那伽罗城（Vijayanagara），一直是世界上最大、最复杂的城市之一。毗奢耶那伽罗城是一个庞大帝国的首都，同时也是贸易、朝圣、军事和王权的中心。在公元1565年，毗奢耶那伽罗城突然被废弃。在这次演讲中，我将运用在毗奢耶那伽罗城市中心和腹地进行了30多年的考古研究，来思考促成毗奢耶那伽罗城在公元14世纪中期迅速崛起，以及在大约两个世纪后突然废弃的因素。在此过程中，我试图探讨考古学中有关城市空间的韧性和脆弱性的更宏观的理论。

作者简介

卡拉·辛诺波里　Carla Sinopoli

卡拉·辛诺波里是新墨西哥大学的人类学教授和麦克斯韦尔人类学博物馆的主任。她还是密歇根大学人类学考古博物馆的荣誉教授和亚洲考古部荣誉馆长。在2018年加入新墨西哥大学之前，她曾在密歇根大学任教了25年。自1983年起，她一直在印度进行考古研究，尤其是在位于印度南部现代卡纳塔克邦的14世纪到16世纪的毗奢耶那伽罗帝国首都。最近，她的研究转向了该地区的史前时代晚期和历史时代早期遗存。辛诺波里发表或出版了诸多研究文章和专著，包括《毗奢耶那伽罗大都市调查》第一卷（2007，与凯瑟琳·D. 莫里森合著）、《手工业生产的政治经济学：南印度的手工业帝国，1350—1650年》（2003）、《广阔世界中的古印度》（2008，与格兰特·帕克合编）、《作为历史学的考古学：南亚》（2004，与H. P. Ray合编）、《沃尔特·N.科尔兹的喜马拉雅之旅：密歇根大学喜马拉雅探险队，1932—1934》（2013）。

卡霍基亚：美国原住民城市和气候变化的警示

蒂莫西·普科塔特　美国伊利诺伊大学

摘　要

古代北美有各种各样的文化和早期文明，从西北部的板房村庄到西南部的砖石城镇，再到密西西比河谷的茅草屋顶的房子和社区。它们都受到公元800—1300年中世纪暖期气候变化的影响。卡霍基亚城建于公元前11世纪，这座城永远地改变了美国印第安人的历史。当时，异常的宇宙事件和气候变化，加上玉米农业，为大规模的人群迁移提供了动力。在公元1050年前后的几年时间里，移民、朝圣者和当地人在宽阔的密西西比河漫滩中部建造了三个由土丘、直立木柱、广场、堤道组成的大建筑群和数以千计的茅草屋。这座城市的大部分土丘都是用于抬高圆形或矩形寺庙、神龛和房屋的平台。这座城市的主神是大地、水、丰饶和庄稼女神。

伊利诺伊大学的大规模考古发掘揭示出城市核心区的社区遗迹，以及距离城市50千米内的农场和村庄。大约2万人住在这里，周围还有2万—3万农民。考古学家已经发现了数千人参加重大节日的遗迹。他们还发现了人祭的残存，大部分是将年轻女性供奉给水神、雷神和雨神。这座城市的艺术很简单，卡霍基亚人没有发展冶金术，也没有留下任何书面文献。作为定期举行水祭和月祭场所的宗教圣地建筑群，坐落在该地区的边缘。

卡霍基亚的一切都依赖雨水，而崩溃很可能是11世纪末和12世纪持续干旱的结果。卡霍基亚社会因干旱而分裂了。一些后代移居到北美大平原，另一些人在古城的南部和东部建立了属于密西西比文明的城镇。后人没有将这座城市的传说记载下来。

作者简介

蒂莫西·普科塔特　Timothy Pauketat

蒂莫西·普科塔特博士是伊利诺伊州考古学家，伊利诺伊州考古调查局局长，伊利诺伊大学人类学和中世纪研究教授。他于1991年获得密歇根大学的博士学位，曾在俄克拉荷马大学、纽约州立大学和伊利诺伊大学任教。他擅长在大区域内做考古学研究，并指导了卡霍基亚地区及其周边地区的

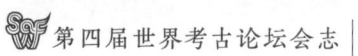

几个重大项目。普科塔特也是16本书的作者或编辑，包括《宇宙考古学》（2013）、《中世纪密西西比》（与S.Alt合著，2015）和《古代北美考古学》（与K.Sassaman合著，2020）。他对材料的质量和自然现象如何影响人类历史很感兴趣，最近他正重点研究世界各地城市化、宗教和气候变化之间的联系。

念祖佑灵：玛雅文化永久的神灵

帕特里夏·麦克纳尼　美国北卡罗来纳大学教堂山分校

摘　要

　　祖先以一种考古学上可见的方式被编织进了古代玛雅社会中，这对当代玛雅人也很重要。这在某种程度上与古代中国大同小异。供奉过去政权统治者的神龛和陵墓是玛雅景观的标志。尽管埋葬的方式较为隐秘，祖先的遗骸也被埋葬于居民区内，对玛雅地区祖先遗骸的中心地位的解释通常围绕着权力、权威、特权和资源在几代人之间传递的观点展开。在此，我认为还有另一种解释——与对逝者灵魂的永存和复活的信仰有关——这可能是精心设计葬祭环境的原因。

　　为了推进这一观点，我深入研究了灵魂本体论，这种本体论在当代讲玛雅语的人中得到了民族学上的证实，此外，古典时期的玛雅文字、图像学和考古发掘发现的遗存也提供了考古学证据。依据不同玛雅遗址所发现的考古材料，我认为停尸房的建造是为了：（1）管理精神实体；（2）在来生之旅中保护和滋养灵魂；（3）帮助灵魂重生；（4）通过接近死者的灵魂来促进灵魂的重生。我认为，在民族学上已知的有关灵魂的不稳定性和灵魂衰亡的风险的信念，为我们理解未知的古典时期文字所记载的社会混乱和与疾病有关的场景提供了依据。

　　通过所有权的视角来构建灵魂本体论，我将万物有灵论和权威置于实践方案之中。这是管理灵魂、灵性实体及其物质化身的实践。根据玛雅地区所发现的古老考古材料的结构原则，除了灵魂的保护和滋养之外，关于独有的知识、通道和重生的所有权的关注也十分重要。尽管不是所有，但许多原则在民族学上都很明显，并且因其本体论的持久性而值得关注。

　　中美洲灵魂本体论的经验式实用主义是值得注意的，其与简·班尼特等21世纪哲学家所拥护的新唯物主义的具体抽象概念形成了对比。我存在疑问的是，以能量搏动但无意向性的、缺乏神之灌注的充满活力的物质，是否会与玛雅本体论产生共鸣？表面上看，他们似乎很相似，但当我们深入挖掘神圣的赋予灵魂的问题时，差异开始显现，相似点消失了。在当今相互交织的主体大网络中，去人类中心化的项目与前哥伦比亚时代玛雅社会活跃的世界只具有表面的相似性，在玛雅社会中，人类对非人类实体的尊重与人类在高度分化的社会秩序中的中心地位共存。

作者简介

帕特里夏·麦克纳尼　Patricia McAnany

帕特里夏·麦克纳尼，于1986年在新墨西哥大学取得博士学位，现为美国北卡罗来纳大学教堂山分校Kenan杰出教授兼人类学教授，也是华盛顿敦巴顿橡树园前哥伦比亚时代研究项目高级研究员。她曾获得国家科学基金会和美国考古研究所的资金支持，以及古根海姆基金会、约翰·卡特布朗库、国家人文基金会、哈佛大学拉德克利夫高级研究中心、敦巴顿橡树园以及北卡大学教堂山艺术和人文研究所的资助。作为一名玛雅考古学家，她是尤卡坦东部合作考古项目的首席研究员，该项目关注于尤卡坦半岛Tahcabo的前古典时代到现代社会。作为InHerit：Indigenous Heritage Passed to Present（www.inherit.org）的执行董事，她与当地社区及整个玛雅地区的社区合作，为当地人提供与文化遗产对话，并参与遗产保护的机会。她的出版成果丰硕，包括《玛雅文化遗产：考古学家和当地社区如何对待过去》（2016）、《考古视角下的古代玛雅经济》（2010）、《质疑崩溃：人类的恢复力、生态脆弱性和帝国的余波》（2010，与诺曼·约菲合著）以及《与祖先一起生活：古代玛雅社会的亲属关系和王权》（2014年修订版）。

雨林的警戒：南美洲现代狩猎采集生活的启示

古斯塔沃·波利蒂斯　布宜诺斯艾利斯大学

摘　要

现代的南美洲热带雨林狩猎采集者们仍然过着一种传统的生活方式，他们可以很好地告诉我们关于人类经验的几个维度。他们还提供了非常有用的类比模型，有助于更好地解释过去狩猎采集者的考古记录。这是非常重要的，因为现代人类发展的大部分恰恰发生在流动狩猎采集者的社会。我将在本文中总结和讨论这类社会如何帮助我们理解不同的文化观点，以及它们如何帮助我们解释考古背景资料。

这里例举的案例分析是努卡克人、霍蒂人和阿瓦瓜加人。我在过去25年里分别对这些案例进行了人种学和人种考古学的研究。努卡克人是6个公认的马库族/马库语族群之一，分布在哥伦比亚和巴西之间的亚马孙雨林中。他们生活在哥伦比亚瓜维亚雷（Guaviare）河和伊里尼达（Inirida）河的两河流域之间。

努卡克人在20世纪80年代晚期与西方社会有了固定的联系，并且直到晚近仍然维持着传统的觅食方式。在田野工作（1990—1996）期间，根据计算得出努卡克人的人口密度约是0.05人每平方千米。他们这个群体一个突出的特点是无论在旱季还是雨季，居住地的流动性都很高。综合旱、雨两季的数据可以大概估算出，他们每个族群每年有70—80次的搬迁活动，覆盖大约400—500千米的范围，且都在该族群的领土内（虽然"族群"并不是固定的单元，且族群的重组有时也会发生）。

努卡克人已经在世界上流动性最强的人群之列。那么为什么努卡克人如此频繁地到他处扎营？为什么即使旧有的营地状态很好，他们仍穿越数十千米建造一个新营地？对此有许多回答，其中之一正是我将在会议中总结的，是复杂的环境管理。对努卡克人适应环境以及他们与雨林的关系的仔细观察，可以使我们对过去植物驯化的最初阶段有更好的理解。

第二个讨论的案例是霍蒂人，这是一个热带雨林狩猎采集群体，居住在位于玻利瓦尔州和亚马孙州（委内瑞拉）的迈瓜利达山脉。在我2002年和2003年的田野调查期间，他们仍然保持着传统的生活方式。20世纪90年代中期以来，斯坦福·泽特和艾格里·洛佩兹·泽特已经对霍蒂人的方方面面都进行了系统的研究。霍蒂人与西方第一次重要接触发生于1969年，此后由于与世隔绝，这个群体一直是奥里诺科河盆地最传统的民族之一。他们主要依靠狩猎、采集、渔猎以及次要的小型苗圃为生。在我田野工作期间，霍蒂人口估计在900人左右（0.1人每平方千米）。过半人口居住在两个居址中，分别是天主教会卡雅玛及前新部落长老会卡诺卢戈；余下的人则生活在有层次的社会组织中，存在非正式的领导层和高度的平等主义。我本人的田野工作在这些生活在帕鲁西托河流域（奥里诺科河支流）边界孤立的部落中展开。霍蒂人认为陆生动物（刺鼠、矛牙野猪、貘和水豚）是最好的食物，所有人都可以食用。这些动物的骨头按照层级和种类放置在营地的特定位置中。该遗址展示了一种非常复杂的废物管理方式，对解释考古记录具有重要意义。我将在本文讨论这些含义并探索它们的潜力。他们还有着非常独特的碎骨方式和非常特殊的废弃模式，特别是与头骨相关的。这些头骨的位置具有很强的象征意义，头骨悬挂在树枝上，在营地前组成类似"拱门"形状，既可以防止灵魂离开，也可以帮助灵魂去寻找新的躯体。

第三个案例是阿瓦瓜加人，这是居住在巴西马拉尼昂州的一个向园圃生活过渡的狩猎采集族群。自20世纪70年代他们初次与现代社会接触后，他们的文化，特别是物质文化，经历了深刻的变迁。许多传统技术和工艺品消失了，与妇女相关的尤甚。这种情况下，即使受到猎枪普及的威胁，箭镞制作的存在仍是意义重大的。在几个田野季度的民族考古学田野工作期间（与西班牙和巴西同事一起），我们观察到，箭镞的日常制作和使用的意义远超出了功能性的需求，并且似乎与阿瓦男性的身份密切联系。在村落中和觅食过程中，许多与箭镞的生产与修复相关的事项被记录下来。本次会议我将探讨箭镞、身份以及物质文化社会和本体论层次之间的关系。所有这些都是当代考古学中的关键概念，毫无疑问阿瓦人的实践可以阐明这些主题。

作者简介

古斯塔沃·波利蒂斯　Gustavo Politis

古斯塔沃·波利蒂斯，阿根廷考古学家，于1984年在拉普拉塔大学获博士学位，现为阿根廷国家科学与技术研究委员会研究员、布宜诺斯艾利斯大学和拉普拉塔大学的教授。他出版有5本个人专著（包括《努卡克：亚马孙民族考古学》，伦敦大学学院系列，左岸出版社，2007），主编有5本书（包括《拉美考古》，劳特利奇出版社，1999）。还在同行评审期刊和专书章节上发表有130余篇文章。他的主要研究兴趣是阿根廷潘帕斯草原考古学、智人在南美洲的扩张以及南美狩猎采集者民族考古学。他对考古学理论和拉丁美洲的考古社会政治也很感兴趣。他被许多大学聘为客座教授（南安普敦大学、斯坦福大学、剑桥大学、智利北塔拉帕卡天主教大学、巴西阿雷格里港天主教大学、厄瓜多尔沿海综合大学以及哥伦比亚国立大学等）。他是古根海姆奖的获得者（2003—2004年），并且于2013年获得了由阿根廷政府颁发的"阿根廷国家研究员"奖项。这一奖项每年只颁发给一个学者，以表示对其职业成就的认可。这一奖项需要有政府的法案并且由阿根廷总统颁发给获奖者。

欧亚文化世界体系中的西伯利亚西部萨尔加特文化

柳德米拉·科里亚科娃　俄罗斯科学院乌拉尔分院历史与考古研究所

摘　要

公元前1000年，在欧亚大陆上发生了规模宏大、意义非凡的事件与进程。本讲座概述了几个文化世界，它们的存在和互动决定了早期铁器时代的历史特点。时间跨度从公元前8或前9世纪到公元3或4世纪，始于向冶铁业发展的过渡阶段，止于"伟大的民间运动"之前。最广大的游牧地带和其他世界之间的互动也被描述出来。作为世界上最大的国家，游牧文化成为连接被统治区域和外部边缘地的中间环节。其"激荡汹涌的特质"，对周邻地区影响显著，产生了各种形式的交流与变化。在乌拉尔山脉和巴拉巴平原之间的森林草原地区，萨尔加特文化的地位、意义和作用将是我们关注的焦点。除此之外，高等级墓葬格外值得我们关注，墓中随葬一些不同地区的珍贵文物，包括产自中国和中亚的。最有效的贸易路线是在公元前1000年晚期建立起来的，直到19世纪才有显著的变化。当贸易主要参与者达到能够成为国君或至少成为一位实力雄厚的酋长时，有组织的贸易就诞生了。文化和政治形态——萨尔加特文化在特定时期成为游牧世界的一个非常重要的组成部分，在游牧世界的北疆形成了一颗具特色的"萨尔加特文化圈"，笼罩着北方森林文化地带。

作者简介

柳德米拉·科里亚科娃　Ludmila Koryakova

柳德米拉·科里亚科娃是考古学和史前史研究领域的著名专家，毕业于乌拉尔州立大学。学生时代始，她就致力于乌拉尔和西伯利亚西部的早期铁器时代的研究。1981年，在莫斯科的俄罗斯科学院考古研究所获得了博士学位。1993年，在新西伯利亚完成了博士论文答辩。柳德米拉领导了与青铜和铁器时代考古相关的多项俄罗斯和国际项目。目前，她的团队正在与位于美因河畔法兰克福大学的同事合作进行"从历时的视角看南方跨城市人口的生活方式——久坐方式到流动性"项目研究。

自20世纪90年代初，柳德米拉·科里亚科娃就致力于将俄罗斯考古研究纳入到国际项目。从1994年到2004年，柳德米拉与法国国家科学研究中心的同事一起组织了多个项目。作为这些项目的一部分，横贯乌拉尔早期铁器时代的资料得到研究，并在俄罗斯和国外出版。这项工作的成果反映在一系列文章、报告和集体著作（《欧亚大陆十字路口铁器时代的栖息地和墓地》，巴黎：De Boccard，2002）之中。自2006年起，她与德国同事积极合作，开始研究南部跨乌拉尔地区的青铜时代文化，其中包括专家和公众熟知的辛塔什塔文化的防御性聚落。2007年，剑桥大学出版社出版了她与安德烈·埃皮玛霍夫一同撰写的《青铜和铁器时代的乌拉尔和西西伯利亚》一书。

柳德米拉·科里亚科娃是德国考古研究所的通讯成员，是俄罗斯科学院乌拉尔分院历史与考古研究所的考古学教授，也是金属时代考古学中心负责人；她积极参与制定了考古和民族学系的研究课程。除具体问题外，她的兴趣还包括一般问题：社会考古学（青铜和早期铁器时代社会复杂性的形式和表现）、考古学的跨学科方法、考古学阐释、交互考古学、进化考古学（文化传统演进的因素和机制）。她还提出了欧亚大陆长期社会文化发展的理论模型。

丝绸之路的凝合：古代全球化世界海陆通道上的冶金术

查尔斯·海厄姆　新西兰奥塔哥大学

米拉娜·拉迪沃耶维奇　英国伦敦大学

摘　要

　　全球化涉及知识传播。在这个展示中，我们关注两条公认的丝绸之路路线，即我们界定的北道（陆上丝绸之路）和南道（海上丝绸之路）。从史前到现在，北道跨度长而且重要。 最早有文献记载的冶金起源是在现在的巴尔干地区，当冶金术被夏朝和商朝采用后，其便成为刺激基础性变化的关键革新之一。通过追溯公元前5世纪冶金知识从巴尔干半岛的东渐，我们在青铜时代欧亚大陆上俄罗斯、哈萨克斯坦、乌兹别克斯坦的草原牧民们极富创造力的行为，也指出多样的交流路线在金属制造技术传入并被中国接纳之前就已经塑造了它们，并在中国转化为当时规模和精通程度都无与伦比的技术知识。

　　中国在发展丝绸之路南道时对东南亚人民带来的深刻变化绝非仅仅是技术性的。秦汉时期军事力量在岭南和越南北部的扩张导致了在向汉朝皇帝负责的新州郡和城市中心建立之前，当地组织武装反抗的社会精英的崛起。公元3世纪，吴国皇帝派遣使者沿海航行到了湄公河三角洲地区时，这里的国王和城市中心已经受到印度的巨大影响。几个世纪以来，随着与印度、波斯以及地中海世界贸易带来的冶铁、书写方式、新宗教和贸易物品等知识，这里的港口城市已经繁荣了起来。从那里找到的陶瓷、铜镜与货币可以看出，中国是一个积极的贡献者。这条"海上丝绸之路"的影响深入到了内陆，那里可以看到，以拥有异国梵文名字的统治者建立的供奉佛陀和印度教万神殿中神灵的宫殿和宗教纪念物为基础的城市中心。

　　有关这两条丝绸之路的研究正是强调了它们的多面性，强有力的证据表明，在局部、区域乃至全球范围内都有多种途径和交流渠道，它们奠定了贯穿整个欧亚大陆第一个全球经济网络的基础，这一网络持续形成并将东方和西方世界融合在一起。

作者简介

查尔斯·海厄姆　Charles Higham

查尔斯·海厄姆，奥塔哥大学的退休荣誉教授，剑桥大学圣凯瑟琳学院的名誉院士，英国科学院院士。他在泰国和柬埔寨的田野考古工作主要集中在史前时代晚期。这些工作有助于确认长江以南以及黄河地区稻米和粟的分布范围、青铜冶炼的采用以及早期国家的起源。他与索萨拉特博士的联合研究在首届上海考古论坛上获奖。他目前正在与威勒斯列夫教授合作研究基于古人类DNA的东南亚人口史。

米拉娜·拉迪沃耶维奇　Miljana Radivojevic

米拉娜·拉迪沃耶维奇在伦敦大学考古学院担任考古材料讲师，在那里她还获得了冶金考古学博士学位。之前在贝尔格莱德大学、剑桥大学和伦敦大学学院从事研究期间，她在物质文化的田野发掘和实验室分析特别是金属制造技术方面都有着较强的学术素养。她的合作课题项目以中欧和欧洲东南部、安纳托利亚、北非、俄罗斯（联邦）、哈萨克斯坦和乌兹别克斯坦之间的联系研究为重点，研究的地域范围横跨欧洲和欧亚大陆北部。拉迪沃耶维奇博士已在著名期刊上发表了有关巴尔干地区和西南亚冶金学的起源，锡青铜冶金技术的发明，欧洲东南部冶铜术的革新和传播，欧洲青铜时代金属的使用和流通，冶金实验考古学和古代金属器物的审美，并和他人共同开发了一种以综合网络分析巴尔干地区金属供输系统来重新评估考古现象的新方法。她目前的研究集中于在公元前4世纪至公元前1世纪连接了中亚、欧亚草原和欧洲大部分地区的史前丝绸之路，并通过研究当时的（技术）知识经济来更广泛地解决欧亚大陆的前现代社会的全球化问题。

中国古代民间何时、如何开始使用金属器

罗泰　美国加州大学洛杉矶分校

摘　要

　　公元前221年秦始皇统一中国之前的几个世纪，社会政治和经济都发生了巨大的变化。考古学可以通过对当时物质遗存的研究来追踪这些变化。例如，在古代中国最初使用金属的几个世纪里（自公元前2000年以来），它的使用似乎几乎仅限于精英阶层，功能也只与祭祀和战争有关。然而，在大约公元前850年至前250年间，金属（首先是青铜，然后是铁）在民间的使用变得越来越普遍。非传统功能的金属器也越来越常见；此段时间的后半段，有足够的证据表明，金属制品的大规模生产是通过新兴的市场体系分配的。那么是什么引发了这些发展？它们是否可以被解读为更广泛趋势证据的象征？特别是古代中国金属消费的历史与孔子时代（公元前551—前479年）到秦大一统之间的思想潮流的关系是怎样的？

作者简介

　　罗泰　Lothar Von Falkenhausen

　　罗泰是加州大学洛杉矶分校中国考古学和艺术史卓越教授，自1993年起任教就在该校任职；同时，他还被聘为（西安）西北大学长江教授。他出生于德国，1979—1981年就读于北京大学，1988年在哈佛大学获得人类学博士学位。他的研究兴趣主要集中在中国青铜器时代及其相关问题上。1999—2004年，他主持了一项关于中国西南地区早期盐生产考古的国际研究项目。自2010年起，他一直担任西安附近的杨官寨遗址国际考古田野学校的指导员。

印度河文明的装饰品、贸易与城市发展

马克·科诺耶　威斯康星大学麦迪逊分校

摘　要

　　印度河文明是古代南亚的第一个城市社会，可追溯到公元前2600—前1900年。本报告将概述这一文明，重点介绍城市的组织方式以及贸易和装饰在城市化背景下所起的作用。该时期的城市和城镇出现在印度河和格哈加尔·哈库拉河及其支流沿岸，即现在巴基斯坦和印度西北部。居住在这些城市的统治者和商人们使用的书写系统至今尚未破译，但对刻章和其他物品的考古研究，或许会对这些城市的组织方式及其与周围其他文化的关系有所了解。

　　每个城市都被巨大的泥砖墙包围着，以便控制进出聚落的通道。墙可能有许多不同的功能，包括防洪、防盗和御敌，或是控制进出。印度河文明的城市都有布局良好的主干道，每个社区都能从水井和水库中获得干净的水。每间屋内均设有厕所和洗浴区，并设有一个复杂的排水系统，用于清除废水和污水。

　　这些城市由周边的农村社区维持，他们生产谷物和动物产品，包括家畜和野生动植物资源。城市和农村聚落的手工艺传统生产出独特的装饰品和纺织品，可以用于区分住在城市和农村城镇的社区和阶层。对连接这些城镇的贸易网进行的研究，为了解城市化早期阶段出现的本地和远程联系提供了观察视角。

　　印度河文化最显著的特征之一是装饰物、珠子和手镯，它们由贝壳、陶土、彩陶、石头或金属制成。我将讨论制作这些装饰的技术，以及这些装饰风格在印度河和邻近地区的传播。印度河装饰品在阿曼、伊朗、中亚和美索不达米亚均有发现。一些此类风格的装饰品和源于印度河文明的代表性物品甚至有可能被交易到中国。

作者简介

　　马克·科诺耶　Mark Kenover

　　马克·科诺耶，博士（1983年，加州大学伯克利分校），是美国威斯康星大学麦迪逊分校的人类学教授，自1985年起一直在该校任教。1986年以来，他一直担任哈拉帕考古研究项目的田野领队和联合主任。他曾在巴基斯坦和印度从事发掘和民族志研究，并最近在阿曼从事相关工作。他对古代技术和工艺，包括纺织品和纺织品生产、社会经济和政治组织以及宗教有着特别的兴趣。这些兴趣促使他研究了南亚以及世界其他地区广阔的文化时期，也包括中国、日本、韩国、阿曼和整个西亚地区。他的作品曾在《国家地理杂志》和《科学美国人》以及http://www.harappa.com上发表。马克·科诺耶教授是美国文理科学院院士。

阿兹特克帝国的全球网络：羽毛盾牌作为政治和远距离交流的案例

劳拉·菲洛伊·纳达尔　墨西哥国家人类学博物馆

摘　要

从前古典到后古典时期的中美洲人民，收集了成千上万色彩鲜艳的羽毛来装饰神圣的区域、肖像、装置、衣服和其他有威望的物品。在16世纪，在其第9位统治者（公元1502—1520）蒙特祖马二世（Motecuhzoma Xocoyotzin，约公元1466—1520）的政治和军事领导下，阿兹特克帝国统治了中美洲的大部分地区。它的领土从特诺奇蒂特兰附近延伸到墨西哥湾和太平洋海岸之间的广阔领土，包括富饶的南部低地。在蒙特祖马二世统治期间，他保存了大量珍贵的原材料，并定期运到他的皇宫。在其他奢侈品中，大量来自热带鸟类的羽毛和来自遥远地区的羽毛制品通过贡品、长途贸易和礼物交换而流通。羽毛和羽毛制品被高度珍视，在生产大量非宗教、宗教或实际用途受到限制的物品时，它们具有极大的重要性和复杂性。它们是社会等级和权力的标志，统治者将其分配给杰出的战士，同时也是开启与对手和敌对社群外交关系的礼物。羽毛制品被转化为具有巨大内在和象征价值的奢侈品，其对阿兹特克经济和社会的运作至关重要。

利用中美洲最多样化和最遥远的生态系统的几种原材料生产羽毛徽章和设备，反映了阿兹特克帝国在1517年西班牙人到来之前所实现的贸易网络和货物流通的范围。

在1519年至1524年间，数百件用热带鸟类羽毛制成的物品从中美洲运往欧洲。航运记录有大量的羽毛头饰、服装、扇子和设备，包括各种类型的盾牌，这些后来被整合到独特的武器收藏以及世界各地奇闻逸事的收藏中。它们在欧洲宫廷中展出，作为礼物交换，还在佛兰德斯、维也纳、斯图加特和伦敦的游行和庆典中使用。由于这些器物脆弱的有机特性，只有五件羽毛护盾和一件绿咬鹃羽毛披肩幸存了下来。

假设这些物品能让我们重建和分析古代社会的社会进程，本演讲将重新检查16世纪各种来源的羽毛制品数据，并将它们与最近观察到的这些壮丽的阿兹特克残存物进行比较。基于各种考古学分析，我将识别其生产中使用的动植物种类，讨论它们来自的地理区域，量化制作盾牌和涉及的技术经济所需的费用，并提出在中美洲此类珍贵材料的分销和获取途径。最后，本文将探讨这些跨越大西洋的16世纪珍贵文物的作用，它们是大陆间关系新网络的一部分。

作者简介

劳拉·菲洛伊·纳达尔　　Laura Filloy Nadal

劳拉·菲洛伊·纳达尔，拥有墨西哥国家保护学院艺术保护学士学位，以及巴黎索邦大学的考古学硕士和博士学位。她曾是普林斯顿大学和敦巴顿橡树园研究图书馆——哈佛大学的客座研究员，同时也是罗马大学、萨皮恩扎大学和巴黎索邦大学的客座教授。目前，她是文物保护学院的教授，国家人类学博物馆（MNA）的高级管理员，以及墨西哥国家研究系统的成员。她在墨西哥参与和指导了一系列的文物保护项目，并结合考古学、科技考古、实验考古学和文物保护的数据和方法，对INAH国家人类学和历史研究所收集的考古物品的材料科学和技术进行了研究。她是INAH奖项获得者：她凭借最佳保护项目获得2002年普瑞米欧·保罗·科曼斯奖；凭借最佳设计和安装作品获得2003年帕卡尔-富内雷面具和米格尔-科瓦鲁比亚斯奖。

后记

POSTSCRIPT

近四年前，来自40多个国家的400多位杰出学者齐聚上海，从考古学的视野探讨城市化和全球化带来的挑战。新冠疫情的爆发、迅速传播及其意想不到的影响是世界日益城市化和全球化的明证。通过认识过去，考古学为我们提供了宝贵的经验，帮助我们如何面对这样的突发事件，应对突如其来的挑战，维持坚韧性，这是近年来在全球都有深刻共鸣的经验。尽管疫情前论坛关于城市化和全球化的讨论已经过去快四年了，但我们相信第四届论坛的讨论和见解仍然非常重要。在陈星灿和朱岩石的具体领导下，通过韩晴女士的勤勉编辑工作，以及陈珂尧、何政鸿、梁雨湉、王萱、吴嘉欣、叶珂、尹粟、曾佳和张艳的辛勤努力，成功地出版了第四届世界考古论坛·上海会志，对此我们深表感谢。

与之前的论坛一样，本届论坛继续开展了世界考古论坛奖的评选活动。世界考古论坛奖旨在宣传世界范围内最新的考古发现和研究成果，积极推进考古资源和文化遗产的保护。世界考古论坛奖的评选，强调新思想、新理念，强调创新性，强调对当今世界和人类共同未来的重要性，以此推进考古学研究水平的提高和知识创新，提高公众对考古学重要性的认识，促进世界考古资源和文化遗产的保护，推动更加广泛的国际合作和交流。世界考古论坛奖目前设有终身成就奖、重大田野考古发现奖、重要考古研究成果奖。终身成就奖是论坛的最高荣誉奖项，表彰世界范围内德高望重、学术成就卓著、影响深远广泛的考古学家。重大田野考古发现奖，表彰那些能够加深甚至改变我们对特定地区或全球范围古文化认识的田野考古调查和发掘。重要考古研究成果奖，主要表彰的是专项课题或以实验室科学分析为基础的考古研究；可以是多年综合性的研究项目，可以是理论、方法、技术上的重大突破，也可以是基于考古新发现的突破性研究成果。第四届世界考古论坛奖励计划共收到140多项推荐，其中有效提名116项，这些项目主要是由论坛咨询委员会委员负责推荐的。咨询委员会是世界考古论坛的重要组成部分，该委员会由来自46个国家和地区的近200位委员组成，他们是考古和文化遗产研究领域一流的专家学者。项目的评审主要由世界考古论坛评审委员会负责，评审委员会由来自18个不同国家和地区的40位学术权威和专家组成。依据严格优选和公平公正的最高准则，21位评审委员和近50位咨询委员积极参与了第一轮评审，首先选出40个推荐项目；在此基础上，评审委员进行了第二轮投票评选，共收到35张有效投票，最终选出20项，其中10项获重大田野考古发现奖，10项获重要考古研究成果奖（其中有一项没有达到评选要求，经研究取消获奖资格）。我们对所有获奖项目和个人表示最热烈的祝贺，同时对积极参与推荐与评选的世界考古论坛咨询委员和评审委员，以及所有被提名的项目或研究的负责人表示最诚挚的感谢。

和以往各届论坛一样，上海大学、上海研究院及上海市文物局的全面鼎力支持是本届论坛圆满成功的关键。上海大学团队为了第四届世界考古论坛的顺利召开，各方面都做了周密安排，展现了非同寻常的卓越才干。组织志愿者负责接待与会代表、精心布置会场、安排野外考察和参观、提供相关翻译服务，还有优美的上海大学之夜音乐表演。我们特别感谢段勇、龚思怡、张勇安、王勇、徐坚、曹峻、李明斌、潘守永、魏峭巍、杨谦、王思怡、张童心、黄洋、郑晓蕖等的敬业精神和无私的奉献，确保了各项事务的完美落实。

筹备世界考古论坛这样的国际性会议，各种挑战是显然的。幸运的是，我们有一个卓越的团队，他们不分昼夜、不辞辛劳，正是他们辛勤的努力和杰出的智慧使得论坛得以成功召开。团队成员包括曹辰星、曹靖靖、曹峻、成芷菡、陈晖、陈琴、杜垒垒、杜圣伦、傅晨星、富鹏程、甘聿群、高柏雅、葛韵、郭佳馨、贺娅辉、何柯、黄奕、霍淑贤、姜凯伦、李丹妮、李慧冬、李晶、李萌、李萌葳、李弥、李姿、李小龙、林思雨、刘欣璇、刘艺、骆燕、毛玉菁、莫阳、潘之琳、秦超超、秦宇、芮摩根、申轩丞、孙丹、孙慧琴、汤毓赟、王莉晶、吴健聪、吴梦洋、吴雅彤、席乐、夏才艺、于佳明、杨姬雪、易希瑶、张莉、张泉、张雯青、郑希、周岳、朱广骊、朱星辰和朱彦臻。对于他们的无私付出，在此特致感谢。

陈星灿、朱岩石、荆志淳